Neue Beiträge zur
Pforzheimer Stadtgeschichte
Band 3

Neue Beiträge zur
Pforzheimer Stadtgeschichte
Band 3

Herausgegeben von
CHRISTIAN GROH

verlag regionalkultur

Titelbild:	Die Oberprima des Reuchlingymnasiums im Schuljahr 1909/10. (Foto: Stadtarchiv Pforzheim).
Titel:	Neue Beiträge zur Pforzheimer Stadtgeschichte, Band 3
Herausgeber:	Christian Groh
Bildnachweis:	Alle Abbildungen stammen vom Stadtarchiv Pforzheim, soweit nicht anders vermerkt
Herstellung:	verlag regionalkultur (vr)
Lektorat und Satz:	Jochen Baumgärtner und Katja Leschhorn (vr)
Umschlaggestaltung:	Jochen Baumgärtner (vr)
Endkorrektorat:	Patrick Schumacher (vr)

ISSN: 1863-2084

ISBN 978-3-89735-656-6

Bibliographische Information der Deutschen Bibliothek
Die Deutsche Bibliothek verzeichnet diese Publikation in der Deutschen Nationalbibliographie; detaillierte bibliographische Daten sind im Internet über http://dnb.ddb.de abrufbar.

Diese Publikation ist auf alterungsbeständigem und säurefreiem Papier
(TCF nach ISO 9706) gedruckt entsprechend den Frankfurter Forderungen.

Alle Rechte vorbehalten.
© 2010 verlag regionalkultur

verlag regionalkultur
Heidelberg • Ubstadt-Weiher • Neustadt a.d.W. • Basel

Korrespondenzadresse:
Bahnhofstraße 2 • 76698 Ubstadt-Weiher • Telefon (07251) 36 70 3-0 • Fax 36 70 3-29
E-Mail: kontakt@verlag-regionalkultur.de • *Internet:* www.verlag-regionalkultur.de

Editorial

Im vorliegenden Band 3 der „Neuen Beiträge zur Pforzheimer Stadtgeschichte" wird der in den vergangenen beiden Bänden beschrittene Weg fortgesetzt. Wieder gelang es, namhafte Autorinnen und Autoren des In- und Auslands zu gewinnen, die sich mit Themen der Pforzheimer oder allgemeinen Stadtgeschichte beschäftigen.

Sven Rabeler, Bearbeiter des Pforzheimer Urkundenbuchs, weist in seinem Aufsatz (S. 9–40) anhand des Urkundengebrauchs im Pforzheim des 13. und 14. Jahrhunderts Wandlungsprozesse in der Kommunikation zwischen verschiedenen Rechtsträgern nach und bettet die Pforzheimer Entwicklung in die derzeitige Forschungslage ein.

Konrad Schneider geht Fragen der Qualitätskontrolle und der diese unterlaufenden Fälschungen in der Schmuckherstellung des 18. und 19. Jahrhunderts nach (S. 41–57).

Einen persönlichen Einblick in das Konstantinopel des späten 19. Jahrhunderts bieten die Briefe der in Pforzheim geborenen Marie Ries, die von 1884 bis 1888 als Kindermädchen in der osmanischen Stadt lebte (S. 59–80). Die Bearbeiterin, Robin Lorsch Wildfang, berücksichtigt aber auch die Briefe, die Marie aus Pforzheim erhielt, so dass wir auch einen lebhaften Einblick in den Alltag im Pforzheim dieser Zeit erhalten. Marie Ries sollte später in die USA auswandern, wo ihre Briefe bis heute erhalten sind. Der Herausgeber dankt Thomas Frei, Pforzheim, für die Vermittlung des Kontakts zu Frau Lorsch Wildfang und für zahlreiche Hinweise zu Pforzheimer Emigranten in die USA.

Den bemerkenswerten Fund einer Pforzheimer Abiturzeitung aus dem Jahr 1910 nutzt Hans-Peter Becht, um die Lebensläufe der später prominenten und sich in teilweise völlig konträre Richtungen entwickelnden Abiturienten vorzustellen und einzubetten in die Generationengeschichte (S. 81–114).

Dass der spätere Stadtteil Huchenfeld einst Schauplatz eines der spektakulärsten Autorennen der Vorkriegszeit war, daran erinnert Martin Walters Aufsatz (S. 115–126). Zwei Beiträge ergänzen unser Bild von der nationalsozialistischen Zeit in Pforzheim: Uri Kaufmann geht den Verstrickungen von Teilen der Evangelischen Kirche im „Dritten Reich" nach (S. 127–146). Die „Deutschen Christen", auch und gerade in Pforzheim, waren in ihrer antijudaistischen und den „Führer" verherrlichenden Haltung eine Stütze des Systems. Die Berichte der NSDAP-Kreisleitung Pforzheim für die Jahre 1942 bis 1944 gehören zu den am umfangreichsten überlieferten Beständen dieser bislang nur wenig beachteten Quellengattung. Markus Enzenauer stellt diese Quelle und ihren Wert für die Geschichtsschreibung der NS-Zeit vor und ediert hier die Pforzheimer Berichte (S. 147–216).

Der Jahresbericht des Denkmalpflegers Christoph Timm (S. 217–236) sowie ein Besprechungsteil (S. 237–255) runden diesen Band ab.

Dank sei hiermit allen AutorInnen und RenzensentInnen sowie den MitarbeiterInnen des Verlags Regionalkultur ausgesprochen, die zum Gelingen dieses Bands beitrugen. Dank gebührt aber auch den Verantwortlichen der Stadt Pforzheim, die den Wert der Geschichte für die Gegenwart und Zukunft erkennen, indem sie trotz widriger Begleitumstände dieses Periodikum fortführen.

Pforzheim, im Herbst 2010   *Christian Groh*

Inhalt

Sven Rabeler
Urkundengebrauch und Urbanität. Beobachtungen zur Formierung der
städtischen Gemeinde in Pforzheim im 13. und 14. Jahrhundert 9

Konrad Schneider
Illegale Geschäfte mit Edelmetallen und Schmuck in Frankfurt a. M. 41

Robin Lorsch Wildfang
Die Familie Ries – Ein Leben in Briefen 59

Hans-Peter Becht
„Non vitae, sed scholae discimus…".
Generationelle und soziale Prägungen eines Abiturjahrganges 81

Martin Walter
„Motore donnern über die Bergstrecke". Motorsport in der Goldstadt –
Das Bergrennen an der Pforte des Schwarzwaldes 115

Uri R. Kaufmann
Die „Deutschen Christen" in Pforzheim: eine Annäherung 127

Markus Enzenauer
Dokumentation. Die Berichte der NSDAP-Kreisleitung Pforzheim
aus den Jahren 1942 bis 1944 147

Christoph Timm
Bericht zur kommunalen Denkmalpflege für die Jahre 2008–2009 217

Besprechungsteil 237

Verzeichnis der Mitarbeiter 256

Orts- und Personenregister 257

Urkundengebrauch und Urbanität.
Beobachtungen zur Formierung der städtischen Gemeinde in Pforzheim im 13. und 14. Jahrhundert[1]

Sven Rabeler

Einleitung

In seiner „Topographia Sueviae" veröffentlichte Matthäus Merian 1643 eine Ansicht der Stadt Pforzheim, die größtenteils noch die Anlage und den Baubestand des mittelalterlichen Ortes – vor den Zerstörungen des Pfälzischen Erbfolgekrieges am Ende des 17. Jahrhunderts – zeigt.[2] Die zugehörige Legende nennt unter dem Buchstaben *I* die *Statt Schreiberei*, was

---

1 Erste Überlegungen zum Thema des Beitrages wurden 2007 im Rahmen eines Vortrages vor der Arbeitsgemeinschaft für geschichtliche Landeskunde am Oberrhein präsentiert – vgl. Sven RABELER: *… danach allerhandt der stett hanndlungen zu suchen.* Die Überlieferung mittelalterlicher Quellen zur Geschichte der Stadt Pforzheim (Arbeitsgemeinschaft für geschichtliche Landeskunde am Oberrhein e.V., [464.] Protokoll über die Arbeitssitzung am 20. April 2007 – URL: http://www.ag-landeskunde-oberrhein.de/prot/P464V.htm). Der Beitrag steht inhaltlich außerdem im Zusammenhang mit dem seit 2010 durch die Deutsche Forschungsgemeinschaft geförderten Projekt „Städtische Gemeinschaft und adlige Herrschaft in der mittelalterlichen Urbanisierung ausgewählter Regionen Zentraleuropas", das an der Christian-Albrechts-Universität zu Kiel an der Professur für Wirtschafts- und Sozialgeschichte (Prof. Dr. Gerhard Fouquet) und an der Professur für Regionalgeschichte (Prof. Dr. Oliver Auge) durchgeführt wird. Herrn Prof. Dr. Gerhard Fouquet danke ich herzlich für seine Hinweise. – Siglen: GLA = Generallandesarchiv Karlsruhe; HStAS = Hauptstaatsarchiv Stuttgart; RMB = Regesten der Markgrafen von Baden und Hachberg 1050–1515, 4 Bde. Innsbruck 1900–1915; WUB = Wirtembergisches Urkundenbuch, 11 Bde. Stuttgart 1849–1913; ZGO = Zeitschrift für die Geschichte des Oberrheins.
2 Matthäus MERIAN: Topographia Sueviae, Frankfurt/Main 1643. Vgl. zu dieser Stadtansicht Stefan PÄTZOLD: Pforzheim – eine Stadt im Bild. Zu einigen Stadtansichten des 16. und 17. Jahrhunderts und ausgewählten methodischen Aspekten der Vedutenforschung. In: Bernd ROECK (Hrsg.): Stadtbilder der Neuzeit. 42. Arbeitstagung des Südwestdeutschen Arbeitskreises für Stadtgeschichtsforschung in Zürich vom 14.–16. November 2003. Ostfildern 2006 (Stadt in der Geschichte 32), S. 41–61; zu den Zerstörungen des Pfälzischen Erbfolgekrieges Hans-Peter BECHT, Gerhard FOUQUET: Pforzheim im Pfälzischen Krieg 1688–1697. Ein Beitrag zur Geschichte und Topographie der Stadt am Ende des 17. Jahrhunderts. In: Hans-Peter BECHT

Abbildung 1: Ausschnitt aus der Ansicht der Stadt Pforzheim von Matthäus Merian (aus: Matthäus MERIAN: Topographia Sueviae. Frankfurt/Main 1643).

offenbar den Sitz der städtischen Kanzlei meint. Macht man sich die Mühe, die entsprechende Markierung im Bild zu suchen, so entdeckt man sie schließlich an einem Gebäude, welches das Gewirr der umliegenden Dächer nur wenig überragt (Abb. 1). In dieser Lage – mitten in der Stadt, nicht fern vom Rathaus, das mit dem Buchstaben *K* gekennzeichnet ist – ließe sich auf den ersten Blick vielleicht eine räumliche Entsprechung zur Verortung der kulturellen Praxis des Schriftgebrauchs in den rechtlichen, sozialen und politischen Strukturen der städtischen Gemeinde sehen.

Dass die Dinge nicht ganz so einfach liegen, erweist sich allerdings, wenn wir die auf dem Merian-Stich dargestellte Stadtschreiberei und ihre Umgebung etwas näher betrachten. Erst 1538 ließ der Pforzheimer Rat diesen Kanzleibau ausführen.[3] Ein älteres Gebäude, das

---

(Hrsg.): Pforzheim in der frühen Neuzeit. Beiträge zur Stadtgeschichte des 16. bis 18. Jahrhunderts. Sigmaringen 1989 (Pforzheimer Geschichtsblätter 7), S. 81–115.

3   Simon M. HAAG, Andrea BRÄUNING: Pforzheim. Spurensuche nach einer untergegangenen Stadt. Ubstadt-Weiher 2001 (Archäologischer Stadtkataster Baden-Württemberg 15 = Materialhefte zur Stadtgeschichte der Stadt Pforzheim 15), S. 144 f.; Emil LACROIX, Peter HIRSCHFELD, Wilhelm

Abbildung 2: Wappenstein von der ehemaligen Stadtschreiberei in Pforzheim (aus: Emil LACROIX, Peter HIRSCHFELD, Wilhelm PAESELER: Die Kunstdenkmäler der Stadt Pforzheim. Karlsruhe 1939 (Die Kunstdenkmäler Badens 9) [Nachdruck Frankfurt a.M./Bad Liebenzell 1983], S. 370).

speziell diesem Zweck gedient hätte, ist nicht bezeugt, und so ist die Vermutung erlaubt, dass vor 1538 der Stadtschreiber im Rathaus seinen Dienst versah.[4] Das einzige Relikt der Stadtschreiberei, die im 19. Jahrhundert abgetragen wurde, ein später auf Schloss Eberstein eingemauerter prächtiger Wappenstein (Abb. 2), zeigt zuoberst das markgräflich-badische Wappen, darunter sehr viel kleiner dasjenige der Stadt Pforzheim.[5] In einem wenige Schritte entfernten Hof war die Kanzlei des badischen Markgrafen Ernst untergebracht, der seit 1535 in Pforzheim residierte.[6] Dabei mag es sich um ein Provisorium gehandelt haben, denn 1558 ließ sein Sohn Karl II. eine neue Kanzlei errichten[7] – sieben Jahre, bevor er seine Residenz nach Durlach verlegte.

    PAESELER: Die Kunstdenkmäler der Stadt Pforzheim. Karlsruhe 1939 (Die Kunstdenkmäler Badens 9) [Nachdruck Frankfurt a.M., Bad Liebenzell 1983], S. 369 f.
4 Auf dem Merian-Stich ist der 1557 am Marktplatz errichtete Neubau des Rathauses dargestellt vgl. dazu LACROIX, HIRSCHFELD, PAESELER (wie Anm. 3), S. 367 (dort auch zum älteren Rathaus); HAAG, BRÄUNING (wie Anm. 3), S. 169.
5 LACROIX, HIRSCHFELD, PAESELER (wie Anm. 3), S. 370.
6 HAAG, BRÄUNING (wie Anm. 3), S. 145 (Haus von Menzingen II).
7 LACROIX, HIRSCHFELD, PAESELER (wie Anm. 3), S. 371–373; HAAG, BRÄUNING (wie Anm. 3), S. 146 f.

Schriftgebrauch in der Stadt, verstanden als Nutzung schriftlicher Medien in rechtlichen, sozialen und politischen Kommunikationszusammenhängen, erscheint so nicht allein als Sache der städtischen Gemeinde und des Rates als ihres Vertretungsorgans – vielmehr haben wir es in Pforzheim mit unterschiedlichen Trägern des Schriftgebrauchs zu tun. Dieser erscheint insbesondere in herrschaftliche Strukturen eingebettet – die Hierarchisierung von Stadt und Stadtherr ließe sich für das 16. Jahrhundert kaum sinnfälliger zum Ausdruck bringen als in dem genannten Wappenstein an der Stadtschreiberei.

Das mittelalterliche Pforzheim war vielfältig geprägt von den Beziehungen zwischen fürstlicher Stadtherrschaft und städtischer Gemeinde.[8] Als weiterer Faktor spielten in diesem Beziehungsgefüge geistliche Institutionen und Gemeinschaften eine wichtige Rolle. Neben den im Verhältnis zur Einwohnerzahl Pforzheims recht zahlreichen kirchlichen Einrichtungen innerhalb der Stadt kam dabei denjenigen jenseits der Mauern, die auf unterschiedliche Weise in die Stadt hineinwirkten, große ökonomische, soziale und rechtliche Bedeutung zu – vor allem den Klöstern Herrenalb, Frauenalb und Hirsau, Maulbronn und Lichtental,[9] außerdem dem Hochstift Speyer und teilweise den Speyerer Kollegiatstiften, vor allem dem Stift St. Guido, in dessen Archidiakonatssprengel Pforzheim lag.[10] Innerhalb dieser Koordinaten

---

8   Peter BLICKLE: Art. „Gemeinde, Gemeindeverfassung". In: Handwörterbuch zur deutschen Rechtsgeschichte, Bd. 1 ff., hrsg. von Albrecht CORDES u.a. 2., völlig überarbeitete und erweiterte Aufl., Berlin 2008 ff., hier Bd. 2, Lieferung 9, Sp. 47–54, hier Sp. 49 hebt hervor, dass Gemeinde und Herrschaft „in einem teils kooperativen, teils konfligierenden Verhältnis zueinander" stünden. Vgl. allgemein Peter BLICKLE: Kommunalismus. Skizzen einer gesellschaftlichen Organisationsform, 2 Bde. München 2000.

9   Vgl. Erwin OHNEMUS: Besitzungen und Rechte von Klöstern auf Pforzheimer Gemarkung. In: Pforzheimer Geschichtsblätter 1 (1961), S. 159–185. Einzelne Hinweise bieten Helmut PFLÜGER: Die Klostergrundherrschaft der Zisterzienserabtei Herrenalb. In: ZGO 146 (1998), S. 35–158, hier S. 144 f. und passim; Kurt ANDERMANN: Zur Besitz- und Wirtschaftsgeschichte des Klosters Herrenalb. In: Peter RÜCKERT, Hansmartin SCHWARZMAIER (Hrsg.): 850 Jahre Kloster Herrenalb. Auf Spurensuche nach den Zisterziensern. Stuttgart 2001 (Oberrheinische Studien 19), S. 109–122, hier S. 113 und 120; Franziska GEIGES: Das Benediktinerinnenkloster Frauenalb von den Anfängen bis zur Reformation. Frankfurt a.M. 1980 (Europäische Hochschulschriften III 145), S. 291; Kurt ANDERMANN: Zur Besitz- und Wirtschaftsgeschichte des Klosters Maulbronn. In: Maulbronn. Zur 850jährigen Geschichte des Zisterzienserklosters, hrsg. vom Landesdenkmalamt Baden-Württemberg. Stuttgart 1997 (Forschungen und Berichte der Bau- und Kunstdenkmalpflege in Baden-Württemberg 7), S. 31–42, hier S. 40; Reinhard SCHNEIDER: Maulbronns kulturelle Ausstrahlung im Mittelalter. In: Peter RÜCKERT, Dieter PLANCK (Hrsg.): Anfänge der Zisterzienser in Südwestdeutschland. Politik, Kunst und Liturgie im Umfeld des Klosters Maulbronn. Stuttgart 1999 (Oberrheinische Studien 16), S. 127–145, hier S. 143. – Zum ökonomischen Einfluss auswärtiger Klöster vgl. am Beispiel der Stadt Bretten Sven RABELER: Stadt – Umland – Region. Zur Wirtschaftsgeschichte des Kraichgaus (13. bis 16. Jahrhundert). In: Kurt ANDERMANN, Christian WIELAND (Hrsg.): Der Kraichgau. Facetten der Geschichte einer Landschaft. Epfendorf 2008 (Kraichtaler Kolloquien 6), S. 49–74, hier S. 65–68.

10 Vgl. allgemein Gerhard FOUQUET: Das Speyerer Domkapitel im späten Mittelalter (ca. 1350–1540). Adlige Freundschaft, fürstliche Patronage und päpstliche Klientel, 2 Bde. Mainz 1987

von gemeindlicher Genossenschaft, fürstlicher Herrschaft und kirchlichen Interessen vollzog sich seit der Zeit um 1200 die urbane Entwicklung Pforzheims – Gemeinde, Herrschaft und Kirche bestimmten in diesem konkreten Fall die Urbanisierung im Sinne der Ausbildung und Verdichtung rechtlicher, politischer und sozioökonomischer Strukturen sowie personaler Verflechtungen während des gesamten Mittelalters.

Die folgenden Ausführungen wenden sich einigen Aspekten der Kommunikationsprozesse zu, die während der frühen urbanen Entwicklung Pforzheims im 13. und 14. Jahrhundert innerhalb dieses komplexen Beziehungsgefüges abliefen. „Kommunikation" meint in diesem Zusammenhang nicht die bloße Informationsvermittlung, sondern die sich dabei vollziehende wechselseitige Zuschreibung von Bedeutungen, die soziale Sinnstiftung in den Austauschbeziehungen von Personen, Gruppen und Institutionen, die „kommunikativen Praktiken", die zur Konstituierung, Stabilisierung und Reproduktion sozialer Ordnungen führten.[11] Auch wenn dabei unter den Bedingungen der „Vergesellschaftung

---

(Quellen und Abhandlungen zur mittelrheinischen Kirchengeschichte 57); Karl Heinz DEBUS: Studien zur Personalstruktur des Stiftes St. Guido in Speyer. Mainz 1984 (Quellen und Abhandlungen zur mittelrheinischen Kirchengeschichte 51).

11 Vgl. Rudolf SCHLÖGL: Kommunikation und Vergesellschaftung unter Anwesenden. Formen des Sozialen und ihre Transformation in der Frühen Neuzeit. In: Geschichte und Gesellschaft 34 (2008), S. 151–224, hier S. 162 f.; Volker DEPKAT: Kommunikationsgeschichte zwischen Mediengeschichte und der Geschichte sozialer Kommunikation. Versuch einer konzeptionellen Klärung. In: Karl-Heinz SPIESS (Hrsg.): Medien der Kommunikation im Mittelalter. Stuttgart 2003 (Beiträge zur Kommunikationsgeschichte 15), S. 9–48, hier S. 10: „Im Unterschied zu Mediengeschichte soll Kommunikationsgeschichte als die Geschichte sozialer Kommunikation begriffen werden, also als die Geschichte der kommunikativen Praktiken, durch die Gesellschaften ihre Ordnung im Laufe der Jahrhunderte konstituiert, stabilisiert und reproduziert haben. [...] Eine Kommunikationsgeschichte setzt die Überlegung an den Anfang, daß sich Gesellschaft in Kommunikation vollzieht, daß Gesellschaft aus der Summe der Kommunikationen ihrer Teilnehmer besteht. Soziale Kommunikation findet in institutionell, sozial und regional differenzierten Räumen statt, und sie manifestiert sich als konkrete, macht- und hierarchiegefügte Praxis. Dies nimmt historisch spezifische Formen an, die identifiziert, beschreibend rekonstruiert und als Bestandteil vergangener Zeiten verstanden werden können." – Siehe außerdem Hedwig RÖCKELEIN: Kommunikation – Chancen und Grenzen eines mediävistischen Forschungszweiges. In: Das Mittelalter 6 (2001), Heft 1, S. 5–13 sowie den kompakten Forschungsüberblick bei Harm von SEGGERN: Herrschermedien im Spätmittelalter. Studien zur Informationsübermittlung im burgundischen Staat unter Karl dem Kühnen. Ostfildern 2003 (Kieler Historische Studien 41), S. 14–22. Um die Vielfalt der mit dem Begriff „Kommunikation" verbundenen Forschungsthemen zu umreißen, sei in Auswahl auf drei Tagungsbände mit stadtgeschichtlichem Bezug verwiesen: Alfred HAVERKAMP (Hrsg.): Information, Kommunikation und Selbstdarstellung im mittelalterlichen Gemeinden. München 1998 (Schriften des Historischen Kollegs, Kolloquien 40); Rudolf SCHLÖGL (Hrsg.): Interaktion und Herrschaft. Die Politik der frühneuzeitlichen Stadt, Konstanz 2004 (Historische Kulturwissenschaft 5); Jörg OBERSTE (Hrsg.): Kommunikation in mittelalterlichen Städten. Regensburg 2007 (Studien – Forum Mittelalter 3).

unter Anwesenden"[12] Formen der mündlichen und der symbolischen Kommunikation von großer Bedeutung waren, so kam doch auch den Schriftmedien eine wichtige Rolle zu.[13] Insbesondere Urkunden bildeten nicht allein die Resultate kommunikativer Prozesse ab, sie waren selbst Teil dieser Prozesse, hatten in ihrem Inhalt, in ihrer Form und in ihrer Materialität zeichenhaften Charakter, waren verschriftlichte Interaktion.[14]

Berührt wird damit ein gerade in jüngerer Zeit vieldiskutiertes Forschungsfeld. Während sich die ältere Literatur vereinzelt der Ausbildung städtischer Kanzleien sowie der städtischen Amtsbuch- und Aktenführung aus verwaltungsgeschichtlicher und hilfswissenschaftlicher Perspektive annahm,[15] wandte sich das Interesse seit der zweiten Hälfte der 1980er Jahre

---

12 Vgl. allgemein SCHLÖGL, Kommunikation (wie Anm. 11).
13 Im Übrigen können auch Schriftmedien in die symbolische Kommunikation integriert werden – vgl. Christoph DARTMANN: Urkunde und Buch in der symbolischen Kommunikation mittelalterlicher Rechtsgemeinschaften und Herrschaftsverbände. Münsteraner Sonderforschungsbereich 496 „Symbolische Kommunikation und gesellschaftliche Wertesysteme vom Mittelalter bis zur Französischen Revolution", Teilprojekt A 1. In: Jahrbuch der historischen Forschung in der Bundesrepublik Deutschland (2004), S. 41–51; Hagen KELLER, Christoph DARTMANN: Inszenierungen von Ordnungen und Konsens. Privileg und Statutenbuch in der symbolischen Kommunikation mittelalterlicher Rechtsgemeinschaften. In: Gerd ALTHOFF (Hrsg.): Zeichen – Rituale – Werte. Internationales Kolloquium des Sonderforschungsbereichs 496 an der Westfälischen Wilhelms-Universität Münster. Münster 2004 (Symbolische Kommunikation und gesellschaftliche Wertesysteme 3), S. 201–223. Siehe auch unten Anm. 56.
14 Zu Urkunden als Medien und als Teil kommunikativer Zusammenhänge vgl. z.B. Michael LINDNER: War das Medium schon die Botschaft? Mediale Form, Inhalt und Funktion mittelalterlicher Herrscherurkunden. In: Tom GRABER (Hrsg.): Diplomatische Forschungen in Mitteldeutschland. Leipzig 2005 (Schriften zur sächsischen Geschichte und Volkskunde 12), S. 29–57; Hagen KELLER: Zu den Siegeln der Karolinger und der Ottonen. Urkunden als ‚Hoheitszeichen' in der Kommunikation des Königs mit seinen Getreuen. In: Frühmittelalterliche Studien 32 (1998), S. 399–441. Aus mediävistischer Sicht insgesamt unzureichend ist Werner FAULSTICH: Medien und Öffentlichkeiten im Mittelalter. 800–1400. Göttingen 1996 (Die Geschichte der Medien 2), der S. 76–83 Urkunden dem „Schreibmedium Blatt" zuordnet. – Nach der (freilich uneinheitlichen) Terminologie der Kommunikationssoziologie ließe sich in diesem Zusammenhang statt von Medien auch von „medialen Techniken" sprechen – vgl. SEGGERN (wie Anm. 11), S. 20.
15 Als Beispiele seien genannt: Ernst PITZ: Schrift- und Aktenwesen der städtischen Verwaltung im Spätmittelalter. Köln – Nürnberg – Lübeck. Beitrag zur vergleichenden Städteforschung und zur spätmittelalterlichen Aktenkunde. Köln 1959 (Mitteilungen aus dem Stadtarchiv von Köln 45); Karl-Otto AMBRONN: Verwaltung, Kanzlei und Urkundenwesen der Reichsstadt Regensburg im 13. Jahrhundert. Kallmünz Opf. 1968 (Münchener Historische Studien, Abteilung Geschichtliche Hilfswissenschaften 6). – Gerade in jüngster Zeit hat sich das Interesse an Stadtbüchern stark belebt; vgl. z.B. Andreas PETTER: Schriftorganisation, Kulturtransfer und Überformung – drei Gesichtspunkte zur Entstehung, Funktion und Struktur städtischer Amtsbuchüberlieferung aus dem Mittelalter. In: Jürgen SARNOWSKY (Hrsg.): Verwaltung und Schriftlichkeit in den Hansestädten. Trier 2006 (Hansische Studien 16), S. 17–63; Christof ROLKER: „Eine Behörde – ein Buch"? Studien zu den Konstanzer Gemächtebüchern. In: ZGO 157 (2009), S. 41–61.

verstärkt Fragen nach den pragmatischen Funktionen von Schriftlichkeit im Mittelalter und den Einflüssen von Verschriftlichungsprozessen auf verschiedene Lebensbereiche zu.[16] Die damit initiierten kulturgeschichtlichen Forschungsansätze finden zwar bis heute ihre Fortsetzung, doch soweit urbane Kontexte dabei eine Rolle spielen,[17] finden kleine Städte in ihren spezifischen Existenzbedingungen wenig Beachtung. Umso bemerkenswerter ist dies, als sich die stadtgeschichtliche Forschung der jüngeren Zeit in vielerlei Hinsicht gerade des Phänomens der kleinen Städte mit wachsendem Engagement annimmt.[18] Doch auch die an „klassischen" Fragen interessierte Diplomatik hat sich mittlerweile verstärkt dem städtischen Urkundenwesen des späten Mittelalters zugewandt, wobei die diesem Thema gewidmete Tagung der „Commission internationale de Diplomatique" in Gent im Jahr

---

16 Verbunden war dies zunächst vor allem mit dem von 1986 bis 1999 an der Universität Münster bestehenden Sonderforschungsbereich 231 „Träger, Felder, Formen pragmatischer Schriftlichkeit im Mittelalter". Allein stellvertretend für die daraus hervorgegangene reiche Literatur sei auf den letzten Tagungsband des SFB verwiesen: Christel MEIER u.a. (Hrsg.): Pragmatische Dimensionen mittelalterlicher Schriftkultur (Akten des Internationalen Kolloquiums 26.–29. Mai 1999). München 2002 (Münstersche Mittelalter-Schriften 79). – Zur internationalen Forschung in diesem Bereich vgl. z.B. Karl HEIDECKER (Hrsg.): Charters and the Use of the Written Word in Medieval Society. Turnhout 2000 (Utrecht Studies in Medieval Literacy 5).

17 Vgl. z.B. Hagen KELLER, Thomas BEHRMANN (Hrsg.): Kommunales Schriftgut in Oberitalien. Formen, Funktionen, Überlieferung. München 1995 (Münstersche Mittelalter-Schriften 68); Irmgard FEES: Eine Stadt lernt schreiben. Venedig vom 10. bis zum 12. Jahrhundert. Tübingen 2002 (Bibliothek des Deutschen Historischen Instituts in Rom 103); Tobias HERRMANN: Anfänge kommunaler Schriftlichkeit. Aachen im europäischen Kontext. Siegburg 2006 (Bonner historische Forschungen 62).

18 Einschlägige Forschungsaufrisse bieten Jürgen SYDOW: Die Klein- und Mittelstadt in der südwestdeutschen Geschichte des Mittelalters. In: Hans-Peter BECHT (Hrsg.): Pforzheim im Mittelalter. Studien zur Geschichte einer landesherrlichen Stadt, Sigmaringen 1983 (Pforzheimer Geschichtsblätter 6), S. 9–38; Peter JOHANEK: Landesherrliche Städte – kleine Städte. Umrisse eines europäischen Phänomens. In: Jürgen TREFFEISEN, Kurt ANDERMANN (Hrsg.): Landesherrliche Städte in Südwestdeutschland. Sigmaringen 1994 (Oberrheinische Studien 12), S. 9–25; Franz IRSIGLER: Städtelandschaften und kleine Städte. In: Helmut FLACHENECKER, Rolf KIESSLING (Hrsg.): Städtelandschaften in Altbayern. Studien zum Phänomen der Kleinstädte während des Spätmittelalters und der Frühen Neuzeit. München 1999 (Zeitschrift für bayerische Landesgeschichte, Beihefte B 15), S. 13–38; Holger Th. GRÄF: „Small towns, large implications"? Bemerkungen zur Konjunktur der historischen Kleinstadtforschung. In: Peter JOHANEK, Franz-Joseph POST (Hrsg.): Vielerlei Städte. Der Stadtbegriff. Köln, Weimar, Wien 2004 (Städteforschung A 61), S. 145–158. Zum südwestdeutschen Raum siehe auch Gerhard FOUQUET: Stadt, Herrschaft und Territorium – Ritterschaftliche Kleinstädte Südwestdeutschlands an der Wende vom Mittelalter zur Neuzeit. In: ZGO 141 (1993), S. 70–120. Außerdem sei verwiesen auf die regionale Studie von Martina STERCKEN: Städte der Herrschaft. Kleinstadtgenese im habsburgischen Herrschaftsraum des 13. und 14. Jahrhunderts. Köln, Weimar, Wien 2006 (Städteforschung A 68).

1998 eine wichtige Wegmarke bildete,[19] auch wenn Peter-Johannes Schuler noch 2000 allgemein und möglicherweise eine Spur zu pessimistisch feststellte, dass die „diplomatische Erforschung des spätmittelalterlichen Urkundenwesens […] bis heute ein Stiefkind der Diplomatik geblieben" sei.[20]

Der vorliegende Beitrag widmet sich Urkunden in ihren kommunikativen Funktionen und Kontexten in mehreren exemplarisch gewählten und in der Pforzheimer Überlieferung vergleichsweise gut dokumentierten Bereichen, denen für die Formierung urbaner Strukturen besondere Bedeutung zukommt.[21] Die sich wandelnde Verbindung zwischen Herrschaft und Gemeinde wird zunächst anhand einiger Urkunden des 13. Jahrhunderts analysiert, welche die Rechte der Klöster Herrenalb und Maulbronn in der Stadt betreffen. In einem zweiten Schritt werden die zwischen 1348 und 1399 entstandenen Pforzheimer Schwörbriefe auf Aussagen zu den Beziehungen zwischen der Stadt und den badischen Markgrafen hin befragt. Schließlich wird mit den im Rahmen der freiwilligen Gerichtsbarkeit entstandenen Urkunden ein Binnenaspekt der Entwicklung gemeindlicher Strukturen ins Blickfeld gerückt. Zu fragen ist nach der Funktion und der Gestaltung von Urkunden im Konnex herrschaftlicher und gemeindlicher Verfasstheiten, nach den zu ihrer Regelung sich entwickelnden Verfahren und den dabei vollzogenen Deutungen. Der Begriff „Verfahren" bezeichnet dabei Kommunikationsprozesse, die – im Gegensatz zum „Ritual", das Alternativen von vornherein ausschließt – unterschiedliche Möglichkeiten, Entscheidungen oder Reaktionen zulassen

---

19   Die Kongressakten liegen publiziert vor: Walter PREVENIER, Thérèse de HEMPTINNE (Hrsg.): La diplomatique urbaine en Europe au moyen âge. Actes du congrès de la Commission internationale de Diplomatique, Gand, 25–29 août 1998. Leuven, Apeldoorn 2000 (Studies in Urban Social, Economic and Political History of the Medieval and Early Modern Low Countries 9). Exemplarisch verwiesen sei außerdem auf Henning STEINFÜHRER: Urkunden- und Kanzleiwesen der sächsischen Städte im Spätmittelalter. In: GRABER (wie Anm. 14), S. 163–184; HERMANN (wie Anm. 17). – Zur Entwicklung der diplomatischen Erforschung mittelalterlicher „Privaturkunden" wie auch zur Kritik an diesem Terminus vgl. Paul HEROLD: Wege der Forschung: Über den Begriff und das Wesen der mittelalterlichen Privaturkunde unter besonderer Berücksichtigung der österreichischen Forschung. In: Karel HRUZA, Paul HEROLD (Hrsg.): Wege zur Urkunde, Wege der Urkunde, Wege der Forschung. Beiträge zur europäischen Diplomatik des Mittelalters. Wien, Köln, Weimar 2005 (Forschungen zur Kaiser- und Papstgeschichte des Mittelalters. Beihefte zu J. F. Böhmer, Regesta Imperii 24), S. 225–256.

20   Peter-Johannes SCHULER: Die spätmittelalterliche Vertragsurkunde. Untersucht an den Urkunden der Grafen von Württemberg 1325–1392. Paderborn u.a. 2000 (Quellen und Forschungen aus dem Gebiet der Geschichte N.F. 14), S. 6. – Bei dieser Äußerung ist nicht nur zu bedenken, dass sie in ihrer publizierten Form ein Jahrzehnt zurückliegt, sondern möglicherweise auch, dass die zugrundeliegende Habilitationsschrift des Autors bereits 1981 angenommen wurde.

21   Zur Überlieferung Pforzheim betreffender Urkunden vgl. Sven RABELER: Über ein zukünftiges Urkundenbuch zur mittelalterlichen Geschichte der Stadt Pforzheim (bis 1565). Skizze eines Editionsprojekts. In: Christian GROH (Hrsg.): Neue Beiträge zur Stadtgeschichte II. Stuttgart 2001 (Pforzheimer Geschichtsblätter 10), S. 9–21.

oder zuzulassen scheinen, die entwicklungsfähig sind (während Rituale unabänderlich erscheinen – es aber natürlich nicht sind) und deren Ausgestaltung in diesem Sinne rationale Züge trägt (wenn auch nicht zwangsläufig solche, die der modernen Rationalität gemäß wären).[22] Beschrieben werden auf diese Weise nicht gemeindliche und herrschaftliche Institutionen, Ausgangspunkt ist vielmehr ein „akteurs- und handlungsorientierter Ansatz", der politisch-soziale Formierungen in der „Kommunikation zwischen Akteuren" begreift.[23] Der in den Blick genommene Zeitraum reicht vom frühesten schriftlichen Niederschlag der Stadtwerdung Pforzheims um 1200 bis zum Schwörbrief von 1399 und zum Auftreten des ersten öffentlichen Notars um 1400.

Fürst, Kloster, Stadt – Kommunikation zwischen Herrschaft und Gemeinde im 13. Jahrhundert

Am Anfang der städtischen Entwicklung Pforzheims – oder besser gesagt: ihrer schriftlichen Dokumentation – steht eine fürstliche Urkunde: keine Stadtrechtsverleihung (eine solche ist für Pforzheim nicht überliefert), kein städtisches Privileg, wohl aber eine Urkunde, die punktuell, gewissermaßen wie in einem Brennglas, Auskunft gibt über die frühe Verbindung zwischen dem Stadtherrn und dem noch jungen städtischen Gemeinwesen. Das in die Zeit um 1200 zu datierende Mandat des welfischen Pfalzgrafen Heinrich († 1227) ist an Schultheiß und Bürger seiner Stadt Pforzheim gerichtet *(sculteto et universis civibus suis*

---

22 Zum Begriffspaar „Verfahren" und „Ritual" vgl. SCHLÖGL, Kommunikation (wie Anm. 11), S. 191–196; Andreas WÜRGLER: Zwischen Verfahren und Ritual. Entscheidungsfindung und politische Integration in der Stadtrepublik Bern in der Frühen Neuzeit. In: SCHLÖGL, Interaktion (wie Anm. 11), S. 63–91.

23 Mit Blick auf die frühe Neuzeit, aber methodisch darüber hinausgehend, formuliert Wolfgang MAGER: Genossenschaft, Republikanismus und konsensgestütztes Ratsregiment. Zur Konzeptionalisierung der politischen Ordnung in der mittelalterlichen und frühneuzeitlichen deutschen Stadt. In: Luise SCHORN-SCHÜTTE (Hrsg.): Aspekte der politischen Kommunikation im Europa des 16. und 17. Jahrhunderts. Politische Theologie – Res Publica-Verständnis – konsensgestützte Herrschaft. München 2004 (Historische Zeitschrift, Beihefte N.F. 39), S. 13–122, hier S. 15 f.: „Bereits diese sehr kurzen Bemerkungen zur Handhabung der monarchischen Gewalt in der absoluten Monarchie mögen vor Augen führen, daß sich die Eigenheiten dieses Regiments schwerlich einer Betrachtungsweise erschließen, die bei der Untersuchung der Institutionen stehenbleibt. Vielmehr empfiehlt sich ein akteurs- und handlungsorientierter Ansatz, der das Wechselspiel zwischen dem Fürsten und den eigenständigen Gewalten des Fürstentums als Kommunikation zwischen Akteuren hervortreten läßt. Wie im Prozeß der politischen Kommunikation die Gewichte verteilt waren, und inwieweit der Fürst den beherrschenden Part spielte oder nicht, das ist dann von Mal zu Mal zu bestimmen. Eine solche akteurs- und handlungsorientierte Betrachtungsweise empfiehlt sich auch zur Kennzeichnung des Verhältnisses von Rat und Bürgern in der sich selbst regierenden vormodernen deutschen Stadt."

in Phorceim).²⁴ Die Adressaten erscheinen dabei freilich vor allem als Objekt fürstlichen Handelns, denn Heinrich machte ihnen bekannt, dass er das Kloster Herrenalb in seinen Schutz genommen und von Zoll und Dienstbarkeit befreit habe: *Scire igitur debetis, quod predictam ecclesiam a thelonio et a quolibet indebito servicio liberam dimisimus*, ließ der Herr wissen. Weder der Schultheiß noch ein anderer herrschaftlicher Amtsträger (*officiatus*) habe vom Kloster Zoll zu erheben. Formuliert ist der Text eindeutig als Befehl (*vobis precipimus*). An die Urkunde wurde das Siegel des Ausstellers gehängt.

Rund sechs Jahrzehnte später – Pforzheim war mittlerweile an die Markgrafen von Baden gefallen – stellte sich ein inhaltlich paralleler Vorgang in seiner urkundlichen Ausgestaltung etwas anders dar. 1258 freite Markgraf Rudolf I. († 1288) den Abt und den Konvent des Klosters Maulbronn von Zoll und Ungeld zu Pforzheim. Zu diesem Zweck wurde unter dem Datum des 16. Januar eine markgräfliche Urkunde ausgestellt, mit der dem Kloster die Abgabenbefreiung verbrieft wurde.²⁵ Das Privileg siegelten der Markgraf und seine Mutter. Zwei Tage später, am 18. Januar, stellten der Pforzheimer Schultheiß Erlewin und elf namentlich genannte Ratsherren und Geschworene (*consules et iurati civitatis de Phorzeim*) sowie die Gesamtheit der Bürger (*universitasque civium*) eine weitere Urkunde aus, mit der sie die Zollfreiheit Maulbronns zu beachten versprachen und die sie mit ihrem Siegel (*sigillum civitatis nostre*) versahen.²⁶ Mit den *consules et iurati* fassen wir erstmals die Angehörigen des städtischen Gerichts, das zugleich Aufgaben eines Rates wahrnahm. Erst 1381 lässt sich die personelle Trennung von Gerichts- und Ratsgremium nachweisen.²⁷ Der Pforzheimer Schultheiß war – wie auch in anderen badischen Städten – ein herrschaft-

---

24 WUB, Bd. 2, Nr. 494, S. 312; Rüdiger LENZ (Bearb.), Meinrad SCHAAB (Hrsg.): Ausgewählte Urkunden zur Territorialgeschichte der Kurpfalz 1156–1505. Stuttgart 1998 (Veröffentlichungen der Kommission für geschichtliche Landeskunde in Baden-Württemberg A 41), Nr. 9, S. 11. Vgl. Gottfried CARL (Bearb.): Regesten zur Geschichte der Stadt Pforzheim 1195–1431, hrsg. und ergänzt von Hans-Peter BECHT. Pforzheim 1998 (Materialien zur Stadtgeschichte 12), Nr. 1, S. 21. – Zur Datierung der Urkunde in die Zeit nach 1199 siehe Bernd SCHNEIDMÜLLER: Die Siegel des Pfalzgrafen Heinrich bei Rhein, Herzogs von Sachsen (1195/96–1227). In: Niedersächsisches Jahrbuch für Landesgeschichte 57 (1985), S. 257–265, hier S. 264.
25 HStAS A 502 U 34. Gedruckt in: WUB, Bd. 5, Nr. 1475, S. 242 f. Vgl. CARL (wie Anm. 24), Nr. 12, S. 24 f.; RMB, Bd. 1, Nr. 434, S. 38; ANDERMANN, Maulbronn (wie Anm. 9), S. 40.
26 HStAS A 502 U 35. Gedruckt in: WUB, Bd. 5, Nr. 1476, S. 243. Vgl. CARL (wie Anm. 24), Nr. 13, S. 25; RMB, Bd. 1, Nr. 435, S. 38.
27 Hans-Peter BECHT: Pforzheim im Mittelalter. Bemerkungen und Überlegungen zum Stand der Forschung, in: DERS. (wie Anm. 18), S. 39–62, hier S. 44; Stefan PÄTZOLD: Für Kommerz, Kommune und Kirche. Pforzheims Oberschicht im Mittelalter. In: DERS. (Hrsg.): Neues aus Pforzheims Mittelalter. Heidelberg, Ubstadt-Weiher, Basel 2004 (Materialien zur Stadtgeschichte 19), S. 123–138, hier S. 131 f., mit dem Vorschlag, vor 1381 vom „Geschworenen-Rat" zu sprechen; Rüdiger STENZEL: Die Städte der Markgrafen von Baden. In: TREFFEISEN, ANDERMANN (wie Anm. 18), S. 88–130, hier S. 111.

licher Funktionsträger, der in Vertretung des Stadtherrn den Vorsitz im Gericht führte. In Pforzheim entstammten die Schultheißen freilich der städtischen Oberschicht, und wahrscheinlich wurden sie – zumindest ab einem nicht näher bestimmbaren Zeitpunkt – durch die Richter gewählt.[28]

Den beiden geschilderten Vorgängen lässt sich ein dritter Fall an die Seite stellen: Nochmals knapp vier Jahrzehnte später, im Dezember 1295, setzte Markgraf Friedrich II. von Baden († 1333) urkundlich fest, dass der zu Pforzheim gesessene Wirt (*hospes*) des Klosters Herrenalb weder zu herrschaftlichen noch zu städtischen Abgaben herangezogen werden dürfe.[29] Erteilt wurde dieses Privileg mit Zustimmung der Pforzheimer Bürger (*de unanimi consensu civium nostrorum in Phorzheim*), außerdem hatte das Kloster jährlich 5 Pfund Heller an die Stadt zu entrichten. Der Schultheiß und zwölf Geschworene – allesamt namentlich aufgeführt – bestätigten den Vorgang und hängten das Siegel der Stadt (*sigillum civitatis*) neben dasjenige des Markgrafen.

Diese drei Urkunden verdeutlichen die Entwicklung des Verhältnisses zwischen der Stadt Pforzheim und ihren fürstlichen Herren. Was um 1200 noch als einfache herrschaftliche Anweisung erscheint, an der die Betroffenen – soweit der Text zu erkennen gibt – in keiner Weise beteiligt waren, erhielt 1258 bereits die Form eines komplexeren Verfahrens. Ob dabei die Bestätigung der Maulbronner Zollbefreiung von Pforzheimer Seite als erforderliche Zustimmung oder als bloße Zusage der Ausführung des herrschaftlichen Willens zu interpretieren ist, kann anhand des Wortlauts nicht eindeutig entschieden werden – dass in der vorangehenden markgräflichen Urkunde keine Pforzheimer Zeugen erscheinen, spricht eher gegen eine intensivere Beteiligung der Stadt. Allerdings erweiterten die Pforzheimer ihrerseits das fürstliche Privileg insofern, als sie dem Kloster Abgabenfreiheit nicht nur beim Kauf und Verkauf von Waren, sondern auch beim Transport durch den Ort zusagten: Zumindest an dieser Stelle griffen die städtischen Vertreter aktiv in den Vorgang ein, wurden selbst zum handelnden – und nicht allein reagierenden oder ausführenden – Part. Bemerkenswert ist weiterhin, dass die städtische Gemeinde, vertreten durch *consules et iurati* in Verbindung mit dem Schultheißen, 1258 überhaupt eine eigene Urkunde ausstellte und besiegelte. Zudem ist die namentliche Aufführung der Vertreter Pforzheims zu beachten, profilierte sich damit doch die politische Führungsschicht der Stadt, und zugleich gewann die Gemeinde in ihrer personalen Repräsentation Kontur.[30] 1295 war dieses Verfahren schließlich noch weiter entwickelt: Nunmehr war ausdrücklich von der Zustimmung (*consensus*) der Stadtgemeinde die Rede,[31] ganz im Sinne

---

28 BECHT (wie Anm. 27), S. 44; STENZEL (wie Anm. 27), S. 109 f.; PÄTZOLD (wie Anm. 27), S. 132.
29 HStAS A 489 K 712. Gedruckt in: ZGO 2 (1851), S. 449 f. Vgl. CARL (wie Anm. 24), Nr. 49, S. 39; BECHT (wie Anm. 27), S. 45 f.
30 Zur politischen und sozialen Führungsschicht Pforzheims im Mittelalter vgl. BECHT (wie Anm. 27), S. 46–53; PÄTZOLD (wie Anm. 27); Johann Georg Friedrich PFLÜGER: Geschichte der Stadt Pforzheim. Pforzheim 1862 [Nachdruck Pforzheim 1989, mit einer Einleitung von Hans-Peter BECHT], S. 81–87.
31 Ähnlich PÄTZOLD (wie Anm. 27), S. 132.

der konsensualen Herrschaftspraxis.[32] Wie dieser Konsens zwischen Herr und Stadt zustande kam und inwieweit dahinter reale Einwirkungsmöglichkeiten standen, erfahren wir nicht, doch klar zu erkennen ist immerhin, dass die städtischen Interessen – abweichend von den früheren Vorgängen – besondere Berücksichtigung erfuhren, indem die Stadt nunmehr eine Ausgleichszahlung für die entgangenen Abgaben zugesprochen bekam. Der gesamte Vorgang wurde außerdem in nur noch einer Urkunde zusammengefasst: Während 1258 die fürstliche Privilegierung und die städtische Gehorsamsgelobung voneinander getrennt waren, erscheinen 1295 herrschaftliche Rechtsverleihung und gemeindlicher Konsens in ihrer schriftlichen Fixierung unauflösbar ineinander verschränkt. All dies setzt voraus, dass es vor der Urkundenausstellung Verhandlungen zwischen dem Markgrafen und der Stadt gegeben haben muss, wie immer diese ausgesehen haben mögen. Ein Erklärungsmoment für die Entwicklung, die sich umrisshaft abzeichnet, liefert der Umstand, dass 1273 zwölf Pforzheimer Bürger in einer Schuldverschreibung Markgraf Rudolfs I. als Bürgen erscheinen – die Nutzung der städtischen Kapitalkraft durch den Herrn dürfte die Verflechtung von Herrschaft und Gemeinde gefördert haben.[33] Mehr noch als die rechtlichen Resultate selbst demonstrieren so die unterschiedlichen Kommunikationssituationen und die Verfahrensentwicklung die grundlegenden Änderungen in den Beziehungen zwischen Stadt und Stadtherr.

Dass wir über deren frühes Verhältnis vor allem durch Urkunden unterrichtet sind, welche die Angelegenheiten von Klöstern betreffen, ist im Übrigen mitnichten ein „Überlieferungs-Zufall", sondern Folge der „Überlieferungs-Chance":[34] Pforzheim betreffende Urkunden des 13. und partiell auch noch des 14. Jahrhunderts verdanken wir ganz allgemein zu erheblichen Teilen klösterlichen Provenienzen. Dies könnte aber auch dafür sprechen, dass die Beziehungen zwischen Stadtherr und Gemeinde sonst vorwiegend in Formen der

---

32 Vgl. dazu vor allem mit Blick auf die mittelalterliche Königsherrschaft Bernd SCHNEIDMÜLLER: Konsensuale Herrschaft. Ein Essay über Formen und Konzepte politischer Ordnung im Mittelalter. In: Paul-Joachim HEINIG (Hrsg.): Reich, Regionen und Europa in Mittelalter und Neuzeit. Festschrift für Peter Moraw. Berlin 2000, S. 53–87; Steffen PÄTZOLD: Konsens und Konkurrenz. Überlegungen zu einem aktuellen Forschungskonzept der Mediävistik. In: Frühmittelalterliche Studien 41 (2007), S. 75–103; zur konsensgestützten (Rats-)Herrschaft innerhalb der Stadt Ulrich MEIER, Klaus SCHREINER: Regimen civitatis. Zum Spannungsverhältnis von Freiheit und Ordnung in alteuropäischen Stadtgesellschaften. In: DIES. (Hrsg.): Stadtregiment und Bürgerfreiheit. Handlungsspielräume in deutschen und italienischen Städten des Späten Mittelalters und der Frühen Neuzeit. Göttingen 1994 (Bürgertum. Beiträge zur europäischen Gesellschaftsgeschichte 7), S. 11–34; Klaus SCHREINER: Teilhabe, Konsens und Autonomie. Leitbegriffe kommunaler Ordnung in der politischen Theorie des späten Mittelalters und der frühen Neuzeit. In: Peter BLICKLE (Hrsg.): Theorien kommunaler Ordnung in Europa. München 1996 (Schriften des Historischen Kollegs, Kolloquien 36), S. 35–61, hier S. 48–53; MAGER (wie Anm. 23).
33 CARL (wie Anm. 24), Nr. 25, S. 29 f.; RMB, Bd. 1, Nr. 491, S. 45.
34 Vgl. allgemein Arnold ESCH: Überlieferungs-Chance und Überlieferungs-Zufall als methodisches Problem des Historikers. In: Historische Zeitschrift 240 (1985), S. 529–570, hier insbesondere S. 538.

mündlichen und symbolischen Kommunikation vollzogen wurden, dass also in diesem Zusammenhang während des 13. Jahrhunderts auf schriftgestütztes Handeln noch weitgehend verzichtet wurde – es sei denn, dass die Interessen geistlicher Gemeinschaften mit ihrer seit längerer Zeit stark ausgebildeten Schriftorientierung betroffen waren.

Die mediale Funktion einer Urkunde hängt stets auch an ihrer inneren und äußeren Form. Mit Blick auf die städtische Gemeinde ist insbesondere die Urkunde vom 18. Januar 1258, mit welcher der Schultheiß sowie die *consules et iurati* versicherten, die Maulbronner Zollfreiheit beachten zu wollen, auf ihre Entstehungsbedingungen hin zu prüfen.[35] Dass die markgräfliche Urkunde vom 16. Januar und die städtische Urkunde vom 18. Januar unmittelbar miteinander zusammenhängen, deutet bereits die in beiden Fällen wortgleiche Inscriptio an, die jeweils an den Anfang gestellt ist: *Universis Christi fidelibus tam presentibus quam futuris presentem paginam inspecturis* […]. Auch die in beiden Fällen identische Schreibweise von Eigennamen zeigt diese Verbindung an. Der paläographische Vergleich erweist schließlich eindeutig, dass beide Stücke auf denselben Schreiber zurückgehen. Dieser ist entweder in der markgräflichen Kanzlei zu suchen oder – und das ist weitaus wahrscheinlicher – im Kloster Maulbronn, so dass uns zwei Empfängerausfertigungen vorliegen dürften. Jedenfalls wurde die Urkunde, die 1258 die Vertreter Pforzheims ausstellten und besiegelten, nicht durch einen städtischen Schreiber aufgesetzt.

Wenden wir uns vor diesem Hintergrund einer anderen zeitnahen Urkunde zu, die seitens der Stadt Pforzheim ausgestellt wurde. Am 25. Juli 1256 urkundete der Schultheiß Erlewin Rummelin gemeinsam mit seinen *concives* über einen Güterkauf: Das Kloster Herrenalb erwarb von dem Ritter Werner Frucht von Weil Zehntrechte in Dietenhausen.[36] Mithin handelte es sich um die Bezeugung eines Rechtsgeschäftes zwischen zwei Parteien durch eine daran nicht unmittelbar beteiligte dritte Seite. An demselben Tag stellte auch der Adlige Otto von Roßwag als Lehnsherr eine Urkunde über den Verzicht seines Vasallen Werner Frucht von Weil und über die Verleihung von dessen Zehntanteil an Herrenalb aus.[37] Der paläographische Vergleich beider Stücke ergibt weitgehende Übereinstimmungen und einen gemeinsamen Schriftduktus, so dass wahrscheinlich von derselben Hand, zumindest aber von derselben Kanzlei auszugehen ist. Dass sich Otto von Roßwag an einen in Pforzheimer Diensten stehenden Schreiber gewandt hätte, ist unwahrscheinlich. Vielmehr ist auch diesmal die Herstellung beider Urkunden im Kloster Herrenalb zu vermuten, woraufhin seitens der jeweiligen Aussteller nur noch das Siegel angehängt worden wäre.

Dass sich der Herrenalber Konvent bei der schriftlichen Abwicklung dieser Angelegenheit nach Pforzheim wandte, ist verständlich angesichts der engen Kontakte, welche die Stadt und das Kloster in der zweiten Hälfte des 13. Jahrhunderts pflegten. Wiederholt sind Schenkungen Pforzheimer Stadtbürger bezeugt. So übergab 1240 ein namentlich nicht näher

---

35 Vgl. oben bei Anm. 26.
36 HStAS A 489 K 171. Gedruckt in: ZGO 31 (1879), S. 241 f.
37 HStAS A 489 K 172. Gedruckt in: ebd., S. 242.

bezeichneter Werner seinen allodialen Besitz zu Bretten an Herrenalb.[38] 1259 schenkte die Witwe des Erlewin Liebener, Mechthild, ihre Güter in Durlach an das im Schwarzwald gelegene Kloster.[39] 1284 folgten Bertold, Albert und Gotebold Weis (Güter in Ittersbach),[40] 1295 Heinrich Hoppho und seine Frau Ellinde (ein halber Hof in Hochdorf und der dortige Zehnt).[41] Ein Sohn des Albert Liebener, Eberhard, der selbst in den Herrenalber Konvent eingetreten war, beurkundete 1292, dass er seinen Anteil am großmütterlichen Erbe seiner Mutter Lukard Liebener zum lebenslänglichen Nutznieß, nach deren Tod aber dem Kloster Herrenalb übertragen habe.[42] Die Familien Liebener, Weis und Hoppho gehörten allesamt der Pforzheimer Oberschicht an, sie erscheinen 1258 unter den Geschworenen, die Liebener und Weis ebenso 1295.[43] Als 1296 Albert Hofwart von Sickingen eine Hälfte des Dorfes Stupferich an das Kloster Herrenalb verkaufte, setzte er zu Bürgen neben anderen Erlewin Rummelin und Gotebold Weis ein[44] – auch wenn wir keine weitere Kenntnis über das Zustandekommen der Bürgenliste besitzen, so ist doch anzunehmen, dass diese Personen von Abt und Konvent ausdrücklich akzeptiert wurden. 1263, 1268 und 1272 fungierten Pforzheimer Bürger als Zeugen in Urkunden verschiedener adliger und ritterlicher Aussteller, die das Kloster Herrenalb empfing.[45] Die Beurkundung eines Güterkaufs, wie 1256 geschehen, fügt sich nahtlos in dieses Bild der vor allem von persönlicher Nähe geprägten Verbindungen zwischen der Stadt – insbesondere der städtischen Oberschicht – und dem rund 20 Kilometer entfernten Kloster.

Klösterliche Empfängerausfertigungen waren nichts Ungewöhnliches. Monastische Gemeinschaften waren im Hochmittelalter zentrale Träger der Schriftlichkeit – und sie blieben es hinsichtlich der Urkundenproduktion oftmals über weite Strecken des 13. Jahrhunderts.[46] Freilich musste die Kontrolle über den Herstellungsprozess einer Urkunde keineswegs auch die Kontrolle über deren Inhalt nach sich ziehen. Schon Oswald Redlich hat darauf hingewiesen, dass der Akt der Besiegelung dem Aussteller die Möglichkeit geboten habe, den

---

38 Carl (wie Anm. 24), Nr. 2, S. 21. Siehe auch unten bei Anm. 71.
39 Ebd., Nr. 16, S. 26. Siehe auch unten bei Anm. 73.
40 Ebd., Nr. 35, S. 33 f.
41 Ebd., Nr. 48, S. 38 f.
42 Ebd., Nr. 43, S. 36 f. Siehe auch unten bei Anm. 83.
43 Siehe oben Anm. 26 und 29.
44 Carl (wie Anm. 24), Nr. 50, S. 39 f.
45 Ebd., Nr. 18, S. 27; Nr. 23 f., S. 29. – Ähnlich enge Beziehungen sind in dieser Zeit auch zum Kloster Maulbronn belegt; vgl. ebd., Nr. 3, S. 22; Nr. 7, S. 23; Nr. 10, S. 24; Nr. 14, S. 25; Nr. 21, S. 28; Nr. 42, S. 36; Nr. 47, S. 38; Nr. 54, S. 41.
46 Vgl. allgemein zu Empfängerausfertigungen Oswald Redlich: Die Privaturkunden des Mittelalters. München, Berlin 1911 (Handbuch der Mittelalterlichen und Neueren Geschichte, Abt. 4: Hilfswissenschaften und Altertümer, Bd. [2]: Urkundenlehre, Teil 3), S. 124–134; für den südwestdeutschen Raum [Philipp] Schneider: Zur Lehre von der schwäbischen Privaturkunde des 13. Jahrhunderts. In: Archivalische Zeitschrift 11 (1886), S. 1–18, hier S. 7 f.

Urkundeninhalt zu prüfen.⁴⁷ Allerdings wissen wir nicht, inwieweit im jeweiligen Einzelfall tatsächlich eine effektive Kontrolle stattfand – und mit Blick auf eine lateinische Urkunde stellt sich außerdem die Frage, wer in der Stadt Pforzheim während des 13. Jahrhunderts zu dieser Kontrolle herangezogen wurde. Und wichtig ist schließlich, dass auf diese Weise zwar der rechtliche Inhalt einer Urkunde überprüft werden konnte, die Einflussnahme auf ihre sprachliche, formale und materielle Gestaltung aber schwierig sein musste.

Somit ist die Frage, ab wann es eine eigenständige städtische Urkundenproduktion gegeben hat, durchaus von Bedeutung. Nicht nur für die 1250er Jahre, sondern für das gesamte 13. Jahrhundert fehlen bislang Anhaltspunkte für die Existenz einer städtischen „Kanzlei" – ein wissenschaftlicher Vereinbarungsbegriff, der keinerlei Vorstellungen hinsichtlich Umfang und Organisation implizieren darf. Denn die nächsten Zeugnisse, welche die Tätigkeit einer Pforzheimer Kanzlei belegen können, also eines Schreibers, der im Auftrag und in Abhängigkeit von Gericht und Gemeinde gearbeitet hätte, gehören erst der Zeit nach 1300 an. Darauf wird zurückzukommen sein.⁴⁸ Zuvor aber sei die Kommunikation zwischen Stadtherr und Gemeinde für das 14. Jahrhundert weiterverfolgt, und zwar anhand der Pforzheimer Schwörbriefe, die aus den Jahren 1348, 1381, 1384 und 1399 vorliegen.

Der herrschaftsdominierte Konsens – Herrschaft und Gemeinde in den Schwörbriefen des 14. Jahrhunderts

Mit einer auf den 9. Dezember 1348 datierten Urkunde erkannten elf Geschworene und 87 Bürger der Stadt Pforzheim – allesamt namentlich aufgeführt – gegenüber ihren Herren, den badischen Markgrafen Friedrich III. († 1353) und Rudolf V. († 1361), das Verbot an, mit Leib und Gut aus der Stadt zu ziehen, sich unter fremden Schutz zu begeben oder ohne herrschaftliche Zustimmung andernorts als Bürge zu fungieren.⁴⁹ Es handelt sich um eines der frühesten Abzugsverbote im südwestdeutschen Raum, die in Form beurkundeter Masseneide vor allem aus dem späten 14. Jahrhundert häufiger vorliegen.⁵⁰ Der konkrete Inhalt soll hier nicht detailliert erörtert werden, vielmehr geht es erneut vor allem um

---

47 REDLICH (wie Anm. 46), S. 137: „In all diesen verschiedenartigen Fällen und Varianten der Empfänger-Beteiligung und -Herstellung – mit einziger Ausnahme des Blanketts – war es schließlich die Besiegelung, welche dem Aussteller Anlaß und Möglichkeit zur Kontrolle des Urkundeninhaltes bot."
48 Siehe unten bei Anm. 95.
49 GLA 36/309. Gedruckt in: Leonard KORTH (Bearb.): Urkunden des Stadtarchivs zu Pforzheim. Pforzheim 1899, S. 110–115. Vgl. CARL (wie Anm. 24), Nr. 116, S. 66; RMB, Bd. 1, Nr. 1053, S. 106.
50 Vgl. allgemein Hans-Martin MAURER: Masseneide gegen Abwanderung im 14. Jahrhundert. Quellen zur territorialen Rechts- und Bevölkerungsgeschichte. In: Zeitschrift für Württembergische Landesgeschichte 39 (1980), S. 30–99, zu Pforzheim S. 38–40.

das kommunikative Verfahren. Der Ausfertigung der Urkunde war die Eidesleistung aller aufgeführten Personen vorausgegangen, und zwar nicht in Pforzheim, sondern im markgräflichen Residenzort Baden (*die da geschworn ze Baden hant*). Der gesamte Vorgang wird in der Narratio ausführlich geschildert, wobei drei Schritte erkennbar sind:

(1) Zunächst seien die Aussteller mit den beiden markgräflichen Brüdern zu einer Übereinkunft gelangt (*daz wir einhälklichen und unverscheidenlichen [...] ubereinkomen sint mit unsern gnädigen herren [...] aller der sach, buntnüzse*[51] *und articel, so hie nachgeschriben stant*). Grundlage ist der gefundene Konsens (*ubereinkomen*). Die Formulierung ist nicht selbstverständlich, fehlt ein vergleichbarer Hinweis doch beispielsweise in einer Urkunde von 1342, mit der Richter und Gemeinde der Stadt Bretten ihrem Pfandherrn Pfalzgraf Ruprecht I. († 1390) huldigten und neben anderem das Abzugsverbot beschworen.[52]

(2) Darauf folgt als Akt der symbolischen Kommunikation die Eidesleistung: *[...] und wir [...] dez geschworn hant unsern vorgnanten herren und allen iren erben gestabet eyd*[53] *zů den heiligen mit gelerten worten*[54] *und ufhebeten henden, dieselben nachgeschriben büntnuze und articel stet zů halten und darwider uns nit ze weren, ze tön noch ze sprechen noch schaffen getan, heimlichen noch offentlichen, nu oder hernach, in dehein wiz noch weg, mit worten, mit wercken, räten noch gedäten noch helfen, daz unser vorgnant herrschaft von Baden noch iren erben geschaden möht oder gesümen oder geirren an deheinen sachen der nachgeschriben büntnuze und articel, an alle geverde.*

(3) Den letzten Schritt bildet die Ausstellung der Urkunde selbst, was ebenfalls als symbolischer Akt interpretiert wird, denn damit verbinden sich die Aussteller zur Bestätigung des zuvor mündlich abgelegten Schwurs noch einmal in „Hand und Gewalt" der Markgrafen: *Dise sint die uzgenomen artickel und buntnüzse, so wir, vorgeschriben und vorben[an]ten rihter und burger von Pforczhein, geschworn hant und uns zů merer sicherheit, bestetigünge und gehörsamin in unser vorgnanten herrschaft von Baden und aller irer erben hande und gewalt verbunden haben [...].*

An die Urkunde wurde das Pforzheimer Siegel gehängt, um Mitbesiegelung baten die städtischen Aussteller Graf Konrad von Vaihingen, Graf Berthold von Eberstein sowie den Edelknecht Konrad von Enzberg.

Wie nicht anders zu erwarten, werden keinerlei Hinweise über das Zustandekommen des zugrundeliegenden Konsenses gegeben. Breiten Raum nimmt im Urkundentext hingegen

---

51 Matthias LEXER: Mittelhochdeutsches Handwörterbuch, 3 Bde. Leipzig 1872–1878, hier Bd. 3, Sp. 85, s.v. „verbuntnisse, -nus": „versprechen, verpflichtung". – Deutsches Wörterbuch von Jacob Grimm und Wilhelm Grimm, 16 Bde., Leipzig 1854–1960, hier Bd. 12/1, Sp. 183, s.v. „Verbündnis": „verbindliche, verpflichtende bedingung".

52 Alfons SCHÄFER (Bearb.): Urkunden, Rechtsquellen und Chroniken zur Geschichte der Stadt Bretten. Bretten 1967, Nr. 81, S. 57 f.

53 Ein „gestabter Eid" ist ein dem Schwörenden zum Nachsprechen vorgesagter Eid – Deutsches Wörterbuch (wie Anm. 51), Bd. 10/2/1, Sp. 362, s.v. „staben".

54 LEXER (wie Anm. 51), Bd. 1, Sp. 534, s.v. „eit": „*gelêrter eit*, der nach einer vorgesagten formel gesprochen wird".

die öffentliche Bekanntmachung in Form des Verbindlichkeit herstellenden Rituals ein. Die Urkunde dokumentiert die Eidesleistung nicht einfach, sie scheint den mündlichen und visuellen Kommunikationsakt selbst repräsentieren zu wollen. Das Ritual ist rechtlich konstitutiv, und dementsprechend wird die symbolische Kommunikation mit sprachlichen Mitteln nachgeformt.

Über die Kommunikation zwischen der Stadt Pforzheim und ihren fürstlichen Stadtherren in symbolischen Formen sind wir für die frühere Zeit zwar nicht informiert, doch dass derartige Formen des öffentlichen Handelns, der Bedeutungsvermittlung und der Gemeinschaftsstiftung im 13. Jahrhundert keine Rolle gespielt hätten, ist kaum denkbar.[55] Wenn wir dennoch erst 1348 davon Kenntnis erhalten, so liegt dies einzig daran, dass nun symbolische und schriftliche Kommunikation eine Verbindung eingingen, dass die symbolische Kommunikation urkundlich dokumentiert und die Urkunde selbst Gegenstand zeichenhaften Handelns wurde.[56]

Hans-Martin Maurer hat die im 14. Jahrhundert im südwestdeutschen Raum auftretenden „Schwörbriefe gegen Abwanderung" als Anzeichen einer „Krise" gedeutet.[57] Zweifellos musste den badischen Markgrafen ebenso wie anderen Herrschaftsträgern daran gelegen sein, den Wegzug gerade vermögender Bürger aus ihren Städten zu verhindern, und Beispiele für eine solche Vermögensentfremdung sind auch für die Markgrafschaft Baden belegt.[58] Allerdings erscheint es plausibel, dass sich in diesem Punkt die Interessen des Stadtherrn und der Gemeinde zu einem guten Teil trafen.[59] Denn auch die Gemeinde konnte kein Interesse daran haben, dass sich Einzelne aus ihrem Verband lösten – zumal wenn es die besonders Vermögenden waren, die es eventuell in größere Städte zog –, musste sich dies doch ungünstig auf die Verteilung gemeindlicher und herrschaftlicher Lasten auswirken und

---

55 Vgl. auch oben bei Anm. 34.
56 Zur Verbindung von symbolischen und schriftlichen Formen der Kommunikation zwischen Stadt und Stadtherr vgl. Christoph Friedrich Weber: Schriftstücke in der symbolischen Kommunikation zwischen Bischof Johann von Venningen (1458–1478) und der Stadt Basel. In: Frühmittelalterliche Studien 37 (2003), S. 355–383; Ders.: Vom Herrschaftsverband zum Traditionsverband? Schriftdenkmäler in öffentlichen Begegnungen von bischöflichem Stadtherrn und Rat im spätmittelalterlichen Basel. In: Frühmittelalterliche Studien 38 (2004), S. 449–491. In inhaltlich anderem Zusammenhang handelt davon auch Claudia Garnier: Zeichen und Schrift. Symbolische Handlungen und literale Fixierung am Beispiel von Friedensschlüssen des 13. Jahrhunderts. In: Frühmittelalterliche Studien 32 (1998), S. 263–287. Siehe auch oben Anm. 13.
57 Maurer (wie Anm. 50), S. 42 f.
58 Bernhard Kirchgässner: Heinrich Göldlin. Ein Beitrag zur sozialen Mobilität der oberdeutschen Geldaristokratie an der Wende vom 14. zum 15. Jahrhundert. In: Aus Stadt- und Wirtschaftsgeschichte Südwestdeutschlands. Festschrift für Erich Maschke zum 75. Geburtstag. Stuttgart 1975 (Veröffentlichungen der Kommission für geschichtliche Landeskunde in Baden-Württemberg B 85), S. 97–109; Ders.: *Commercium et Connubium*. Zur Frage der sozialen und geographischen Mobilität in der badischen Markgrafschaft des späten Mittelalters. In: Becht (wie Anm. 18), S. 63–76.
59 Ähnlich bereits Maurer (wie Anm. 50), S. 48.

zur ökonomischen Schwächung der Stadt in ihrer Gesamtheit führen. Freizügigkeit konnte aus dieser Perspektive partikulares Individual- oder Gruppeninteresse sein, entsprach aber wohl nicht dem Interesse des kleinstädtischen Verbandes, während größere urbane Zentren von zwischenstädtischen Migrationsbewegungen stärker profitieren konnten. Insofern war der Schwörbrief von 1348 nicht allein Ausdruck herrschaftlichen Willens, sondern darf ebenso als Ergebnis des gemeindlich-herrschaftlichen Konsenses gewertet werden, auch wenn anzunehmen ist, dass die Markgrafen die Initiative ergriffen und in diesem Rahmen ihre eigenen Interessen umzusetzen versuchten.

Anders als 1348 stellten den Schwörbrief vom 15. November 1381 allein die 24 namentlich genannten Angehörigen des Gerichts und des Rates aus.[60] Auch diese Quelle ist seitens der Forschung häufiger herangezogen worden, da sie erstmals die Existenz der getrennten Gremien Gericht und Rat in Pforzheim belegt und darüber hinaus deren unterschiedliche soziale Prägung zu erkennen gibt.[61] Auch in diesem Fall wurde wiederum die vorangehende Eidesleistung gegenüber den Markgrafen Bernhard I. († 1431) und Rudolf VII. († 1391) beurkundet:

[…] vergehen und bekennen uns alle an disem brief und tůn kunt menglich, die yn sehent oder hörent lesen, wann wir wol bekennen, in welchen sachen wir uns unsern gnedigen herren der marggraffschaft zů Baden, der wir eygen sin, zů dienste, zů truwen und ze nucze erzeugen mögen, daz wir daz von můglichen schulden allzit billich tůn söllen, und darumb so sin wir yeczund vor unsern gnedigen herren, hern Bernhart und hern Růdolf, marggrafen zů Baden, gebrüder, gewesen und hant in alle frylich, unbezwungen und ungedrungen gehuldet und gestabte eyde mit ufgehebten henden und mit gelerten worten zů den heiligen globt und gesworn, nů und hernach allezit by in zů bliben und hinder in zů siczen und nit abtrunnig zů werden noch unser libe oder unser gůte weder heimlich noch offenlich in nit zů enpfremden oder zů enpfüren in deheine wyse, wir tůn ez dann mit iren willen, alle argeliste und geverde ußgenomen.

Der Schluss der zitierten Passage und die darauf folgenden einzelnen Bestimmungen behandeln – wie schon 1348 – das Abzugsverbot. Dieses wird zuvor aber allgemeiner in die Dienst- und Treuepflicht der Aussteller gegenüber den Markgrafen eingebunden, so dass es nur konsequent ist, wenn der Vorgang als Huldigung (*gehuldet*) bezeichnet wird.[62] Freilich ist die Huldigung ein reziproker Akt und verpflichtet auch die Gegenseite zu huldvollem Verhalten.[63] Zwar ist von einer zuvor gefundenen Übereinkunft nicht mehr explizit die Rede,

---

60 GLA 36/310. Vgl. Carl (wie Anm. 24), Nr. 183, S. 92 f.; RMB, Bd. 1, Nr. 1350, S. 139.
61 Becht (wie Anm. 27), S. 44 und 47; Stenzel (wie Anm. 27), S. 111; Pätzold (wie Anm. 27), S. 133.
62 Die Verbindung von allgemeiner Huldigung und Beschwörung des Abzugsverbots findet sich bereits in der Brettener Urkunde von 1342 (siehe oben Anm. 52).
63 Theo Kölzer: Art. „Huldigung". In: Lexikon des Mittelalters, Bd. 5. München, Zürich 1991, Sp. 184. „Huldigung […] ist der ein vertragsartiges Verhältnis (Untertanenverband) bestärkende oder begründende Akt der Unterwerfung und Treuebindung an einen Herrn in rechtssymbol[ischen] Formen, insbes[ondere] durch Leistung eines Treueides […]". Vgl. auch B[ernhard] Diestelkamp: Art. „Huldigung". In: Handwörterbuch zur deutschen Rechtsgeschichte,

doch schwingt der Gedanke immerhin darin mit, dass die Huldigung *frylich, unbezwungen und ungedrungen* erfolgt sei. Dazu scheint die herrschafts- und personenrechtliche Zuordnung, benannt mit dem knappen Nebensatz: *der wir eygen sin*,[64] nicht im Widerspruch zu stehen. Kommunale Freiheit, fürstliche Herrschaft und persönliche Abhängigkeit sind in der kleinstädtischen Verfasstheit nicht zwangsläufig Gegensätze, sie werden in der Vorstellung von der konsensualen Herrschaft aufgehoben.[65] Der Konsens beruht auf der Zustimmung und der herrschaftlichen Integration, nicht auf der Gleichberechtigung der betroffenen Parteien.

Gelöst wurde 1381 ein Problem, das mit Formen der symbolischen Kommunikation allgemein verbunden sein konnte: die zeitlich limitierte Wirksamkeit, in diesem Fall die persönliche Bindung des Eides. Nach dem Tod eines Richters oder Ratsherren müsse dessen Nachfolger *zů stunt unsern obgenanten gnedigen herren der marggraffschaft zů Baden dise vorgeschriben verbuntniße tůn sweren und hulten in aller masse, als wir gesworn haben*. Freilich trat nun ein neues Problem auf: Wie sollte die Gemeinde in ihrer Gesamtheit verpflichtet werden, wenn nur noch Richter und Ratsherren den Eid leisteten? Die Antwort fiel 1381 – jedenfalls nach dem Wortlaut der Urkunde – noch allein pragmatisch aus: Wenn die Richter oder Ratsherren Kenntnis davon erhielten, dass ein Pforzheimer Bürger die Stadt verlassen und sein Gut der Herrschaft entfremden wolle, so seien sie verpflichtet, die Markgrafen oder deren Amtleute zu informieren, damit entsprechende Maßnahmen ergriffen werden könnten.

Als bereits gut zweieinhalb Jahre später, am 16. Juli 1384, ein neuer Schwörbrief aufgesetzt wurde, fand man für dieses Problem eine andere Lösung. In den ansonsten mit der Urkunde von 1381 fast wörtlich übereinstimmenden Text wurde folgender Satz eingefügt: *Ouch bekennen wir offenlich, daz wir doby gewest sin und ez gesehen und gehört haben, daz unser mitburger, die gemeinde gemeinlich zů Pforzhein, dem obegenanten userme herren unde sin erben ouch gehuldet, glopt unde gesworne hant in der maße, als wir getan haben und vorgeschriben stet, und disen brief mit uns steit ze halten ane alle geverde*.[66] An die Stelle der gemeinsamen Eidesleistung möglichst vieler Bürger mit den Richtern an der Spitze, wie sie 1348 praktiziert worden war, trat 1384 ein zweistufiges Verfahren, indem die Angehörigen der Gemeinde den Huldigungseid vor Gericht und Rat ablegten und nur noch die Richter

---

5 Bde., hrsg. von Adalbert ERLER und Ekkehard KAUFMANN. Berlin 1971–1998, hier Bd. 2, Sp. 262–265, insbesondere Sp. 265.
64 Zum Begriff vgl. Karl KROESCHELL, Albrecht CORDES: Art. „Eigenleute". In: Handwörterbuch zur deutschen Rechtsgeschichte (wie Anm. 8), Bd. 1, Sp. 1270 f.
65 Zur städtischen Freiheit und Unfreiheit vgl. jetzt allgemein (mit Hinweisen zur Forschung) Gabriel ZEILINGER: Grenzen der Freiheit. Stadtherrschaft und Gemeinde in spätmittelalterlichen Städten Südwestdeutschlands. In: Kurt ANDERMANN, Gabriel ZEILINGER (Hrsg.): Freiheit und Unfreiheit. Mittelalterliche und frühneuzeitliche Facetten eines zeitlosen Problems. Epfendorf 2010 (Kraichtaler Kolloquien 7), S. 137–152. Einen Überblick, der sich freilich vor allem an den Großstädten der Vormoderne orientiert und das Verhältnis zum Stadtherrn kaum berücksichtigt, geben MEIER, SCHREINER (wie Anm. 32).
66 GLA 36/311. Vgl. CARL (wie Anm. 24), Nr. 193, S. 96; RMB, Bd. 1, Nr. 1378, S. 142.

und Ratsherren unmittelbar vor dem Stadtherrn oder dessen Vertretern schworen. Darin scheint sich ein grundlegender Wandel im Verständnis der städtischen Verfasstheit Pforzheims zu zeigen: Zwar agierten Gericht und Rat weiterhin als Vertretung der Gemeinde, doch im Ritual wie in der Urkunde standen sich nun Gericht und Rat auf der einen, die Gemeinde auf der anderen Seite gegenüber. Richter und Ratsherren fungierten symbolisch als Vermittler des Konsenses zwischen Herrschaft und Gemeinde. Ob diese Kommunikationssituation unmittelbare praktische Auswirkungen hatte, vielleicht auch bereits geänderte Realitäten widerspiegelte, wissen wir nicht. Langfristig aber deuten sich darin erste Ansätze der Entwicklung des Rates zur territorial eingebundenen landstädtischen Obrigkeit an.

Beim Vergleich der Urkunden von 1381 und 1384 mit derjenigen von 1348 fällt zusätzlich auf, dass die Eidesleistung als vorangehender konstitutiver Vorgang zwar benannt, aber weit weniger ausführlich beschrieben wird. Insbesondere fehlt die Hervorhebung durch den feierlichen Sprachduktus mit seinen Wiederholungen, Reihungen und formelhaften Wendungen, was 1348 der Repräsentation dieses symbolischen Aktes im Medium der Urkunde selbst zeichenhaften Charakter verliehen hatte. Diese Tendenz zur Lösung des Schriftmediums von der symbolischen Kommunikation findet ihre Fortsetzung in dem Schwörbrief vom 9. November 1399.[67] Dessen Intitulatio bietet keinerlei Personennamen mehr, stattdessen beschreibt sie formelhaft die Gesamtheit der Stadt: *Wir, der schultheisse, die richter, der rate und die bürger gemeinlich, riche und arme, alte und junge, der statt zů Pforzhein und in der alten statt und in allen vorstetten daselbs zů Pforzhein, veriehen und bekennen offenlich und tůn künt mit diesem briefe fur uns, unser erben und alle unsere nachkomend und für die ewigen gemeynde gemeynlichen derselben stette und vorstette zů Pforzhein* […]. Die „ewige Gemeinde" wird nun zum zentralen Begriff, zum allumfassenden Signum der städtischen Gemeinschaft. Sie ist definiert durch die politische Gliederung (Schultheiß, Richter, Rat und Bürger), durch die Vergemeinschaftung (reich und arm, alt und jung), durch die Topographie (Stadt, alte Stadt, Vorstädte). Das Beiwort „ewig" gibt der Korporation transpersonalen Charakter. Ansonsten folgt die Urkunde weitgehend dem 1381 und 1384 verwendeten Formular, gibt allerdings ohne jegliche Differenzierung an, dass die Aussteller allesamt das Abzugsverbot beschworen hätten. Dass das Verfahren demjenigen von 1384 entsprach, darf immerhin vermutet werden.

Insgesamt ist in den Pforzheimer Schwörbriefen des 14. Jahrhunderts die Entwicklung des Verhältnisses von mündlich-symbolischer und schriftlicher Kommunikation zwischen Herrschaft und Gemeinde ablesbar. 1348 gingen beide Kommunikationsebenen eine Verbindung ein, wobei die Verschriftlichung dem mündlich-symbolischen Akt klar nachgeordnet war und diesen gewissermaßen sprachlich nachformte. Am Ende der skizzierten Entwicklung bestanden nach wie vor beide Kommunikationsformen nebeneinander, auch wenn Gericht und Rat nunmehr eine andere Rolle einnahmen. Die Verschriftlichung erfolgte nun aber in Formen, die dem Medium Urkunde adäquater erscheinen: Die Textlänge nahm drastisch ab, die

---

67 GLA 36/312. Vgl. CARL (wie Anm. 24), Nr. 212, S. 103; RMB, Bd. 1, Nr. 1903, S. 198.

sprachlichen Würdeformen wurden mit Blick auf den Schwurakt reduziert, die personalisierte Beschreibung des Handelns auf städtischer Seite wich der zunehmend abstrakten Repräsentation der Gemeinde als Rechtsgemeinschaft. Als die Eidesleistung 1427 gegenüber Markgraf Bernhard I. und dessen präsumtiven Nachfolger Jakob I. († 1453) wiederholt wurde, wurde kein vollständiger neuer Schwörbrief aufgesetzt; stattdessen versah man die Urkunde von 1399 mit einem kürzer gehaltenen Transfix, mit dem der Inhalt erneut bestätigt wurde.[68]

Siegel und Gericht – die Beurkundung von Rechtsgeschäften Pforzheimer Bürger

In einem letzten Schritt soll an einem thematischen Ausschnitt danach gefragt werden, welche Rolle Urkunden in den Beziehungen innerhalb der städtischen Gemeinde spielten. Für das 13. und 14. Jahrhundert – insbesondere seit den 1290er Jahren – sind Urkunden über Rechtsgeschäfte Pforzheimer Stadtbürger in einigermaßen stattlicher Anzahl überliefert. Meist handelt es sich um Vorgänge der freiwilligen Gerichtsbarkeit,[69] also um gerichtliche Beglaubigungen von Rechtsgeschäften zwischen zwei Parteien, wobei den Inhalt fast durchgehend die Übertragung von Besitzungen oder Einkünften durch Verkauf oder Schenkung – meist an geistliche Empfänger – bildet.[70] Damit kann wenigstens ansatzweise nach der

---

68 GLA 36/313. Vgl. CARL (wie Anm. 24), Nr. 270, S. 126 f.; RMB, Bd. 1, Nr. 4030, S. 449.
69 Zum Begriff der „freiwilligen Gerichtsbarkeit" siehe Ina EBERT: Art. „Freiwillige Gerichtsbarkeit". In: Handwörterbuch zur deutschen Rechtsgeschichte (wie Anm. 8), Bd. 1, Sp. 1784–1786; etwas ausführlicher ist E[rich] DÖHRING: Art. „Freiwillige Gerichtsbarkeit". In: Handwörterbuch zur deutschen Rechtsgeschichte (wie Anm. 63), Bd. 1, Sp. 1252–1262. Vgl. zu diesem Themenkomplex jetzt Helen WANKE: Zwischen geistlichem Gericht und Stadtrat. Urkunden, Personen und Orte der freiwilligen Gerichtsbarkeit in Straßburg, Speyer und Worms im 13. und 14. Jahrhundert. Mainz 2007 (Quellen und Abhandlungen zur mittelrheinischen Kirchengeschichte 119); außerdem mit Blick auf eine andere Region Alain SAINT-DENIS: Die Ausübung der freiwilligen Gerichtsbarkeit durch das Stadtregiment in den Kommunen Nordfrankreichs im 12. und 13. Jahrhundert. In: Pierre MONNET, Otto Gerhard OEXLE (Hrsg.): Stadt und Recht im Mittelalter/La ville et le droit au Moyen Âge. Göttingen 2003 (Veröffentlichungen des Max-Planck-Instituts für Geschichte 174), S. 181–195.
70 Die im Folgenden behandelten Urkunden ließen sich mit Peter-Johannes Schuler in der Regel auch den „Vertragsurkunden" zuordnen – SCHULER (wie Anm. 20), S. 41: „Ein spätmittelalterlicher Vertrag ist eine freie, nicht erzwungene, zeitlich begrenzte oder unbegrenzte Willenseinung, die auf gegenseitiger Leistung oder Verpflichtung zweier Rechtssubjekte beruht und auf eine außerrechtliche Rechtswirkung abzielt, die nicht gegen das Recht anderer oder gegen sittliche Normen verstößt. In der Regel wird bei wesentlichen Rechtsgeschäften diese Willenseinung unter Beachtung der gültigen Rechtsnormen in urkundlicher Form festgehalten, was eine besonders feierliche und dauerhafte Sicherung des Rechtsgeschäftes darstellt." Vgl. auch ebd., S. 201–220 zum Urkundenformular von Kaufverträgen.

Wirksamkeit des Gerichts innerhalb der Gemeinde und aus dieser Perspektive nach der Formierung der städtischen Rechtsgemeinschaft gefragt werden.

Aus dem Jahr 1240 ist erstmals eine Urkunde überliefert, mit der ein Rechtsgeschäft eines Pforzheimer Bürgers schriftlich fixiert wurde: Werner, der namentlich nicht näher bezeichnet wurde, schenkte seinen allodialen Besitz in Bretten an das Kloster Herrenalb.[71] Als Aussteller und Siegler fungierten Bischof Konrad von Speyer, der Herrenalber Abt Eberhard sowie die Grafen Eberhard IV. und Otto I. von Eberstein. Als Zeugen nennt der Urkundentext: *Morhardus provisor ecclesie in Phorzhein, Erlewinus scultetus ibidem, Dietherus et Heinricus fratres et Gozoldus, Eberhardus Liebener, Cůnradus de Durlah, Emehardus de Spir, oppidani ibidem.* Festzuhalten ist, dass in die Beurkundung des Rechtsakts insbesondere der Speyerer Bischof einbezogen war, dass die Zeugen aber sämtlich aus Pforzheim stammten. Mit Eberhard Liebener und Konrad von Durlach waren darunter zwei Familien vertreten, die 1258 jeweils einen der bereits erwähnten *consules et iurati* stellten,[72] wobei es sich bei dem erneut genannten Eberhard Liebener wahrscheinlich um dieselbe Person handelt. Der Rechtsakt wurde damit in die vor Ort bestehenden sozialen Beziehungssysteme eingebettet.

Während der folgenden zwei Jahrzehnte ist nur ein weiteres Rechtsgeschäft eines Pforzheimer Bürgers bezeugt: Wieder handelte es sich um eine Güterschenkung an das Kloster Herrenalb, diesmal durch Mechthild, die Witwe des Erlewin Liebener. Die Urkunde, die im Namen Mechthilds 1259 ausgestellt wurde,[73] siegelten das Speyerer Domkapitel sowie dessen Propst, außerdem das Kapitel des Stifts St. German zu Speyer und der Guardian des dortigen Franziskanerklosters. An der Spitze der Zeugen steht Heinrich von Neukastel, ein oftmals an den Speyerer Gerichten tätiger Kanoniker an St. German,[74] gefolgt vom Rektor der Kirche in Kieselbronn und zwei Pforzheimer Verwandten der Ausstellerin.

Soweit diese vereinzelten Überlieferungssplitter Schlüsse zulassen, scheinen im 13. Jahrhundert zunächst die in Speyer ansässigen geistlichen Institutionen für die Beurkundung von Rechtsgeschäften in der Stadt Pforzheim wichtig gewesen zu sein. Für einen Pforzheimer Stadtbürger konnte es zu dieser Zeit durchaus naheliegen, sich zwecks einer Beurkundung an einen geistlichen Aussteller in Speyer zu wenden – schließlich lag Pforzheim in der Speyerer Diözese, und der Bischofssitz war nur rund 50 Kilometer entfernt. Beurkundungen vor dem bischöflichen Offizialatsgericht, dessen Tätigkeit generell seit 1237, auf dem Gebiet der freiwilligen Gerichtsbarkeit seit 1248 belegt ist,[75] sind für Pforzheimer Angelegenheiten

---

71 HStAS A 489 K 118. Gedruckt in: WUB, Bd. 4, Nr. CXL, S. 437–439; Schäfer (wie Anm. 52), Nr. 28, S. 15 f. Vgl. Carl (wie Anm. 24), Nr. 2, S. 21.
72 HStAS A 502 U 35, siehe oben Anm. 26. Vgl. Becht (wie Anm. 27), S. 58.
73 HStAS A 489 K 214. Gedruckt in: WUB, Bd. 5, Nr. 1546, S. 308–310; ZGO 31 (1879), S. 244 f. Vgl. Carl (wie Anm. 24), Nr. 16, S. 26.
74 Zu Heinrich von Neukastel siehe Wanke (wie Anm. 69), S. 254–257.
75 Zum Speyerer Offizialatsgericht siehe ebd., S. 247–252 und passim; Otto Riedner: Das Speierer Offizialatsgericht im dreizehnten Jahrhundert. In: Mitteilungen des Historischen Vereins der Pfalz 29/30 (1907), S. 1–107.

hingegen erst vergleichsweise spät und recht selten bekannt, so aus den Jahren 1295 und 1334.[76]

An einer Urkunde von 1254 ist erstmals – wenn auch in fragmentarischem Zustand – das Siegel der Stadt Pforzheim überliefert, das in dieser Form bis ins frühe 16. Jahrhundert Verwendung fand (Abb. 3).[77] Es zeigt das Wappen der Markgrafen von Baden – einen Schild mit einem Schrägbalken – und die Umschrift: *SIGILLVM CIVIVM IN PHORZHEIN*. Als der Pforzheimer Bürger Mengozo 1266 eine Urkunde über einen Gültverkauf an das Kloster Maulbronn ausstellte, ließ er in Ermangelung eines eigenen Siegels nicht nur dasjenige des Maulbronner Abtes, sondern auch dieses städtische Siegel an das Schriftstück hängen (*quia sigillum proprium non habuit*).[78] Dass zu den Zeugen – neben Angehörigen des Maulbronner Konvents – der Pforzheimer Schultheiß und mehrere Geschworene der Stadt gehörten, erscheint nur folgerichtig. In ähnlicher Weise ließen 1284 die Brüder Bertold, Albert und Gotbold Weis eine Güterschenkung an das Kloster Herrenalb mit dem städtischen Siegel

---

76 1295: WUB, Bd. 10, Nr. 4757, S. 417 f. (Zitat S. 417): *Iudices Spirenses. Noverint universi presentium inspectores, quod constitutis in figura iudicii coram nobis hoc anno [...] religiosis viris domino ... abbate, H. cellerario et fratre Hugone subcellarario monasterii in Alba [...] pro se et conventu dicti monasterii ex parte una et Heinrico dicto Hophen de Phorzheim ac Ellinde eius uxore ex altera dicti coniuges domino ... abbati et suis fratribus predictis nomine conventus prefati monasterii donaverunt tradiderunt et publice resignarunt [...].* Auch gedruckt in: ZGO 2 (1851), S. 382–384. Vgl. CARL (wie Anm. 24), Nr. 48, S. 38 f. Zur Intitulatio *iudices Spirenses* in Urkunden des geistlichen Gerichts (Offizialatsgerichts) in Speyer vgl. WANKE (wie Anm. 69), S. 251. – 1334: GLA 38/3331: *Nos iudices curie Spirensis recognoscimus [...], quod coram nobis in figura iudicii constituta honesta matrona Heyla dicta Weysin [...].* Vgl. CARL (wie Anm. 24), Nr. 93, S. 55 f. – Eine weitere Urkunde liegt von 1357 vor, diese betrifft allerdings die Aufbesserung der Pfründe des Pforzheimer Pfarrers durch Äbtissin und Konvent des Klosters Lichtental, dem die Pforzheimer Pfarrei inkorporiert war: GLA 35/286. Gedruckt in: ZGO 8 (1857), S. 211 f. Vgl. CARL (wie Anm. 24), Nr. 136, S. 73. Auch später urkundeten geistliche Aussteller in Speyer in geistlichen Angelegenheiten innerhalb der Stadt Pforzheim (vor allem Pfründenstiftungen) – siehe CARL (wie Anm. 24), Nr. 153, S. 80; Nr, 182, S. 91 f.; Nr. 195 f., S. 97; Nr. 206, S. 101; Nr. 227, S. 109; Nr. 242, S. 115; Nr. 251, S. 118; Nr. 254 f., S. 119 f.; Nr. 269, S. 126.
77 WUB, Bd. 5, Nr. 1302, S. 67–69. – Zum ersten Pforzheimer Siegel vgl. Wilfried SCHÖNTAG: Kommunale Siegel und Wappen in Südwestdeutschland. Ihre Bildersprache vom 12. bis zum 20. Jahrhundert. Ostfildern 2010 (Schriften zur südwestdeutschen Landeskunde 68), S. 116 f. (mit Abbildung); Reinhard MÜRLE: Wappen und Siegel der Stadt Pforzheim. In: BECHT (wie Anm. 18), S. 221–238, hier S. 223 f.; Friedrich von WEECH: Siegel der badischen Städte, Heft 1: Die Siegel der Städte in den Kreisen Mosbach, Heidelberg, Mannheim und Karlsruhe. Heidelberg 1899, S. 26. – Ein zusätzliches Sekretsiegel, wie es beispielsweise für Speyer ab etwa 1300 nachweisbar ist – WANKE (wie Anm. 69), S. 310 – wurde in Pforzheim erst ab 1489 benutzt. MÜRLE (wie Anm. 77), S. 224 f.; WEECH (wie Anm. 77), S. 26 f. – Zum Stand der sphragistischen Forschung unter kulturgeschichtlichen Aspekten vgl. allgemein Gabriela SIGNORI (Hrsg.): Das Siegel. Gebrauch und Bedeutung. Darmstadt 2007.
78 WUB, Bd. 6, Nr. 1875, S. 268 f. Vgl. CARL (wie Anm. 24), Nr. 21, S. 28.

Abbildung 3: Das älteste Siegel der Stadt Pforzheim (aus: Friedrich von WEECH: Siegel der badischen Städte, Heft 1: Die Siegel der Städte in den Kreisen Mosbach, Heidelberg, Mannheim und Karlsruhe. Heidelberg 1899, Tafel 48).

beglaubigen, baten aber zusätzlich Markgraf Hermann VII. von Baden († 1291) um Mitbesiegelung.[79]

Pforzheimer Gerichtsurkunden fassen wir hingegen erst 1290, danach wieder 1292, 1300 und 1312.[80] Gemeinsam ist diesen vier bekannten Stücken, dass das städtische Gericht, das hier in Angelegenheiten Pforzheimer Bürger oder Kleriker stets im Verhältnis zum Kloster Herrenalb tätig wurde, ausdrücklich als Ort der beurkundeten Rechtshandlung benannt ist. Identisch ist auch die Besiegelung, die allein mit dem Stadtsiegel erfolgte. Insoweit spricht diese – gemessen an den Pforzheimer Überlieferungsverhältnissen um 1300 – dichte Folge für die regelmäßige Nutzung des Pforzheimer Gerichts als Beurkundungsinstanz der freiwilligen Gerichtsbarkeit, womit ein Verfahren dokumentiert wurde, das über die zuvor festzustellende bloße Mitbesiegelung hinausging. In demselben Zeitraum ist nur ein Pforzheimer Vorgang vor dem Speyerer Offizialatsgericht belegt (1295),[81] was bei allen Unwägbarkeiten der Überlieferung als Indiz dafür gewertet werden darf, dass das städtische Gericht in Pforzheim größere Wirksamkeit entfaltete.

Freilich weisen die vier angeführten Pforzheimer Gerichtsurkunden formale Unterschiede auf, was anhand der jeweiligen Intitulatio und Promulgatio besonders deutlich wird.

---

79 HStAS A 489 K 328. Gedruckt in: ZGO 2 (1851), S. 226. Vgl. CARL (wie Anm. 24), Nr. 35, S. 33 f.; RMB, Bd. 1, Nr. 546, S. 52. – In demselben Jahr 1284 wurde auch eine Urkunde des Adligen (*nobilis*) Werner von Roßwag und seiner Frau mit dem Pforzheimer Siegel versehen (zusätzlich zu demjenigen des Werner von Roßwag), mit der die Aussteller einer Güterschenkung des Albert von Aurich an das Pforzheimer Franziskanerkloster zustimmten: HStAS A 489 K 886; Auszug in: ZGO 2 (1851), S. 231. Vgl. CARL (wie Anm. 24), Nr. 36, S. 34.

80 Siehe unten Anm. 82–85. – Zur Definition der „besiegelten Richter-, Schöffen- oder Ratsurkunde" (wofür im Fall Pforzheims im Folgenden der Begriff „Gerichtsurkunde" verwendet wird) sei allgemein auf REDLICH (wie Anm. 46), S. 200 verwiesen: „Wir verstehen also darunter Urkunden, welche Richter und Schöffen einer Stadt oder der Stadtrat mit dem Amts- oder Stadtsiegel über Rechtsgeschäfte von Parteien ausstellten, die vor Gericht oder Rat vollzogen oder verlautbart wurden."

81 Siehe oben Anm. 76.

1290: *Ego Cûnradus clericus dictus de Nipotshein constitutus in forma iudicii coram civibus in Pforzhein profiteor publice per presentes, quod omnia bona mea [...].*[82]
1292: *Noverint universi tam presentes quam futuri, ad quos presens scriptum pervenit, quod coram nobis Heinrico Steimars sculteto in Pforzhein ac iudicibus ibidem Eberhardus clericus, filius quondam Alberti dicti Liebener, civis in Pforzhein, in forma iudicii constitutus suam partem hereditatis [...].*[83]
1300: *Nos scultetus, iurati ceterique cives in Porzhein presentibus publice profitemur, quod constituti coram nobis in forma iudicii Bertoldus dictus Wideman et Richenza uxor sua [...].*[84]
[1312: *Nos Heinricus scultetus, iurati ceterique cives in Phorzhein presentibus publice profitemur, quod constituti coram nobis in forma iudicii Heinricus dictus Flade et liberi sui [...].*[85]]

Obwohl die beiden Stücke von 1290 und 1292 dem paläographischen Befund nach von demselben Schreiber aufgesetzt wurden, sind sie das eine Mal im Namen des Urhebers des Rechtsgeschäftes, das andere Mal ohne vorangestellte Intitulatio formuliert. Am Beginn der Urkunde von 1300 erscheinen hingegen der Schultheiß, die Geschworenen und die übrigen Bürger in Pforzheim als Aussteller. 1312 werden diese Intitulatio und Promulgatio dann nahezu wörtlich wiederholt. Inwieweit für dieses wechselnde Formular eine etwaige Beteiligung des Klosters Herrenalb an der Ausfertigung verantwortlich sein könnte, lässt sich schwer beurteilen. Dass mit der Herstellung im Herrenalber Skriptorium immerhin als Möglichkeit zu rechnen ist, zeigt die Urkunde von 1300, denn am Umbug findet sich dort in identischer Schrift die Intitulatio einer anderen, abgeschnittenen Urkunde: *Nos frater M. dictus abbas totusque conventus monachorum in Alba Cysterciensium ordinis Spirensis dyocesis* [...] – offenbar der Rest oder der nicht weitergeführte Beginn einer Herrenalber Urkunde. Der schwankende Formulargebrauch könnte freilich auch darauf hindeuten, dass die Pforzheimer Richter um 1290 noch keine Routine in der Ausstellung derartiger Urkunden entwickelt hatten. Die 1300 und 1312 zu konstatierenden Übereinstimmungen würden dann auf ein sich verfestigendes Verfahren schließen lassen.

Nach 1312 fallen zwei Änderungen auf. Zum einen ließen Pforzheimer Bürger Urkunden über ihre Rechtsgeschäfte fortan regelmäßig in deutscher statt lateinischer Sprache aufsetzen,

---

82 HStAS A 489 K 713: Angaben des Klerikers Cunrad von Neibsheim über seinen Grundbesitz und dessen rechtliches Verhältnis zum Kloster Herrenalb. Auszug in: ZGO 2 (1851), S. 253 f. Vgl. CARL (wie Anm. 24), Nr. 40, S. 36.
83 HStAS A 489 K 714: Übertragung eines Erbschaftsanteils des Klerikers Eberhard, eines Sohns des verstorbenen Pforzheimer Bürgers Albert Liebener, an seine Mutter zum lebenslangen Nutznieß, danach an das Kloster Herrenalb, *in quo se idem Eber*[hardus] *in monachum postea receperat*. Auszug in: ZGO 2 (1851), S. 362. Vgl. CARL (wie Anm. 24), Nr. 43, S. 36 f.
84 HStAS A 489 K 718: Güterschenkung des Bertold Wideman und seiner Frau Richenza an das Kloster Herrenalb. Gedruckt in: ZGO 2 (1851), S. 477 f. Vgl. CARL (wie Anm. 24), Nr. 55, S. 41.
85 HStAS A 489 K 838: Güterübertragung des Heinrich Flade und seiner Kinder an das Kloster Herrenalb. Nicht bei CARL (wie Anm. 24) verzeichnet.

nachweisbar zuerst 1315.[86] Dieser Zeitpunkt korrespondiert in auffälliger Weise mit dem Wechsel zur Volkssprache in den Urkunden der Stadt Speyer um das Jahr 1313.[87] Zum anderen fungierten in diesen Urkunden, die mit dem Pforzheimer Siegel versehen wurden, nicht mehr die Richter als Aussteller. Eine Ausnahme bildet eine Urkunde von 1328, mit der die Richter Gozzolt Weis und Gunter Imhof eine Schenkung Heinrich Rises, ebenfalls Richter zu Pforzheim, an das Kloster Herrenalb bezeugten. Zwar fungierte hier nicht mehr das Gericht in seiner Gesamtheit als Aussteller, doch die Siegelankündigung rekurrierte ausdrücklich auf den Schultheißen Werner Göldlin und die anderen Richter.[88] Eine ähnliche Urkunde datiert von 1366.[89] In der Regel aber wurden Urkunden nach 1312 im Namen der Urheber des bezeugten Rechtsgeschäfts ausgestellt. Die städtische Mitwirkung konnte allein über die Siegelankündigung zum Tragen kommen (so zum Beispiel 1315 und 1342),[90] meistens aber auch über die Anführung der Zeugen, etwa zweier Bürger (1318)[91] oder des Schultheißen und der Richter (1321).[92]

---

86   GLA 38/1734. Vgl. CARL (wie Anm. 24), Nr. 66, S. 45. – Zum Übergang zur Volkssprache im städtischen Urkundenwesen vgl. allgemein REDLICH (wie Anm. 46), S. 205–208; lokale und regionale Befunde z.B. bei Peter CSENDES: Die Anfänge des städtischen Urkundenwesens in Österreich. In: PREVENIER, HEMPTINNE (wie Anm. 19), S. 93–99, hier S. 98; Mark MERSIOWSKY: Städtisches Urkundenwesen und Schriftgut in Westfalen vor 1500. In: PREVENIER, HEMPTINNE (wie Anm. 19), S. 321–356, hier S. 340 f.; Thomas VOGTHERR: Die Anfänge des städtischen Urkundenwesens in Sachsen. In: PREVENIER, HEMPTINNE (wie Anm. 19), S. 535–557, hier S. 547–549.
87   WANKE (wie Anm. 69), S. 315.
88   HStAS A 489 K 776: *Alle die, die disen brief imer angesehent oder gehörent lesen, sullent wissen, daz wir zwen, Gozzolt der Waise und Gunter in dem Hove, rihter und burger zů Phorzhain, vergehen uf unser aide, daz Hainrich der Rise, ouch burger und rihter derselben stete, wol verstanden, mit gesundem libe in unser hant hat gesetzet und satte nach gew[o]nhait und reht dez gerihtes und der stat ze Phorzhain daz viertail dez laienzehenden […]. Daz diz war si und stete belibe den vorgenanten herren von Albe, darume so geben wir, Gozzolt der Waise, Gunter in dem Hove und Hainrich der Rise, burger und rihter von Phorzhain, in disen brief mit unser stete ingesigel besigelt zů ainer waren gezugnusse der vorgesribenne dinge, daz Wernher Göldelin, der schulthaizze, und die andern rihter durch unsern willen an disen brief hant gehenket. Unde wir, der schulthaizze und die rihter von Phorzhain, vergehen, daz wir durch beht der vorgenanten drier rihter unser stete ingesigel an diesen brief han gehenket zů ainer merren sicherhait und zů ainer bestetunge aller der dinge, die hievor stent gesriben.* Gedruckt in: ZGO 6 (1855), S. 198–200. Vgl. CARL (wie Anm. 24), Nr. 86, S. 53.
89   GLA 38/2897. Vgl. CARL (wie Anm. 24), Nr. 157, S. 82.
90   1315: GLA 38/1734. Vgl. CARL (wie Anm. 24), Nr. 66, S. 45. – 1342: GLA 38/2490. Vgl. CARL (wie Anm. 24), Nr. 103, S. 60.
91   GLA 40/207: *[…] Hiebi sint gewesen Gunther in dem Hove und Heinrich der Rise, burger von Phorzhein. Und daz diz stette und war belibe den vorgenanten minen frowen von Albe, darumme so han ich, der vorgenante Gozolt, in disen brief geben, besigelt mit der burger insigel ze Phorzhein, daz sie durch miner bet willen hant an disen brief gehencket.* Vgl. CARL (wie Anm. 24), Nr. 67, S. 46.
92   HStAS A 489 K 235: *[…] Wir, Wacker der schulteiz unde die rihter gemainlich von Phorzheim, vergehen offenlich an disem briefe, daz dise vorgesriben sache ist gerihtet unde geschehen vor uns, unde darum*

Um die Mitte des 14. Jahrhunderts scheint es dann üblich geworden zu sein, dass der Rechtsakt vor zwei namentlich genannten Richtern vollzogen wurde,[93] obwohl in den Urkundentexten zuweilen auch weiterhin allein die Bitte um Besiegelung Aufnahme fand.[94] Parallel zu dieser partiellen Verfestigung in der Gestalt der unter Beteiligung des städtischen Gerichts aufgesetzten Urkunden kann nun die Existenz eines Gerichts- oder Stadtschreibers angenommen werden. Denn der Schreiberhand, von der die erwähnte Urkunde der Richter Gozzolt Weis und Gunter Imhof über eine Schenkung des Heinrich Rise von 1328 stammt, lassen sich aufgrund des paläographischen Befundes wahrscheinlich mindestens acht weitere Urkunden aus den folgenden zwei Jahrzehnten zuweisen.[95] Nach momentanem Kennt-

---

so henken wir dorch der vorgenanten fier burger bete willen unser stete ingesigel an disen gegenwertigen brief. Gedruckt in: ZGO 6 (1855), S. 68 f. Vgl. CARL (wie Anm. 24), Nr. 72, S. 48.

93 In dieser Form erstmals 1347 belegt (GLA 38/3266): *Und han denselben kouf getane mit willen, mit wissende und mit gûter verhencnusse Cûnratz Legellins und Einhartes Volcmars, zweier rihter hie zû Pfortzhein [...]. Und daz diz alles war si und stete belibe ane alle geverde, darume so gibe ich, Heinrich Hagen der vorgeseit, dem vorgenanten Sifrit disen brief und sinen erben, besigelt und bestetigz mit der burger ingesigel hie zû Pfortzhein, daz die vorgeseiten zwen rihter Cûnrat und Einhart durch minen willen mit andern rihtern hant geheißen henken an disen brief zû einer waren gezugnuße derselben dinge, daz wir, Cûnrat Legellin und Einhart Volcmar, getan han [...].* Vgl. CARL (wie Anm. 24), Nr. 114, S. 65. – Sehr viel kürzer 1351 (GLA 38/1151): *Hiebi ist gewesen Walther der Wais und Abelin Höflin, zwen richter von Phorzhein. Dez han wir disen brüf besigelt mit andern unser stet richter.* Vgl. CARL (wie Anm. 24), Nr. 125, S. 69. – Weitere Beispiele: GLA 38/1159 (von 1351, hier zusätzlich vor dem Schultheißen), vgl. CARL (wie Anm. 24), Nr. 126, S. 69; GLA 38/3267 (von 1352), vgl. CARL (wie Anm. 24), Nr. 130, S. 71; GLA 38/3268 (von 1367), vgl. CARL (wie Anm. 24), Nr. 160, S. 83 f. – Nicht auszuschließen ist, dass die 1318 in einer Urkunde (siehe oben Anm. 91) angeführten zwei Bürger Gunter Imhof und Heinrich Rise zu diesem Zeitpunkt dem Gericht angehörten, ohne dass dies in der Urkunde vermerkt wäre. Vgl. BECHT (wie Anm. 27), S. 59.

94 So in GLA 40/208 (von 1349), vgl. CARL (wie Anm. 24), Nr. 120, S. 67; GLA 38/2893 (von 1351), vgl. CARL (wie Anm. 24), Nr. 124, S. 69; GLA 35/295 (von 1352), vgl. CARL (wie Anm. 24), Nr. 127, S. 70; GLA 40/211 (von 1356), vgl. CARL (wie Anm. 24), Nr. 134, S. 73; GLA 38/2742 (von 1361), vgl. CARL (wie Anm. 24), Nr. 144, S. 77.

95 HStAS A 489 K 776 (von 1328), siehe oben Anm. 88; GLA 38/2003 (von 1329), vgl. CARL (wie Anm. 24), Nr. 91, S. 55; GLA 38/1735 (von 1339), vgl. CARL (wie Anm. 24), Nr. 100, S. 58; GLA 38/2490 (von 1342), vgl. CARL (wie Anm. 24), Nr. 103, S. 60; GLA 38/2491 (von 1343), vgl. CARL (wie Anm. 24), Nr. 106, S. 61; GLA 38/2888 (von 1345), vgl. CARL (wie Anm. 24), Nr. 110, S. 63; RMB, Bd. 1, Nr. 1017, S. 102; GLA 35/289 (von 1347), gedruckt in: ZGO 8 (1857), S. 79–81, vgl. CARL (wie Anm. 24), Nr. 111, S. 64; GLA 38/3266 (von 1347), siehe oben Anm. 93; GLA 38/2791 (von 1348), vgl. CARL (wie Anm. 24), Nr. 115, S. 65. – Besonders charakteristisch sind neben den kalligraphisch ausgeführten Initialen z.B. das am Wortanfang großgeschriebene *daz* in der Promulgatio, die Majuskeln *G*, *I* und *W*, die langgezogenen Striche über dem *i*. Hinzu kommen Übereinstimmungen im Diktat, so z.B. die fast buchstabengetreue Wiederholung von Intitulatio und Promulgatio: *Ich, N.N., vergihe offenlich an disem (gegenwertigen) brieve und tûn kunt allen den, die in imer angesehent oder gehörent lesen, daz [...].* – Gewisse

nisstand liegt die letzte Urkunde dieses Schreibers aus dem Jahr 1348 vor, während zwei 1352 entstandene Stücke einer anderen Hand zugeordnet werden können.[96] So erscheint die Annahme plausibel, dass spätestens ab 1328 ein Schreiber im Dienst der Stadt oder des städtischen Gerichts stand und dass die hier behandelten Urkunden vom Gericht nicht nur bezeugt und besiegelt, sondern auch ausgefertigt wurden, obwohl die Richter formal nicht als Aussteller genannt sind.[97] Dieser Zeitpunkt liegt über anderthalb Jahrhunderte vor dem Auftreten des ersten namentlich bekannten Pforzheimer Stadtschreibers, des seit 1485 in dieser Funktion wirkenden Alexander Hugen (Hug).[98] Mit der Ausbildung eines städtischen, in der Urkundenherstellung nicht mehr von geistlichen Institutionen abhängigen Schriftwesens während der ersten Hälfte des 14. Jahrhunderts fügt sich Pforzheim chronologisch in das aufgrund der Forschungslage momentan erkennbare Gesamtbild kleinerer Städte im mitteleuropäischen Raum ein.[99]

Ähnlichkeiten, aber insgesamt weniger Übereinstimmungen zeigt die Urkunde GLA 38/2893 (von 1351), vgl. CARL (wie Anm. 24), Nr. 124, S. 69.

96 GLA 35/295: Die Pforzheimer Bürger Walther, Albrecht, Werner und Berchtolt Weis bekennen, dass sie das Messneramt in der Altstadt an das Kloster Lichtental verkauft hätten. Vgl. CARL (wie Anm. 24), Nr. 127, S. 70. – GLA 38/3267: Der Pforzheimer Bürger Walther Wolf bekennt, dass er eine ewige Gült an den Pforzheimer Bürger Heinz Schultheiß verkauft habe. Vgl. CARL (wie Anm. 24), Nr. 130, S. 71.

97 STENZEL (wie Anm. 27), S. 111 dürfte zeitlich hinsichtlich der Existenz eines Pforzheimer Stadtschreibers deutlich zu weit zurückgreifen, wenn er schreibt: „Die ältesten Stadtsiegel befinden sich somit an Gerichtsurkunden. […] Amtsgemeinden, ja auch das Kloster Herrenalb im 13. und 14. Jahrhundert, ließen Urkunden durch dieses Siegel [der Stadt Pforzheim] bekräftigen. Vermutlich wurden diese Urkunden vom Stadt- und Amtsschreiber aufgesetzt." Gänzlich unbestimmt äußert sich Wolfgang LEISER: Der gemeine Zivilprozeß in den Badischen Markgrafschaften. Stuttgart 1961 (Veröffentlichungen der Kommission für geschichtliche Landeskunde in Baden-Württemberg B 16), S. 10 f.: „Unsere älteren dörflichen Quellen erwähnen einen ständigen Gerichtsschreiber nicht. […] Anders ist die Lage bei den Städten und großen Landgerichten, wo schon in früher Zeit fest bestellte Schreiber nachzuweisen sind." Vgl. oben bei Anm. 35 ff.

98 Zu Alexander Hugen siehe jetzt (mit Hinweisen zur älteren Literatur) Andreas DEUTSCH: Die „Rethorica und Formulare teütsch" des Pforzheimer Stadtschreibers Alexander Hugen – ein juristischer Bestseller des 16. Jahrhunderts. In: Neue Beiträge zur Pforzheimer Stadtgeschichte, Bd. 2, hrsg. von Christian GROH. Heidelberg u.a. 2008, S. 31–75.

99 Henning STEINFÜHRER: Stadtverwaltung und Schriftlichkeit. Zur Entwicklung des administrativen Schriftwesens sächsischer Städte im späten Mittelalter. In: OBERSTE (wie Anm. 11), S. 11–20, hier S. 14 unterscheidet „in der Entstehung eines eigenständigen administrativen Schriftwesens der sächsischen Städte" drei Phasen: „1. Vorstufen um 1300, 2. Phase der Formierung eines eigenständigen administrativen Schriftwesens im 14. Jahrhundert und 3. Phase des voll ausgebildeten Schriftwesens im 15. Jahrhundert" (zur angeführten ersten Phase S. 14 f.). Nach VOGTHERR (wie Anm. 86), S. 555 f. ist in Sachsen „das zweite Drittel des 14. Jahrhunderts derjenige Zeitraum […], innerhalb dessen die Entwicklung städtischer Kanzleien auf breiter Front einsetzt". Vgl.

Dass dahinter aber auch noch zu dieser Zeit ein primär mündliches Verfahren stand, dem die Beurkundung nachgeordnet war, erweist sich in besonderer Weise an einigen Beispielen aus den Jahren um 1340, in denen es um Besitztransaktionen im städtischen Umland ging. Dabei wurde ein mehrstufiges Verfahren praktiziert. So verkaufte 1338 der Pforzheimer Bürger Sifrid Weis Güter und Einkünfte in den Dörfern Neidlingen und Göbrichen an das Pforzheimer Dominikanerinnenkloster.[100] In der darüber aufgesetzten Urkunde wurde festgehalten, dass die Auflassung der Güter erfolgt sei *in der kuntschaft*[101] *vor den erbern luten, die hienach geschriben stent*, worauf die Namen je zweier Richter der benachbarten Dörfer Kieselbronn, Göbrichen und Ispringen folgen. Der Rechtsakt wurde also mündlich vollzogen, und zwar vor Zeugen, die über besondere Ortskenntnis verfügten und mit denen der Rechtsvorgang in feste soziale Strukturen eingefügt wurde. Die Verschriftlichung bildete erst den zweiten Schritt: Sifrid Weis habe, so heißt es in der Urkunde weiter, die Pforzheimer Richter gebeten, *das sie der priolin* [sic] *und dem convent des egenanten closters disen brief besigelt geben hant mit der stette ingesigel, das wir, dieselben rihter von Phortzhein, heran gehenkent han durch bette desselben Sifrides zů eine waren urkunde aller der vorgeschriben rede*. Auch wenn die *kuntschaft* vor Ort wichtig war, die Beurkundung musste schon deshalb vor dem Stadtgericht erfolgen, weil die Dorfgerichte in der Markgrafschaft Baden zu dieser Zeit offenbar keine eigenen Siegel führten.[102] Ähnliche Vorgänge sind aus den Jahren 1339 und 1343 belegt.[103]

---

auch ebd., S. 540–543; MERSIOWSKY (wie Anm. 86), S. 349–353; CSENDES (wie Anm. 86), S. 95 f.; Juraj ŠEDIVÝ: Die Anfänge der Beurkundung im mittelalterlichen Preßburg (Bratislava). In: HRUZA, HEROLD (wie Anm. 19), S. 81–115. Für die Stadtschreiber im südwestdeutschen Raum während des Mittelalters ist insgesamt immer noch maßgeblich Gerhart BURGER: Die südwestdeutschen Stadtschreiber im Mittelalter. Böblingen 1960 (Beiträge zur schwäbischen Geschichte 1–5). – In großen Städten sind entsprechende Entwicklungen in der Regel deutlich früher anzusetzen, vgl. z.B. zu Regensburg, wo ab 1242 eine städtische Kanzlei in Form eines *notarius civium* nachweisbar ist, AMBRONN (wie Anm. 15), S. 51.

100 GLA 38/1311. Vgl. CARL (wie Anm. 24), Nr. 98, S. 57 f.
101 Zum Begriff „Kundschaft", der hier allgemein im Sinne der mündlichen Zeugenschaft gebraucht ist, vgl. Deutsches Wörterbuch (wie Anm. 51), Bd. 5, Sp. 2641–2644, s.v. „Kundschaft". – Zu Problemen von Mündlichkeit und Schriftlichkeit in Verbindung mit lokalen Herrschaftsstrukturen vgl. allgemein Simon TEUSCHER: Erzähltes Recht. Lokale Herrschaft, Verschriftlichung und Traditionsbildung im Spätmittelalter. Frankfurt, New York 2007 (Campus Historische Studien 44).
102 Das älteste erhaltene Siegel eines Dorfgerichts der Markgrafschaft Baden, dasjenige von Eichstetten, stammt von 1422 – SCHÖNTAG (wie Anm. 77), S. 123; dasjenige des Kondominatsortes Bühl ist 1398 bezeugt – ebd., S. 124.
103 GLA 38/1735 (von 1339): Gültverschreibung durch Priorin und Konvent des Pforzheimer Dominikanerinnenklosters an die Messstiftung des verstorbenen Pforzheimer Bürgers Abreht Slegel mit Bezug auf zwei Höfe in Ispringen *vor der kuntschaft dezselben dorfes* (Schultheiß und Richter) und unter Mitbesiegelung durch das Pforzheimer Gericht. Vgl. CARL (wie Anm. 24), Nr. 100, S. 58. – GLA 38/2491 (von 1343): Gültverkauf an Heinz Schultheiß, den Schwiegersohn des Pforzheimer Schultheißen Werner Göldlin, durch Heinz Rot, Sohn des verstorbenen

So zeigen sich an diesen Fällen sowohl Differenzen als auch Verflechtungen zwischen Stadt und Land: Schriftlichkeit tritt als ein Element städtischer Zentralität hervor.

Eine mögliche Alternative zu den städtischen oder auch geistlichen Gerichten konnte für die Beurkundung von Rechtsgeschäften das öffentliche Notariat bilden.[104] Erst um 1400 und damit deutlich später als in vielen anderen Städten im Reich nördlich der Alpen ist in Pforzheim ein öffentlicher Notar belegt, nämlich Bertold Trutwin (Drutwin), der ca. 1384 durch einen Pfründentausch die Pforzheimer Pfarrei erhielt.[105] Er urkundete 1397 und 1398 in Pforzheim.[106] 1401 setzte er ein weiteres Notariatsinstrument über beeidete Zeugenaussagen mehrerer Pforzheimer Bürger bezüglich der Rechte und Pflichten des Klosters Hirsau in Pforzheim auf.[107] Die nächsten Pforzheimer Notare fassen wir erst in der zweiten

    Pforzheimer Bürgers Dietmar Rot; Auflassung *in der kuntschaft zů Gebrichingen vor den ersamen luten Walther dem Waisen, Sifriden dem Waisen, rihter zů Pfortzhein, und vor Crusen dem schultheißen und Heintz Schumen und vor Waltzen, rihter ze Gebrichingen dez dorfes*; Siegelung durch das Pforzheimer Gericht. Vgl. CARL (wie Anm. 24), Nr. 106, S. 61.

104 Vgl. allgemein Werner SCHUBERT: Geschichte des Notariats und Notariatsrechts in Deutschland. In: Matthias SCHMOECKEL, Werner SCHUBERT (Hrsg.): Handbuch zur Geschichte des Notariats der europäischen Traditionen. Baden-Baden 2009 (Rheinische Schriften zur Rechtsgeschichte 12), S. 203–239, zum 13. bis 15 Jahrhundert S. 203–205; ebenso die anderen einschlägigen Beiträge des angeführten Handbuchs. Für Südwestdeutschland heranzuziehen ist Peter-Johannes SCHULER: Geschichte des südwestdeutschen Notariats. Von seinen Anfängen bis zur Reichsnotariatsordnung von 1512. Bühl (Baden) 1976 (Veröffentlichung des Alemannischen Instituts Freiburg/Br. 39). An lokalen und regionalen Studien seien darüber hinaus exemplarisch genannt Fritz LUSCHEK: Notariatsurkunde und Notariat in Schlesien von den Anfängen (1282) bis zum Ende des 16. Jahrhunderts. Weimar 1940 (Historisch-Diplomatische Forschungen 5); Ferdinand ELSENER: Notare und Stadtschreiber. Zur Geschichte des schweizerischen Notariats. Köln, Opladen 1962 (Arbeitsgemeinschaft für Forschung des Landes Nordrhein-Westfalen, Geisteswissenschaften 100); Klaus WOLF: Privatrecht, Prozeßrecht und Notariat der Stadt Limburg im Mittelalter. Diss. jur. Gießen 1988. Zum (älteren) italienischen Notariat vgl. Andreas MEYER: *Felix et inclitus notarius*. Studien zum italienischen Notariat vom 7. bis zum 13. Jahrhundert. Tübingen 2000 (Bibliothek des Deutschen Historischen Instituts in Rom 92).

105 CARL (wie Anm. 24), Nr. 191, S. 95 f.; RMB, Bd. 1, Nr. 1376, S. 142. – 1385 wurde ihm als Vikar an der Michaelskirche aufgetragen, u.a. einen Gehilfen für die Verrichtung des Pfarrdienstes an St. Martin anzustellen – CARL (wie Anm. 24), Nr. 196, S. 97; PFLÜGER (wie Anm. 30), S. 108.

106 Peter-Johannes SCHULER: Notare Südwestdeutschlands. Ein prosopographisches Verzeichnis für die Zeit von 1300 bis ca. 1520, Textband und Registerband. Stuttgart 1987 (Veröffentlichungen der Kommission für geschichtliche Landeskunde in Baden-Württemberg B 90 und 99), Textband, Nr. 1386a, S. 473.

107 GLA 38/3365. Gedruckt in: KORTH (wie Anm. 49), S. 115–117. Vgl. CARL (wie Anm. 24), Nr. 217, S. 105. – Noch 1414 erscheint er in der Zeugenliste einer Urkunde – GLA 38/2905a: […] *Berchtolt Drutwin, dem alten pferrer, offen schriber und notarien* […]. Vgl. CARL (wie Anm. 24), Nr. 241, S. 114.

Urkundengebrauch und Urbanität

Hälfte des 15. Jahrhunderts.[108] Das vereinzelte Auftreten eines Notars darf zwar als Zeichen eines fortgeschrittenen Grades des Schriftgebrauchs gewertet werden, größere Bedeutung erlangte das Notariat in Pforzheim augenscheinlich aber nie.

Zusammenfassung

Nicht allein in ihrem Rechtsinhalt lassen Urkunden die Formierung von Urbanität erkennen, auch und gerade als Zeugnisse von Kommunikationsvorgängen belegen sie die Prozesse der personellen Verflechtung, der Veränderung herrschaftlich-gemeindlicher Beziehungen, der Verdichtung genossenschaftlicher Verbände – kurzum: wichtiger Elemente mittelalterlicher Urbanisierungsprozesse in ihrer schriftgestützten Verrechtlichung und sozialen Entfaltung. Nach außen und nach innen gerichtete Kommunikation korrespondieren dabei weitgehend. Im Fall Pforzheims sind mehrere Phasen zu unterscheiden, ohne dass die Chronologie aufgrund der teilweise geringen Überlieferungsdichte immer exakte Zäsuren zu erkennen gäbe.

(1) Im frühen 13. Jahrhundert war die Kommunikationssituation zwischen Stadt und Stadtherr einseitig geprägt. Die Gemeinde ist als Adressat des herrschaftlichen Willens fassbar, gibt aber auf der Ebene der Verschriftlichung noch keine schärferen personellen oder institutionellen Konturen zu erkennen und bleibt weitgehend anonym. Auch in ihren Binnenbeziehungen bediente sich die Gemeinde zur Regelung rechtlicher Fragen noch nicht aktiv des Mediums der Urkunde, sie blieb in dieser Hinsicht abhängig von den geistlichen Institutionen der Bischofsstadt Speyer.

(2) In den 1250er Jahren erhielt die Gemeinde, vertreten durch Schultheiß und Gericht (Geschworenen-Rat), im Verhältnis zwischen dem Stadtherrn, der Stadt und den nicht zuletzt ökonomisch wichtigen großen Klöstern der Region einen aktiven Part. Sie trat dabei als Aussteller und Siegler von Urkunden auf, bei Rechtsgeschäften Pforzheimer Bürger vorerst als Mitsiegler. Eine eigene städtische Urkundenproduktion ist freilich nicht belegt. Zwar gilt für das 13. Jahrhundert allgemein, dass die Pforzheimer Urkundenüberlieferung sehr schmal ist,[109] doch sprechen gerade die in der dritten und vierten Phase (siehe unten)

---

108 Aus den Jahren 1472 bis 1475 sind in Pforzheim aufgesetzte Urkunden des Notars Sifrid Grun bekannt – SCHULER (wie Anm. 106), Textband, Nr. 453, S. 155 f. 1498 fertigte Leonhard Stalp, *prespiter Spirensis diocesis publicus imperiali auctoritate notarius*, ein Notariatsinstrument an – GLA 38/3339. Eine von Stalp angefertigte Abschrift einer Urkunde von 1422 (GLA 38/2802) ist nicht datiert, doch wird darin als Zeuge Franz Geiger, Vikar am Stift zu Pforzheim, genannt, der diese Pfründe von 1482 bis zu seinem Tod 1531 besaß – Gerhard FOUQUET: St. Michael in Pforzheim. Sozial- und wirtschaftsgeschichtliche Studien zu einer Stiftskirche der Markgrafschaft Baden (1460–1559). In: BECHT (wie Anm. 18), S. 107–169, hier S. 163. Stalp scheint bei SCHULER (wie Anm. 106) nicht verzeichnet zu sein.

109 Abgesehen von der spezifischen Pforzheimer Situation bildet die Quellenlage häufig ein methodisches Problem bei der Anwendung kommunikationsgeschichtlicher Ansätze im Bereich der mittelalterlichen Geschichte; vgl. DEPKAT (wie Anm. 11), S. 43–45.

festzustellenden mehrmaligen Wechsel in der Urkundengestaltung dafür, dass es in der Zeit zuvor tatsächlich noch kein entfaltetes städtisches Urkundenwesen gab.

(3) Spätestens in den 1290er Jahren erfuhr das herrschaftliche und gemeindliche Handeln eine enge Verklammerung im Sinne der Konsensfindung. Zwar lässt sich dies als verstärkte städtische Autonomie begreifen, doch ging es dabei letztlich nicht um die Ausgrenzung des Herrn, sondern um den Modus der Kooperation. Es erscheint bezeichnend, dass quasi zeitgleich in den 1290er Jahren auch das städtische Gericht in Angelegenheiten der freiwilligen Gerichtsbarkeit in Erscheinung trat – die Ausbildung und Differenzierung geregelter Verfahren innerhalb des herrschaftlichen und des genossenschaftlichen Rechtsverbandes verliefen teilweise parallel.

(4) Der Konsens blieb auch im 14. Jahrhundert das bestimmende Element in der Kommunikation zwischen Herrschaft und Gemeinde. Allerdings zeichnet sich von der Mitte bis zum Ende des Säkulums eine Entwicklung ab, die zu einer größeren herrschaftlichen Dominanz in den konsensgestützten Kommunikationsstrukturen führte, gleichzeitig aber zu einer Institutionalisierung und Differenzierung der Gemeinde, so dass Beziehungen und Interessen neu austariert wurden. Parallel dazu lässt auch die Verstetigung der Verfahren der freiwilligen Gerichtsbarkeit um die Mitte des 14. Jahrhunderts auf eine Verfestigung gemeindlicher Kommunikationsstrukturen schließen. Zudem erweist die mutmaßlich unter Kontrolle des städtischen Gerichts stehende Urkundenproduktion seit den 1320er Jahren die zunehmende Professionalisierung im Umgang mit dem Medium Urkunde.

Illegale Geschäfte mit Edelmetallen und Schmuck in Frankfurt a. M.

Konrad Schneider

Gesetzliche Grundlagen und Qualitätskontrolle

Der vorliegende Beitrag führt nach Frankfurt a. M., das schon im Mittelalter ein wichtiger Handelsplatz für Edelmetalle und Edelmetallwaren war. Als Handelsplatz hatte es im 18. und 19. Jahrhundert eine größere Bedeutung als Standort der Schmuckindustrie. Zahlreiche erhalten gebliebene Akten zu Straftaten geben interessante Einblicke in die mit dem Edelmetallgeschäft verbundene Kriminalität.

Seit 1888 war der Feingehalt in Deutschland gesetzlich geregelt und konnte der dezimalen Angabe auf Schmuckstücken und sonstigen Edelmetallwaren entnommen werden. Gold musste nach dem Reichsgesetz von 1888 mindestens 0,585 (angenähert 14 Karat) und Silber mindestens 0,800 fein sein.[1] Heute ist auch Gold mit einem Feingehalt von 0,333 zulässig. Aus der Zeit vor 1888 finden wir Angaben in Karat und Lot[2] und ein örtliches amtliches Beschauzeichen, das den Feingehalt amtlich garantierte. In Frankfurt war dies der städtische Adler. Die Kontrollen wurden entweder durch Organe der Korporationen der Gold- und Silberschmiede oder auch durch amtlich bestellte Wardeine ausgeübt. In Frankfurt kontrollierten die Wardeine die Erzeugnisse der städtischen Münze, untersuchten das umlaufende Edelmetallgeld und waren auch Handelswardeine, die Silber und Gold für jedermann auf den Feingehalt untersuchten. Als weitere Dienstaufgabe überprüften sie Handelsgewichte und nahmen damit Aufgaben der heutigen Eichämter wahr. Bruch- und Barrensilber sowie Gold und Silber mit Goldanteilen (Güldischsilber) waren in jedem Feingehalt eine Handelsware, mussten aber mit amtlichen Papieren zur Garantie des Feingehaltes versehen sein, deren Ausstellung Aufgabe des Wardeins war. In einer Messestadt wie Frankfurt a. M. mit einer eigenen Münzprägung und einem regen Edelmetallhandel hat es amtliche Wardeine vom Mittelalter bis zur Schließung der staatlichen Probieranstalt durch den preußischen Staat im Jahr 1920 gegeben. Wer Edelmetall in jeder Form in die Stadt einführte oder aus ihr ausführte, musste bis ins 19. Jahrhundert an den Toren

---

1   Reichsgesetzblatt 1884, S. 120–122, Reichsgesetz vom 16. Juli 1884, in Kraft ab dem 1. Januar 1888, ausgenommen u. a. doublierte Waren.
2   24 Karat bzw. 16 Lot entsprechen Feingold bzw. Feinsilber.

entsprechende Begleitpapiere vorlegen, die in erster Line das spekulative Einschmelzen von Reichsmünzen verhindern sollten. Diese Pflicht wurde 1759 noch einmal nachdrücklich vom Kaiser unterstrichen, um eine seinerzeitige regelrechte Spekulationswelle zu bremsen.[3]

Das Handwerk der Gold- und Silberschmiede unterlag wie fast jedes Handwerk bis zur Verkündung der Gewerbefreiheit in Frankfurt 1864 einem strengen Zunftzwang. Nur Mitglieder der Zunft der Gold- und Silberschmiede durften zwischen den Messen Gold- und Silberwaren verkaufen und unterlagen strengen Kontrollen. Die Stadt schrieb 1614 Feingehalte von 18 ½ Karat (0,770) für Goldwaren und 13 Lot (0,813) für Silberwaren vor,[4] spätere Ordnungen begnügten sich beim Gold mit 18 Karat (0,750). Die Wiederholung der Verordnungen 1761 und 1768 belegt, dass sie unterlaufen wurden, ebenso wie Warnungen vor verfälschten und plattierten Silberwaren (1696) und vor Silbergeschirr mit zu niedrigem Silbergehalt. Das Mandat von 1732 unterstrich den Nahrungsschutz der Gold- und Silberschmiede gegenüber auswärtiger Konkurrenz. Als Ausnahmen galten Lieferungen an „große Herren und Standespersonen", die mit Genehmigung durch die Bürgermeister jederzeit mit Edelmetallwaren beliefert werden durften.[5] Als im 18. Jahrhundert sogenannte Galanterie- oder Bijouteriewaren von geringerem Feingehalt und gar doublierte Waren mit einer lediglich aufgewalzten Edelmetallauflage preisgünstig angeboten wurden, musste die Stadt entsprechend reagieren und führte im 19. Jahrhundert Feingehaltsstempel für Silber ein.[6] Die innerstädtische Qualitätskontrolle der freistädtischen Zeit nach 1815 sah als ersten Schritt eine Überprüfung der Waren durch die Geschworenen vor. Anschließend gingen die Gold- und Silberschmiede mit ihren fertigen Erzeugnissen zur Stadtkanzlei und erhielten dort den amtlich verwahrten Beschaustempel, mit dem sie selbst die Waren stempelten, ohne dafür eine Gebühr entrichten zu müssen. Die Geschworenen erhielten für ihre Bemühungen eine jährliche Aufwandsentschädigung von 10 bis 20 Gulden. Während der Messe nahmen die Geschworenen bei den fremden Gold- und Silberschmieden nach Belieben Proben vor und zeigten Auffälligkeiten beim Rechneiamt als der obersten Finanz- und Gewerbebehörde an. Die Folge davon konnten Konfiskationen sein. Von verhängten Geldstrafen ging ein Teil an die Zunft der Gold- und Silberschmiede. Die Geschworenen erhielten hierfür eine Vergütung und waren damit eine gewerbliche Fachaufsicht.[7]

---

3   Konrad SCHNEIDER: Schmelzzettel, Münzpässe und Wardierzettel – Regulierung des Verkehrs mit Edelmetall und Münzgeld in Frankfurt a. M. In: Scripta Mercaturae, 36/2 (2002), S. 79–119.
4   Druck: Institut für Stadtgeschichte Frankfurt am Main (künftig: ISG), Handwerkerakten, 478.
5   Johann Conradin BEYERBACH: Sammlung der Verordnungen der Reichsstadt Frankfurt, 11, Frankfurt 1798. S. 3208–3211.
6   SCHNEIDER (wie Anm. 3), S. 86–88; Benno SCHMIDT: Frankfurter Zunfturkunden bis zum Jahr 1612. Wiesbaden 1968 = Frankfurt 1914, S. 232–254; Alexander DIETZ: Frankfurter Handelsgeschichte, 5 Bde. Frankfurt 1910–1924, 2, S. 203–243, 4,1, S. 272–284; Wolfgang SCHEFFLER: Goldschmiede Hessens. Berlin 1976, S. 53–55, Frankfurter Beschau- und Lötigkeitszeichen 13 = 13 Lot; BEYERBACH (wie Anm. 5), 4, Frankfurt 1798, S. 928–932, 949–951, wichtige Mandate auch in: ISG, Handwerkerakten, 587.
7   ISG, Rechnei nach 1816, 3.348, auf eine Anfrage der großherzoglich-hessischen Polizeidirektion Darmstadt 1828.

Die strenge Nahrungsschutzregelung zugunsten der einheimischen Gold- und Silberschmiede und die rigide Politik gegen das Angebot von auswärtigen Waren dieser Art außerhalb der Messen im Frühjahr und Herbst wurde ständig unterlaufen. Es entwickelte sich auch ein eigener Kriminalitätszweig, das Fälschen von Edelmetall in jeder Form, ebenso das Fälschen von Beschauzeichen und Begleitpapieren. Die Verfolgung solcher Delikte war Aufgabe des Peinlichen Verhöramtes als Vorläuferin einer heutigen Staatsanwaltschaft, ebenso wie des mit Polizeigewalt ausgestatteten städtischen Rechneiamtes als oberster Finanz- und Gewerbeaufsichtsbehörde. In der schriftlichen Überlieferung beider Ämter des 16. bis 19. Jahrhunderts haben sich bemerkenswerte Belege für den Einfallsreichtum dieser Form von Kriminalität erhalten.[8] Leider bricht diese Überlieferung um die Mitte des 19. Jahrhunderts ab, jüngeres Schriftgut ist 1944 verbrannt.

Die Geschworenen der Gold- und Silberschmiedezunft begnügten sich in der Regel mit der zerstörungsfreien und auch heute noch angewandten Strichprobe mit Streichnadeln aus Edelmetall von abgestuftem Feingehalt, die auf einem besonderen Streichstein aus geschliffenem schwarzem Kieselschiefer einen Strich von bestimmter Farbe hinterlassen. Nimmt man die Strichprobe vom Silbergegenstand, so erhält man durch Vergleich der Farbe einen annähernden Feingehalt, heute unterstützt durch Strichsäuren. Von Münzwardeinen und Hüttenleuten wurde die Strichprobe lediglich als Vorprobe angesehen, bevor die eigentliche Probe unter Zerstörung des Edelmetallgegenstands oder nach einem Aushieb aus einem Barren entnommen wurde.

Die sogenannte „trockene Probe" war eine reduzierende Schmelze, bei der die Silberprobe mit silberfreiem Probierblei verschmolzen und dann in besonderen Probiertiegeln (Kupellen) unter stetiger Hitze in einem Muffelofen, dem Probierofen, „abgetrieben" wurde. Dabei verdampfte das Blei oder zog in den Probiertiegel ein, so dass am Schluss das reine Silberkorn übrig blieb und nur noch gewogen werden musste. Goldhaltige Legierungen wurden nach einem ähnlichen Verfahren mit Scheidewasser (Salpetersäure) geschieden und das im Probiertiegel verbleibende Korn platt geschlagen und zu einem Röllchen gedreht.[9] In der Regel war Gold mit Kupfer und Silber (Güldischsilber) legiert. Dieses wurde dann in Scheidewasser (Salpetersäure) gekocht und so das enthaltene Silber herausgelöst. Das 19. Jahrhundert fügte den bislang bekannten Verfahren weitere hinzu, von denen sich die „nasse Probe" nach dem Prinzip der Titration nach Volhard und Gay-Lussac auch im Münzbetrieb durchsetzte.[10] Die

---

8 ISG, Criminalia: Akten, Rechnei vor 1816 und Rechnei nach 1816.
9 Belege aus dem Hamburger Münzbetrieb im Museum für Hamburgische Geschichte.
10 Genauer und mit allen bis ins 20. Jahrhundert entwickelten Verfahren bei: Carl SCHIFFNER: Einführung in die Probierkunde. Halle (Saale) ²1925, Beschreibung der älteren Verfahrensweisen: Georg AGRICOLA: Vom Berg- und Hüttenwesen, hrsg. v. Carl SCHIFFNER. München 1977 (verschiedene Ausgaben), S. 188–230, mit genauer Beschreibung der Probe mit Probiernadeln; Paul Richard BEIERLEIN u. Heinrich WINKELMANN (Hrsg.), Lazarus ERCKER: Drei Schriften, Bochum 1968; Der Verfasser hatte 1986 die Gelegenheit, bei der Norddeutschen Affinerie in Hamburg Zeuge einer nach wie vor angewandten und geschätzten trockenen Silberprobe zu sein.

Frankfurter Münze in der Münzgasse, nach 1840 in einem Neubau, besaß ein vollständiges Probierlabortarium mit einem Gay-Lussacschen Apparat.[11]

Bei der Strichprobe war klar, dass ihre Ergebnisse nur annähernd sein konnten. Aus diesem Grund fragte die Regierung der Grafschaft Hanau, deren Hauptstadt ebenfalls ein wichtiger Standort der Edelmetallindustrie war und ist, im Jahr 1734 in Frankfurt an, weil Kupellenproben bei den Arbeiten von Hanauer Silberschmieden und Streichproben von 12 Lot Abweichungen von einem halben bis ein Lot ergaben. Die danach befragten Silberschmiede erklärten, ihnen angebotenes und zum Einschmelzen tauglich erscheinendes Bruchsilber nur mit der Streichnadel zu probieren, ebenso wie die fertigen Waren. Als sich die Hanauer Regierung in Frankfurt erkundigte, wie dort gehandelt werde und ob die Aussage der Hanauer Silberschmiede maßgeblich sei, erklärten die Geschworenen der Frankfurter Zunft, beim Ankauf werde wie überall im Reich nach der Strichprobe entschieden. Ihnen war klar, dass Strich- und Kupellenprobe keine identischen Ergebnisse lieferten, insbesondere nicht bei Lotstellen. Bei kleineren Stücken sei eine Kupellenprobe viel zu umständlich. Bei größeren angekauften Mengen, die ohnehin eingeschmolzen würden, sei die Kupellenprobe unbedingt vorzuziehen. Sollte eine Kupellenprobe ein geringeres Ergebnis haben, sei nicht nur ein Schadensersatz fällig, sondern auch eine Strafe.[12] Als die Geschworenen bei der Herbstmesse 1775 eine Partie Schnallen beschlagnahmten, erklärte die Verkäuferin namens Lutz, die Schnallen vom Offenbacher Silberschmied Wilhelm Feldmann gutgläubig erworben zu haben, denn sie waren mit einer 13 als Beleg für 13 Lot gestempelt. Als Feldmann vernommen wurde, erklärte er, sich an die Feingehaltsvorschriften zu halten und führte die Abweichung von der Norm um vier Grän auf nicht ausreichendes Rühren und damit Homogenisieren der Schmelze vor dem Guss zurück. Er wisse, dass die Strichprobe ungenau sei, und erkläre sich bereit, das Stück in der Kupelle probieren zu lassen. Dort ergab die Probe 11 Lot 16 Grän (0,743). Der städtische Wardein Johann Georg Neumeister[13] bestärkte ihn in seiner Ansicht, solche Ungenauigkeiten kämen beim Schmelzen und Gießen sowie bei nicht homogenen Legierungen vor.[14] Kein Silberschmied

---

11 Konrad SCHNEIDER: Die städtische Münze in Frankfurt a. M., 1428 bis 1866. In: Scripta Mercaturae, 40/1 (2006), S. 79–141.
12 ISG, Handwerkerakten, 548; die Hanauer Goldschmiedeordnung von 1610 schrieb für Silberwaren einen Feingehalt nicht unter 13 Lot vor, SCHEFFLER (wie Anm. 6), S. 402f.
13 Nach einer Lehre als Goldscheider in Darmstadt, Münzmeister in Würzburg, Betreiber einer Goldscheideanstalt in Offenbach, 1760 Wardeinsprüfung vor dem Konvent der oberdeutschen Reichskreise Franken, Schwaben und Bayern in Augsburg, Wardein in Koblenz und Würzburg, 1763 Wardein in Frankfurt, 1765 Prüfung durch den Oberrheinischen Kreis, bis zu seinem Tod 1790 im Dienst der Stadt, Konrad SCHNEIDER: Zur Tätigkeit der Generalwardeine des Oberrheinischen Reichskreises, insbesondere im 18. Jahrhundert. In: Jahrbuch für westdeutsche Landesgeschichte, 17 (1991), S. 95–128, hier S. 117; DERS.: Die städtische Münzstätte Frankfurt a. M. 1428 bis 1866. In: Scripta Mercaturae, 40/1 (2006), S. 79–144, S. 117.
14 Preußen führte im 19. Jahrhundert Klage über die nicht homogenisierten Legierungen der kurhessischen und nassauischen Doppeltaler nach dem Dresdner Münzvertrag von 1838, Friedrich v. SCHRÖTTER: Das Preußische Münzwesen 1806–1873, 2. Berlin 1926, S. 96.

könne mit der Streichnadel auf zwei bis drei Grän genau probieren. Es sei durchaus möglich, dass die Strichprobe 13 Lot ergäbe und die Probe in der Kupelle durchaus sechs Grän weniger. Insgesamt sei dieses Verfahren so ungenau, dass mancher auf vier Grän genau Auskunft gebe und andere nur auf sechs Grän genau.[15] Im Jahr 1788 ersuchte die kurpfälzische Regierung in Mannheim die Stadt Frankfurt um Amtshilfe bei der genauen Probe von Goldwaren des Düsseldorfer Wardeins und Goldschmieds Teichmann. In der Münze wurden am 19. Juni 1788 durch den Frankfurter Wardein Johann Heinrich Hille[16] und seinen Darmstädter Kollegen Georg Konrad Fehr 1788 Strich- und Feuerproben von Ringen, Ohrgehängen und Kreuzern vorgenommen und ergaben gute Werte zwischen 18 und 21 Karat (0,875).[17]

Die Zunft der Gold- und Silberschmiede hatte wie alle anderen Zünfte in reichs- und freistädtischer Zeit einen Verfassungsstatus, denn Zünfte bildeten die dritte Bank des Senats als regierendem Kollegium der Reichs- bzw. Freien Stadt. Ihre Geschworenen hatten eine Kontrollfunktion bei Gold- und Silberwaren, nahmen dafür Gebühren und übten somit eine Art Polizeigewalt aus. David Landau, Inhaber der Handlung Landau & Weiswiller, bot unter anderem goldene und silberne Uhren an, verweigerte aber 1849 eine Kontrolle der Geschworenen gegen Gebühr. Er erklärte, Edelmetallwaren würden nur in der Geleitswoche vor den beiden Messen kontrolliert und ansonsten das ganze Jahr nicht. Er hätte nichts gegen die Einrichtung eines amtlichen Bureau de Contrôle nach französischem und niederländischem Vorbild, bemängelte jedoch die Ungenauigkeit der Strichprobe, denn nur die Kupellenprobe sei genau. Das Überreichen von zwei Uhren mit der Bemerkung, alles sei in Ordnung, reiche nicht. Überdies verpflichte kein Gesetz zu dieser Kontrolle. Die Geschworenen, die Landau einen guten Leumund bescheinigten, entgegneten, die Kontrollen stets in Begleitung von Polizeiorganen vorgenommen zu haben. Diese Kontrollen seien für die Kaufleute keine Belästigung. Die Geschworenen rechtfertigten ihre Tätigkeit mit der Unterwerfung auch ihrer Zunftmitglieder unter diese Kontrolle gegen eine Gebühr von 3 Kreuzern je Pfund, nach der die Edelmetallwaren auf der Stadtkanzlei mit dem städtischen Beschauzeichen gestempelt wurden.[18] Das städtische Polizeiamt war zu Feingehaltsuntersuchungen nicht befugt.[19]

---

15 ISG, Rechnei vor 1816, 914.
16 Erst Adjunkt von Neumeister, dann 1790 bis zum Tod 1798 städtischer Wardein, SCHNEIDER, Münzstätte Frankfurt (wie Anm. 13) Frankfurt, S. 117.
17 ISG, Rechnei vor 1816, 565, zur Goldschmiede- und Wardeinsfamilie Teichmann in Düsseldorf, Alfred NOSS: Die Münzen von Jülich-Berg, 2. München 1929, S. 268 f., 289 f.; Karl-Bernd HEPPE: Die Düsseldorfer Goldschmiedekunst von 1596 bis 1918. Düsseldorf 1988, S. 218–221.
18 ISG, Rechnei nach 1816, 3.355.
19 ISG, Reichen nach 1816, 3.348.

Betrug mit Edelmetallbarren

Auf dem Edelmetallhandelsplatz war Edelmetall aller Feingehalte im Verkehr und wurde seiner Qualität entsprechend bewertet. Es ist nicht verwunderlich, dass Betrüger versuchten, minderwertige oder gar völlig falsche Edelmetallbarren abzusetzen. Es ist auch ein Rezept zum Goldmachen mit einer nicht näher beschriebenen Tinktur aus Blei, Zinn, Quecksilber oder Kupfer aus dem Jahr 1718 überliefert.[20] Der Betrug mit falschen Barren war in Frankfurt eher schwierig, denn der begrenzte Abnehmerkreis aus Gold- und Silberschmieden, der Rechnei für die Münze und Edelmetallhändler war kundig und mit dem Augenschein nicht zu täuschen. Sie alle verkauften das Edelmetall oder verarbeiteten es, nachdem sie es geschmolzen und auf gesetzlich vorgeschriebene Feingehalte gebracht hatten. Wir wissen von verschiedenen korrekten Sendungen Barrensilber, die nur wegen Formfehlern bei der Deklarierung aktenkundig wurden, so etwa eine Sendung an die vorderösterreichische Münzstätte Günzburg mit Hamburger Probierzetteln (1768).[21] Als im Jahr 1775 zwei Barren aus höchstfeinem Blicksilber von über 20 und 17 Gewichtsmark (um 4,68 und 3,97 kg) aus der anhalt-schaumburgischen Grube Holzappel in der Nähe von Diez an der Lahn probiert wurden, ergab die Aushiebprobe 15 Lot 15 Grän und damit ein für diese Qualitätsstufe korrektes Ergebnis.[22]

Die Reichsstadt Worms erkundigte sich im Jahr 1614 wegen drei dort verhafteter Juden, die Barren vertrieben hatten, die außen einen Feingehalt von 13 Lot aufwiesen, innen aber nur sechs Lot (0,375) und von einem Goldschmied in Frankenthal verfertigt worden sein sollten, der vermutlich Silber unterschiedlichen Feingehaltes zusammengelötet und gehofft hatte, dass lediglich eine Aushiebprobe von der Oberfläche genommen wurde. Die Stadt Worms suchte nach Marx zum schwarzen Rappen, der in Frankfurt 1611 wegen des Verkaufs von solchen verfälschten Barren an die Rechnei verhaftet worden war und sich vor weiterer Bestrafung rettete, indem er den Verkäufer der Barren zur Rechenschaft ziehen wollte.[23] Mit wenig Geschick versuchte der venezianische Metallscheider Antonio Alborghetti im Jahr 1738, gering legierte Barren zu produzieren, nachdem er in Mannheim Kupfer gekauft und dies mit französchen Laubtalern, der wichtigsten Silbermünze der Zeit mit einem Normfeingehalt von 0,917, verschmolzen hatte.[24] Das Ergebnis war eine Legierung von 7 Lot 9 Grän (0,469). Damit ging er nach Hanau, um sein Material zu silbernen Löffeln verarbeiten zu lassen, und wurde dort verhaftet.[25]

---

20 ISG, Reichskammergericht, 1.423, Quadrangel 34, Rezept von Peter Ferdinand Le Brun, mit notarieller Beglaubigung.
21 ISG, Rechnei vor 1816, 887, zur von 1764 bis 1805 bestehenden und sehr produktiven vorderösterreichischen Münzstätte Günzburg: Franz REISSENAUER: Münzstätte Günzburg. Günzburg 1982.
22 ISG, Rechnei vor 1816, 913, zur Grube Holzappel: J. D. ENGELS: Ueber den Bergbau in den Ländern des Rheins, der Lahn und der Sieg. Siegen 1908.
23 ISG, Criminalia: Akten, 722.
24 In dieser Form nach 1726 geprägter Typ des 1640 eingeführten Louis blanc, Wolfgang HESS u. a.: Vom Taler zum Dollar. München 1986, S. 132–135.
25 ISG, Criminalia: Akten, 4.872.

Als 1762 ein kleiner flacher Gusskuchen Plan(ts)che von 16,4 g und laut Probzettel einen Feingehalt von 10 Lot 9 Grän Silber (0,666) und 6 Grän Gold (0,034) enthalten sollte, ergab eine Probe durch den städtischen Münzmeister Trümmer, dass alles an dem Stück Edelmetall falsch war: Das Metall war weiß gemachtes Kupfer, der Probierzettel war gefälscht, ebenso wie der Adlerstempel, der die amtliche Garantie bestätigen sollte.[26] Zinn mit einem Kupferzusatz von 5 % ist ein ideales „Weißmetall" und wegen seiner geringen Oberflächenspannung zum Gießen bestens geeignet.[27] 1743 wurde ein Hausierer aus Thüringen wegen des Verkaufs von angeblich silbernen Dosen festgenommen, konnte aber glaubhaft versichern, nur Dosen aus einem nicht silberhaltigen Weißmetall angeboten zu haben.[28] Eine weitere Variante des Weißmetalls Tombak vertrieb der aus Freiburg im Üchtland (Fribourg) in der Schweiz stammende und in preußischen Diensten stehende Oberstleutnant Johann Peter von Gottrau gen. von Billens im Jahr 1766, der zunächst festgenommen wurde. Bei der Festnahme fand man vier Säcke mit Plantschen (Gusskuchen), Schnallen, Knöpfen sowie Aufzeichnungen über chemische Prozesse und Bücher. Gottrau war von Löw Schott beim städtischen Wardein Neumeister angezeigt worden, der einen kleinen Barren aus angeblichem Silber und einen in Augsburg angefertigten Probierzettel über 5 Lot 1 Grän (0,316) präsentierte. Neumeister ermittelte jedoch nur 3 Lot (0,188). Schott sagte in einer Vernehmung durch das Rechneiamt aus, dass ein Schweizer mit vielen Plantschen und Silber ihm dies angeboten hatte, von dem er nur diesen kleinen Barren erworben hatte. Proben durch Münzmeister Bunsen und Wardein Neumeister ergaben, dass Gottrau mit roten und weißen Metallwaren (Tombak und Weißmetall bzw. weißem Tombak) handelte. Proben ergaben weder Gold- noch Silberanteile, sondern eine Verfälschung des Kupfers zu Weißmetall durch Arsenik, um es als Silber verkaufen zu können. Es war ungeschmeidig und spröde und als weißer Tombak im Handel. Weil Gottrau preußischer Offizier war, vereitelte König Friedrich II. (1740–1786) eine Strafverfolgung.[29] Als ein Goldschmied aus Lausanne 1770 in den Verdacht geriet, angebliches Brandsilber und damit hochwertiges Silber[30] in Frankfurt verkauft zu haben, erwies sich die Ware als Kupfer, das mit Quecksilber vermischt und schwarz geworden war und nur sehr geringe Silberanteile aufwies. Wardein Neumeister ermittelte hierbei korrekte 15 Lot 10 Grän (0,972) sowie nur 2 Lot 15 Grän (0,177) und 4 Lot 3 Grän (0,260). Dem Goldschmied konnte keine Schuld nachgewiesen werden.[31]

---

26 ISG, Rechnei vor 1816, 875, zum Begriff für einen flachen Gusskuchen, der nicht regelmäßig sein muss: Johann Georg KRÜNITZ: Oekonomische Encyklopädie, 113. Berlin 1810, S. 299.
27 Freundliche Auskunft von Herrn Dr. Eberhard Auer, Erftstadt.
28 ISG, Criminalia: Akten, 5.647.
29 ISG, Rechnei vor 816, 884, das hochgiftige handelsübliche Arsenik wird durch Rösten aus Arsenkies und anderen Erzen gewonnen und war zur Gewinnung von weißem Tombak bekannt, KRÜNITZ (wie Anm. 26), S. 456–461; OST-RASSOW: Lehrbuch der Chemischen Technologie, 1, Leipzig [27]1965, S. 456–462.
30 Carl SCHNABEL: Handbuch der Metallhüttenkunde, 1, Kupfer, Blei, Silber, Gold, Berlin [2]1901, S. 768.
31 ISG, Rechnei vorn 1816, 1.120.

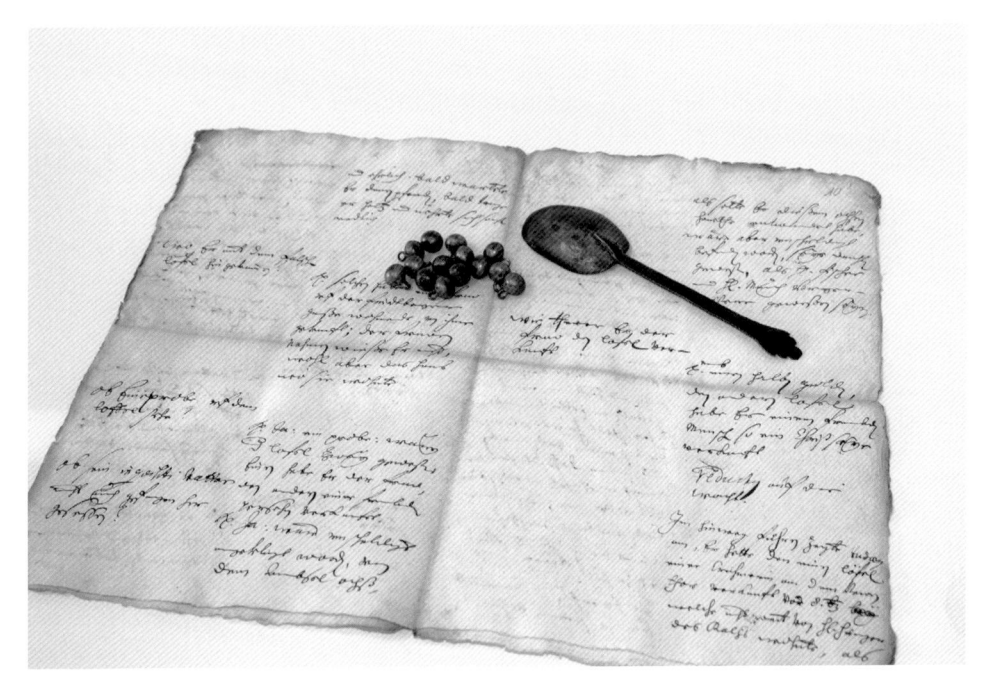

Abbildung 1: Gefälschter Löffel und gefälschte Knöpfe, 1697 in Frankfurt angeboten (Institut für Stadtgeschichte Frankfurt a. M.).

Fälschung von Silberwaren und Schmuck

Beim Einzelverkauf von Silbergeschirr und Schmuck an Endverbraucher war es wesentlich einfacher, minderwertige oder gefälschte Ware abzusetzen, dies umso mehr, je kleiner und billiger die Artikel waren. Dennoch waren Kontrollen immer möglich. Dies musste der Frankfurter Silberschmied Willemer 1680 erfahren, als er einen Silberbecher verkaufen wollte, der nach der Probe durch den städtischen Wardein nur 8 ½ Lot (0,531) fein war. Allerdings hatte er oben und unten einen aufgelöteten Rand, dessen Feingehalt der Frankfurter Norm entsprach. Willemer begründete den Erwerb mit einer Notlage und zweifelhaften Geschichten. Er habe den Feingehalt bei der Strichprobe für zwölflötig (0,750) befunden. Schließlich seien anderswo, so in Schwäbisch Gmünd und in Polen, niedrigere Feingehalte erlaubt als in Frankfurt.[32] In Schwäbisch-Gmünd etablierte sich nach dem Dreißigjährigen Krieg eine rege Produktion von meist kleinen Gegenständen aus Silber. Zwar galten auch hier grundsätzlich ähnliche Feingehaltsnormen wie anderswo, die jedoch schon 1593 für

---

32   ISG, Criminalia: Akten: 1.526.

kleine Waren unter 1 ½ Lot Gewicht (rund 21,2 g)[33] gelockert wurden. In der Folgezeit gab es immer wieder Bestrebungen des Rates, eine Norm von 12 Lot durchzusetzen, denen meist erfolgreicher Widerstand der Silberschmiede und Proteste beispielsweise aus Frankfurt, Mainz und München gegenüberstanden. Der Festlegung auf 13 Lot von 1723 folgte schon 1736 die Zulassung von Feingehalten von acht Lot aufwärts. Erst die Einführung einer amtlichen Silberkontrolle durch Württemberg, an das Schwäbisch-Gmünd 1803 gefallen war, führten zu einheitlichen 12 bis 13 Lot.[34] 1718 erkundigte sich Kurtrier in Frankfurt nach dem Angebot von Silberwaren aus Schwäbisch-Gmünd auf dem Markt.[35]

Als er kugelförmige Knöpfe aus versilbertem Buntmetall als Silberknöpfe verkaufen wollte, wurde der vierzehnjährige Manche aus dem hanauischen Dorf Preungesheim, dessen Vater von Almosen lebte, vor den Toren Frankfurts 1697 festgenommen. Manche sagte aus, diese Knöpfe von einem fremden Handwerksburschen gekauft zu haben, und versuchte, sie in Frankfurt unterzubringen. Er hatte für 7 ½ Dutzend Knöpfe und zwei Löffel 8 Gulden bezahlt, die Knöpfe verschiedenen Bürgern verkauft und einen Löffel an eine Frau in der Friedberger Gasse. Bei der anschließenden Vernehmung ging es auch um eine halbe falsche Doublone oder Goldkrone, die besonders das Interesse des Verhöramtes erweckte, das deswegen auch in Mainz ermittelte, trotz Androhung der Folter jedoch nicht weiter kam. 14 Knöpfe und ein schlecht verarbeiteter Löffel mit einem gefälschten Frankfurter Beschauzeichen wurden zur Ermittlungsakte genommen und Manche nach Stehen am Pranger ausgewiesen und damit eine auch bei Diebstählen übliche Strafe vollzogen, die noch durch Auspeitschen verschärft werden konnte.[36] Wegen eines ähnlichen Deliktes wurde der Silberweißputzer Johann Georg Spath 1715 ausgewiesen, der im Jahr zuvor mit einem gefälschten Frankfurter Adler gestempelte Löffel aus Weißmetall als Silber versetzen wollte und dafür verwarnt wurde, jetzt aber wegen Messergriffen aus versilbertem Messing festgenommen worden war.[37] Für drei Jahre musste der Gold- und Silberschmied Sebastian Griebel die Stadt verlassen, weil er 1742 das städtische Beschauzeichen gefälscht und damit Schnallen, Buchbeschläge und Scherengriffe aus kaum neunlötigem (0,562) Silber gestempelt hatte. Ein Bleiabschlag des falschen Stempels wurde zur Akte genommen.[38]

---

33 Gewichtsgrundlage für Edelmetall war im Reich die Kölner Mark zu rund 233,8 g.
34 Heike KRAUSE-SCHMIDT: „… ihr Brot mit kleiner Silber-Arbeit erwerben": Die Geschichte des Gmünder Goldschmiedegewerbes von den Anfängen bis zum Beginn der Industrialisierung, unter besonderer Berücksichtigung der Filigranproduktion. Schwäbisch-Gmünd 1999, bes. S. 57–60.
35 ISG, Handwerkerakten, 540.
36 ISG, Criminalia: Akten, 2.106; Goldkronen kamen in der Regel aus Frankreich, Spanien und Italien, s. Konrad SCHNEIDER: Krusaten und Kronen – Goldmünzen aus Portugal, Frankreich, Spanien und Italien am Mittelrhein im 16. und 17. Jahrhundert. In: Mainzer Zeitschrift, 191 (2006), S. 37–53.
37 ISG, Criminalia: Akten 2.813.
38 ISG, Criminalia: Akten, 5.435; s. a. ISG, Handwerkeralten, 481, 493, 511 u. a. Fälschung von Stempeln und Proben 1612, 1624 und 1670/71.

Abbildung 2: Falsches Beschauzeichen aus dem Verfahren gegen Sebastian Griebel 1742 (Institut für Stadtgeschichte Frankfurt a. M.).

Weitere Verfahren aus den Jahren 1708/09, 1711, 1719, 1722 und 1725 hatten die Fälschung von Schmuck, minderwertiges Silber, das Verarbeiten von minderwertigem Silber zu Gefäßen, Löffeln und Pferdegeschirren, den Vertrieb von falschen Silberlöffeln und eine Anzeige der Kurpfalz gegen einen Juden aus Braunfels wegen Silberfälschung zum Gegenstand.[39] Im Jahr 1726 teilte das kurtrierische Oberhofgericht in Koblenz die Verhaftung eines vermutlichen Kirchendiebs mit, bei dem einige zusammengeschmolzene Stücke Silber gefunden worden waren. Der Verhaftete sagte aus, ältere Löffel und Kreuzerdruckknöpfe[40] aus Schwäbisch Gmünder Silber zusammengeschmolzen zu haben. Weil die Schmelze etwas Gold enthalten habe, sei der Verdacht aufgekommen, er könne Kirchendieb sein und vergoldetes Altargerät eingeschmolzen haben. Das Koblenzer Gericht ersuchte Frankfurt um die Probe eines flachen gegossenen Zains von 6 5/8 Lot (96,8 g) vor und 6 5/16 Lot nach der Probe, die vom städtischen Wardein Servas Bengerath vorgenommen wurde, der einen Silberanteil von 12 Lot 4 Grän (0,757) und 5 ¼ Grän Gold (0,018) ermittelte und wegen seiner Höhe eine Herkunft aus Schwäbisch-Gmünd ausschloss.[41]

---

39 ISG, Criminalia: Akten, 2.547, 2.689, 3.025, 3.217, 3.355.
40 Münzknöpfe waren lange sehr beliebt und auch im 20. Jahrhundert im Zusammenhang mit der Tracht üblich; süddeutsche Beispiele in: Wolfgang OPPELT: Die Münze im Schmuck, in: Hermann MAUÉ u. Ludwig VEIT (Hrsg.): Münzen in Brauch und Aberglauben. Mainz 1982, S. 106–118.
41 ISG, Criminalia: Akten, 3.519, zu Bengerath (1676–1742) und dessen Goldschmiede- und Wardeinsfamilie, SCHEFFLER (wie Anm. 6), S. 141, 206, 245, 291f.

Auch aus der zweiten Hälfte des 18. Jahrhunderts liegen einige Ermittlungsverfahren wegen geringhaltigen Silbers vor. Am 25. September 1768 zeigte Wolff Kahn beim Rechneiamt an, dass er auf der Messe von einem Anbieter aus Schwäbisch-Gmünd für 8 Gulden einige goldene und zehn silberne Knöpfe eingekauft hatte. Derjenige, denen er sie verkauft hatte, beschwerte sich, sie seien falsch. Zwei Tage später wurde Jakob Killinger aus Schwäbisch-Gmünd vernommen, der bestätigte, an Kahn verschiedene Knöpfe, darunter drei Dutzend goldgesponnene Westenknöpfe verkauft und ihm die strittigen als versilberte als Zugabe überlassen zu haben.[42] Als der Kleinuhrmacher Mayer im Jahr 1769 von der Witwe des Simon Lazarus Adler zwei Uhrgehäuse kaufte, ergab die Probe nur 8 Lot. Die Verkäuferin erklärte, die Gehäuse von einem Fürther Juden übernommen zu haben und sonst nie mit Silber zu handeln.[43] Als David Moses Goldschmidt 1774 mit silbernen Schnallen aus Offenbach handelte, die er von J. Heinrich Jacobi bezogen hatte und die mit einer 13 gestempelt worden waren, ergab die Strichprobe 11 ½ Lot. Die Schnallen wurden konfisziert und Goldschmidt mit 25 Reichstalern Strafe belegt, von denen ein Drittel an die Zunft floss.[44] Als Wardein Neumeister 1779 eine silberne Kaffeekanne des Konditors Brehm untersuchte, ergab dies bei der Kanne selbst gutes Augsburger Silber, aber beim Deckel und dem Verschluss, auch beim Verschluss der dazu gehörigen Milchkanne, Feingehalte zwischen 5 Lot 4 Grän und knapp 13 Lot. Die Verkäufer mussten die Kanne zurücknehmen und 36 Reichstaler Strafe bezahlen.[45] Ähnlich erging es Aaron Marx Runkel aus Bürgel bei Offenbach mit mindergehaltigen Schnallen, die er außerhalb der Messzeiten angeboten hatte und dafür 20 Reichstaler Strafe zahlen musste.[46]

Galanterie- oder Bijouteriewaren

Nach dem Dreißigjährigen Krieg kamen zunehmend billigere und auch immer mehr in arbeitsteiligen Manufakturen hergestellte Schmuck- und sonstige Edelmetallwaren auf den Markt. Die Edelmetallindustrie der Stadt Augsburg lieferte große Stücke von korrektem Feingehalt, darunter auch Altargerät; kleinere Artikel kamen aus Schwäbisch-Gmünd. Die Zufuhr fremder Edelmetallwaren stand im Widerspruch zur Frankfurter Zunftgesetzgebung.[47] Das Handelsverbot für fremde Waren wurde häufig wiederholt und damit noch häufiger gebrochen. Juden durften in Frankfurt stets mit fertigen Gold- und Silberwaren

---

42   ISG, Rechnei vor 18116, 976.
43   ISG, Rechnei vor 1816, 187.
44   ISG, Rechnei vor 1816, 1.199.
45   ISG, Rechnei vor 1816, 927.
46   ISG, Rechnei vor 1816, 648.
47   Zur Bedeutung der Augsburger Silberindustrie s. Wolfgang ZORN: Handels- und Industriegeschichte Bayerisch-Schwabens 1648–1870. Augsburg 1961, u. a. S. 16 f., Helmut SELING: Die Kunst der Augsburger Gold- und Silberschmiede, 3 Bände. München 1980–1994.

sowie mit Juwelen handeln.[48] Augsburger Produzenten unterhielten regelrechte Vertretungen in Frankfurt. Die fremden Händler wurden genau beobachtet. Insbesondere wurde genau darauf geachtet, dass sie nicht schon am Tag vor dem Messbeginn, dem Geleittag, mit dem Verkauf ihrer Waren begannen.[49] Nach Aussage der Ratssupplikationen nahm die Zahl der Galanteriewarenhändler deutlich zu.[50]

Ab der Mitte des 17. Jahrhunderts wurden vom Metallgehalt her geringwertigere Bijouterie- und Galanteriewaren von Frankfurter Kaufleuten zusammen mit Pariser Modewaren eingeführt und vertrieben. Der Begriff Galanteriewaren umfasst modische Accessoires, Ohrgehänge, Armbänder, Textil- und Lederwaren sowie anderes mehr.[51] Aus Frankreich und der Schweiz kamen überdies Uhren. In Schwäbisch-Gmünd wurden ab 1670 kleinere Artikel unter Verwendung von unedlen Metallen und unechten Steinen und Glas hergestellt. Die Frankfurter Goldschmiedeordnungen von 1511 und 1616 verboten das Fassen von geringeren Steinen und Glas in Metall sowie das Vergolden und Versilbern von Kupfer und Messing sowie andere äußerliche Veredlungen. In der zweiten Hälfte des 18. Jahrhunderts erweiterte sich der Kreis der Anbieter von billigeren Galanteriewaren aus geringhaltigem Gold und Silber um Hersteller in Hanau, Offenbach und Pforzheim, die ihre Waren im Frankfurt anboten. Der Pforzheimer Bijouteriefabrikant Christoph Sigmund l'Allemand bot 1776 in Frankfurt Goldwaren mit Feingehalten zwischen 10 und 14 Karat an, nachdem der ein isenburg-birsteinisches Privileg zur Gründung einer Fabrik in Offenbach erhalten hatte, ohne dass eine Unternehmensgründung bekannt ist.[52] Als die Frankfurter Zunft der Gold- und Silberschmiede 1779 dem Kaufmann Karl Graumann den Verkauf seiner Waren untersagen wollte, erklärte er, nur kleine Teile zu verkaufen, die er in seiner Fabrik in Offenbach in der Herrngasse produzierte. Weitere Bijouteriefabriken in Offenbach folgten.[53] Frankfurt versuchte, diese Waren von der Stadt fernzuhalten, konnte aber deren Absatz nicht verhindern. In Hanau und Offenbach entwickelte sich eine rege Edelmetallindustrie, die

---

48 Der Juden zue Franckfurth Stättigkeit undt Ordnung, wie die im Rahmen der Kayßerlichen Mayestät geendert und verbessert worden, de anno 1616, § 80, ISG, Bibliothek, Jdt 157.
49 ISG, Messsachen, Ugb Nr. 4.
50 ISG, Ratssupplikationen.
51 Krünitz, 15, Berlin 1786 (2. Aufl.), S. 654–655; s. a. ISG, Justizverwaltung, Nachlass des Galanteriewarenhändlers Joseph Schmidt.
52 Scheffler (wie Anm. 6), S. 398–546; Lorenz Caspari: Die Entwicklung des Hanauer Edelmetallgewerbes von seiner Entstehung im Jahre 1597 bis zum Jahre 1873. Diss. Elberfeld 1916, Hermann Schaub: Beiträge zur Geschichte des Hanauer Edelmetall- und Schmuckgewerbes im 19. Jahrhundert. In: Hanauer Geschichtsblätter, 12 (1966), S. 203–214; E. Thieme: Der wirtschaftliche Aufbau der Hanauer Edelmetallindustrie. Tübingen 1920; Werner Schmitt: Gold- und Silberschmiede in Offenbach am Main. Offenbach 1983; Robert Müller: Die industrielle Entwicklung Offenbachs. Offenbach 1932, S. 29–33; Erich Maschke (Hrsg.): Die Pforzheimer Schmuck- und Uhrenindustrie. Pforzheim o. J. [1967]; Peter Tauch: Die wirtschaftliche Entwicklung der Pforzheimer Bijouterieindustrie und ihre wirtschaftlichen Bestimmungsfaktoren. Tübingen 1982.
53 Dietz (wie Anm. 6), 4,1, S. 272–280.

jedoch von der in Pforzheim übertroffen wurde. Der als Reformer bekannte Markgraf Karl Ludwig von Baden-Durlach (1746–1811) betrieb ab 1767 im Waisenhaus in Pforzheim eine Uhrenfabrikation, der sich die Herstellung von Galanteriewaren anschloss. Schon 1776 folgte die Verkündung der Gewerbefreiheit und ein Aufblühen der nach wie vor aktiven Schmuckindustrie.[54]

Die Frankfurter Gold- und Silberschmiede erklärten 1761 zum Kontrollverfahren, auswärtige Galanteriewaren würden auswärts gestempelt und seien damit geprüft. Es sei nicht üblich, zu Messzeiten fremde Goldwaren zu probieren; in keiner Reichsstadt und auch nicht in Wien würden Goldwaren gestempelt, denn das Gold werde während der Verarbeitung probiert. 1776 beschweren sie sich über die Zunahme der Bijouteriefabriken um Frankfurt und über dort verarbeitetes Gold mit Feingehalten von 10 bis 14 Karat. Wegen des geringeren Goldes könnten sie mit ihren Waren vom Preis her nicht mithalten, Handel mit Galanteriewaren war völlig frei, es wurde auch kein Feingehalt kontrolliert. Zehn Jahre später verfasste die Rechnei nach einer Anfrage von Kurmainz ein Gutachten über den Handel mit Galanteriewaren und stellte zunächst fest, dass in Frankfurt nur Silber von 13 Lot verkauft und auch zu den Messen kein Verkauf von geringerem Silber geduldet wurde. Geringhaltiges Silber musste unbrauchbar gemacht werden. Die Silberschmiede waren vereidigt, ihre Arbeiten nach der Überprüfung der Qualität zu zeichnen und ihre Marke zuzufügen. Sie wurden achtmal im Jahr durch die Geschworenen kontrolliert. Die Goldschmiede stellten nur selten Galanteriewaren wie Berlocken (Uhrkettenschmuck) und Armbänder her und waren zu Gold von 18 Karat verpflichtet, stempelten ihre Erzeugnisse aber nicht. Auch sie wurden von den Geschworenen kontrolliert. Die Galanteriewaren (Quincaillerie) mit Feingehalten zwischen 6 und 14 Karat unterlagen keinen reichsweiten Bestimmungen, durften das ganze Jahr frei verkauft werden, kamen von überall her, namentlich aus Wien, England, Frankreich, aber auch Hanau und Offenbach, und unterlagen keinen Feingehaltsbestimmungen. Dies bedeutet, dass die Aufsicht über Goldwaren weniger streng war als die über Silberwaren.[55]

Kurz vor dem Ende der reichsstädtischen Zeit 1806 wurde am 2. August 1803 das Mandat zum Nahrungsschutz der Gold- und Silberschmiede von 1732 erneuert.[56] Auch wenn die von 1806 bis 1813 dauernde Regierungszeit des Fürstprimas Karl von Dalberg, nach 1810 Großherzog von Frankfurt, manche wirtschaftliche und gesellschaftliche Reform brachte, veränderte sie an der starken Stellung der Zünfte nichts. Inzwischen beherrschte die Schmuckindustrie das Verfahren der Doublierung von unedlem Metall (meist Kupfer,

---

54 Dieter GESSNER: Wachstumszyklen und staatliche Gewerbepolitik im Zeitalter der Frühindustrialisierung. Konjunkturelle und strukturelle Probleme des Bijouteriegewerbes am Untermain und Mittelrhein 1790–1865. In: Scripta Mercaturae, 15/1 (1981), S. 37–58, zur Auseinandersetzung der Gold- und Silberschmiede mit Graumann s. a. ISG, Handwerkerakten, 590, auch wegen des unter der Frankfurter Norm liegenden Feingehalts.
55 ISG, Rechnei vor 1816, 552.
56 ISG, Rechnei nach 1816, 3.344; BEYERBACH (wie Anm. 5), S. 3208–3211.

Tombak und Bronze) mit Gold oder Silber durch Aufwalzen unter Druck nach Erhitzen bis zur Weißglut. Dabei muss die Auflage wegen des Abriebs und der Korrosion eine gewisse Mindeststärke aufweisen, und beide Flächen müssen vor dem Doublieren möglichst glatt sein. Als Goldauflage eignen sich Legierungen zwischen 12 und 18 Karat, von denen am häufigsten solche von 14 Karat verwendet wurden.[57]

Im Frühjahr 1808 wurde in Frankfurt eine Diskussion über doublierte Edelmetallwaren geführt. Die Strichprobe einer goldenen Kette ergab eine Arbeit aus Doublé um Kupfer aus Pforzheim ohne eigene Kennzeichnung. Das Rechneiamt, unter Dalberg nur Kommunalbehörde und keine staatliche Behörde mehr, sah darin Betrug, gegen den unerfahrene Verbraucher nicht geschützt waren. Überdies war in Frankfurt der Handel mit doublierten Goldwaren nicht gestattet. Es folgte eine öffentliche Warnung vor Doublé, die in den Zeitungen abgedruckt wurde.[58] Am 21. April wurde im Rechneiamt gemeinsam mit der Gold- und Silberschmiedezunft erörtert, doublierte Ware mit einem besonderen Stempel zu kennzeichnen. Die Zunft erklärte, sich mit Doublé nicht abgeben zu wollen. Neben dem vorgeschriebenen Feingehalt von 18 Karat wurde auch eine Zulassung von 14 Karat und entsprechender Stempelung mit einer 14 erörtert. Im Zuge der weiteren Diskussionen wiesen die Geschworenen auf die technische Schwierigkeit hin, sehr kleine Goldartikel zu stempeln, und konnten sich damit behaupten, denn kleine Goldwaren, die weniger als einen Dukaten (rund 3,5 g) wogen, mussten nicht gestempelt werden. Das Ergebnis der Beratungen städtischer und staatlicher Behörden war eine Verordnung von Fürstprimas Karl von Dalberg vom 21. Mai 1808, nach der doublierte Gold- und Silberwaren grundsätzlich und auch zur Messe verboten waren, es sei denn, sie waren mit einem eindeutigen Stempel versehen. Der Feingehalt von 18 Karat für Goldwaren war weiterhin verbindlich. Eine Ausnahme davon waren 14 Karat, die durch einen Stempel deutlich sichtbar sein mussten.[59]

Im September 1808 zeigten die Geschworenen der Gold- und Silberschmiede den Galanteriewarenhändler Giorgio an, der mit doublierten Waren handelte, die mit einer 14 (14 Karat) gestempelt waren. Die Strichprobe ergab 14 Karat und damit eine korrekte Oberfläche. Erst beim Hineinstechen war die Doublierung zu erkennen.[60] Nach der Wiederherstellung Frankfurts als Freie Stadt bestätigte das Rechneiamt 1815 die weiterhin in Kraft bleibenden Verordnungen zum Feingehalt von Edelmetallwaren: Silber musste 13 Lot haben, Gold 18 Karat und war entsprechend zu stempeln, ebenso wie vierzehnkarätiges Gold mit einer 14. Geringeres Gold war ebenso verboten wie Doublé.[61]

---

57 R. Rücklin: Das Schmuckbuch. Leipzig 1901, S. 116–118; Metallische Verbundwerkstoffe, hrsg. zum 100-jährigen Bestehen der Firma G. Rau, Pforzheim. Karlsruhe 1977, S. 33–38.
58 ISG, Rechnei nach 1816, 3.342, 1808 März 26.
59 ISG, Rechnei nach 1816, 3.342, Text des Mandats: Johann Heinrich Bender: Sammlung Frankfurter Verordnungen aus den Jahren 1806 bis 1816. Frankfurt 1833, S. 47–49.
60 ISG, Rechnei nach 1816, 3.342, s. a. Handwerkerakten, 150–152.
61 ISG, Rechnei nach 1816, 3.343.

Illegale Geschäfte mit Edelmetallen und Schmuck in Frankfurt a. M.

Die eindeutigen Bestimmungen von 1815 wurden genauso wenig befolgt wie die der reichsstädtischen Zeit. Bei der Herbstmesse 1820 wurden 202 geringwertige Fingerhüte des Pariser Kaufmanns Devillier konfisziert, nachdem Münzmeister Johann Georg Bunsen (1790–1833 im Amt) silberne und innen vergoldete Fingerhüte mit goldenem Reifen, goldenem Schild und französischem Kontrollstempel probiert hatte, die jedoch alle dem Frankfurter Standard nicht entsprachen. Devillier erlitt außer dem Verlust seiner Ware, die eingeschmolzen wurde, keine Strafe. Der Erlös der Schmelze betrug 42 Gulden 24 Kreuzer, von denen Bunsen für die Proben 48 Kreuzer erhielt. Ein Drittel davon ging an die Witwenkasse der Gold- und Silberschmiede, der Rest an den Fiskus.[62] Als die Geschworenen im Jahr danach bei einer Kauffrau aus Öhringen Edelmetallwaren ohne Stempel vorfanden, wurden diese trotz der Erklärung der Eigentümerin, die Ware sei für Leipzig bestimmt, versiegelt. Bei einem anderen Händler fanden sie Ringe aus Doublé, die nicht als solche gekennzeichnet, sondern nur mit einem G gepunzt waren. Der Händler erhielt seine Ware zurück, musste aber die Untersuchungsgebühren von 1 Gulden 54 Kreuzern und 10 Taler Verwarngeld bezahlen.[63] Die Geschworenen waren jedoch nicht immer aufmerksam. Als der Silberschmied Hessenberg 1824 aus dem Nachlass des Kaufmanns Lion Beer Silberwaren erworben hatte, die trotz der Zusage, sie seien von den Geschworenen probiert worden, nur 10 bis 11 Lot Silber enthielten, mussten diese zugeben, nachlässig gewesen zu sein, ebenso wie im Fall eines Silberlöffels.[64]

Als sie 1838 die Waren des Messfremden Bomas aus Schwäbisch-Gmünd kontrollierten, waren die Geschworenen sehr aufmerksam und stellten beim Ablösen des Schildes von einem Ring fest, dass dieser mit Blei gefüllt war; das Gewicht des Rings hatte sie misstrauisch gemacht. Bomas' Frau erklärte, der Ring stamme von Louis Auerbach aus Pforzheim. In Schwäbisch-Gmünd dürfe nicht mehr doubliert werden. Die Füllung mit Blei werde vorgenommen, damit die hohl gegossenen Ringe stabilisiert würden und nicht eingedrückt werden könnten.[65] Sie und ihr Mann, so Lisette Bomas, hätten vielleicht noch drei dieser Ringe, die eigentlich nicht zu ihrem Sortiment gehörten. Es sei zu wünschen, dass diese Ringe aus dem Handel kämen. Sie selbst hätten nur massive oder hohle Ringe; das Ausfüllen werde in Pforzheimer Fabriken vorgenommen. Der ebenfalls zur Messe anwesende Bijouteriefabrikant Auerbach leugnete die Herkunft der Ringe aus seiner Fabrik. Eine Kontrolle der Geschworenen bei ihm ergab keine unzulässigen Waren. Die Geschworenen verwarnten Bomas, behielten den Ring ein und kassierten eine Geldstrafe von 6 Talern und einen Taler Gebühren.[66] Ein ähnlicher Fall ereignete sich zur Ostermesse 1844, als die Geschworenen der Rechnei zwölf Fingerringe und zwei Paar Ohrringe aus schlechtem

---

62 ISG, Rechnei nach 1816, 3.345.
63 ISG, Rechnei nach 1816, 3.346.
64 ISG, Rechnei nach 1816, 3.347.
65 Zu den Verfahren zur Herstellung von Ringen, RÜCKLIN (wie Anm.57), S. 121–124.
66 ISG, Rechnei nach 1816, 3.550.

Gold vorlegten, die mit Kupfer oder Blei gefüllt und mit zur Täuschung angebrachten Stempeln versehen waren. Sie stammten von Markus Loewenstein aus Langendiebach bei Hanau, der als Permissionist, also als Fremder mit Niederlassungsrecht, in der Judengasse lebte und ganzjährig mit solchen Artikeln handelte. Zu den beanstandeten Waren erklärte er, sie von Feist Edesheimer aus Eichtersheim im Kraichgau gekauft zu haben, der ihm einen Feingehalt von 14 Karat garantiert habe. Loewenstein versicherte, diese Waren nicht in Frankfurt verkaufen, sondern in seinen Heimatort mitnehmen zu wollen. Die Rechnei ließ ihn bis auf die Beschlagnahme der gefälschten Waren unbehelligt und Edesheimer ausrichten, sich zu melden.[67]

Der Messfremde Schönfeld aus Hanau, dem eine in Wirklichkeit nur 10 Karat feine Goldkette mit einem Feingehalt von 14 Karat angeboten worden war, kam 1841 mit einer Verwarnung davon und erklärte den abweichenden Feingehalt damit, dass die Kette sehr dünn war. Er bat um Untersuchung seiner Waren. Eine Strichprobe ergab jetzt 12 Karat. Eine Untersuchung seines Lagers ergab meist 14 Karat, jedoch auch Mängel, so dass die Geschworenen Fremden rieten, den Feingehalt mit einem Stempel anzugeben.[68] Der Messfremde Paolo Camagni aus Como bot zwei Jahre später in einer Bude neben alten Goldwaren zu 18 Karat plattierte Kupferwaren an, die mit einem Stempelchen versehen waren. Er erklärte, er habe die Waren, die er als vergoldetes Kupfer anbot, aus Paris, und der Stempel sei eine Fabrikmarke. Er erklärte, nicht gewusst zu haben, dass ein „D" für Doublé vorgeschrieben war, wollte seine Waren nachstempeln und packte zunächst auf Anweisung der Geschworenen alles ein. Sein Regelverstoß kostete ihn 30 Gulden und zwei Stücke aus seinem Sortiment, die zu den Akten genommen werden sollten, dort aber leider nicht mehr sind.[69]

Bei der Herbstmesse 1844 beschlagnahmten die Geschworenen beim Frankfurter Kaufmann M. M. Kulp Silberbesteck, Serviettenbänder, Teesiebe und eine Zuckerzange als geringhaltig, die trotz einer aufgestempelten 13 nur 10 bis 11 ½ Lot Silber enthielten. Nathan Kulp, Teilhaber im Unternehmen, erklärte, die Waren gutgläubig und mit der Versicherung des korrekten Feingehalts von Gustav Hirschfeld in Berlin bezogen zu haben. Münzwardein Roessler nahm einige Proben vor und stellte schwankende Feingehalte fest. Kulp nahm die beanstandeten Waren aus seinem Sortiment. Die Rechnei konfiszierte nur die Waren von minderem Feingehalt.[70] Drei Jahre später probierte Roessler in einem anderen Fall einen Löffel für das Polizeiamt und ermittelte 10 Lot 13 ½ Grän.[71]

Diese Beispiele aus dem Alltag zeigen, wie groß der Unterschied zwischen den Qualitätsnormen des Frankfurter Rats und der Zunft der Gold- und Silberschmiede und der Realität des Warenangebots war, das nur wenig Rücksicht darauf nahm. Sie zeigen auch,

---

67 ISG, Rechnei nach 1816, 3.353.
68 ISG, Rechnei nach 1816, 3.351.
69 ISG, Rechnei nach 1816, 3.352.
70 ISG, Rechnei nach 1816, 3.354.
71 ISG, Rechnei nach 1816, 2.783.

dass geringere Qualität durchaus auf dem Markt unterzubringen war. Wer Wert auf Qualität legte, ließ sich Schmuck und Geschirr anfertigen und konnte sicher sein, nach einem eventuellen Umarbeiten keine unliebsame Überraschung beim Feststellen des Metallwerts zu erleben. Besonders Geschirr war modischen Veränderungen unterworfen und wurde auch umgearbeitet, wenn es zu sehr abgenutzt war. Silber war in jener Zeit sehr viel wertvoller als heute. Solange es in Europa Silber- und Doppelwährungen gab, bewegte sich das Wertverhältnis von Gold zum Silber um 1 : 15,5,[72] ehe es sich immer mehr zugunsten des Goldes verschob; derzeit (22. Juli 2010) liegt es bei annähernd 1 : 66.

---

72 Wilhelm Lexis: Doppelwährung. In: Handwörterbuch der Staatswissenschaften, 3, Jena ²1900, S. 237–252.

Die Familie Ries – Ein Leben in Briefen[1]
Robin Lorsch Wildfang

1884 verließ Marie Ries, die älteste Tochter einer großen deutschen jüdischen Familie, Pforzheim, um als Kinderfräulein bei fernen Verwandten, die in Konstantinopel (dem heutigen Istanbul) lebten, zu arbeiten. Sie blieb vier Jahre bei dieser Familie. In dieser Zeit schrieb sie ihrer Familie in Pforzheim wöchentlich. Schon am Anfang der Korrespondenz bat sie ihre Mutter, Regina Gutmann Ries, die Briefe als eine Art Tagebuch aufzubewahren, was sie ihrerseits mit den Antwortschreiben der Familie tat.

Im Mai 1899, nach Pforzheim zurückgekehrt, willigte Marie ein, Gustave Lorsch aus Magdeburg zu heiraten. In den folgenden zwei Monaten, in denen Gustave seine Geschäfte in Magdeburg abschloss, schrieben sie sich fast täglich. Auch diese Briefe bewahrte Marie als *ein Bild unserer Freude* auf.

Im März 1906 wanderten Marie, Gustave und ihre beiden Söhne aus Pforzheim in die Vereinigten Staaten aus, um nach Cawker City in Kansas zu ziehen, wo bereits ihre jüngere Schwester mit Familie lebte und ein erfolgreiches Geschäft mit Gemischtwaren betrieb. Die beiden Briefsammlungen wanderten, zusammen mit verschiedenen anderen Briefen, die über die Jahre aufbewahrt wurden, in einer Kommode mit ihnen.

Über die Jahre gingen einige wenige Briefe (überwiegend von Marie 1887 geschrieben) verloren, doch die meisten lagen in einem Karton, den der Großvater d. Vf. in den frühen 1940er Jahren im Nachlass seiner Mutter fand. Glücklicherweise war seine Frau eine Bibliothekarin, die die Briefe sorgfältig aufbewahrte. Kurz vor ihrem Tod übergab sie einige von ihnen der Universität zu Missouri in Kansas City. Der größte Teil der Briefe aber verblieb im Besitz der Familie. Mein Vater übernahm sie beim Tod meiner Großmutter in den späten 1990er Jahren. Die Inhalte dieser Briefe machen, zusammen mit ergänzender Dokumentation, den Kern der folgenden Darstellung aus.[2]

---

1 Mit Dank an K. Kronenberg, die viele der Briefe ins Englische übersetzte, und Ann Sherwin, die übersetzte und transkribierte. Christian A. Christiansen übersetzte diesen Artikel vom Englischen ins Deutsche.
2 Die meisten zu dieser Dokumentation herangezogenen Briefe waren nicht mehr in ihrer deutsch geschriebenen Version zugänglich, sondern in einer deutschen Transkription, teilweise in englischen Transkriptionen. Letztere wurden ins Deutsche rückübersetzt. Die rückübersetzten Briefe sind im Folgenden gekennzeichnet.

Biographischer Hintergrund

Regina Gutmann wurde 1841 in Heidingsfeld bei Würzburg in die Familie von Baruch und Jette Gutmann geboren.[3] Ihr Vater, Baruch, war Uhrmacher und von stattlicher Statur. Seine gesamte Familie war ziemlich groß.[4] Aus Reginas Leben vor ihrer Hochzeit ist wenig bekannt, aber in einem ihrer Briefe wird erwähnt, dass sie als Fräulein für einen Dr. Kreuss in Frankfurt arbeitete.[5] Im August 1863 heiratet sie Moritz Ries, den wohlhabenden Eigentümer einer Schmuck-Fabrik mit 22 Angestellten in Esslingen bei Suttgart. Moritz war damals Witwer mit einem kleinen Sohn, Emil, geboren 1862, dessen Zwillingsbruder früh verstorben war. Regina und Moritz bekamen acht Kinder, die das Erwachsenenalter erreichten, vier Söhne und vier Töchter, von denen Marie die älteste war.

Marie wurde am 20. Juni 1864 wie ihre Brüder Victor (1865) und Berthold (1866) in der Jakobsgasse 10 in Esslingen geboren. Ihr Vater war damals Gesellschafter in der Schmuck-Manufaktur Ries & Bach, Offene Gesellschaft einer Bijouteriefabrik. 1867 wurde die Gesellschaft aufgelöst und Moritz blieb als einziger Eigentümer des Bijouteriegeschäftes Moritz Ries. Ein dritter Bruder, Hugo, der 1873 als Kind starb, wurde im März 1868 ebenfalls in Esslingen geboren.

Einige Zeit nach dessen Geburt, als die Familie in der Christopherstraße 1 im Adressbuch Esslingens registriert war, zog sie wohl noch vor 1870 nach Stuttgart, wo Moritz eine Filiale seines Geschäfts in der Schlosserstraße 4 eröffnete. Die Gründe für den Umzug sind unbekannt. Jedoch waren die Geschäftsbedingungen in dieser Stadt vorteilhafter als in Esslingen, weshalb viele Juden dorthin zogen.[6]

Sowohl Solomon, der ältere Bruder von Moritz und Besitzer eines erfolgreichen Textilwarengeschäfts, als auch Peppi, die Witwe seines zweiten Bruders, lebten zu der Zeit schon in Stuttgart. Sie schlugen vor, dass Moritz mit seiner Familie ebenfalls dorthin ziehen sollte, um in der Nähe seiner Geschwister zu sein. Maries folgende vier Geschwister wurden in Stuttgart geboren, Otto 1870, Eugen 1874, Helene 1875 und Fanny 1878. Ihre jüngste Schwester, Emilie, wurde 1878, nach abermaligem Umzug, diesmal nach Pforzheim, dort geboren.

Während der Zeit in Stuttgart besuchte Marie das Königin-Katharina-Stift, eine Eliteschule für Mädchen.[7] Aus den Aufzeichnungen der Schule geht hervor, dass Marie die Schule

---

3 Joachim HAHN: Jüdisches Leben in Esslingen – Geschichte, Quellen und Dokumentation. Esslingen 1994 (Esslinger Studien – Schriftenreihe Bd. 14), S. 340.
4 Die Namen von vier Brüdern und mindestens einer Schwester erscheinen in Reginas Briefen.
5 R. Ries, Briefe an M. Ries. Ohne Datum. Private Familiensammlung. Im Folgenden als „Sammlung Ries" zitiert.
6 HAHN (wie Anm. 3), S. 68.
7 Diese war 1818 von Königin Katharina von Württemberg gegründet worden und nach den Prinzipien des angesehenen Smolno Instituts für Mädchen in St. Petersburg ausgerichtet. Die russische Zarin, Mutter von Königin Katharina, war die Schutzpatronin. Die Schule bot den Töchtern der gebildeten Stände eine gründliche und für diese Zeit moderne Ausbildung an.

von 1868, dem Eintritt in die Vorschulklasse, bis 1878 besuchte, als sie den Schulabschluss *zur vollsten Zufriedenheit ihrer Lehrer* machte. So schrieb sie in ihrem Antrittsbrief an ihre zukünftige Arbeitgeberin Frau Traub. 1878, dem Jahr, in dem sie neben dem Schulabschluss auch ihre Konfirmation feierte, hatte ihre Familie offenbar einen finanziellen Rückschlag erlitten, und vermutlich war dies die Ursache des abermaligen Umzugs, diesmal nach Pforzheim, wo sie sich dauerhaft niederlassen sollten.[8]

In Pforzheim besuchte Marie zwei Jahrgänge der kurz zuvor gegründeten Frauenarbeitsschule, wo sie Hand- und Kleidernähen lernte.[9] Dann übernahm sie viele Pflichten ihrer Mutter, auch die Aufsicht über ihre kleineren Geschwister, damit ihre Mutter dem Vater im Geschäft behilflich sein konnte. Dieses würde die Mutter später bereuen, da die zwei ältesten Brüder ihre Abwesenheit ausnutzten und in unerwünschte Gesellschaft gerieten. Pforzheim scheint zu dieser Zeit eine rohe Stadt gewesen zu sein, wo die örtlichen Jugendlichen zu später Stunde Trinkgelage abhielten. Wahrscheinlich sind Maries Brüder, Berthold und Viktor, diesem Trend gefolgt. In einem der frühen Briefe, die die Sammlung begleiten, wird erwähnt, dass die Mutter Viktor nach einem besonders wilden Ereignis hinausgeworfen hatte.[10] In einem späteren Brief aus Konstantinopel bereut Marie, dass ihre Abwesenheit die Jungen in solch fürchterliche Gesellschaft abgleiten ließ.

In den frühen 1880er Jahren, vor dem Herbst 1884, wurde beschlossen, dass Berthold und Viktor nach Argentinien ziehen sollten. Man hoffte, sie könnten dort ein Import-/Exportgeschäft gründen, welches das Vermögen der Familie wieder herstellen könne. Aus den Briefen aus und nach Konstantinopel geht hervor, dass sich diese Hoffnung nur ganz langsam verwirklichte und die Jungen viel größere Schwierigkeiten durchmachen mussten, als ihre Familie daheim vermutete oder sich vorstellen konnte. Zur gleichen Zeit wurde auch, über die Proteste von Berthold hinweg, beschlossen, dass Marie versuchen sollte, entweder als Kinderfräulein oder als Damengesellschafterin eine Arbeit zu finden.[11] Unter Mithilfe von Verwandten war es ihr möglich, eine Position als Kinderfräulein bei der Familie Henry Traub in Konstantinopel zu finden. Nach der Ankunft dort beginnt die eigentliche Briefsammlung.

Die Briefe aus Konstantinopel

Mit Maries Bewerbungsschreiben an Frau Traub beginnt der Hauptteil der Sammlung, der deutlich Maries Hintergrund und ihre Beweggründe offenbart:

Die Fächer der jüngeren Jahrgänge umfassten Lesen, Schreiben und Rechnen, während bei den älteren wöchentlich fünf Stunden Französisch und drei Stunden Englisch, Deutsche Literatur, Bildende Kunst, Musik, Erdkunde, Geschichte und Religion hinzu kamen.

8   Moritz und Regina Ries, Briefe an Marie. 1878. Sammlung Ries.
9   Frauenarbeitsschule Pforzheim. Bericht über das 1. Vereinsjahr 1878/79. Pforzheim 1879.
10 R. Ries, Briefe an Marie. Ohne Datum. Sammlung Ries.
11 R. Ries, Briefe an Marie. Ohne Datum. Private Familie Sammlung.

Meine Eltern wohnten früher in Stuttga[rt,] woselbst ich das königl. Katharinenstift besuchte, ich absolvierte 8 Klassen, wie ich glaube sagen zu dürfen, zur Zufriedenheit meiner Lehrer. […] Mama, die viel im Geschäfte thätig war, hielt mir, als damals einzige Schwester von 4 Brüdern, ein Frl., das dieselbe Stellung bei mir einnahm, um die ich nun bei Ihnen bitte. Später führten uns die geschäftlichen Verhältnisse nach Pforzheim, wo ich während eines Jahres die Frauenarbeitsschule besuchte, um Hand-, Maschinen- u. Kleidernähen zu erlernen.[12] Es oblag mir nun seit dem Verlassen der Schule, die Erziehung meiner noch kleinen Brüder u. nachgekommenen 3 Schwesterchen. Auch im Hauswesen mußte ich eine Stütze sein, darf ohne mich zu rühmen, sagen, dass ich allen häuslichen Geschäften vorstehen kann. Das Geschäft meines l. Papa hat sich nun derart verändert, daß Mama sich wieder mehr den Kindern widmen kann, weßhalb ich gerne meinen Eltern auf andere Weise nützlich sein möchte. Geprüfte Lehrerin bin ich nicht; jedoch fühle ich mich vollständig sicher, Kinder die eine Schule besuchen, Nachhülfstunden zu ertei[len,] hätte mich diesem Fache hier schon gewidm[et,] wäre ich nicht durch meine Geschwister, die auch höhere Schulen besuchen, genügend beschäftigt. Schmeicheln darf ich mir, dass dieselben durch meine Nachhülfe die erste[n] Plätze in der Schule haben.[13]

Maries Bewerbung um Anstellung hatte Erfolg, und sie wurde als Kinderfräulein für die vier Kinder der Traubs, Alice, Marika, Willy und dem Baby, Ernst, Bubi genannt, eingestellt.

Anfangend mit den Briefen, die die Anstrengungen wiedergeben, die Marie auf ihrer Reise von Pforzheim nach Konstantinopel und bei ihrer Aufnahme bei der Familie Traub, erfuhr, wurden über die nächsten vier Jahre nun in fast wöchentlichem Rhythmus Briefe versandt, die in Einzelheiten das Leben der jeweiligen Autorin in Konstantinopel bzw. in Pforzheim beschreiben. Maries Briefe auf der einen Seite bieten eine genaue Aufzeichnung des täglichen Lebens einer wohlhabenden deutsch-jüdischen Familie in Konstantinopel. Auf der anderen Seite beschreiben Reginas Briefe ein härteres, bekümmertes Leben in Pforzheim, mit kurzen Einblicken, hier und da, in das angenehmere Leben der Verwandten in Stuttgart und Frankfurt. Marie ist eine besonders begabte Briefschreiberin, die nicht nur über die täglichen Ereignisse, sondern auch über ihre Gefühle und Gedanken berichtet und die Fähigkeit besitzt, ihre Begleiter und Beschäftigungen lebendig darzustellen. Reginas Briefe sind weniger sorgfältig formuliert, oft sprunghaft von einem zum anderen Thema. Aber auch ihre Korrespondenz vermag ein Gefühl der Unmittelbarkeit zu vermitteln, und die Geschehnisse und die Menschen in ihrem Leben in Pforzheim treten deutlich zu Tage.

Maries Hauptanliegen in Konstantinopel sollte das Leben ihrer vier Anvertrauten, der Traub-Kinder, sein. Marie berichtet davon, wie sie die Kinder auf Kinderfeste und zu musikalischen Vorstellungen begleitet, und zählt ihre Spaziergänge auf. Sie beschreibt Einzelheiten ihrer Schulaktivitäten:

Apropos, ich wollte mehr über die Kinder berichten. Die Zeugnisse waren hervorragend. Marika war die Nr. 2, Alice Nr. 3 und Willy Nr. 8. Ihre häufige Abwesenheit angerechnet, sagt

---

12 Siehe Stadtarchiv Pforzheim (im Folgenden StadtA PF): Frauarbeitsschule Pforzheim. Bericht über das erste Vereinsjahr (Februar 1878 bis Ende April 1879).

13 M. Ries, Brief an Anna Traub. 8. September 1884. Sammlung Ries.

dies Einiges. Marika ist die Jüngste in ihrer Klasse. Sowohl der Lehrer als auch der Direktor erklärten sich sehr zufrieden. Die Prüfung war sehr interessant. Höchstaktuelle Geschichte, d. h. von der Regierung des Kaisers oder Königs Wilhelm, der Naturgeschichte der Menschheit. Es war sehr unterhaltend. Die gesamte Familie von jedem Kind wohnte der Gesangsprüfung bei, und den tapferen Jungen und Mädels wurde herzlich applaudiert.[14]

Die Persönlichkeit der ihr anvertrauten Kinder beschrieb Marie: *Morgen werde ich zur Schule gehen, weil ich einer von Willys Lügen nachgehen möchte. Ich schrieb vor Kurzem, dass er die Nr. 2 in der Klasse sei. Er war schon Nr. 3, als er aus dem Land zurück kam.*[15]

Gelegentlich bittet sie ihre Mutter um Rat in Erziehungsfragen: *Liebe Mama, […] Unser Baby ist jetzt fast 17 Monate alt und nimmt noch die Milch aus der Amme; sonst ißt er, was ihm gegeben ist. […] Frau Herz und Herr Traub sagen, des sollte das Kind entwöhnt werden. Solange Scharlach und dann Masern im Haus waren, konnte man ihn nicht aussetzen, und dann begann er Zähne zu kriegen, und dann wurde es sehr heiß. Frau Traub und ich sind der Meinung, dass wir bis September warten, da Die Kleine ist bei guter Gesundheit. Bitte schreiben Sie mir und sagen, was Sie denken.*[16] Reginas Antworten auf Maries Fragen verleihen einmalige Einblicke in die zeitgenössischen Erziehungs- und Ausbildungsmethoden: *Zu Deiner Frage möchte ich Dir nur sagen, dass ich Dir und Frau Traub zustimme. Gleich wie stark ein Kind ist, selbst wenn es über ein Jahr alt ist, habe ich es immer für einen schrecklichen Fehler gehalten, während der heißesten Sommermonate abzustillen, besonders wenn das Kind zahnt. Wenn möglich würde ich, wie ich es bei Euch allen getan habe, am Tag nichts füttern und nur abends stillen. Im Schlaf und in der Nacht merkt weder das Kind noch die Amme die Abgewöhnung.*[17]

Neben der Kinderpflege musste Marie ihrer Hausherrin als vertrauenswürdige Hilfe im Familienhaushalt dienen. Ihre Briefe geben detaillierten Aufschluss über das Leben der Familien in den Häusern deutscher Geschäftsleute in Konstantinopel. Maries Briefe beschreiben sowohl den griechischen Diener, der verschiedene Mengen Stoffe stiehlt, die Frau Traub zum Herstellen von Laken vorgesehen hatte, als auch die deutsche Köchin, die sich für so unentbehrlich hält, dass sie gegenüber der Familie besondere Forderungen stellt:

Unsere deutsche Köchin haben wir schon wieder hingeschickt, woher sie kam […] Als man ihr gleich am 2. Tag sagte, sie solle Theegebäck machen u. einen Strudel, gab sie mir zur Antwort, das könne sie sehr gut, nur müsse sie Einrichtung dazu haben. Ich sagte, es gibt Blech, Backofen, Mehl, Butter, Zucker etc. mehr braucht man wohl nicht zu einem Versuch. Des Mittags wollte sie noch verschiedenes besorgen u. schickte dann eine Frau. No 1 wolle sie ihr Zimmer anders eingerichtet, No 2 soll der Koch gleich fort (er wollte so wie so des andern Tages gehen), No 3 No 4 etc, alle möglichen Bedingungen im Glauben, wir seien, nun da unser Koch weg gehe, gezwungen, sie zu nehmen, was Mad. selbstverständlich nicht gethan hat. Wir haben nun wieder

---

14 M. Ries, Briefe an ihre Eltern. 22. Dezember 1885. Ebd.
15 M. Ries, Briefe an ihre Eltern. 14. November 1886. Ebd.
16 M. Ries, Briefe an ihre Eltern. 8. Juli 1885. Ebd.
17 R. Ries, Briefe an Marie. Ohne Datum. Ebd. [Rückübersetzung aus dem Englischen].

einen griech. Koch, „car on revient toujours, toujours à son premieres." Bis nächsten Dienstag ist unser alter Koch noch da, der ihn ein wenig in deutschen Sachen unterrichtet hat.[18]

Abendgesellschaften werden beschrieben; nach Rezepten wird gefragt; häusliche Verhältnisse werden in Einzelheiten dargestellt. Die überschwänglichen Vorbereitungen des jährlichen Umzugs der Familie in ihre Sommerwohnung in Bujukdere werden erwähnt, genauso wie ihr Rückzug im Herbst, einschließlich des Jahres 1885, wo die Hitze so unerträglich war, dass einer der Ochsen eines Fuhrmanns tot umfiel.[19]

Wie ein Leitfaden geht das Hauptanliegen jeder deutschen Hausfrau dieser Zeit durch alle Briefe: die Aufgabe, die Familie ordentlich gekleidet zu wissen: *Heute begann ich mit den kleinen blauen Kleidern; Ich wünsche, dass sie schon fertig wären. Ich habe keine Angst vor der Arbeit, aber ich möchte, dass sie elegant aussehen und habe Sorge, dass ich den teuren Stoff verschneide. […] Es spielt wirklich keine Rolle, ob ich auf wollenen oder seidenen Tuch arbeite. Sobald ich fertig bin, werde ich mit meinem eigenen Kleid beginnen.*[20]

Doch viel mehr als die Dinge, die direkt zum Verantwortungsbereich ihrer Anstellung gehörten, berühren Maries Briefe auch viele andere Themen, und in Wahrheit füllen das Leben der ihr Anvertrauten und die häuslichen Aufgaben viel weniger in den Briefen, als man erwarten könnte. Stattdessen zeigen Maries Briefe, dass sie schnell fast eine Tochter im Haushalt und die Freundin und Vertraute ihrer Hausherrin, Frau Traub, wurde: *Fr. Traub merkt man an, daß sie keine Sorgen hat. Ihre u. ihrer Kinder Toilette, die Corespondenz mit Fr. u. ihrem Mann, die Zeitungen, die ihr die Herrn bringen, sobald ein interessanter Artikel drin steht, ihr Baby mit dem sie wie mit einer Puppe spielt u. s. w. sind ihre Sorgen u. Unterhaltung. Vergessen habe ich eben einen sehr wichtigen Punkt, „das Pokerspiel". Ein Kartenspiel, das regelmäßig u. in großer Gesellschaft d. h. mehrere Partieen gespielt wird. Eigentlich bin ich froh, daß ich nie Gelegenheit habe zuzusehen, denn ich bin keine Freundin davon. Bei diesen Damen indessen kann ich mirs schon eher gefallen lassen, obgleich ichs nicht gut heiße; doch sind sie für unsere Begriffe von einer Hausfrau ganz was anderes. Fr. Tr. näht die Kinderkleider, macht die Hüte etc. aber nur zu ihrem Vergnügen; es ist kein „muß"; auch ist sie so einfach schlicht u. bürgerlich, aber doch hat sie etwas, was ich nicht zu nennen vermag, d. h. ihr gesellschaftliches Benehmen ist als obs von klein auf so gewesen wäre, alles huldigt ihr. Gegen mich ist sie sehr lieb, wir unterhalten uns über allerhand, sie erzählt mir von ihrem Mann, von der Gesellschaft, von dem früheren Fräul. etc. Kurz wir vertragen uns bis jetzt sehr gut. Morgen bin ich schon 3 Wochen hier, wie die Zeit vergeht.*[21]

Marie erzählt, dass sie ihre Hausherrin bei verschiedentlichen Ausgängen begleitet habe, bei mehr als einer Gelegenheit habe sie als ihre Gesprächspartnerin gedient, ohne dass die oben genannten Grenzen je überschritten oder gar Frau Traubs Ansehen angetastet würde: *Vorige Woche war ich also ganz heimlich mit Fr. Traub u. H. Waiß in Stamboul. Es kam mir*

---

18 M. Ries, Briefe an ihre Eltern. 12. Dezember 1885. Ebd.
19 M. Ries, Briefe an ihre Eltern. 15. Oktober 1885. Ebd.
20 M. Ries, Briefe an ihre Eltern. 26. Juli 1886. Ebd.
21 M. Ries, Briefe an ihre Eltern. 24. Dezember 1884. Ebd.

vor, als ob ich eine kleine Reise mache. Jetzt war ich eigentlich erst in Konstantinopel. Der Bazar dorten ist eine kleine Stadt für sich, er besteht aus 140 Gassen ist aber ganz gedeckt d. h. unter Dach. Gesehen habe ich da orientalische Merkwürdigkeiten genug. Hätte ich nicht meine Begleitung gesehen, ich hätte geglaubt zu träumen. H. Waiß kaufte dort „ein Geburtstagsgeschenk für seine Schwester", deren Geburtstag am Sonntag ist u wozu er gerne Fr. Traubs „ausgezeichneten Geschmack" befragte. Ihr versteht doch wohl, wer die Schwester ist. Daß dies Anlaß zu großer Heiterkeit war, ist gewiß. H. W. Verzweiflung, wenn Fr. Traub teurere Gegenstände durchaus missfielen, war zu nett. Meine arme Schwester, jammerte er, ich merk schon, die wird gar nichts auf diese Weise bekommen. Schließlich kam es zu einem für beide Teile befriedigenden Abschluß.[22]

Gelegentlich verheimlichten sie und die Kinder bestimmte Ausgänge vor dem eifersüchtigen Ehemann von Frau Traub: *Am Montag waren Madame, Al., Mar. Und ich wieder in „Tschichli", eine Art Vorort, ungefähr so weit von Konstantinopel entfernt wie Berg von Stuttgart. Als die Kinder um vier aus der Schule kamen, haben wir sie schnell reisebereit gemacht, und Herr Waiss holte uns ab. Wir nahmen die Trambahn, die bis hinaus nach Tsch. fährt. Dort führte uns W. in ein Gasthaus und verwöhnte uns mit kaltem Geflügel, Würstchen, Eiern, Butter, Brot, Käse, Bier, Obst etc. – ein richtiges Mahl, alles schmeckte vorzüglich im Freien. Dann machten wir einen kleinen Spaziergang und gingen in eines der zahlreichen Kaffeehäuser, nahmen unseren Kaffee, à la turc, natürlich. Schließlich wieder mit der Trambahn nach Hause. Das Beste ist, dass Hr. Trb. nichts darüber erfahren darf. Seine Eifersucht ist lächerlich. Er will nicht, dass Frau Trb. mit irgend jemandem irgendwo hingeht, gleichzeitig ist er die ganze Woche abwesend. Ohne einen Mann aber kann man nirgendwo hin. Da die ganze Familie immer zusammen ist, also Frau Traub, die Kinder und ich, sehen weder Frau Traub noch ich irgendeinen Grund, uns nicht von einem Herrn, noch dazu einem Freund der Familie begleiten zu lassen. Ich verbringe so viel Zeit mit Frau Traub, ich kann erkennen, wie dumm die Eifersucht ihres Gatten ist. Frau Traub unterhält sich gerne mit gebildeten Menschen, voilà tout, und wenn sie jemandem Freundschaft anbietet, tut sie das mit ganzem Herzen und nicht oberflächlich. Ich bin überzeugt: ihr Mann versteht nicht, was für eine Frau er hat. Er ist ein guter Mann, sehr fleissig und als Geschäftsmann erfolgreich. Ich mag aber mehr, wie Frau Traub die Kinder behandelt. Die Kinder sind auch mehr ihr zugeneigt. Aber zurück zu Montag: Am Abendtisch konnte keiner von uns offen sprechen, was zu einer reinen Komödie führte. Frau Traub hatte vorgegeben, an dem Tag drei Zähne gefüllt bekommen zu haben, und war so entschuldigt. Ich las den Brief, den ich an dem Tag erhalten hatte, und merkte dabei nicht, dass der Diener meinen vollen Teller abtrug. Al. täuschte vor zu essen, Marika hingegen sagte frei heraus, dass sie nicht hungrig sei. Dann gab es eine große Aufregung: „Das Kind hat sich gestern den Magen verdorben. Der Käsekuchen war zu schwer." So ging es in einem fort.*[23]

Mehr als den Angelegenheiten ihrer Arbeitgeber widmet sich Marie in ihren Briefen aber den eigenen Sorgen und Wünschen, und wir können uns schnell ein Bild unserer Autorin

---

22 M. Ries, Briefe an ihre Eltern. 21. März 1885. Ebd.
23 M. Ries, Briefe an ihre Eltern. Ohne Datum (Frühjahr1885). Ebd. [Rückübersetzung aus dem Englischen].

machen: einer fleißigen Tochter, die sich Gedanken über die finanziellen Schwierigkeiten der Familie daheim und das Schweigen ihrer beiden ältesten Brüder in Argentinien macht. Sie fühlt ihrer Mutter auf den Zahn, wie es um die aktuellen Entwicklungen im Geschäft ihres Vaters bestellt ist, und versucht zu erklären, wie die manglende Kommunikation ihrer Brüder mit der besorgten Familie daheim zu verstehen sei: *Was unsere Amerikaner angeht, kann ich nur wiederholen, was ich Ihnen schon so oft geschrieben. Sie sehen, dass sie von Zeit zu Zeit schrieben. So müssen Sie nicht so besorgt sein. Ich bin absolut davon überzeugt, dass wenn sie einmal zu einem Punkt kommen, wo sie wirklich helfen können, dass die Briefe immer häufiger vorkommen werden. Wir müssen nur geduldig warten, hoffen für unser Schicksal.*[24]

Gleichzeitig verleiht sie ihrem eigenen Verlangen nach einem Ehepartner und einer eigenen Familie Ausdruck und weist damit auf ihre unsichere Position als arme Verwandte hin, die für ihren Lebensunterhalt arbeiten muss: *Sie können sich nicht vorstellen, wie schön es am Kai ist. Die ganze Umgebung ist beleuchtet und das Meer glitzert wie Silber. Die Schiffe gleiten langsam vorbei und Musik wir gespielt. Ich war schon einige Male abends draußen; sonst sitze ich am Fenster, wo ich die ganze Szenerie vor meinen Augen habe, und ich träume und mache mir Gedanken. Die unterschiedlichsten Bilder tauchen vor mir auf. Alles Erfahrene, Glück und Trauer, ziehen vor mir auf. Wie ich mir vor ein paar Jahren die Dinge so anders vorgestellt habe, wenn ich erst mal 22 sein würde. Und was ist passiert, im Grunde die gleiche Litanei seitdem. So ist es eben, es gibt Leute wie Frau Traub, die noch in den kleinsten Dingen, die sie anfassen, Glück haben; und dann gibt es die anderen, für die sich die Dinge anders entwickeln, als sie es sich vorgestellt haben. Kürzlich sprach ich mit Madame darüber. Neben uns wohnt eine ganz bezaubernde Dame, reich obendrein. Sie hat einen Cousin geheiratet und hat jetzt zwei taubstumme Kinder. Auch sie sagt, sie müsse sich nur etwas wünschen und das Gegenteil passiert! Ich gehöre auch in diese Kategorie Mensch, glaube ich.*[25]

Die Briefe von Marie berühren gelegentlich auch ihren Glauben und wie es sich als Jüdin in einer christlichen Gesellschaft in Konstantinopel lebt. In einem Brief schreibt sie: *Mittwoch Abend werde ich mit Wehmut an Euren feierlichen Familienkreis denken. Ach, leider kann ich Euch nicht den gewohnten Neujahrskuß geben! Wenn nicht das „Lef" da wäre, wüßte ich kaum, daß ich bei Juden bin, das macht mir indessen weiter nichts aus, denn es gibt wohl keine unangenehmere Stellung als bei „Judden". Ich denke mir, während Du l. Mama dieses miniatur Brief erhältst ist der l. Papa in der Synagoge oder bist auch Du gegangen?*[26]

In einem weiteren Brief verdeutlicht sie die Hochnäsigkeit deutscher Juden gegenüber anderen gleichen Glaubens: *In Balata leben nur spanische Juden. Sie sind wie die polnischen. Es ist schwer zu sagen, was schlimmer ist. […] Wenn wir nach Balata kamen, erzählten sie uns, dass eine jüdische Hochzeit vor sich ging. Wir gingen in die Synagoge und sahen die Hochzeit. Die Braut war hässlich. Sie trug ein blaues Kleid aus Seide mit Myrthen u. Silber Flitter hinten runter, was alle oriental[ischen] Bräute haben. Die Trauung gi[ng] mit sehr viel Unordnung,*

---

24 M. Ries, Briefe an ihre Eltern. 30. April 1886. Ebd.
25 M. Ries, Briefe an ihre Eltern. 19. Juli 1886. Ebd. [Rückübersetzung aus dem Englischen].
26 M. Ries, Briefe an ihre Eltern. 26. Dezember 1885. Ebd.

d. h. Geschrei von Statten, wie in einer ächten „Juddeschul". Die Rabiner waren angezogen wie d[ie] andern auch, d. h. einen langen pelzgefütterten Rock an u. auf de[m] Kopf den Fez, als Auszeichnung v[on] den andern einen grünen Turban um den Fez gewickelt. Das ganz[e,]ebenso die Gebete, hat ungemein viel Ähnlichkeit mit den Türken. Der Gesa[ng] ist in heulendem, gurgelndem Tone, [...] ganz wie die türkische Musik.[27]

Nicht nur persönliche und häusliche Angelegenheiten finden sich in den Briefen. Zu Hause in Pforzheim beschäftigte Marie sich sichtlich eingehend mit dem Geschäft der Familie, und ihr Wissen und Interesse in dieser Angelegenheit spiegelt sich in ihren Briefen wider, die viele Hinweise auf die geschäftlichen Ereignisse bei ihren Eltern daheim und bei Herrn Traub, ihrem Arbeitgeber in Konstantinopel, beinhalten. Ihre Briefe beschreiben Herrn Traubs Geschäfte als *ein Provisionsgeschäft, natürlich im großen Stil. Die Firma ist nicht Traub, sondern Kaufmann in Manchester; Herr Traub Associates hat auch Niederlassungen in Paris, London und Manchester. Von dem, was ich höre, macht er auch häufige Lieferungen an die Armee als auch Uniformen, Stiefel, usw., für Ägypten. […] Herr Traub hat nur ein großes Comptoir hier. Ich denke, dass ein junger Mann, ein Italiener aus Perugia, bereits im Haus für 10 oder 15 Jahre gearbeitet hat, zunächst hatte er sich in England in das Geschäft Traub und die Funktionen als Auftraggeber eingearbeitet. Er regelt die ganze Sache am Wochenende während Herrn Traubs Abwesenheit. Dann gibt es 2 Angestellte und 2 Boten. Hier ist die Kenntnis der Sprachen die Hauptsache, der Italiener spricht auch Deutsch, Französisch, Englisch, Spanisch, Türkisch und Griechisch, vielleicht sogar Arabisch, und Gott weiß was.*[28]

Später erwähnt Marie den Einfluss, den eine ernsthafte politische Krise im Jahre 1886 auf das Geschäft von Herrn Traub hatte: *Herr Trb. hörte nicht viel zu, weil er Geschäfte mit dem Minister hat. Natürlich hat Herr Trb. […] gerade jetzt viel zu tun. Er erhielt einen Vertrag für 60-70.000 Meter Stoff, die so schnell wie möglich geliefert werden sollen. Die ganze Armee wird mobilisiert, und sie haben nichts auf Lager.*[29]

Ihre Überlegungen über die finanziellen Verhältnisse der eigenen Familie geben Aufschluss, nicht nur über das Geschäft in Pforzheim selbst, sondern auch über die zeitgenössischen internationalen Geschäftspraktiken: *Nun erlauben Sie mir, mein Glück zum Ausdruck zu bringen, dass wieder Nachricht von Viktor kam. Sehen Sie, jetzt können sie schreiben. Die armen Jungs entziehen wohl dieses Geld nicht früher aus ihrem neu gegründeten Unternehmen, und es ging ihnen gegen den Strich, Briefe voll Verzögerungstaktik zu schreiben. Also haben sie wohl beschlossen, mit dem Schreiben ganz aufzuhören. Ich bin völlig mit Ihnen einig über Otto; ihm nicht zu erlauben, unvorbereitet ins Leben zu ziehen. Zunächst sollte er zumindest in der Lage sein, einen akzeptablen Brief zu schreiben, Buchführung zu verstehen, so dass sie die Durchführung ihrer Bilanzen nicht an einen fremden Buchhalter übertragen müssen.*[30]

---

27 M. Ries, Briefe an ihre Eltern. 23. Mai 1886. Ebd.
28 M. Ries, Briefe an ihre Eltern. Ohne Datum (Februar 1885). Ebd.
29 M. Ries, Briefe an ihre Eltern. 18. September 1885. Ebd.
30 M. Ries, Briefe an ihre Eltern. 21. Februar 1886. Ebd.

Das gesellschaftliche Leben unter den Deutschen in Konstantinopel ist ebenfalls ausführlich in den Briefen beschrieben. Marie schreibt von Teilnahmen an Theateraufführungen, einschließlich eines gewagten Stückes, dessen Höhepunkt sie in Einzelheiten aufzählt und das sie folgendermaßen zusammenfasst: *Über dieses Stück muss ein junges Mädchen sagen, dass sie nichts davon weiß, wie man es auch über viele Bücher sagen muss. Und doch waren viele junge Frauen, man konnte ja nicht im voraus ahnen, wie es sein würde. Ganz ehrlich, ich musste lange überlegen, ob ich Ihnen die Handlung schreiben soll. Zeigen Sie diesen Brief auf keinen Fall irgend jemandem! Fürs Erste bin ich, glaube ich, geheilt vom Theater. Es gibt nur noch vier Aufführungen, für die Frau Traub ältere und passendere Begleitung haben wird.*[31]

Sie erzählt von Ausgängen in verschiedene Konditoreien und Ausflügen mit Pferd und Wagen zu verschiedenen Sehenswürdigkeiten in und um Konstantinopel, einschließlich einer Fahrt zu einem Sommerpalast, wo die Familie zur Besichtigung in den Garten eingelassen wurde, weil ihr Begleiter, Herr Waiss, ein persönlicher Freund des Prinzen war: *Wir ritten nach „Bebek", ein Dorf am Bosporus. Von dort gingen wir zu Fuß durch einen Park und dann entlang des Kais direkt am Meer, bis wir Halim Pascha erreichten, der Palast eines der Prinzen. Er ist der Onkel des Königs von Ägypten. Herr W., der ihn gut kennt, hatte Erlaubnis, uns in den Park zu führen. Wie kann ich die Großartigkeit in Worte fassen? Der gesamte Garten ist terassenförmig angelegt und bestens gepfegt. Mal findet sich an einem See, dann an einer Grotte, hier eine Schlucht, dort ein Kliff! […] Je höher man geht, desto großartiger wird das Panorama. Mal sieht man diesen, mal den anderen Teil des Bosporus vor einem ausgebreitet, ein Anblick, der, glaube ich, einmalig ist in der Welt! Ganz oben im Park ist ein Haus errichtet. Es ist ein kleiner Palast, in dem der junge Prinz im Sommer wohnt. Wir sahen einige Zimmer, die nur wenig Türkisches zeigten. Im Ganzen ist das Haus im europäischen Stil eingerichtet, weil der Prinz in Genf großgezogen wurde. Der Garten ist so groß, dass man in einem Wagen nach oben fahren muss, d. h. der Prinz macht das. Stellen Sie sich einen Garten vor, in dem man mit voller Equipage Ausfahrten unternimmt.*[32]

Die vielleicht zauberhafteste all ihrer Beschreibungen gilt der Teilnahme an der türkischen Hochzeit eines Geschäftspartners von Herrn Traub:

Meine l. Eltern!

Gestern habt Ihr wohl umsonst gesagt: „jetzt schreibt die Marie." Mit was ich beschäftigt war, erratet Ihr kaum! Ich hatte crêmefarbene Kleidchen für die Kinder zu verlängern, da wir heute bei einer Hochzeit waren u. zwar, was besondern Reiz hat, bei einer türkischen! Der Kopf tut mir noch weh. Laßet Euch erzählen, wie es zuging. Die Tochter des Riza Paschah, premier secrétaire de sa Majesté, verheiratete sich. Riza ist ein guter Kunde, daher guter Freund von Hrn. Traub, er kam selbst ins Büreau, einer der Ersten im Lande, um Fr. Traub. u. die Kinder einzuladen […]

Die Hochzeit fand in Stamboul statt im Hause des Bräutigams. Als wir um ½ 10 statt ½ 9 hin kamen, war alles fort u. fuhren wir allein nach Stamboul, wir hatten eine schöne Equipage

---

31 M. Ries, Briefe an ihre Eltern. 28. Februar 1886. Ebd. [Rückübersetzung aus dem Englischen].
32 M. Ries, Briefe an ihre Eltern. 1. Juli 1885. Ebd.

gemietet; es war prachtvolles Wetter, wodurch die Spazierfahrt schon ein Genuß war. Gegen elf kamen wir am Hause des Bräutigams an. Wir hatten Mühe, durch die Menschenmenge zum Salon zu gelangen, wo die Braut mit ihren Verwandten war. Die Mutter der Braut, die eher einer alten Amme gleich sieht, kam auf uns zu u. hieß uns Platz nehmen. Die Braut sitzt unbeweglich auf einem hocheleganten Kanapee. Sie hatte ein rotes Atlaskleid an von oben bis unten mit Gold gestickt mit riesiger Schleppe. Die Großmutter erzählte uns, dass die Robe 100 Lire gekostet hat. Mit reinen Brillanten übersät. Im Haare ein großes Brillant-Diadem, daneben ein ebensolcher Federbusch, rings herum Sterne, Fliegen etc. aus Brillanten. Großes Medaillon, lange Ohrgehänge, einen Ring mit einem solchen Brillanten über den Handschuhen. Die Haare rot gefärbt außer dem genannten Kopfschmuck weiße Federn einen weißen goldgestickten Schleier hinten, außerdem hängt ihr auf der Seite ein langer Busch von Gold-Flitter herunter, was alle orientalischen Bräute haben. In diesem Schmucke ruht die Braut auf einem neuen Kanapee, um sich bewundern zu lassen. Wer will, hat Zutritt, […] ob Sklavin, Köchin oder Frau eines Paschahs u. alle bleiben in stummer Bewunderung stehen. Ringsherum stehen an den Wänden Stühle u. Kanapees, wer das Glück hat, einen solchen zu erhaschen, läßt sich nieder, immer alles durcheinander ohne Rang. Die Verwandten in allen möglichen Toiletten, auch mit Brillanten übersät, gehen aus u. ein. Um 12 etwa wurden wir von der Großmutter Frau Mountaseffendi einst eine première beauté, in den Speisesaal geführt. An einem sehr hübsch gedeckten Tische ließen wir uns nieder u. verzehrten ein türkisches Essen, folgendermaßen. Suppe, D. in die weiße Sauce, wie wir sie zu Ragout machen, dann Gemüse, süße Speise, Braten […][33]*

Regina

Während Marie ihrer Mutter von Anliegen und Ereignissen in Konstantinopel schreibt, sind die Briefe von Regina reich an Geschichten aus dem Leben in Pforzheim. Nicht überraschend dreht es sich in Reginas Briefen überwiegend um Familienereignisse und Probleme des Haushalts. Sie schreibt von ihrem Kummer mit Otto, dem ältesten Sohn, der immer noch zu Hause wohnt: *Dieser Junge nimmt nun mein gesamtes Denken ein. Ich tue mein Möglichstes, ihn ohne zu harter Strenge an das Haus zu binden. Ich verzichte auf meine eigenen Vergnügungsstunden, so dass er nicht auf sich allein gestellt ist und sich an den Müßiggang gewöhnt wie Viktor. Sicherlich erinnerst Du Dich noch an die Affäre bei Beckers, der junge Strauß, eine kleine Version Deines Bruders. Gerade erst wurde eine junger Mann aus einer der besten Familien zu fünf Monaten verurteilt und viele andere Jungen auch, einer überredet den anderen zu Untaten. Es gibt hier nicht viel außer der Kneipe, Kartenspielen und Mädchen und Du weißt ja, wie frühreif die jungen Menschen hier sind. Otto muss jeden Sonntag bei uns bleiben und wenn er abends nicht im Geschäft ist, aber ich raus muss, nehme ich ihn mit. Die kleinen schlafen mit einem Dienstmädchen, weil ich sie nicht alleine lassen möchte. Also verzichte ich lieber auf mein eigenes Amüsement, weil, wie Du Dir*

---

33   R. Ries, Briefe an Marie. Ohne Datum (Oktober 1885). Ebd.

vorstellen kannst, die Unterhaltungen nicht gerade geeignet für ihn [Otto] *sind. Also gehe ich fast nie aus. Wenn Papa nicht zu viel Arbeit hat, lasse ich ihn manchmal ins Theater gehen. Jetzt habe ich wieder einen Stapel Sorgen auf Dich geladen. Häufig mache ich mir Vorwürfe, weil ich meine zwei ältesten Söhne nicht an das Haus binden konnte. Aber damals musste ich die Bedingungen berücksichtigen. Es gab kaum Zeit für Familiengespräche, und wenn Du Berthold nicht gelegentlich ins Gebet genommen hättest, wäre alles noch schlimmer gekommen. Oh, wie ich meine drei Jahre im Geschäft bereue, sie haben meine Kinder ihrer Mutter beraubt, und das war ein Fehler, der nicht wieder gut gemacht werden kann.*[34]

Reginas wiederkehrende Probleme mit den Dienstmädchen sind ein anderes durchgehendes Thema in den Briefen: *Otto verlangt etwas, was auf dem A. geholt werden muß, er sagt dann „Mama ich weiß nicht was Louise hat, schon die beiden Tage wenn sie mir irgend etwas herauf bringt, dann geht sie immer erst in ihr Zimmer." Ich gehe hin, schau durch's Schlüsselloch, es ist zu gepropft, mit Hülfe eines Federhalters stoße ich durch, schau hinein, wer beschreibt meinen Schock, als ich da einen Mann im Bett liegen sehe. Ich war schwach und blutlos, kaum fähig ins Zimmer rüber zu gehen, Papa kommt, sieht meine vor Marmorbleiche zitternde Gestalt, „was gibt's macht Otto Ärger?" Ich konnte nur nach der Thür zeigen: […] Das Fräulein öffnet endlich nach langer Widerrede die Gemächer, und siehe, da lag der Hahn im Korb! Auf dem Tisch Brödchen Butter u Café. Um mich kurz zu fassen, der Junge Mann hat, wie es scheint, schon öfter da oben residiert, denn von Scham keine Spur weder bei der einen noch bei der andern Seite. Meine Wenigkeit war aber der Art alteriert, von diesem mir unvergeßlichen Anblick, daß ich auf der Vaihingersteige, quasi ohnmächtig zusammen brach, und von Papa herunter gebracht werden mußte.* [Das Dienstmädchen wurde entlassen] […], *die Mädchen sind aber so rar, daß ich bis heute nach also 3 Tagen noch keine bekomen konnte, es hat sich nun ein Bauernmädchen sehen lassen, will nun abwarten bis zum Abend.*[35]

Daneben nehmen die religiösen Ansichten der Familie und deren Bedeutung in ihrem Leben weiten Raum ein in Reginas Briefen. Zum Beispiel möchte der jüngste Bruder von Marie gern Rabbi werden, aber seine Mutter schreibt: *Ich sagte ihm, dass seine Verwandten viel zu schofel*[36] *seien, so einen frommen Mann in der Familie zu haben. Milly und Fanny erzählen Geschichten über Jesus und seine Apostel und Eugen tut nichts.*[37]

Die Familie feiert Weihnachten, die Kinder besuchen christliche Schulen, Regina beklagt jedoch die Auswirkungen davon: *Für Milly beginnt nach Ostern die Schule, aber ich kann nicht sagen, wie schwer es sein wird für mich, sie in die Grundschule zu schicken. Stellen Sie sich vor, Fanny bringt oft Figuren aus der Schule heim, so dass unsere ältesten Vorfahren sich im Grabe umdrehen würden, wenn sie dies sähen.*[38]

---

34 R. Ries, Briefe an Marie. Ohne Datum (Februar 1885). Ebd. [Rückübersetzung aus dem Englischen].
35 R. Ries, Briefe an Marie. Ohne Datum. Ebd.
36 Das aus dem Jiddischen auch ins Deutsche übernommene Wort „schofel" bedeutet ursprünglich „niedrig", „von niederem Rang".
37 R. Ries, Briefe an Marie. Ohne Datum 19. (Januar) 1887. Ebd.
38 R. Ries, Briefe an Marie. Ohne Datum (November 1885). Ebd.

Die Familie Ries – Ein Leben in Briefen

Regina zählt auch die großen Feiertage auf und beschreibt die jüdische Gesellschaft in Pforzheim, Stuttgart und Frankfurt: *[…] ich wurde zum Kaffee bei Frau Löb und ihrer Mutter eingeladen. Nolens volens musste ich hin. Ich muss Dir nicht erzählen, dass ich mich wie ein Lamm auf dem Weg zur Schlachtbank fühlte. Als ich die Tür öffnete und sie mich sahen (es war schon vier Uhr), war solch ein Aufhebens um meinen Eintritt, dass nicht einmal der Kaiser mit solch einem „Heil" gegrüßt worden wäre. Ich war völlig überwältigt von all den Kuchen und Torten, all den elegant gekleideten jüdischen Frauen. Ich konnte mich nicht damit anfreunden, und ich hatte das Gefühl, dass ich vielen dort leid tat. Es ist nicht so, dass ich denke, sie hatten damit recht, aber ich wollte es wirklich nicht, oder besser gesagt, hatte ich keine Ahnung, was ihnen das Recht dazu gab, mich zu bemitleiden. Ich merkte nur, wie trivial die ganze Unterhaltung war, und war ziemlich froh mit dem Gedanken, dass ich mehr Vergnügen aus einem guten Buch ziehe als aus dem ganzen leeren Geklatsche, der nur den Appetit anregen soll, aber die Person komplett leer hinterlässt. Ich hatte tatsächlich noch Arbeit zu erledigen und so war ich froh, es überstanden zu haben, als ich mich davon machen konnte. Ich fragte mich, wie ich mich jemals an solch trivialer und oberflächlicher Unterhaltung beteiligen konnte, denn, wenn ich überlege, über welche Themen geredet wurde, war keines davon von Interesse.*[39]

Daneben gibt es viele Beschreibungen wichtiger Ereignisse in Pforzheim, und viele der Bürger Pforzheims werden in den Briefen lebendig. *Nun zu den heimischen Nachrichten,* schreibt Regina in einem Brief, *zunächst einmal hat man Bürgermeister Groß aus dem Amt entfernt.*[40] Karl Groß, der vom 4. November 1875 an Oberbürgermeister der Stadt Pforzheim gewesen war, trat am 9. Dezember 1884 von seinem Amt zurück. Vorausgegangen waren politische Auseinandersetzungen um das zuvor privat betriebene Gaswerk, das in städtischen Besitz übergehen sollte. Wenngleich sich mehr als 2000 Bürger der Stadt in einer Eingabe hinter Oberbürgermeister Groß stellten, der entgegen der Mehrheit des Bürgerausschusses für eine Verlängerung des Vertrags mit dem privaten Eigner des Gaswerks, Benckiser, eintrat, lehnte die Mehrheit des Bürgerausschusses unter Führung des einflussreichen August Kayser eine Wiederwahl von Karl Groß ab.[41] Ausführlich geht Regina Ries in ihrem Brief auf die Querelen ein und äußert ihre Sympathien für den „gefallenen" Bürgermeister.

In einem anderen Brief erscheinen die Landaus, Nachbarn und enge Geschäftspartner von Regina und Moritz, die wie Katz' und Hund lebten, indem sie sich Wäsche an den Kopf warfen: *Ich muss zuerst erwähnen, dass Herr und Frau Landau bereits seit zwei Wochen auf dem Kriegspfad waren, und Papa mich oft gebeten hat, Frau Landau den Kopf zurecht zu setzen, was ihr Ausgabefreudigkeit und ihre Eifersucht angeht, etwas was ich aber nicht tat. Enfin, gingen wir nach oben. Was für ein Anblick! Alles aus dem Wäscheschrank, alles was darin gewesen war, war wie ein Turm auf dem Boden gestapelt. Sie stand blutend im Zimmer, und es war ein Schreien und Heulen wie von zwei Verrückten. Er versuchte, eine Truhe aufzubrechen, um ein Dokument*

---

39 R. Ries, Briefe an Marie. Ohne Datum (Februar 1885). Ebd. [Rückübersetzung aus dem Englischen].
40 R. Ries, Briefe an Marie. 13. Dezember 1884. Ebd.
41 Vgl. StadtA PF: ZGS 2/8.

zu finden, welches sie als Beweismittel gegen ihn vor Gericht benutzen wollte. Sie schrie: „Ich will es den Rieses schwarz auf weiß zeigen, aber erst, wenn Du weg bist." Ich kann die Flüche, die vor den Kindern und den Dienern hin und her gingen, nicht mehr zählen. Nun, Papa konnte ihn endlich aus dem Haus bekommen, ich zog den Mantel aus, und brachte zunächst die Kinder ins Bett. Danach legte ich mit Lisettes Hilfe, so gut es ging, die Wäsche zurück. Natürlich war Madame komplett handlungsuntauglich und von allen Sinnen. Plötzlich sah ich, dass sie blutete und eilte rüber zu ihr. Ich sah, dass der Diamant auf ihrem Finger ausgeklopft war und ihr kleiner Finger eine Schnittverletzung hatte. Mit Verbänden und viel, viel Reden konnte ich diese Verrückte endlich zur Vernunft bringen. Sie zeigte mir den Gegenstand des Streits, einen verleumderischen Brief eines entlassenen Hausmädchens, voll mit Beschuldigungen gegen ihn. Enfin, wusste ich, dass dies nur ein nebensächliches Thema war, dass der Hauptgrund für ihren Streit die Verbindung zu den Wallersteins und ihre lächerliche Ausgabelust waren. Ich musste all meine Überzeugungskunst aufbieten, Madame davon zu überzeugen, dass sie als bemitleidenswerte Kreatur enden würde, wenn sie so weiter machte. Papa kehrte um halb zwölf zurück, erzählte mir, was er getan hatte, und dann war endlich etwas Frieden im Haus.[42]

Das plötzliche Ableben einer Frau Neuburger und der betroffene Widerhall in der jüdischen Gesellschaft wird in einem weiteren Brief erwähnt: *Schreckliche Dinge sind hier passiert. Du kannst Dir nicht vorstellen, was ich seit vergangenem Montag bis heute durchlebt habe. Am Sonntag wurde von der Gemeinschaft ein Konzertball gegeben, alle liefen die Theaterstraße in Festgaderobe entlang. In der Nähe von uns und Familie Kreis sagte Frau Neuburger ihrer Gesellschaft, sie solle schon mal weiter gehen, sie müsse eben hier anhalten. Sie käme nach. Die anderen gehen weiter, etwas Zeit vergeht und schließlich gehen sie zurück und suchen nach ihr. Da liegt sie bewusstlos. Mit dem Wagen bringen sie sie nach Hause. Jeder dachte, sie hätte wieder einen ihrer morgendlichen Krämpfe gehabt, also macht sie sich wieder fertig für den Ball und geht auch raus. Um 12 Uhr wird Heinrich gerufen. Als er ankommt, ist Frau Neuburger schon tot. Alle Juden, die dort waren, gingen mit ihm zurück und Frau Joseph sagte mir, nichts im Leben könnte so schrecklich sein als der Anblick der Leiche auf dem Bett, mit den Blumen und der Ballgarderobe auf dem Tisch. Ich musste zwei Tage und Nächte lang Opfer bringen, ich kann diese Zeit gar nicht beschreiben. Ich war bei den letzten Riten dabei, wusch sie, zog sie an, und was immer in meiner Macht war zu tun. Meine Gebete waren so flehend wie meine vergossenen Tränen zahlreich. Wenn der Allmächtige sie gehört hat, mag er mir helfen. Bitte schreibe sofort eine Trauerkarte. Ich kann Dir nicht das Mitgefühl der gesamten Bevölkerung schildern. Juden, Christen, alle gingen zur Beerdigung, alle Frauen liefen in einer nicht enden wollenden Prozession zum Friedhof.*[43]

Genauso haben Wirtschaftsskandale ihren Platz in den Briefen: *Ich möchte von einem Ereignis hier berichten, das die gesamte Baubranche hier in Aufruhr brachte. Regina schreibt, alle Eisenhütten, mit der Ausnahme von dreien, befürchten, dass sie strafrechtlich verfolgt werden. Einer von Lehrfelds Lehrlingen hat ausgesagt, dass sich die Hüttenbetreiber in den vergangenen*

---

42 R. Ries, Briefe an Marie. Ohne Datum. Sammlung Ries. [Rückübersetzung aus dem Englischen].
43 R. Ries, Briefe an Marie. Ohne Datum. Ebd. [Rückübersetzung aus dem Englischen].

zwei Jahren geeinigt hatten, für Metallproben nicht nach Menge, sondern nach einem bestimmten Prozentsatz abzurechnen. Also erreichten die Hütten enormen Profit, die Baufirmen hatten niemals echte Proben. Dieser junge Mann namens Lehrfeld ist nun wohl aus Rachegründen mit allen anderen in die Sache verwickelt. Sie liegt jetzt in der Hand des Staatsanwalts und es wird als ziemlich schwerwiegend angesehen.[44]

Aber auch sehr positive Bilder tauchen auf. Regina erwähnt gemeinschaftliche Spaziergänge im Würmtal und Teilnahme an Konzerten zusammen mit Freunden: *Am Sonntag machten wir einen Spaziergang in das Würmtal, ein Bruder von Frau Wallerstein war aus Amerika gekommen, und so hatten wir einen Spaziergang mit angenehmer Unterhaltung. Für die letzten 3 Tage ist eine Gruppe von Opernsängern auf dem Pfälzer Hof gewesen. Wir hatten immer eine Ausrede nicht zu gehen, aber am Ende gingen wir am Sonntag hin, weil wir sonst arm erschienen wären. Du hast keine Ahnung vom Applaus und dem Gedränge an Menschen.*[45]

Sie erzählt von der Eröffnung des Stadtgartens im September 1885.[46] *Am Sonntag nachmittag eröffnete der Stadtgarten hinter dem Brunnen bei der Kunstgewerbeschule. Ich kann gar nicht beschreiben, wie schön es dort ist. Die Menge war so groß, dass man länger als eine Viertelstunde warten musste, um eine Eintrittskarte zu bekommen. Der Park, der von der hiesigen Gartengesellschaft mit Hilfe des Verschönerungsvereins eingerichtet wurde, hat einen wunderschönen Blick auf das Würmtal und Richtung Kupferhammer. Es gibt sehr schöne vielfarbige Blumenbeete. Mir war geradezu schwindlig, so feierlich war die Stimmung und so viel Trubel war in der Stadt.*[47]

Ein Besuch vom Nachfolger des Großherzogs ist auch beschrieben: *Während ich hier schreibe, läuten die Glocken und die Luft vibriert vom Kanonenfeuer. Der Thronfolger des Großherzogs kommt heute mit seiner jungen Braut. Ihm wird in Pforzheim zum ersten Mal innerhalb Badens gehuldigt. Die Schülerinnen aus der Mädchenschule stehen ganz in weiß und mit Blumensträußen bereit; alle anderen Schulen sind auch vertreten sowie eine große Anzahl von Abgeordneten. Unten am Bahnhof sind tausende Menschen. Ich möchte nicht in so eine Menge. Eugen kam nicht einmal zum Essen nach Hause, sechs Sonderzüge sind heute schon nach Karlsruhe gefahren.*[48]

Maries Geschwister tragen mit ihren eigenen Beschreibungen des Lebens in Pforzheim bei. Ihr jüngster Bruder Eugen schreibt von einem Sturm, der fast den Jahrmarkt zerstört hätte: *Ich will Dir in meinem Brief den gesamten Jahrmarkt beschreiben. Der Marktplatz war voll mit kleinen Verkaufsständen, wo man alles haben konnte, was man wollte, sogar Däumlinge und Räuchlinge. Selbst in einem Teil der Karl Friedrich-Straße waren lauter Verkaufsstände. Der Ort war schon am frühen Morgen voller Leben. Sogar der Lindenplatz hatte viele Besucher. Aber nur wenige Tage vor dem Jahrmarkt hatte ein Sturm den ganzen Stand von Foto Böcklus zerstört*

---

44 R. Ries, Briefe an Marie. Ohne Datum. Ebd. [Rückübersetzung aus dem Englischen].
45 R. Ries, Briefe an Marie. Ohne Datum (Juni 1885). Ebd.
46 Pforzheimer Beobachter vom 20. September 1885.
47 R. Ries, Briefe an Marie. Ohne Datum (c. 20. September 1885). Sammlung Ries. [Rückübersetzung aus dem Englischen].
48 R. Ries, Briefe an Marie. Ohne Datum (Oktober 1885). Ebd. [Rückübersetzung aus dem Englischen].

und gestern gab es wieder einen schrecklichen Sturm, der das Karussell schwer beschädigte. Auch Flott's Original Kaspartheater ist nieder gerissen worden. Tagsüber hat er ein bißchen Kaspar gespielt und abends gab er eine „laterna magica".[49]

Viele, wenn nicht alle der Briefe Reginas beschäftigen sich mit ihren zwei überwiegenden Sorgen, dem Erfolg bzw. Misserfolg der Unternehmen ihrer beiden Söhne in Argentinien und der sehr unsicheren wirtschaftlichen Lage der Familie. Auf Grund dieser beiden Anliegen tauchen in den Briefen wirklichkeitsnahe und oft in Einzelheiten beschriebene Bilder des wirtschaftlichen Lebens in Pforzheim auf: *Papa hat einen Pariser namens Strauß zu Besuch und ist seit Sonntag Tag und Nacht herum gerannt, und jetzt, wo die geschäftlichen Verhandlungen gelaufen sind, will er den Auftrag nicht bestätigen, solange der Kredit nicht genehmigt ist. Aber weil Papa vor jeder Geschäftsverhandlung Referenzen der Bank vorzeigt, hat der Herr Erkundigungen eingezogen und hat die Verhandlungen schließlich abgeschlossen, seine Waren wurden also bezahlt und er muss Papa bezahlen. So ein Geschäftsgebaren hat es noch nie gegeben. Gerade ist Papa im Geschäft, um einen gerichtlichen Zahlungsbefehl zu erwirken, und wartet auf einen Rechtsbeschluss. Du kannst Dir vorstellen, wie ich zuhause auf glühenden Kohlen sitze. Wie immer wird sich das Gericht Zeit lassen. Am Donnerstag kam nichts mit der Post, die unterliegende Seite wird schlecht weg kommen, weil Gerichtskosten anteilig abgeführt werden müssen, zu ungefähr 2 Prozent.*[50]

Im Mai 1888 kehren die Traubs und Marie nach Deutschland zurück. Hier sollen die ältesten Kinder die Schule besuchen. Marie verbrachte den Sommer mit der Familie Traub in Kurorten Deutschlands und der Schweiz, aber im Herbst, als die Traub-Eltern und Ernst nach Konstantinopel zurückkehrten und die drei ältesten Kinder in Frankfurt die Schule anfingen, kehrte Marie zu ihrer Familie nach Pforzheim zurück. Hier endet der erste Teil der Korrespondenz mit einem liebevollen Abschlussbrief von Maries Vater Moritz, der schreibt: *Komme zu Deinen Eltern und Verwandten, die Dich mit aller Liebe umgeben werden. Auch wenn wir manchmal sorgenvolle Stunden erdulden müssen, sind diese durch Zeiten des Glücks aufgewogen, die Gott uns gibt. Möge er unsere Lage weiterhin verbessern und alles zu einem guten Ende führen. So wie wir abends glücklich und zufrieden zusammen gesessen sind, mit Gedanken und im Gespräch bei Dir, so wirst Du wieder mit uns unseren bescheidenen Wohlstand teilen und Glück in Deiner Familie finden. Die lächelnde Milly ruft: „Papa hat gute Laune heute." Wie ich sagte, solche Momente entschädigen mich für die Sorgen, die ich sonst habe. Und mehr noch meine geliebte Marie!!! Unser liebender Gott wird alles richten. Möge er, unser gnädiger Vater im Himmel, meine Gebete erhören, morgen und jeden anderen Tag, dass meine geliebte Frau und meine geliebten Kinder glücklich sind. Amen. Für das Neue Jahr und jeden neuen Tag wünsche ich Dir alles, was ein liebender Vater für sein geliebtes Kind wünscht. Papier ist zu kalt und zu tot, um meine väterlichen Gefühle auszudrücken. Komm bald zu uns und fühle die von Herzen kommenden Grüße und Küsse Deines Vaters. Papa.*[51]

---

49 E. Ries, Briefe an Marie. 13. Dezember 1884. Ebd. [Rückübersetzung aus dem Englischen].
50 R. Ries, Briefe an Marie. Ohne Datum [16. August 1886]. Ebd. [Rückübersetzung aus dem Englischen].
51 M. Ries, Briefe an Marie. 16. September 1888. Ebd. [Rückübersetzung aus dem Englischen].

Die Familie Ries – Ein Leben in Briefen

Nach der Rückkehr aus Konstantinopel

Die Ereignisse der folgenden 15 Jahre im Leben der Familie sind nicht so eingehend dokumentiert. Wir wissen an Hand der Todesurkunde von Regina, dass Maries Mutter 1890 zu Hause in ihrem eigenen Bett starb. Heinrich Bloch war dabei, aber wir wissen nicht, woran sie starb. Ein einziger Brief von Moritz lässt vermuten, dass Regina schon einige Zeit krank gewesen war, und in der gedruckten Traueransprache über sie heißt es, dass ihr Tod einen ernsthaften Verlust für eine Familie mit immer noch jungen Kindern darstelle.

Spätere Briefe erwähnen, dass Marie ihrer Mutter versprochen hatte, ihren jüngeren Geschwistern eine Mutter zu sein, und dass sie dieses Versprechen ernst nahm. So schreibt Frau Traub in einem Brief, in dem sie Marie zur Hochzeit ihrer Schwesters gratuliert: *Als gute Mutter, die Sie für Ihre „Küken" sind, wie Sie alles was Sie sind, in welcher Lage immer ganz & voll & gut sind, haben Sie natürlich zuerst an die Kleinen gedacht. Das kann Ihnen nur Segen bringen.*[52]

1894 starb auch Moritz und hinterließ Marie die komplette Verantwortung für ihre jüngeren Geschwister, von denen der Älteste, Eugen, 20 Jahre alt war. Das älteste Kind lebte weiterhin in Deutschland. Ein Jahr später ist Marie im Pforzheimer Adressbuch von 1895 als „Privatin" aufgeführt.[53] Sie wohnte in der Bleichstraße 25, wahrscheinlich zusammen mit ihren jüngeren Schwestern, Helene, Fannie und Millie. Kurz danach, vielleicht mit Hilfe von Auszahlungen der väterlichen Lebensversicherung, eröffnete sie mit ihren Schwestern die Firma Geschwister Ries, ein Geschäft, das Korsetts und Handschuhe zusammen mit anderen modischen Waren verkaufte. Das Geschäft befand sich in der Leopoldstraße im Zentrum von Pforzheim und war, zumindest einige Zeit, mit etwas Erfolg gekrönt.[54] Innerhalb der nächsten fünf Jahre heiratete Helene, Maries zweitälteste Schwester, Louis Breuder, das genaue Datum ist unbekannt.

Im Frühling 1899 stellte Louis Gustave Lorsch Marie als mögliche Ehefrau vor. Nach mehrmaligen Treffen und einiger Korrespondenz, willigte Marie ein, Gustave im Juli zu heiraten. Nachdem er Zeit gehabt hatte, seine Geschäfte in Magdeburg abzuschließen, wo er gelebt und sich auf den Umzug nach Pforzheim vorbereitet hatte, einigte sich das Paar darauf, im Geschäft der Geschwister Ries mitzuhelfen. Während der folgenden zweimonatigen Trennung wurden Briefe und Karten fast täglich hin- und hergesandt. Auch dieser Schriftverkehr wurde bewahrt und machte die Reise über den Atlantik mit, als das Paar in die Vereinigten Staaten emigrierte.

---

52 A. Traub, Briefe an Marie Ries. 6. Januar 1897. Ebd.
53 Adressbuch der Stadt Pforzheim für das Jahr 1895. Pforzheim 1896.
54 M. Ries, Briefe an G. Lorsch. 9. Juni 1899. Serina Lorsch Collection. University of Missouri, Kansas City Archives.

Briefe in der Zeit der Brautwerbung

Gustaves Briefe sind wegen schlechter Handschrift fast unlesbar, aber Maries Briefe sind transkribiert worden. Nicht überraschend sind die Briefe überwiegend mit Maries persönlichen Gedanken über ihre anstehende Hochzeit, ihren Verlobten und, in zunehmendem Maße, ihrer wachsenden Liebe für einander ausgefüllt. Diese Briefe vermitteln Einsicht in den Verlauf einer arrangierten Ehe in Deutschland Ende des 19. Jahrhunderts: *Louis hat sich so viel um uns bemüht u. Du weißt doch, seine Lene ist ihm alles, so daß er sich durch diese kleine Aufmerksamkeit geehrt fühlen wird. Und ich bin ihm doch so dankbar, daß er mir meinen Schatz zugeführt hat.*[55]

Ungeachtet dessen, dass das Verhältnis offensichtlich als eine arrangierte Ehe begann, waren Marie und Gustave bald Hals über Kopf verliebt, wie ihre Briefe während der dreimonatigen Verlobung belegen: *Schatzel, wie geht es doch merkwürdig in der Welt zu, daß 2 Menschenkinder, die sich vorher nie gesehen, sich so eng u. unzerreißbar an einander schließen u. sich so von Herzen lieb haben können! Ich hätte dies früher nie geglaubt, aber da zeigt sich wieder mal, dass alle Theorie vor der Praxis schwindet.*[56]

Marie erkannte die Bedeutung der Briefe für die Entwicklung ihrer Beziehung mit Gustave. Im letzten Brief vor der Ankunft Gustaves in Pforzheim rät sie ihm, *lege diesen letzten Brief zu den andern, die ein Bild unseres Glückes geben u deren Schluß der Anfang ist zu einem Leben, das mit Gottes Hülfe uns zum Heil u. Segen gereichen wird.*[57]

Gelegentlich kommen auch andere Themen zum Vorschein. Die Briefe belegen nicht nur das enger werdende Verhältnis zu ihrem Verlobten, sondern neben den romantischen Bemerkungen befinden sich praktische Einzelheiten, die uns abermals ein Bild des täglichen und geschäftlichen Lebens in Pforzheim vermitteln, wie es sich Ende des 19. Jahrhunderts darstellte.

Sie schreibt von ihren und Gustaves Geschäftsplänen: *Mit dem Ölfabrikanten hast Du also schon gesprochen, immerhin ein Anfang, gewiß wird uns auch die Fortsetzung gelingen u. wie Du lieber Schatz mir geschrieben, daß Dir das Arbeiten im Gedanken bei Deinem Frauchen leichter werden wird, so werde ich, bin ich erst durch meinem goldigen Mann unterstützt, mein Tagewerk mit Freuden vollbringen, wir wollen schon noch was aus der Firma Geschw. R. machen, gelt Schatz! Louis meinte jüngst, ob wir nicht wegen Vertretungen annoncieren wollten? Was meinst Du dazu Schatz? Glaubst Du es ist besser zu warten, bis Du hier bist? Auf jeden Fall werde ich die Spalten unserer Zeitungen durchblättern, ob ich etwas darin finde.*[58]

Und beschreibt ihre eigenen Pläne für einen Ausverkauf: *Aber ein Ausverkauf vom 15. Aug. ab hat gar keinen Wert, die Gegenstände die ich fort haben möchte, wie Hemdenblousen, Kragen u.s.w. werden im August nicht mehr gekauft u. es hat doch keinen Sinn, das Geld für Annoncen etc. auszugeben, wenn man vorher weiß, es hat keinen Wert. Übrigens mußt Du Dir da keinen tollen Ausverkauf vorstellen. Im Betracht gezogen, daß das Geschäft im Juli schon stiller ist, wird es*

---

55 M. Ries, Briefe an G. Lorsch. 29. Mai 1899. Ebd.
56 M. Ries, Briefe an G. Lorsch. 9. Juni 1899. Ebd.
57 M. Ries, Briefe an G. Lorsch. 21. Juli 1899. Ebd.
58 M. Ries, Briefe an G. Lorsch. 2. Juni 1899. Ebd.

dann eben nur so lebhaft sein vielleicht, wie jetzt. Ich will morgen mit Eugen darüber sprechen u. mit Louis die Beide die hiesig. Geschäftsverhältnisse kennen. Weißt Du Schatzl die Zeit ist vorbei, worauf das Wort „Ausverkauf" Alles gelaufen kommt, wenn nicht wirkliche Geschäftsaufgabe oder dergl. vorliegt, zieht es nicht mehr so sehr u. ich will nichts von Geschäftsveränderung oder dergl. annonciren, um die Kundschaft nicht zu verjagen. Es ist mir thatsächlich nur darum zu thun mit den älteren Sachen zu räumen, wenn auch zu billigeren Preisen u. als reelles Geschäft, kann man, ohne sich zu schaden, dies nur durch einen Ausverkauf thun.[59]

In gleicher Weise zählt sie die Ausflüge mit ihrer Familie und ihren Freunden auf:

Gestern war ein herrlicher Tag, dem zur Vollkommenheit nur Deine Anwesenheit fehlte, mein Schatz. Wie Du aus unserer Karte ersahst, waren wir in Unterreichenbach, ¾ 2 Uhr gings ab, dort angekommen, machten wirs uns in einem Garten bei Caffe Bauernbrot mit Butter + Honig gemütlich; im Laufe des Gespräches erfuhren wir vom Wirt, daß er Pächter des Fischwassers ist, u. da gings dann unter allgemeinem Hallo zum Fluß -- viel Heiterkeit erregte die Suche nach der Lockspeise, auf gut Deutsch, Würmer genannt. Die Mädels mit dem Eimer in der Hand um die noch friedlich ahnungslos schwimmenden Fische aufzunehmen, mit aufgeschürzten Kleidern am Wasser stehend; die Fischer, Eugen Metzger u. Siegfried Kander ob ihres Misserfolges neckend waren ein Bildchen zum Malen. Endlich wurden wir „Weibsleute" fortgejagt, weil wir die Fische durch unser Gelächter erschreckten.[60]

Die Briefe vermitteln auch Einsicht in alle Facetten der Mode: *Das Stoffmuster habe ich Louis gezeigt. Er rät mir entschieden ab, Moirée zu nehmen, es sei nicht mehr modern u. werde in so billigen Qualitäten gemacht, daß es nicht mehr fein sei, überdies breche Moirée leicht u. sehe für mich zu schwer aus. Helene, Frau Metzger, überhaupt die jungen Frauen hier haben meist Damasée, was mir auch am besten gefiele, es ist nicht so altweiberisch! Allerdings müßte es für mich ein zierlicheres kleines* [sein].[61]

Bei aller Kürze sind auch diese Briefe eine Schatzkiste voller Informationen über die Gesellschaftsgeschichte dieser Zeit.

Nachlese

Marie und Gustave heirateten im Juli 1899 im „Colosseum" zu Pforzheim, ein knappes Jahr später wurde ihr ältester Sohn, Maximillian Lorsch, geboren. Sein jüngerer Bruder Hans wurde im März 1902 geboren.

Es sieht so aus, als sei Gustave geschäftlich nicht sehr erfolgreich gewesen, und aus den Familienaufzeichnungen geht deutlich hervor, dass er versprach, zu gegebener Zeit seine Schulden bei den Leuten aus seinem zu erwartenden Erbe zu begleichen. Wahrscheinlich wurde er durch Gerichtsverfahren genötigt, seine Versprechen einzuhalten, und vielleicht

---

59   M. Ries, Briefe an G. Lorsch. 10. Juni 1899. Ebd.
60   M. Ries, Briefe an G. Lorsch. 10. Juni 1899. Ebd.
61   M. Ries, Briefe an G. Lorsch. 9. Juni 1899. Ebd.

aus diesem Grund sind er und Marie zusammen mit ihren beiden Söhnen in die Vereinigten Staaten emigriert. Hier war Maries jüngere Schwester, Fanny, schon als Ehefrau von Jacob Rothschild, dem Eigentümer einer Gemischtwarenhandlung in Cawker City, Kansas, etabliert. Im November 1903 hatte Fanny Jacob Rothschild geheiratet, und sie kehrte unmittelbar nach der Hochzeit mit ihm in die Vereinigten Staaten zurück.

Die Familie fuhr von Bremen mit dem Dampfer „Großer Kurfürst" und erreichte Castle Islands vor New York am 26. April 1906, dem Tag an dem die Zeitungen der Ostküste über das Erdbeben von San Francisco berichteten.[62] Die Familiengeschichte erwähnt zwei Ereignisse dieser Reise. Das erste war, dass Hans seinen vierten Geburtstag an Bord des Schiffes feierte und ihm dabei verboten wurde, es irgendjemandem zu erzählen, dass er vier geworden war, sonst würde die Familie seine Überfahrt bezahlen müssen. Kinder, die jünger als vier Jahre waren, reisten kostenfrei. Das zweite war, dass Gustave sich an Marie wandte, als er die Nachricht vom Erdbeben in der Zeitung las, und sagte, „Lass uns nach Hause fahren". Seine nicht so ängstliche Frau überzeugte ihn, von diesem Vorschlag abzusehen.

Von New York fuhr die Familie in Richtung Westen nach Cawker City, Kansas, wo sie am 3. Mai 1906 ankamen, wie die Zeitung „Cawker City Ledger" berichtete: *Mr and Mrs Lorsch arrived in the city Monday from Germany to visit Mr and Mrs Rothschild. They will spend the summer and may decide to locate here.*[63]

Das Ehepaar Lorsch entschied sich später tatsächlich für eine Niederlassung in Cawker City. Anfänglich wohnten sie bei Fanny und ihrem Mann in deren großem Haus, während Gustave als Prokurist im Geschäft Rothschild arbeitete. Die Familie wurde schnell Teil der Gesellschaft von Cawker City, und, obwohl wir von nun an nicht besonders gut über das Tun und Lassen der Familie und ihre Gedanken informiert sind, zeigt sich, dass sie in den folgenden Jahren zunehmend in die örtliche Gesellschaft integriert wird.

Der „Cawker City Ledger" erwähnt in den darauf folgenden Jahren die gesellschaftlichen Aktivitäten der Familien Lorsch und Rothschild, einschließlich Fanny und Maries regelmäßiger Teilnahme im örtlichen Whistclub der Damen und an Partys, die dort gefeiert wurden: *Mrs. Jacob Rothschild and Mrs. G. Lorsch entertained sixty ladies at flinch Tuesday afternoon in honor of Miss Bertie Johnson, of Topeka, and Miss Ada Upton Hitchcock. The game proved a most enjoyable one and Mrs. Tamm, of Downs, was awarded the first prize and Mrs. Frank Garrett the second. The guests of honor were given two beautiful prizes of tapestry. The house was handsomely decorated, and an elaborate three course dinner was served.*[64]

---

62   M. Ries, Briefe an G. Lorsch. 11. Juli 1899. Ebd.
63   Cawker City Ledger, 3. Mai 1906. Herr und Frau Lorsch aus Deutschland erreichten die Stadt am Montag, um Herrn und Frau Rothschild zu besuchen. Sie werden den Sommer hier verbringen und entscheiden sich vielleicht, sich hier niederzulassen.
64   Cawker City Ledger 25. April 1907: *Frau Jacob Rothschild und Frau G. Lorsch unterhielten am Dienstag Nachmittag sechzig Damen mit Flinch, einem Kartenspiel, zu Ehren von Fräulein Bertie Johnson aus Topeka und Fräulein Ada Upton Hitchcock. Das Spiel war sehr heiter, und Frau Tamm aus Downs gewann den Ersten Preis und Frau Frank Garrett den Zweiten. Den Ehrengästen wurden*

Abbildung 1: Marie Ries mit ihren beiden Söhnen in den USA (Foto: privat).

Die gleiche Zeitung gibt Aufschluss über die Karriere von Gustave. Im Januar 1907 bemerkt der „Ledger", dass Gustave in diesem Monat als Prokurist in Jacob Rothschilds zweitem Geschäft in Osborne, Kansas, ausgeholfen habe, während sich der eigentliche Leiter auf Geschäftsreise befand, und dass er regelmäßig zum Wochenende nach Cawker heimkehrte. Im Juli 1908 hielt er sich einen Monat lang als stellvertretender Leiter in Osborne auf, bis er schließlich im Juni 1909 die Geschäftsleitung übernahm. Bald zog er mit seiner Familie nach Osborne, wo sie „*the Hahn house on Penn Street in the Third ward now occupied by G. G. Hadlock and family*"[65] mieteten. Von diesem Zeitpunkt an werden die Ereignisse und das gesellschaftliche Leben der Familien in den örtlichen Zeitungen, sowohl in Cawker City als auch in Osborne, festgehalten. Dabei ist es erwiesen, dass die beiden Familie den Kontakt aufrecht erhielten, indem die Rothschilds gelegentlich die Lorschs besuchten und umgekehrt.

1911 beschloss Jake Rothschild, sein Geschäft in Cawker City zu verkaufen und nach Kansas City zu ziehen, wo er eine Hutgroßhandlung eröffnete. Gustave Lorsch begann, im neuen Geschäft für ihn als Reisevertreter zu arbeiten. Er bekam das Gebiet Nebraska zugeteilt, und ungefähr zu dieser Zeit zog die Familie in ein neues Haus in Osborne. Die Familie Lorsch wurde in den nächsten Jahren öfter in der Osborner Zeitung erwähnt, meistens in Verbindung

---

zwei hübsche Gobelins verliehen. Das Haus war sehr nett eingerichtet, und es wurde ein ausgezeichnetes 3-Gänge-Menu serviert.
65 Osborne County Farmer, Juni 10, 1909: *das Haus der Hahns in der Penn Street im dritten Bezirk, z. Zt. von G. G. Hadlock mit Familie bewohnt.*

mit verschiedenen gesellschaftlichen Verpflichtungen. Einzige Ausnahme ist der Bericht vom 12. Oktober: *Gustave Lorsch returned Saturday from Cawker. Mr. Lorsch was in the freight wreck just west of Downs Wednesday of last week and sustained a dislocated elbow. He still carries his arm in a sling. Mr Lorsch received the injury in jumping from an embankment after the wreck occurred.*[66]

In der Ausgabe des „Farmer" vom 12. Januar wird berichtet, dass Gustave *left Saturday night for Kansas City. From there he will go to Oklahoma, where he will travel for the next two months selling hats for Jacob Rothschild's wholesale house. Mr Lorsch expects to move his family from Osborne to Kansas City as soon as school is out,*[67] und in der Ausgabe vom 6. Juni 1912 inseriert er den Verkauf eines Kühlschranks, eines Rasenmähers und verschiedener anderer Gegenstände im Zuge der Vorbereitung des Umzugs der Familie. Schließlich berichtet die Ausgabe des „Cawker Record" vom 12. Dezember 1912, dass *Mrs. Rothschild and Mrs. Lorsch left Monday morning with seven children and two maids for their new homes in Kansas City. Mr. Rothschild was busy Monday and Tuesday loading the two cars with household goods, and left Tuesday night.*[68]

Seit diesem Zeitpunkt sind wenige Dokumente überliefert. 1916 machte Hans seinen Abschluss im „Elementary"-Schul-System in Kansas City und besuchte darauf die dortige „Central High School", die er 1920 abschloss. Er schrieb sich an der „University of Illinois" ein, wo er das Ingenieur-Studium begann. 1928 heiratete er Serina Levin aus St. Joseph, Missouri, und die Lorsch-Eltern begaben sich von Kansas City nach St. Joseph, um an der Zeremonie teilzunehmen. Als Hans und Serinas Sohn 1932 geboren wurde, schrieb Marie den letzten noch existierenden Brief, in dem sie ihrem Sohn und ihrer Schwiegertochter zur Geburt ihres Sohnes gratuliert. Zu der Zeit lebten Gustave und Marie mit ihrem ältesten Sohn Max zusammen. Es sieht so aus, als habe Gustave sich zu dieser Zeit zurückgezogen, während Max als Reisender für Handschuhmoden unterwegs war. 1939 traf und heiratete Max Evelyn, und Gustave und Marie zogen zu Hans und seiner Familie, wo sie bis zu ihrem Tode 1942 bzw. 1943 lebten.

---

[66] Osborne County Farmer, 12. Oktober 1911: *Gustave Lorsch kehrte am Samstag von Cawker zurück. Herr Lorsch war am Mittwoch vergangener Woche in ein Transportunglück westlich von Downs verwickelt worden, wo ihm der Ellenbogen ausgerenkt wurde. Er wird weiterhin von einer Schlinge gestützt. Herr Lorsch verletzte sich, als er nach dem Unglück eine Böschung hinuntersprang.*

[67] Osborne County Farmer, 12. Januar 1912: Gustave Lorsch *verließ Samstag Abend die Stadt in Richtung Kansas City. Von dort wird er nach Oklahoma fahren, wo er die nächsten zwei Monate als Reisender für das Großhandelshaus Jacob Rothschild Hüte verkauft. Herr Lorsch gedenkt, mit seiner Familie nach Kansas City zu ziehen, sobald die Schule aus ist.*

[68] Osborne County Farmer 12. Dezember 1912: *Frau Rothschild und Frau Lorsch verließen am Montag die Stadt mit sieben Kindern und zwei Dienstmädchen, um in ihre neuen Wohnungen in Kansas City zu ziehen. Am Montag und Dienstag war Herr Rothschild sehr beschäftigt mit dem Aufladen von Haushaltsgegenständen auf zwei Autos. Dienstag Abend fuhren sie ab.*

„Non vitae, sed scholae discimus…"[1].
Generationelle und soziale Prägungen eines Abiturjahrganges

Hans-Peter Becht

„Non vitae, sed scholae discimus…" – diesen freilich auf Philosophenschulen gemünzten Satz und nicht die sehr viel häufiger zitierte Umkehrung „Non scholae, sed vitae" („Nicht für die Schule, sondern für das Leben…") schrieb der römische Politiker und Philosoph Seneca in einen Brief an seinen Freund Lucilius Iunior und verlieh damit dem Empfinden unzähliger Generationen von Schülern Ausdruck. Fernab aller Ironie gilt dieser Satz naturgemäß ganz besonders in Verbindung mit Gymnasien, zumal humanistisch ausgerichteten, denn wo sonst liest man philosophische Klassiker der Antike in der Originalsprache? In diesem Beitrag geht es eigentlich zentral um ein humanistisches Gymnasium, in gewisser Weise freilich spielt dieses humanistische Gymnasium doch auch nur eine Nebenrolle. Senecas Satz gilt natürlich auch für erfolgreiche Absolventen humanistischer Gymnasien und – wie zu beweisen sein wird – auch für deren Abiturzeitung. Aber gilt auch die Umkehrung von Senecas Satz?

Der Abiturjahrgang 1910 war am Pforzheimer Reuchlingymnasium eigentlich kein besonderer, wenn man davon absieht, dass mit Helene (eigentlich Helen*a*) Roggenburger, der Tochter des evangelischen Weststadtpfarrers, zum ersten Mal eine Abiturientin am ehrwürdigen humanistischen Gymnasium der Stadt die Reifeprüfung ablegte. Dessen ungeachtet widmeten die Urheber der Abiturzeitung dieses Jahrganges ihr Werk den *Mulusbrüdern* – vielleicht anerzogene chevalereske Zurückhaltung gegenüber dem anderen Geschlecht; wahrscheinlicher ist jedoch, dass die Amateur-Publizisten nicht daran glaubten, dass Helena Roggenburger die erste von sehr vielen sein würde; in der gesamten Oberstufe des Reuchlingymnasiums gab es nach Helena Roggenburgers Abitur nur noch eine weitere Schülerin – Helenas Schwester Bernhardine. Immerhin saßen in der Quarta und in der Untertertia sogar jeweils zwei Mädchen, in der Sexta und in der Obertertia noch je eines – Mädchen schickte man noch immer vorzugsweise auf die Hildaschule.

---

1 Der Verf. dankt Jessica Dziadzko (Tübingen) für gräzistische Hilfestellung und Andrea Binz-Rudek (Pforzheim) für wertvolle Unterstützung bei den Recherchen, die diesem Beitrag zugrunde liegen.

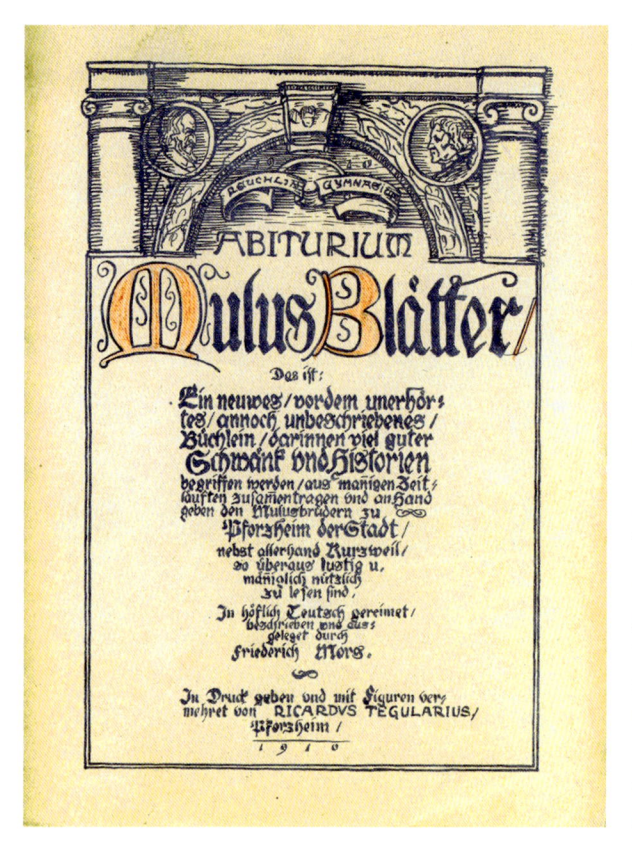

Abbildung 1: Umschlagvorderseite der Zeitung der Abiturienten des Reuchlingymnasiums aus dem Jahre 1910 (Foto: Stadtarchiv Pforzheim).

Schon 30 Jahre später hätte man über die Prominenz des Abiturjahrganges 1910 anders geurteilt, denn zu diesem Zeitpunkt hatten sich bereits vier der seinerzeitigen Abiturienten einen Namen gemacht, nämlich Fidicen, Friederich Mors und Ricardus Tegularius, wie sie sich latinisiert in der im Wesentlichen von diesen dreien gestalteten Abiturzeitung ihres Jahrganges nannten, sowie ein vierter, der nicht an der Abiturzeitung mitgewirkt hatte: Kuno Brombacher.

Diese Abiturzeitung war eine durchaus gelungene satirische Schrift. Sie nannte sich „Abiturium Mulus Blätter" – als „Mulus" bezeichnete man zu jener Zeit den Abiturienten, der sein Reifezeugnis bereits erhalten hatte, aber noch nicht an einer Universität eingeschrieben war. Wörtlich bezeichnet das lateinische Wort „mulus" das Maultier, das als Kreuzung zweier Arten weder ganz Esel noch ganz Pferd ist.

Auf der Innenseite des Umschlags findet der Leser zunächst eine Adaption aus dem Nibelungenlied, ehe auf Seite drei ein Fastnachtsspiel im Stile des Meistersingers Hans Sachs folgt – eine Nachdichtung aus der Feder von „Friederich Mors", die sich ebenso wie ein großer Teil der übrigen Beiträge um das Thema „Alkoholgenuß" dreht, der man jedoch ohne weiteres eine nicht unerhebliche sprachliche wie poetische Originalität bescheinigen muss. Gleiches gilt auch für Friederich Mors' kreativen Umgang mit klassischen Versmaßen, etwa wenn er über Armand Baumann, den Direktor des Reuchlingymnasiums, fünf-, sechs- und siebenhebig reimt:

Er, der oberste aller, eröffne den glänzenden Reigen,
Hager zwar scheint die Gestalt, aber unendlich der Geist;
Achtzehnmal, kundigen Griffs, entzieht er den Zwicker der Nase,
Während der Spanne Zeit, die fünf Minuten genannt.

Der nächste Beitrag stammt vom dritten im Bunde, dessen Name latinisiert „Fidicen" lautet. Er reimt zum Thema „Echt deutsch und treu" mäßig Originelles aneinander; taucht in seinen „den Abiturienten zum Abschied vom Gymnasium" gewidmeten Versen noch verschiedentlich das Stichwort „Freiheit" auf, so sollte sich sein Denken einige Jahre später in Richtung auf das Deutsche und Nationale hin verschieben.

Ein Gedicht von Karl Ettlinger leitet über zu den vielleicht bemerkenswertesten drei Seiten der Schrift, für die Ricardus Tegularius verantwortlich zeichnete – in doppeltem Sinne: Zwei Seiten mit 24 gelungenen Karikaturen über Mitschüler und Lehrer, alle begleitet von Versen, die die Eigenheiten der Karikierten aufs Korn nehmen. So erfährt man beispielsweise von Mitschüler Schuhmacher, dass er wohl einen Hang zum Strebertum an den Tag legte, während Lehramtspraktikant Julius Seyfried O-Beine hatte und Physiklehrer Joseph Bauer offenbar ab und an vergaß, seine Hose ordnungsgemäß zu schließen. Auf der folgenden Seite karikiert Tegularius dann mathematische Begriffe, anschließend leitet ein Gedicht von Ludwig Fulda über zu einer Satire auf den Geschichtsunterricht des Lehramtspraktikanten Adolf Schindler; da Schindler offenbar aus der Gegend von Bühl stammte, trägt die Satire den Titel: *Schwarzwaldidyll. Schauplatz der Handlung: Hôtel Schindelpeter, im oberen Bühler Tal und nähere Umgebung*. Fingierte Lokalnachrichten und Kleinanzeigen beschließen das zwanzig Seiten starke Heft.

Abbildung 2: Karikaturen aus der Abiturzeitung und ein Gedicht des jüdischen Schriftstellers Ludwig Fulda[2] (Foto: Stadtarchiv Pforzheim).

---

2   Ludwig Fulda, geb. 1869, gest. durch Selbstmord 1939; vgl. zu ihm Holger DAUER: Ludwig Fulda, Erfolgsschriftsteller. Eine mentalitätsgeschichtlich orientierte Interpretation populärdramatischer Texte. Tübingen 1998 (= Studien und Texte zur Sozialgeschichte der Literatur 62), Bernhard

Mit der Feststellung, dass diese Abiturzeitung ein durchaus gelungenes Exemplar ihrer Gattung war, könnte es nun sein Bewenden haben, wären da nicht die Schüler dieser Klasse, die es zu einiger Prominenz gebracht haben.

Die Kriegstoten: Walter Jourdan, Theodor Bier, Gustav Mayer

Insgesamt elf Abiturienten verzeichnete das Reuchlingymnasium im Jahre 1910, und ihre Herkunft macht deutlich, dass das humanistische Gymnasium bereits zu diesem Zeitpunkt primär eine Ausbildungsstätte für Theologen und Philologen war, in anderen Bereichen hatte sich die Oberrealschule, in der es keinen Unterricht in klassischem Griechisch gab, bereits zu einer starken, wenn nicht übermächtigen Konkurrenz entwickelt.

Von den insgesamt elf Abiturienten, die im Juli 1910 mit dem Zeugnis der Reife entlassen wurden, waren zehn Männer, zwei von ihnen sollten keine Chance haben, nennenswerte Prominenz zu erringen. Als im November 1918 der Weltkrieg vorüber war – nur der Dichter Stefan George sprach schon unmittelbar nach Kriegsende vom „Ersten Weltkrieg"[3] –, waren von den zehn Männern noch acht übrig; angesichts des gigantischen Blutzolls, den der Erste Weltkrieg forderte, war die Quote der hier Überlebenden eigentlich eher hoch.

An den großen, verlustreichen Schlachten der beiden ersten Kriegsjahre waren die meisten der zehn männlichen Abiturienten nicht beteiligt, da sie zu dieser Zeit noch studierten. Als Abiturienten hatten alle zehn jungen Männer das Recht erworben, ihren Wehrdienst als „Einjährig-Freiwillige" abzuleisten – „militärische Ordnungsübungen" im Turnunterricht der Obertertia oder das im Turnunterricht der beiden Abschlussklassen vermittelte „Gewehrfechten" dürften eine brauchbare Vorbereitung auf die militärische Grundausbildung gewesen sein.[4] Wer an einem Gymnasium oder einer Mittelschule die mittlere Reife (deshalb damals auch „Einjähriges" genannt) erwarb, konnte in den Genuss dieses Privilegs kommen, sofern die Eltern in der Lage und willens waren, den Sohn auszurüsten und für ein Jahr zu unterhalten

---

GAJEK, Wolfgang von UNGERN-STERNBERG (Hrsg.): Ludwig Fulda. Briefwechsel 1882–1939. Zeugnisse des literarischen Lebens in Deutschland. 2 Bde. Frankfurt am Main u. a. 1988 (=Regensburger Beiträge zur deutschen Sprach- und Literaturwissenschaft A 4) und Inge JENS: Dichter zwischen rechts und links. Die Geschichte der Sektion für Dichtkunst der Preußischen Akademie der Künste, dargestellt nach den Dokumenten. Leipzig² 1994.

3 Vgl. Georges Gedicht „Einem jungen Führer im ersten Weltkrieg", in: Stefan GEORGE: Das Neue Reich. Berlin 1928 (=Gesamt-Ausgabe der Werke 9), S. 41–45.
4 „Gewehrkampf" ist nichts anderes als Nahkampf mit aufgepflanztem Bajonett, für die schulischen Vorübungen wurden allerdings höchstwahrscheinlich Gymnastikstäbe oder Holzgewehre verwendet; vgl. Christoph SCHUBERT-WELLER: „Kein schönrer Tod…". Die Militarisierung der männlichen Jugend und ihr Einsatz im Ersten Weltkrieg 1890–1918. Weinheim, München 1998, S. 256 ff.

Abbildung 3: Walter Jourdan (aus: Oskar WEBEL, Gustav RAMP: Pforzheim im Weltkrieg, seine Söhne und Helden. Ein Gedenkbuch mit Ehrentafeln der Opfer und des Anteils der Stadt Pforzheim im Weltkrieg, hrsg. v. Donatus WEBER. Pforzheim 1915-20, Tafel 39, Nr. 886; Foto: Stadtarchiv Pforzheim).

– nur relativ wohlhabende Eltern konnten sich das leisten. Der Einjährig-Freiwillige hatte nicht nur einen kürzeren Wehrdienst zu leisten, er durfte sich auch die Truppengattung auswählen, bei der er dienen wollte, und konnte durch das Beschreiten der Reserveoffizierslaufbahn seinem Sozialprestige beträchtlich aufhelfen. Schließlich und endlich konnte der Einjährig-Freiwillige auch den Zeitpunkt selbst bestimmen, zu dem er den Militärdienst ableisten wollte, er war lediglich verpflichtet, den Dienst vor Erreichen des 25. Lebensjahres anzutreten.

Mehrere der zehn Abiturienten hatten sich für die Laufbahn eines Reserveoffiziers entschieden: Walter Jourdan, geboren am 6. Februar 1892 in Pforzheim als Sohn des Fabrikanten Wilhelm Jourdan, war einer von ihnen; er trat am 1. Oktober 1910 als Einjährig-Freiwilliger in das württembergische Ulanenregiment Nr. 19 ein, ein Jahr später konnte er sich dann dem Erreichen seines Berufswunsches „Kaufmann" zuwenden und studierte in Freiburg Volkswirtschaftslehre. Am 1. April 1911 war Jourdan zum Gefreiten, drei Monate später zum Unteroffizier befördert worden. Im September und Oktober 1912 absolvierte Jourdan eine rund achtwöchige Übung, in deren Verlauf er die Offiziersprüfung ablegte und sodann zum Vizewachtmeister aufstieg. Jourdan hätte nun eigentlich noch eine weitere Übung absolvieren müssen, um Leutnant der Reserve werden zu können, aus welchen Gründen auch immer tat er das bis Kriegsbeginn nicht. Dennoch wurde Jourdan sofort bei Kriegsbeginn eingezogen, am 4. August 1914 avancierte er zum Offiziersstellvertreter und am 22. Oktober 1914 zum Leutnant der Reserve; als solcher brachte er es bis zum

Ordonnanzoffizier beim Regimentsstab des Reserve-Infanterieregiments Nr. 40. Es hat nicht den Anschein, als habe Walter Jourdan den gesamten Teil seiner Dienstzeit in Stäben oder in der Etappe verbracht. Seine Brust zierten nicht nur das Eiserne Kreuz erster (1916) und zweiter Klasse (1914), sondern auch das Ritterkreuz zweiter Klasse mit Schwertern des Zähringer Löwenordens (1915) und das Ritterkreuz zweiter Klasse des württembergischen Friedrich-Ordens mit Schwertern (1915). Walter Jourdan fiel durch ein Artilleriegeschoss am Heiligen Abend des Jahres 1916 in Rumänien bei Gefechten zwischen Balaceanu und Galbenu, circa 100 Kilometer nordöstlich von Bukarest;[5] bestattet wurde er zunächst in Pintecani, erst anderthalb Jahre später konnten seine Eltern den Leichnam nach Pforzheim überführen und am 2. Mai 1918 im Familiengrab beisetzen lassen.

Auch der Lebenstraum von Theodor Bier zerstob auf einem Schlachtfeld: Der Sohn des Göbricher Gemeindepfarrers fiel 1918 in den letzten Kriegsmonaten. Der deutsche Heeresbericht verlautbarte am Abend des 4. April 1918:[6] *In Fortführung unserer Angriffe südlich von der Somme wurden neue Erfolge errungen.* Theodor Bier hätte wohl anders geurteilt als die Oberste Heeresleitung, denn er fiel an diesem Tag und wurde auf einem Friedhof nahe des bei den Kämpfen fast völlig zerstörten Dorfes Proyart in der Picardie beigesetzt; sein Grab existiert bis heute. Theodor Biers Berufsziel hatte sich offenbar seit dem Abitur von „Naturwissenschaften" zu „Medizin" konkretisiert; vermutlich hatte er in Berlin studiert, jedenfalls diente er vor seinem Tod als „Unterarzt" im Garde-Grenadier-Regiment Nr. 5, das in Berlin-Spandau stationiert war. Ob er zum Zeitpunkt seiner Einberufung bereits approbierter Arzt war, wissen wir nicht; als „Unterärzte", das heißt als Offiziersanwärter im Sanitätsdienst mit dem Rang eines Oberfähnrichs, fungierten durchaus auch Medizinstudenten, unter Umständen auch Studenten der Fachrichtung Biologie.

Theodor Biers Vater[7] dürfte der Tod des ältesten Sohnes einen weiteren Schicksalsschlag versetzt haben, denn am 27. Mai 1916 war auch die Frau des Pfarrers gestorben; am 31. Oktober 1916 übersiedelten Pfarrer Jakob Bier und seine Tochter Irene nach Baiertal bei Wiesloch, wo Jakob Bier bereits 1921 im Alter von 66 Jahren starb. Jakob Biers jüngerer Sohn Helmut überlebte den Kriegsdienst, wurde im Jahr nach dem Tode des Vaters ebenfalls als evangelischer Geistlicher rezipiert und kehrte sogar in den Pforzheimer Raum zurück: 1922/23 war er Vikar in Niefern und von 1924 bis 1930 zunächst Pfarrverweser und dann Gemeindepfarrer in Königsbach.[8]

---

5   Vgl. zu Walter Gustav Jourdan Oskar WEBEL, Gustav RAMP: Pforzheim im Weltkrieg, seine Söhne und Helden. Ein Gedenkbuch mit Ehrentafeln der Opfer und des Anteils der Stadt Pforzheim im Weltkrieg. Hrsg. v. Donatus WEBER. Pforzheim 1915–20, Tafel 39, Nr. 886. S. auch Generallandesarchiv Karlsruhe (in der Folge zit. als GLA) 456E/5484 (Versorgungsamt Pforzheim).
6   Zit. nach Freiburger Zeitung vom 5. April 1918 (http://az.ub.uni-freiburg.de/show/fz.cgi?cmd=showpic&ausgabe=01&day=05a&year=1918&month=04&project=3&anzahl=4 [11. August 2010]).
7   Vgl. die Kurzbiographie bei Heinrich NEU: Pfarrerbuch der evangelischen Kirche Badens von der Reformation bis zur Gegenwart. 2 Teile. Lahr 1938/39 (=Veröff. d. Vereins f. Kirchengesch. i. d. ev. Landeskirche in Baden 13), hier: Bd. 2, S. 58.
8   Vgl. ebd.

Abbildung 4: Grab von Theodor Bier auf dem Soldatenfriedhof von Proyart (Picardie/Frankreich) (Foto: Volksbund Deutsche Kriegsgräberfürsorge).

Noch ein Dritter zählte zu den Kriegsopfern, wenn auch erst im Jahre 1942, und auch er war von Beruf Arzt: Dr. med. Gustav Mayer wurde am 8. Oktober 1891 in Mosbach geboren, wo sein Vater, Carl Mayer, als Geometer tätig war; Gustav Mayer studierte in Strasbourg und Heidelberg Medizin; auch er muss im Sanitätsdienst des kaiserlichen Heeres gedient haben, möglicherweise übernahm ihn sogar nach dem deutschen Zusammenbruch die Reichswehr, denn als er 1924 nach Pforzheim zurückkehrte, bezeichnete er sich als „Oberarzt" – das entsprach dem Rang eines Oberleutnants –, zum Zeitpunkt seines Todes war er Oberstabsarzt der Reserve; ziviler Oberarzt an einer Pforzheimer Klinik kann er im Alter von 33 Jahren kaum gewesen sein. Gustav Mayer scheint nicht von Anfang an Kriegsdienst geleistet zu haben, vielleicht hatte er 1914 sein Studium noch nicht abgeschlossen und wurde zurückgestellt, eventuell zog man ihn auch ein und kommandierte ihn zum Studium ab. Daneben wäre es durchaus denkbar, dass Gustav Mayer seinen Kriegsdienst an einem Lazarett in Deutschland ableistete, sofern man den angehenden Internisten für unabkömmlich hielt, jedenfalls konnte Mayer noch während des Krieges in Heidelberg seine Promotion abschließen; nach heutigen Vorstellungen wäre das Thema von Mayers Dissertation eindeutig der Gynäkologie zuzuweisen,[9] im Jahre 1917 fiel es jedoch noch in den Bereich der Inneren Medizin. Wie sich seine Tochter erinnerte, war Gustav Mayer nach Kriegsende zunächst im städtischen Krankenhaus tätig, ehe er 1924 Chefarzt der Inneren Abteilung des Krankenhauses Siloah wurde. Zur gleichen Zeit eröffnete Mayer

---

9 Vgl. Gustav A. MAYER: Über ein Myoma Tubae, med. Diss. Heidelberg 1917.

in der Leopoldstraße eine internistische Praxis, er dürfte mithin lediglich Belegarzt gewesen sein; erst ab 1954 leiteten wirkliche Chefärzte die Innere Abteilung der Klinik.

Zu Beginn des Zweiten Weltkrieges meldete sich Gustav Mayer freiwillig, zuletzt war er als Oberstabsarzt im Reservelazarett in Strasbourg tätig. 1942 erhielt er Weihnachtsurlaub und reiste nach Hause; am 25. Dezember 1942 erlitt er in seiner Wohnung in der Leopoldstraße 17 einen Herzinfarkt,[10] an dessen Folgen er noch am gleichen Tag im Pforzheimer Reservelazarett starb.

Artur Müller, Oskar Schumacher und Arnold Werner

Auch Artur Müller, Oskar Schumacher und Arnold Werner waren sich im Sommer des Jahres 1910 hinsichtlich ihrer Berufswahl bereits ganz sicher. Artur Müller, am 26. März 1892 in Kieselbronn als Sohn eines Hauptlehrers geboren,[11] vollendete den sozialen Aufstieg seiner Familie durch ein Universitätsstudium, das er 1915, nachdem er von Heidelberg nach Berlin und dann an die Universität Freiburg gewechselt war, mit der Promotion zum Dr. phil. krönte[12] – wobei dieser Aufstieg sicher durch den Umstand begünstigt wurde, dass Artur Müller aus unbekannten Gründen keinen Kriegsdienst leisten musste. 1916 trat er als Praktikant in den Schuldienst ein und wurde nach Tätigkeiten in Konstanz, Lörrach, Lahr und Karlsruhe 1917 in den staatlichen höheren Schuldienst übernommen. In den nächsten fünf Jahren unterrichtete er vertretungsweise in Karlsruhe, Baden-Baden und Ettlingen, dann erhielt er eine Stelle am Gymnasium in Durlach, wo er 1926 schließlich auch Gymnasialprofessor wurde. 1931 versetzte ihn die Kultusbehörde an die Karlsruher Lessingschule, 1936 schließlich an die Goetheschule in Karlsruhe, wo er mit zwei kurzen Unterbrechungen zuletzt als Oberstudienrat bis zu seiner Pensionierung im Jahre 1957 blieb.

Die erste der beiden Unterbrechungen dauerte rund ein halbes Jahr, denn die US-amerikanische Militärregierung entließ Müller am 2. Januar 1946 wegen seiner Zugehörigkeit zur NSDAP. Müllers Parteikarriere war nicht eben steil, und vermutlich kam eine Zeugin in seinem Entnazifizierungsverfahren der Wahrheit am nächsten, als sie ihn – in verklausulierter Form – als Opportunisten charakterisierte, der sich ganz einfach dem auf ihm lastenden Druck mehr oder minder bereitwillig beugte. Allzuviel Überwindung kostete das

---

10 Freundliche Mitteilung von Dr. Ursula Mayer, Pforzheim, der Tochter von Gustav Mayer, und schriftliche Auskunft der Deutschen Dienststelle, Berlin, vom 4. Mai 2010. – Über Gustav Mayers Tod stellte das Reservelazarett zwar eine Bescheinigung für die Angehörigen aus, das zuständige Pforzheimer Standesamt wurde jedoch nicht informiert; aus diesem Grund wurde Gustav Mayers Tod erst im Jahre 1990 standesamtlich beurkundet.
11 Artur Müllers Vater, Georg Andreas Müller, wurde vor 1910 als Hauptlehrer nach Eutingen versetzt.
12 Vgl. Artur MÜLLER: Zur Geschichte der Verba auf -ízo im Griechischen, phil. Diss. Freiburg i. Br. 1915. Zu Müllers Biographie GLA 235 Zug. 1967-41, Nr. 2987, und 465a/51/7/3859.

Abbildung 5: Gustav Mayer um 1935 (Foto: Stadtarchiv Pforzheim).

Müller wohl nicht, ansonsten hätte er seine Annäherung an die NSDAP 1934 wohl nicht gerade als förderndes Mitglied der SS begonnen; im gleichen Jahr schloss sich Müller auch der NS-Volkswohlfahrt und dem NS-Lehrerbund an – eine Verweigerung wäre hier sicherlich schwieriger gewesen als bei der Förderung der SS. Bei Kriegsbeginn im Jahre 1939 verpflichtete man ihn als Blockhelfer, und im Jahr darauf trat Müller schließlich auch in die NSDAP ein – als einer der letzten aus dem Kollegium, wie der neue Chef der Goetheschule am 7. Mai 1946 an die Karlsruher Spruchkammer schrieb; sein Vorgänger als Direktor der Goetheschule, Oberstudiendirektor Dr. Guido Oeß, habe um 1940 *höchstes Augenmerk* auf die politische Haltung der Lehrer gelegt. Nachdem auch die Abteilung Kultus und Unterricht der Landesverwaltung Baden am 1. Juni 1946 Müllers Wiedereinstellung *wärmstens* befürwortet hatte, durfte er wieder unterrichten, am 16. Dezember 1946 stufte ihn die Spruchkammer als Mitläufer ein. Müller musste weitere 16 Monate auf seine förmliche Wiedereinstellung warten und eine Sühneleistung von 800 Reichsmark erbringen, dann waren für ihn die Jahre der nationalsozialistischen Herrschaft zumindest rechtlich abgeschlossen, auch wenn er das ihm 1939 verliehene „silberne Treudienst-Ehrenzeichen" nicht mehr tragen durfte, das in der NS-Zeit allerdings jeder Staatsdiener erhalten hatte, der mindestens 25 Jahre im öffentlichen Dienst verbracht hatte. 1951 war Müller aus gesundheitlichen Gründen vorübergehend dienstunfähig, zwei Jahre später übernahm er dann als Oberstudienrat noch eine leitende Position an seiner Schule, ehe er 1957 pensioniert wurde. Artur Müller starb am 15. April 1978 in Karlsruhe, drei Wochen nach seinem 86. Geburtstag; nur einer seiner Mitabiturienten erreichte ein höheres Alter.

Oskar Schumacher hatte ebenfalls die Reserveoffizierslaufbahn eingeschlagen, wenn auch erst nachträglich;[13] Schumacher hatte sein Studium 1914 bereits abgeschlossen und meldete sich als Pfarrkandidat zwei Tage nach Kriegsausbruch freiwillig zum Kriegsdienst. Den Wunsch, Theologe zu werden, hegte der am 5. Januar 1891 geborene Schumacher anscheinend schon seit seinem 15. Lebensjahr.[14] Widerstand im Elternhaus gegen diesen Plan gab es offenbar nicht, nachdem noch ein älterer und ein jüngerer Bruder das elterliche Textilgeschäft in der Leopoldstraße 1 übernehmen konnten.[15] Nach der Abiturprüfung studierte Oskar Schumacher in Bonn, Berlin und Heidelberg Theologie und legte noch vor Kriegsausbruch die erste theologische Staatsprüfung ab. Nach seiner Meldung als Freiwilliger scheint er umgehend den Weg zur Reserveoffizierslaufbahn beschritten zu haben. Schon am 18. Dezember 1914 wurde er „überzähliger Gefreiter", ein Vierteljahr später „überzähliger Unteroffizier", nach noch einmal fünf Monaten folgte die Ernennung zum Reserveoffiziersanwärter. Eigenartigerweise passierte dann ein Dreivierteljahr lang nichts mehr; am 9. Juni 1916 – wenige Tage, nachdem er sich eine Verwundung zugezogen hatte – wurde Schumacher etatmäßiger Unteroffizier, zweieinhalb Wochen später „überzähliger Vizewachtmeister" und am 20. November 1916 schließlich Leutnant der Reserve. *Leutn[ant] Schumacher ist ein außerordentlich tapferer, um das Wohl seiner Untergebenen treu besorgter Führer*, schrieb ihm der Kommandeur des württembergischen Feldartillerieregimentes 54 am 25. Dezember 1918 in sein Dienstleistungszeugnis.[16] Der kommandierende Major hatte bei seiner Beurteilung wohl auch daran gedacht, dass Oskar Schumacher als Reserveoffizier seine Theologenausbildung nicht völlig vergessen hatte. Schon vor seinem Aufstieg zum Reserveoffizier hatte man anscheinend bemerkt, dass Schumacher dank seiner Vorbildung genau der Richtige war, um bei der Beisetzung gefallener Kameraden zu sprechen oder anlässlich des Geburtstages Gefallener Gedächtnisreden zu halten. Er traf offenbar genau den richtigen Ton, denn gut ein Jahr nach Kriegsausbruch sah sich Schumacher veranlasst, „dem Wunsche vieler Kameraden Rechnung [zu] tragen" und „einen kleinen Teil" seiner Gedächtnisreden gedruckt vorzulegen;[17] seine Absicht, auch die übrigen Gedächtnisreden dem Druck zu übergeben, hat er nach 1918 – vielleicht unter dem Eindruck der Niederlage – nicht realisiert.

---

13 Vgl. Hauptstaatsarchiv (in der Folge zit. als HStA) Stuttgart M 43013 Bü 10444. S. ferner Neu (wie Anm. 7), 2, S. 557, sowie GLA 465a/55/4/60/22725.
14 Vgl. Pforzheimer Zeitung vom 23. Mai 1989.
15 Vgl. Pforzheimer Rundschau vom 1. November 1930 und Pforzheimer Anzeiger vom 6. August 1935. – Die beiden Brüder waren Max (1889–1952) und Edmund Schumacher (1900–1957).
16 HStA Stuttgart M 43013 Bü 10444.
17 Vgl. Oskar Schumacher: Vergiss die teuren Toten nicht! Gedächtnisreden gehalten an den Gräbern gefallener Helden der II. Abt. Res. Feld-Art. Reg. 54. Tübingen o. J. [1915].

Nach seiner Rückkehr ins Zivilleben widmete sich Oskar Schumacher nicht gleich dem Pfarrdienst, sondern schob erst noch ein weiteres Studium, das der Nationalökonomie, dazwischen, das er 1921 mit der Promotion zum Dr. phil. abschloss. Sein Heidelberger Dissertationsprojekt betreute mit Alfred Weber – dem Bruder von Max Weber – einer der prominentesten Nationalökonomen jener Zeit.[18]

Anschließend nahm Schumacher sein Vikariat in Angriff, das ihn zunächst nach Heidelberg-Neuenheim, dann nach Hockenheim und schließlich zurück in seine Heimatstadt Pforzheim führte: Seit 1924 gab es in Pforzheim ein Jugendpfarramt, von Hermann Hack geleitet; Hack sah für sich 1926 die Chance, eine eigene Pfarrei zu übernehmen, und wechselte als Pfarrverweser nach Nöttingen, wo er tatsächlich, wie erhofft, 1927 Gemeindepfarrer wurde.[19] Das Pforzheimer Jugendpfarramt übernahm Vikar Schumacher, und auch er durfte sich im Jahre 1927 über die Festanstellung freuen.

Oskar Schumacher kehrte damit nicht nur zu seinen biographischen Ursprüngen zurück, sondern hatte als Jugend- und Wohlfahrtspfarrer auch das Betätigungsfeld gefunden, dem er sich in den folgenden Jahrzehnten kontinuierlich, mit aller Energie und auch mit großen Erfolgen widmen sollte. Oskar Schumachers Engagement stützte sich auf eine dezidiert konservative Grundhaltung,[20] die auch die Nähe zu den Vorstellungen des Schmutz-und-Schund-Aktivisten Karl Brunner („Schmutzbrunner") nicht verleugnen konnte, der Schumachers Klasse mehrere Jahre unterrichtet hatte.[21] Die Mehrzahl der sozialen Einrichtungen kirchlicher Provenienz in Pforzheim verdankt Schumacher direkt oder indirekt ihre Entstehung, so etwa das Paul-Gerhardt-Heim, das ursprünglich ein bescheidenes „Haus Daheim" gewesen war; die Altersfürsorge war generell ein Thema, dem sich Schumacher intensiv und mit beeindruckender Weitsicht widmete.[22] Als Leiter des Evangelischen Gemeindedienstes – des heutigen Diakonischen Werkes – erwarb sich Oskar Schumacher ebenfalls umfängliche Verdienste, nicht zuletzt ist sein Name auch mit der Geschichte des Krankenhauses Siloah untrennbar verbunden.

Fast noch bekannter wurde Schumacher durch seine publizistische Tätigkeit: 1938 veröffentlichte er einen Text-Bildband über das Kloster Maulbronn, das bereits Thema seiner

---

18 Vgl. Oskar SCHUMACHER: Grundherrschaft der Cistercienserabtei Maulbronn, phil. Diss. Heidelberg 1921; s. auch Jahrbuch der Philosophischen Fakultät Heidelberg 1921/22, T. 2, S. 228–230.

19 Vgl. NEU (wie Anm. 7), 2, S. 225. – Hack wirkte ab 1934 als Pfarrer der Sedanpfarrei erneut in Pforzheim.

20 Vgl. etwa die eindeutigen Aussagen bei Oskar SCHUMACHER: Gibt es eine Rettung aus dem biologischen und kulturellen Niedergang unseres Volkes. Karlsruhe 1929.

21 Vgl. zu ihm Alfred PFOSER, Kristina PFOSER-SCHEWIG, Gerhard RENNER: Schnitzlers „Reigen". Zehn Dialoge und ihre Skandalgeschichte. 2 Bde. Frankfurt a. M. 1993, hier: Bd. 2, S. 12–15, 23 u. ö., sowie Klaus PETERSEN: Zensur in der Weimarer Republik. Stuttgart, Weimar 1995, S. 213 ff. – Brunner hatte Schumachers Klasse in der Quinta neun Stunden in Latein und ab der Obertertia bis zum Abitur in Deutsch und Geschichte unterrichtet.

22 Vgl. Oskar SCHUMACHER: Arbeitsfähigkeit und Arbeitseinsatz des alten Menschen. In: Innere Mission 1953, H. 2, S. 39–47.

Dissertation gewesen war;²³ unter teilweise verändertem Titel erschienen 1949, 1951 und 1954 Neuauflagen dieses Standardwerkes. Und noch ein weiteres Standardwerk stammt aus Schumachers Feder: 1950 veröffentlichte er einen – nach Maßstäben der Zeit – aufwendig gestalteten Band über die Pforzheimer Schloßkirche.²⁴

In einem Punkt unterschied sich Oskar Schumacher von – fast – allen seinen Mitabiturienten, und das war seine Haltung zum Nationalsozialismus: Sechs der acht noch lebenden, männlichen Abiturienten des Jahrganges 1910 erlagen mehr oder minder bereitwillig den materiellen oder ideologischen Verlockungen des Nationalsozialismus, trotz seiner ausgeprägt konservativen Grundhaltung geriet Oskar Schumacher anscheinend noch nicht einmal entfernt in Gefahr, sich auf die NS-Ideologie einzulassen.²⁵ Schumacher landete unfreiwillig in zwei Parteigliederungen; in die Hitlerjugend wurde er mit der evangelischen Jugend zwangsweise überführt, dort aber – nach eigenen Angaben – *wegen dauernden Widerstandes gegen die Reichsjugendführung ausgeschlossen*. In einem Schreiben vom 20. Dezember 1946 teilte die Stadtverwaltung Pforzheim sogar mit, dass der Grund für Schumachers Ausschluss aus der Hitlerjugend *Sabotage der HJ-Arbeit* gewesen sei. In den 1931 gegründeten und 1938 in „NS-Altherrenbund" umbenannten „Nationalsozialistischen Altherrenbund der Deutschen Studenten (NSAHB)" gelangte der ehemalige Verbindungsstudent Schumacher wohl ebenfalls ohne eigenes Zutun; dass er im Zweiten Weltkrieg erneut als Artillerieoffizier Dienst tat – zuletzt im Range eines Majors – mag ihn tatsächlich vor den Folgen seiner Resistenz bewahrt haben.²⁶ Dass es ihm, dem dezidiert Konservativen, trotz seiner Distanz zum NS-Regime nie in den Sinn gekommen wäre, seinen Kriegsdienst anders als in uneingeschränkter Loyalität abzuleisten, darf man getrost voraussetzen.

Schumachers Resistenz fand auch darin ihren Niederschlag,²⁷ dass er von Anfang an der Bekennenden Kirche Deutschlands angehörte und *Mitglied des Pfarrer-Notbundes war, der die Aufgabe übernommen hatte, die von der NSDAP verfolgten Pfarrer geistig und finanziell zu versorgen. Wegen seines entschiedenen Eintretens für die Bekennende Kirche hatte er einen ernsten Zusammenstoß mit der Gestapo. In den Jahren 1933 und 1934 hatte Dr. Schumacher ein halbjüdisches Kind, Christel Wolf aus Berlin, unentgeltlich in Pflege*; das war 1933/34 zwar weder illegal noch in irgendeiner Weise riskant, gleichwohl signalisierte all das den Machthabern wie der lokalen Öffentlichkeit, dass Schumacher zwischen sich und dem Regime eine klare Grenze zog.

Nachdem auch der Evangelische Oberkirchenrat Schumacher bescheinigt hatte, dass er *stets uneingeschränkt auf kirchlich-biblischem Boden* gestanden habe, *politisch nie hervorgetreten*

---

23 Vgl. Oskar SCHUMACHER: Kloster Maulbronn in Wort und Bild. Heidelberg o. J. [1938].
24 Vgl. Oskar SCHUMACHER: Die Schlosskirche zu Pforzheim, St. Michael. Vermächtnis und Aufgabe. Heidelberg 1950.
25 S. zum folgenden Schumachers Entnazifizierungsakte GLA 465a/55/4/60/22725.
26 Vgl. Pforzheimer Zeitung vom 23. Mai 1989.
27 S. zum folgenden das Schreiben der Stadtverwaltung Pforzheim an die Spruchkammer vom 20. Dezember 1946, GLA 465a/55/4/60/22725.

sei und *die nationalsozialistische Weltanschauung abgelehnt* habe, konnte der Spruchkammerbescheid nur *nicht belastet* lauten – ebenso für seine Ehefrau, Dr. Elisabeth Schumacher, die spätere langjährige Stadträtin und Leiterin des Evangelischen Frauenwerkes in Baden.

Oskar Schumacher konnte sein Werk nach dem Zweiten Weltkrieg fortsetzen und starb völlig unerwartet am 23. Mai 1959 in Pistoia während einer Urlaubsreise durch Italien.

Über Arnold Werners Leben sind wir nur sehr lückenhaft informiert.[28] Er wurde am 13. Mai 1892 in Aachen als Sohn des Elektrotechnikers Maximilian Werner geboren;[29] dass Arnold Werner seine schulische Ausbildung am Reuchlingymnasium vollendete, hing damit zusammen, dass sein Vater die Leitung des Pforzheimer Elektrizitätswerkes übernommen hatte. Arnold Werners 1910 zu Protokoll gegebenes Berufsziel lautete „Bankfach", bis zum Jahr 1920 lässt sich sein Lebensweg nur aus Indizien erschließen. Mit Sicherheit leistete Werner zunächst seinen Militärdienst ab, und es ist ebenso gewiss, dass er sich gleich für die Laufbahn eines Reserveoffiziers entschied, denn als man ihn zu Beginn des Zweiten Weltkrieges einzog, besaß er den Rang eines Kapitänleutnants und fungierte sofort als Kompaniechef – es ist stark anzunehmen, dass Werner diese ungewöhnlich steile Reserveoffizierskarriere bereits bei Ende des Ersten Weltkrieges hinter sich gebracht hatte, zumal ihm zwischen 1914 und 1918 das Eiserne Kreuz erster und zweiter Klasse verliehen wurden.[30] In der Zeit zwischen Wehrdienst und Kriegsausbruch dürfte Arnold Werner eine Banklehre absolviert haben, wie auch zu vermuten steht, dass er zwischen Kriegsende und 1920 in einer Bank tätig war.

Von 1920 bis 1923 studierte Werner dann in Berlin, vermutlich Wirtschaftswissenschaften. Über seine berufliche Laufbahn sind wir erst ab 1931 im Bilde,[31] in diesem Jahr stellte ihn das Hamburger Bankhaus M. M. Warburg für seine Kreditabteilung ein; 6500 Reichsmark verdiente Werner in der Hamburger Bank – durchaus kein schlechtes Jahresgehalt, wie man auch dem Umstand entnehmen kann, dass sich Werner 1936 einen Skiurlaub in Italien leisten konnte und als Mitglied des Deutsch-Österreichischen Alpenvereins und des Schweizerischen Alpenclubs wohl noch öfter Urlaubsreisen unternahm.

Man scheint bei Warburg&Co. mit Werner zufrieden gewesen zu sein, jedenfalls stieg sein Gehalt bis 1937 um rund zehn Prozent; 1938 gelang Werner dann ein ausgesprochener Karrieresprung, denn er wurde Einkaufsleiter bei der Deutschen Benzinuhren-Gesellschaft in Berlin, einem führenden Rüstungsproduzenten, und dieser berufliche Wechsel bescherte ihm eine Einkommenssteigerung von exakt fünfzig Prozent von 7200 auf 10800 Reichsmark. Spätestens an dieser Stelle ist nach Werners Verhältnis zur NSDAP zu fragen.

Werners Entnazifizierungsakte liest sich auf den ersten Blick wie eine typische Mitläuferakte, auf den zweiten Blick stellen sich hier allerdings Zweifel ein. Werner gab auf seinem

---

28 Vgl. zu ihm Landesarchiv Berlin C Rep. 031-01-06 (Entnazifizierungsakte).
29 Freundliche Mitteilung des Landesarchivs Nordrhein-Westfalen, Abt. Rheinland, vom 1. Dezember 2009.
30 1940 bzw. 1943 erhielt Werner die Wiederholungsspangen für beide Orden.
31 Werner gehörte nach seiner Selbstauskunft von 1948 einem Postsportverein an, aus dem er 1932 austrat; er könnte mithin bis zu seiner Einstellung bei Warburg bei der Reichspost tätig gewesen sein.

Fragebogen an, 1937 in die NSDAP *aus Berufsgründen eingetreten* zu sein, nachdem er vor 1933 einem „Demokratischen Club" angehört und im November 1932 die Deutsche Volkspartei gewählt habe;³² ersteres mag im Kern wohl stimmen und tatsächlich mit seinem Wechsel nach Berlin zusammenhängen – zumal Werner kaum für sich in Anspruch nehmen konnte, über nennenswerte Kompetenzen als Einkäufer zu verfügen –, über den Zeitpunkt, zu dem er seinen Aufnahmeantrag stellte, sagt das allerdings nichts aus, denn die NSDAP hatte am 1. Mai 1933 eine Aufnahmesperre verhängt, die eben 1937 aufgehoben wurde.

Als Werner 1948 seinen Entnazifizierungsfragebogen ausfüllte, gab er als seine Religion noch immer „Deutscher Gottglauben" an in Anlehnung an eine Buchveröffentlichung von Mathilde Ludendorff,³³ der im rechtsradikal-völkischen Sumpf fest verankerten Ehefrau Erich Ludendorffs. Werner mag wie viele andere im Zuge der Kirchenaustrittswelle von 1936/40³⁴ der Kirche – in seinem Falle der evangelischen – den Rücken gekehrt haben, dass er nicht wie die meisten anderen ein unverbindliches „gottgläubig" im Fragebogen vermerkte, sondern statt dessen ein eindeutiges Bekenntnis zu völkischem Gedankengut niederschrieb, lässt doch Rückschlüsse auf seinen ideologischen Standort zu.

Obwohl Werner wohl keine Probleme gehabt hätte, sich „unabkömmlich" stellen zu lassen, und er sich dadurch auch eine Einkommenseinbuße von mehr als 50 Prozent erspart hätte, rückte er bereits am 3. September 1939 zur Marineartillerie ein, zunächst war er Kompaniechef, dann Batteriechef und schließlich Kommandeur im Range eines Korvettenkapitäns. Am 11. Januar 1945 wurde er von der Adria nach Lettland versetzt und geriet bei Kriegsende in sowjetrussische Kriegsgefangenschaft, aus der er erst im Juni 1948 zurückkehrte. Es ist anzunehmen, dass Arnold Werner bald wieder beruflich Fuß fasste. Arnold Karl Julius Werner starb am 14. November 1974 in Berlin-Charlottenburg.³⁵

Kuno Brombacher

In der Reihe der Prominenten des Abiturjahrganges 1910 des Pforzheimer Reuchlingymnasiums wäre zunächst Kuno Brombacher (1890–1968) zu nennen,³⁶ Sohn des Pforzheimer

---

32 Werner räumte ebenfalls ein, dem DNVP-nahen Marine-Stahlhelm angehört zu haben und mit diesem 1934 als Anwärter in die SA übernommen worden zu sein, die ihn allerdings 1935 *wegen Interesselosigkeit* ausgeschlossen habe.
33 Vgl. Mathilde LUDENDORFF: Deutscher Gottglaube. Leipzig 1928, u. zahlr. weitere Auflagen. – Werner gab an, das kirchliche *Versagen in sozialer Hinsicht* sei der Grund für seinen Kirchenaustritt gewesen.
34 Vgl. LEXIKON FÜR THEOLOGIE UND KIRCHE (=LThK). Freiburg i. Br.² 1986, Bd. 6, Sp. 193–197. Nach den Angaben Werners in seinem Entnazifizierungsbogen gehörte er bereits 1939 keiner Kirche mehr an.
35 Reg.-Nr. 3334/1974. Freundliche Mitteilung des Standesamtes Aachen vom 13. Januar 2010.
36 Vgl. zu ihm Das KATHOLISCHE DEUTSCHLAND, 1, Sp. 258 f., Klaus BREUNING: Die Vision des Reiches. Deutscher Katholizismus zwischen Demokratie und Diktatur (1919–1934). München 1969, S. 231 mit Anm. 47 und S. 327, sowie Remigius BÄUMER: Die „Arbeitsgemeinschaft

Rechtsanwalts und Schriftstellers Friedrich Brombacher und Enkel des gleichnamigen Pforzheimer Stadtpfarrers. Im Schulprogramm, das zugleich als Einladung zu den öffentlichen Prüfungen fungierte, hatte die Druckerei Kuno Brombacher in „Kurt" umbenannt; das Programm erschien zu den Abschlussprüfungen, also unmittelbar bevor Kuno die Schule verließ. Der falsche Vorname war Brombacher anscheinend gleichgültig, denn im „Programm" des Folgejahres erscheint er – dieses Mal als Abiturient – abermals mit dem falschen. Der falsche Vorname fand sogar Eingang in Brombachers Abiturzeugnis, hier ließ ihn Kuno allerdings korrigieren.[37]

Wie seine Klassenkameraden Artur Müller und „Fidicen" plante Brombacher ein Philologiestudium,[38] am 29. Oktober 1910 schrieben sich alle drei an der Universität Heidelberg ein. Brombacher verbrachte zwei Semester in Wien und Freiburg und leistete auch noch seinen Militärdienst ab, ehe er 1915 in Heidelberg sein Studium abschloss. Wie für die meisten seiner Generation folgte auf das Examen der Kriegsdienst. Nach Kriegsende fand Brombacher 1918/19 zunächst eine Anstellung als Hilfslektor in der Pressewarte des Auswärtigen Amtes in Berlin, ehe er 1919/20 eine Stelle als Hauslehrer im Hause des Schriftstellers Carl Sternheim annahm. 1920 wurde Brombacher dann Direktor der städtischen Volksbücherei in Baden-Baden, seit 1933 fungierte er zugleich als Konservator der stadtgeschichtlichen Sammlungen; natürlich war er auch Mitglied des Reichsverbandes nationaler Schriftsteller und des Reichsverbandes deutscher Bibliotheksbeamter. Dass die französische Besatzungsmacht Brombacher 1945 aus dem Amt jagte und sogar aus Baden-Baden verwies, so dass er in den heutigen Bühler Stadtteil Oberbruch übersiedeln musste, hatte vor allem damit zu tun, dass Brombacher, obschon praktizierender Katholik, bereits 1931 Mitglied der NSDAP und der SA geworden und 1945 auch kaum als purer Mitläufer zu bezeichnen war – wenngleich Brombacher später von der Spruchkammer tatsächlich noch als „unbelastet" eingestuft werden sollte,[39] ohne dass dies jedoch irgendetwas an seiner Entfernung aus dem Amt änderte.

Brombacher war offenkundig alles andere als ein Realist. 1925 war er vom Protestantismus zum Katholizismus übergetreten, und wie so viele Konvertiten nahm er seine neue Religion überaus ernst. Beim Katholikentag 1931, der vom 26. bis 30. August in Nürnberg stattfand, erschien er sogar auf der Rednerliste, allerdings wurde rasch ruchbar, dass Brombacher im gleichen Jahr in die NSDAP eingetreten und auch gleich zum Gauredner avanciert war. Brombacher widersetzte sich der Forderung, sich freiwillig von der Rednerliste streichen zu lassen. Mit der – berechtigten – rhetorischen Frage, ob der Katholikentag denn eine Veran-

katholischer Deutscher" im Erzbistum Freiburg. Der Versuch eines „Brückenschlags" zum Nationalsozialismus. In: Freiburger Diözesan-Archiv 104 (1984), S. 281–313, hier: S. 285 mit Anm. 32 u. ö. – Der Nachlass Kuno Brombachers befindet sich im Stadtarchiv Pforzheim.
37 StadtA Pforzheim, N 2.
38 Vgl. Großh. Reuchlin-Gymnasium in Pforzheim. Jahres-Bericht für das Schuljahr 1910/11. Pforzheim 1911, S. 16.
39 Zu Brombachers Entnazifizierung Achim REIMER: Stadt zwischen zwei Demokratien. Baden-Baden von 1930 bis 1950. München 2005 (Forum deutsche Geschichte 7), S. 256–259.

staltung der Zentrumspartei sei, hielt Brombacher dagegen, und er durfte in Nürnberg denn auch tatsächlich reden.[40] Schon 1931 konnte es für Brombacher kaum weniger als ein mit heiligem Ernst vorgetragenes „Manifest" sein, der Titel lautete „Die katholische Dichtung und ihre Bedeutung für das deutsche Geistesleben"; nachdem Brombacher bei einer „Literarischen Morgenfeier" zu Wort kam, die gleichzeitig mit der geschlossenen Versammlung der Mitglieder des Katholikentages stattfand, dürften seine „längeren Ausführungen" eher wenig Breitenwirkung entfaltet haben.[41]

Der NS-Ideologe Alfred Rosenberg, der wenig später ein dieses Mal dezidiert politisches Manifest Brombachers bevorwortete, prognostizierte mit Recht, dass sich Brombacher unter den deutschen Katholiken und in der Zentrumspresse mit seinen Standpunkten nicht unbedingt viele Freunde machen würde, galt ihm in der bewussten Broschüre doch Adolf Hitler als „nationaler Apostel neuer deutscher Zukunft".[42]

Seine neu entdeckte Religiosität war auch der Ausgangspunkt für Brombachers literarisches Schaffen. 1920 erschien in München unter dem Titel „Der deutsche Bürger im Literaturspiegel von Lessing bis Sternheim" ein 146 Seiten starkes Sachbuch aus Brombachers Feder, ab 1928 publizierte Brombacher dann vor allem religiös-mystisch inspirierte Lyrik und Prosa. Seinem ersten Gedichtband „Der brennende Dornbusch. Ein mystischer Zyklus" (Nürnberg 1929) folgten in rascher Folge weitere, 1930 veröffentlichte er außerdem noch einen Roman,[43] dem die Karlsruher NSDAP-Parteizeitung „Der Führer" später nicht zu Unrecht attestierte:[44] „Auch das nationale Motiv klingt in diesem Roman schon an", obgleich inhaltlich noch immer die religiösen Momente überwogen.

Brombachers Hausverlag war bis dahin der katholische Verlag Glock in Nürnberg gewesen; als sich Brombacher 1932 publizistisch im Sinne des Nationalsozialismus zu betätigen begann, war es damit vorbei, zumal Brombacher bei beiden Reichstagswahlen des Jahres 1932 – erfolglos – für die NSDAP kandidiert hatte; im März 1933 zog Brombacher für die NSDAP in den badischen Landtag ein.

Als Brombacher fünf Jahre nach seiner Entlassung im Jahre 1950 ein Gesuch an den Baden-Badener Oberbürgermeister richtete und zum wiederholten Mal um die Gewährung der Zusatzversorgung bat, musste er schon sehr formalistisch unterscheiden, um seine angeblich 1933 selbst gewählte Regimeferne herauszustellen; vermutlich wahrheitsgemäß machte er geltend, dass er nach 1933 *keinerlei Parteiamt annahm [...] und jede weitere*

---

40 Vgl. Alfred ROSENBERG: Vorwort. In: Kuno Brombacher: Die nationalsozialistische Idee. Ein Manifest. München 1932, S. 3 f.; s. allgemein auch Raimund BAUMGÄRTNER: Weltanschauungskampf im Dritten Reich. Die Auseinandersetzung der Kirchen mit Alfred Rosenberg. Mainz 1977.
41 Vgl. 70. Generalversammlung der Katholiken Deutschlands in Nürnberg vom 26.-30. August 1931. O. O. [Nürnberg], o. J. [1931], S. 75 und 636.
42 BROMBACHER (wie Anm. 40), S. 13.
43 Vgl. Kuno BROMBACHER: Zwischen zwei Jahrhunderten. Ein Roman vom Leben und Sterben der Zeiten. Nürnberg 1930.
44 Der Führer vom 9. April 1933.

Tätigkeit einstellte, sah dabei aber großzügig darüber hinweg, dass er wohl schon im April 1933, also unmittelbar nach der Gründung, Ausschussmitglied des von Papen initiierten „Bundes Katholischer Deutscher Kreuz und Adler" war, dann am 25. November 1933 Gaubeauftragter der Nachfolgeorganisation des Bundes, der „Arbeitsgemeinschaft Katholischer Deutscher".[45] In beiden Funktionen hatte Brombacher ein relativ enges Verhältnis zum Freiburger Erzbischof Gröber aufgebaut, das allerdings durch den Streit um Brombachers Schrift „Deutschland und der Glaube. 5 Kapitel über Weltanschauung und Religion" nachhaltig erschüttert wurde,[46] wenngleich diese Schrift Papen so sehr beeindruckte, dass er sie zur Grundlage der weiteren Arbeit der „Arbeitsgemeinschaft" machen wollte.[47] Brombacher wollte für sein Buch das Imprimatur des Erzbischofs, das ihm Gröber – im Einklang mit zwei von ihm beauftragten Gutachtern – nach langem Hin und Her jedoch nicht erteilte; nicht einmal Gröber stand dem Nationalsozialismus so nahe, dass er Brombachers Forderung nach „Hitler-Bischöfen" den kirchenamtlichen Segen erteilen wollte.

Dass Brombacher das Imprimatur der Kirche für seine schließlich 1935 in Breslau erschienene Schrift nicht erhielt, hing wohl auch damit zusammen, dass die „Arbeitsgemeinschaft katholischer Deutscher" und ihr Spiritus Rector Franz von Papen bereits im Sommer 1934 die Gunst der Nationalsozialisten verloren. Papens kritische Marburger Rede vom 17. Juni 1934 war keineswegs von ihm selbst „lange und sorgfältig [...] vorbereitet",[48] sondern stammte von seinem Mitarbeiter Edgar Jung; dass sie in 1000 Exemplaren vorab verbreitet worden war, vereitelte Goebbels' Bemühungen, den Redetext nicht publik werden zu lassen. Jung und Herbert von Bose, die Pressereferenten Papens, bezahlten diese Aktion anlässlich der Ausschaltung der SA-Führung und zahlreicher Regimegegner („Röhm-Putsch") am 30. Juni 1934 mit dem Leben; Papen erhielt vorübergehend Hausarrest und wurde im Juli zum Botschafter in der Türkei ernannt.

Der „Röhm-Putsch" markierte zugleich den Anfang vom Ende der „Arbeitsgemeinschaft katholischer Deutscher": Die Gestapo besetzte das Büro der Arbeitsgemeinschaft und transportierte die Akten ab. Am 19. September 1934, am Tage vor der definitiven Auflösung der Arbeitsgemeinschaft, legte Kuno Brombacher sein Amt nieder. Der Sache blieb er nach wie vor verbunden, wie nicht nur seine umstrittene Publikation, sondern auch noch eine 1936 zusammen mit Emil Ritter, dem früheren Geschäftsführer der „Arbeitsgemeinschaft", vorgelegte Veröffentlichung beweist;[49] ob er zu dieser Zeit auch noch als „Gauredner für katholische Kirchenfragen" und „Gaureferent für die Dichtkunst" für die NSDAP tätig war, lässt sich

---

45 Vgl. BÄUMER (wie Anm. 36), S. 299.
46 Vgl. ebd., S. 305–313. Vgl. auch Guenter LEWY: Die katholische Kirche und das Dritte Reich. München 1965, S. 182.
47 Vgl. ebd., S. 308.
48 Franz von PAPEN: Der Wahrheit eine Gasse. München 1952, S. 346.
49 Vgl. Kuno BROMBACHER, Emil RITTER: Sendschreiben katholischer Deutscher an ihre Volks- und Glaubensgenossen. Münster 1936. – Vgl. zu Emil Ritter: http://www.kfzg.de/Archiv/NL_Ritter__Emil/nl_ritter__emil.html [11. August 2010].

nicht entscheiden. Im Folgejahr hatte sich Brombacher allerdings schon ein ganzes Stück von der römisch-katholischen Kirche abgesetzt; die 1934 von dem altkatholischen Essener Pfarrer Heinrich Hüthwohl gegründete „katholisch-nationalkirchliche Bewegung e. V." erschien Brombacher jetzt als geeignete Perspektive, um seine nationalsozialistische Weltanschauung mit dem katholischen Glauben in Einklang zu bringen.[50] Bei der Reichstagung der „Bewegung" am 18./19. Mai 1937 trat Brombacher als Redner auf; im gleichen Jahr erschienen aus seiner Feder zwei Publikationen, die keinen Zweifel daran ließen, dass er sich nun mit dem gleichen Enthusiasmus wie zuvor für den Katholizismus für den Altkatholizismus stark machte.[51] Abgesehen von seinem ersten und einzigen Theaterstück,[52] war Brombachers öffentliche Wirksamkeit damit beendet. Nach seiner Entlassung durch die französische Besatzungsmacht fand er sich offenbar damit ab, dass die Sicherheit des öffentlichen Dienstes für ihn passé war. 1949/50 veröffentlichte Brombacher zumindest einen Heftroman im Kerob-Verlag von Horst Borek, der zunächst in Detmold, dann in Kassel residierte. Das vierzigseitige Romanheftchen „Fidelio in Neukölln" wird kaum bei irgendwem einen bleibenden Eindruck hinterlassen haben.[53] Vielleicht besserte Brombacher sein karges Ruhegehalt noch mit der einen oder anderen literarischen Gelegenheitsschrift etwas auf, größere Arbeiten verfasste er indessen nicht mehr. In seinen letzten Lebensjahren kehrte er auch wieder in den Schoß der evangelischen Kirche zurück, obgleich er sich zugleich eingehender mit Esoterik befasste. Nach mehreren Umzügen lebte er seit 1965 wieder in Bühl; dort starb er am 14. November 1968.

„Fidicen"

„Fidicen" dürfte trotz starker Konkurrenz aus dem Abiturjahrgang 1910 des Reuchlingymnasiums derjenige sein, dessen Name am häufigsten zitiert wird. Das lateinische „fidicen" bezeichnet einen Zitherspieler, und mit der Wahl dieses Namens verrieten die Abiturienten eine prinzipienfeste humanistische Gesinnung: Wohl gibt es ein lateinisches Wort für „Lautenschläger" oder „Lautenspieler" („lyristes"), dieses Wort entstammt jedoch dem nachklassischen Latein und ist damit eines humanistisch gebildeten Abiturienten unwürdig – auch wenn der bewusste Abiturient bis einschließlich Untertertia die Oberrealschule besucht hatte.

---

50 Vgl. Reijo E. HEINONEN: Anpassung und Identität. Theologie und Kirchenpolitik der Bremer Deutschen Christen 1933–1945. Göttingen 1979 (Kirchliche Zeitgeschichte B 5), S. 148 f.
51 Vgl. Kuno BROMBACHER: Wahrheit oder Fälschung? War Petrus Papst? Die römischen Papstbeweise im Lichte der apostolischen Wahrheit. Bonn 1937, und DERS.: Die Maske herunter! Eine deutsche Abrechnung mit Pius XI. auf Grund der Enzyklika vom 14. März 1937. In: Der romfreie Katholik 1937, Nr. 16.
52 Vgl. Kuno BROMBACHER: Die venezianischen Fächer. Ein grober Unfug in 3 Akten. Komödie. Verden/Aller 1942.
53 Vgl. http://www.schwarzefledermaus.de/d_weitere_kerob_romane.html [11. August 2010].

Friedrich Lautenschlager[54] hieß „fidicen" mit bürgerlichem Namen, und am häufigsten wird sein Name als „der Lautenschlager" zitiert – gemeint ist damit die 14-bändige „Bibliographie der badischen Geschichte", die Lautenschlager begründete, von der zu seinen Lebzeiten allerdings nur vier Bände erscheinen konnten.

Lautenschlager studierte ab 1910 wie geplant Geschichte, Deutsch, Französisch und Latein an den Universitäten Heidelberg, Berlin (Wintersemester 1911/12), Freiburg (Sommersemester 1912) und zuletzt wieder Heidelberg; nach nur acht Semestern hatte er 1914 sein Examen in der Tasche und nahm umgehend eine Dissertation in Angriff, für die er, trotz einer vorübergehenden Erkrankung, ebenfalls nur gut ein Jahr brauchte[55] – trotz des nach heutigen Maßstäben mit 94 Seiten bescheidenen Umfanges eine sehr beachtliche Leistung. Lautenschlagers Dissertation zählte zu den frühesten wissenschaftlichen Studien über die Revolution von 1848/49 in Südwestdeutschland, und sie hat bis heute einen festen Platz in der Revolutionshistoriographie; dass 1976 ein Nachdruck erschien, unterstreicht ihre inhaltliche Qualität.

Lautenschlagers sonstiges Œuvre kreist – abgesehen von einigen kleineren universitätsgeschichtlichen Publikationen – um die Dokumentation der Literatur zur Geschichte Badens. Dass dieses Projekt der Badischen Historischen Kommission untrennbar mit seinem Namen verbunden ist, verdankte Friedrich Lautenschlager nicht nur seiner Fachkompetenz, sondern auch dem Umstand, dass er von Geburt an körperbehindert war; seine Behinderung – eine angeborene Handlähmung – schloss die militärische Verwendung aus,[56] und die Badische Historische Kommission musste nicht befürchten, dass der Bearbeiter der „Bibliographie der badischen Geschichte" womöglich schon während oder kurz nach der Einarbeitungszeit zum Fronteinsatz einrücken musste. Als „wissenschaftlicher Hilfsarbeiter" der Badischen Historischen Kommission und zugleich Volontärassistent an der Heidelberger Universitätsbibliothek widmete sich Friedrich Lautenschlager ab 1915 jenem Arbeitsgebiet, das zu seinem Lebenswerk werden sollte. 1916 legte er zwar die Prüfung für den höheren Schuldienst ab und sollte im März 1917 auch tatsächlich in den Schuldienst wechseln, auf Wunsch der Badischen Historischen Kommission blieb Lautenschlager jedoch an der Heidelberger Universitätsbibliothek und wurde dort auch am 23. April 1919 verbeamtet.

---

54 Vgl. Ulrich WEBER: Friedrich Lautenschlager. 1890–1955. In: Zeitschrift für die Geschichte des Oberrheins 107 (1959), S. 511–515, DERS.: Lautenschlager, Friedrich, Bibliothekar. In: Badische Biographien, Neue Folge 1, Stuttgart 1982, S. 199, sowie Friedrich LEICHT: Dr. Friedrich Lautenschlager (1890–1955) – Bibliograph der badischen Geschichte aus Niefern. In: Der Enzkreis 9 (2001), S. 285–290. S. ferner GLA 450/827, 466/10661 und 465a/51/6/10570.

55 Vgl. Friedrich LAUTENSCHLAGER (Hrsg.): Die Agrarunruhen in den badischen Standes- und Grundherrschaften im Jahre 1848. Heidelberg 1915 (=Heidelberger Abhandlungen zur mittleren und neueren Geschichte 46; Ndr. Nendeln/Liechtenstein 1976); s. auch DERS. (Hrsg.): Volksstaat und Einherrschaft. Dokumente aus der badischen Revolution, 1848/1849. Konstanz 1920 (=Die gelb-roten Bücher 4).

56 Lautenschlager wurde am 27. September 1915 letztmalig militärärztlich gemustert und als *dauernd arbeitsverwendungsunfähig* eingestuft.

1924 erhielt Lautenschlager eine Planstelle als wissenschaftlicher Bibliothekar an der Bibliothek der Ruperto-Carola, und 1929, im Jahr, als der erste Band der Bibliographie erschien, wurde er auch Mitglied der Badischen Historischen Kommission.

Das Jahr 1933 war für Lautenschlager allenfalls insofern eine Zäsur, als es ihm mittelfristig neue Möglichkeiten eröffnete, deren Konsequenzen er allerdings zwölf Jahre später zu spüren bekommen sollte. Lautenschlager war zwar (noch) nicht Parteimitglied – wie wir sahen, bestand ab dem 1. Mai 1933 ein Aufnahmestopp –, von seinen Fähigkeiten waren jedoch nicht nur Bibliotheksfachleute überzeugt: Das badische Ministerium des Kultus und Unterrichts teilte im Herbst 1935 dem *Herrn Reichs- und Preußischen Minister für Wissenschaft, Erziehung und Volksbildung* mit, dass Lautenschlager *politisch zuverlässig* sei, und das Berliner Ministerium übermittelte am 12. Oktober 1935 seine Zustimmung zu Lautenschlagers Berufung an die Spitze der Badischen Landesbibliothek. Nun war nur noch das Plazet des Reichsstatthalters Robert Wagner erforderlich; am 19. Dezember 1935 übermittelte die NSDAP-Gauleitung Baden Wagners Büro das Ergebnis einer Anfrage an die Kreisleitung Heidelberg wegen Lautenschlagers politischer Gesinnung: *Der Universitätsbibliothekar Dr. Lautenschläger* [sic!] *wird in den von uns eingezogenen Auskünften als ein rein wissenschaftlich interessierter Mann geschildert, der aber politisch positiv bewertet werden kann. Seine beiden Kinder sind in der H.J., und seine nationalsozialistische Einstellung wird insbesondere durch seine Opferwilligkeit bei Sammlungen bestätigt. Da er politisch und gesellschaftlich nicht hervortritt, sind weitergehende Auskünfte wegen der Kürze der Zeit nicht zu erhalten.*[57] Damit stand Lautenschlagers Amtsantritt als Direktor der Badischen Landesbibliothek am 12. März 1936 nichts mehr im Wege. Die folgenden neun Jahre und zweieinhalb Monate blieb Lautenschlager an der Spitze der Bibliothek, dann setzte ihn die US-amerikanische Besatzungsmacht ab – formalrechtlich eine korrekte Entscheidung, denn Lautenschlager war seit 1941 Mitglied der NSDAP, der NS-Volkswohlfahrt und des „Reichsbundes der Deutschen Beamten", den die NSDAP als gleichgeschaltete Nachfolgeorganisation des „Zusammenschlusses der deutschen Beamten- und Lehrervereinigungen auf gewerkschaftlicher Grundlage" ins Leben gerufen hatte. Daneben war Lautenschlager allenfalls noch vorzuwerfen, dass er mit dem Kriegsbeginn im Jahre 1939 als Blockhelfer verpflichtet worden war, ansonsten hatte er sich in der Partei nicht hervorgetan; auf ihn traf wohl am ehesten dieselbe Charakterisierung wie für seinen Mitabiturienten Artur Müller zu, er schloss sich der NSDAP auf Grund äußeren Drucks und aus Opportunismus an; Anzeichen für eine auch nur ansatzweise regimekritische Haltung finden sich allerdings ebenfalls nicht.

Nach seiner Amtsenthebung fand Lautenschlager ab dem 19. Februar 1946 beim Karlsruher Generallandesarchiv Beschäftigung – zwei Jahre und zwei Monate arbeitete er dort an seinen bisherigen Tätigkeitsschwerpunkten weiter, nur eben an nachgeordneter Stelle in der Hierarchie. Am 10. Oktober 1947 stufte ihn die Spruchkammer Karlsruhe endgültig als „Mitläufer" ein und folgte damit weitgehend den Argumenten, die Lautenschlager zu seiner

---

57 Die gesamte Korrespondenz befindet sich GLA 466/10661.

Entlastung ins Feld geführt hatte: Die Kammer bescheinigte ihm, dass er nur unter Zwang der NSDAP beigetreten sei, nie für die Partei geworben habe, stets demokratisch gesinnt gewesen sei und sich auch für Juden eingesetzt habe. Die Spruchkammer erlegte Lautenschlager eine Sühneleistung in Höhe von 1500 RM auf, außerdem hatte er die Kosten des Verfahrens zu tragen. Lautenschlager bezahlte umgehend, und ein halbes Jahr später konnte er, zunächst als kommissarischer Leiter, an seine frühere Wirkungsstätte zurückkehren, ohne sich dabei räumlich verändern zu müssen, denn seit der Zerstörung der Bibliothek im Jahre 1942 war sie im Gebäude des Generallandesarchivs untergebracht.

Lautenschlager gelang es in den knapp sieben Jahren, die ihm noch vergönnt waren, die eigenständige Existenz der Badischen Landesbibliothek zu sichern und die Kriegsverluste der Bibliothek zumindest von der Bändezahl her zur Hälfte auszugleichen. Friedrich Lautenschlager starb am 11. Januar 1955 in Karlsruhe. Sechs Jahre später erschien endlich der nominell dritte, faktisch jedoch fünfte Band der „Bibliographie der badischen Geschichte" und führte das Lebenswerk Lautenschlagers fort, nun unter der Ägide von Werner Schulz. 1984 schloss ein Registerband das Werk ab, das am Ende 51590 Nummern in 14 Bänden umfasste. Auch wenn Werner Schulz zehn der 14 Bände betreute, weiß auch heute noch jeder Eingeweihte, was gemeint ist, wenn jemand nach „dem Lautenschlager" fragt.

Die beiden Freunde: „Friederich Mors" und „Ricardus Tegularius"

Wenn wir uns den Biographien von Friedrich Mors und Ricardus Tegularius zuwenden, dann verlassen wir den Bereich relativer Prominenz; beide erlangten auf sehr unterschiedliche und in mancher Hinsicht entgegengesetzte Weise ein Maß an Prominenz, das sie weit über ihre Mitabiturienten hinaushob.

Friedrich Mors und Ricardus Tegularius waren enge Schulfreunde, das lässt sich den „Mulus-Blättern" eindeutig entnehmen. Nachdem Friedrich Mors ein Hauptbeteiligter bei der Entstehung der Abiturzeitung war und hier wohl primär für die Texte verantwortlich zeichnete, mag man sich zu allererst darüber wundern, dass ausgerechnet Gedichte von Karl Ettlinger und Ludwig Fulda Eingang in die Schrift fanden, gehörte Friederich Mors doch rund ein Vierteljahrhundert nach seinem Abitur an führender Stelle zu jenen, denen die Juden in Deutschland, in Europa und überall ein Dorn im Auge waren. „Friederich Mors" ist niemand anders als Hitlers „Minister für Bewaffnung und Munition" Fritz Todt.[58]

---

58 Vgl. zu ihm Franz W. SEIDLER: Fritz Todt. Baumeister des 3. Reiches. München, Berlin 1986, DERS.: Fritz Todt, vom Autobahnbauer zum Reichsminister. In: Ronald SMELSER (Hrsg.): Die braune Elite, Darmstadt 1989, S. 299–312, DERS.: Fritz Todt und die Grundlagen des Autobahnbaus in den dreißiger Jahren. In: Die Autobahn, von der Idee zur Wirklichkeit. Köln 2005 (=Archiv für die Geschichte des Strassen- und Verkehrswesens 19), S. 77–88, Helmut MAIER:

Fritz Todt scheint wie sein Freund eine enge Beziehung zur Kunst und insbesondere zur Musik gehabt zu haben, dennoch stand für ihn wohl nie in Frage, dass er seinen „Brotberuf" im nichtkünstlerischen Bereich suchen und finden würde; aus seinem ursprünglichen Berufsziel „Maschinenbau" wurde am Ende jedoch „Tiefbau". Auch Todt diente als Einjährig-Freiwilliger, um sich anschließend für das Wintersemester 1911/12 an der Technischen Hochschule München für ein Studium der Ingenieurwissenschaften einzuschreiben. Er hatte bei Ausbruch des Weltkrieges seine Ausbildung noch nicht abgeschlossen, er unterbrach sein Studium bis 1919 und war zuletzt Flugzeugbeobachter im Range eines Leutnants. Nach Kriegsende arbeitete er zunächst bei der Grün & Bilfinger AG in Mannheim als Werkstudent, im Frühjahr 1920 schloss er sein Studium an der Technischen Hochschule in Karlsruhe ab; 1932 holte er sich mit der Promotion zum Dr.-Ing. an der Technischen Hochschule München noch zusätzliche akademische Weihen.[59] Entscheidend für seinen weiteren Weg wurde der Umstand, dass er 1921 eine Anstellung bei dem Münchner Baukonzern Sager & Woerner fand. Bereits 1925 machte man ihn dort zum Technischen Leiter, und als solcher entwickelte er 1927 die Idee, eine Autobahn von München an den Starnberger See zu bauen.

München wurde für ihn jedoch auch in politischer Hinsicht prägend, denn Anfang 1923 trat Todt dort der NSDAP bei, nachdem er im Jahr zuvor erstmals mit dem Nationalsozialismus in Berührung gekommen war.[60] Am Hitlerputsch nahm Todt nicht teil – wohl vor allem, weil er beruflich außerhalb Münchens gebunden war. Dass er zwischen 1923 und

Nationalsozialistische Technikideologie und die Politisierung des „Technikerstandes". Fritz Todt und die Zeitschrift „Deutsche Technik". In: Burkhard Dietz (Hrsg.): Technische Intelligenz und „Kulturfaktor Technik". Kulturvorstellungen von Technikern und Ingenieuren zwischen Kaiserreich und früher Bundesrepublik Deutschland. Münster u. a. 1996 (=Cottbuser Studie zur Geschichte von Technik, Arbeit und Umwelt 2), S. 253–268, BADISCHE BIOGRAPHIEN, Neue Folge 1. Stuttgart 1982, S. 254–257, und Norman MÖRTZSCHKY: Wer profitierte vom plötzlichen Tod des Reichsministers für Bewaffnung und Munition, Dr. Fritz Todt? Versuch einer kritischen Bestandsaufnahme der Quellensituation. In: Historische Mitteilungen 11 (1998), S. 78–100, sowie zeitgenössisch Eduard SCHÖNLEBEN: Fritz Todt. Der Mensch, der Ingenieur, der Nationalsozialist. Ein Bericht über Leben und Werk. Oldenburg 1943. – Zur Organisation Todt: Franz W. SEIDLER: Die Organisation Todt. Bauen für Staat und Wehrmacht 1938–1945. Bonn² 1998, Hedwig SINGER, Rudolf DITTRICH: Entwicklung und Einsatz der Organisation Todt (OT). Vom Werden, Wesen und Wirken der Organisation Todt. Osnabrück 1998 (=Quellen zur Geschichte der Organisation Todt 1/2, zugleich Veröffentlichungen deutschen Quellenmaterials zum Zweiten Weltkrieg 3).
59 Vgl. Fritz TODT: Fehlerquellen beim Bau von Landstraßendecken aus Teer und Asphalt. Ein Beitrag zur Vermeidung von Mißerfolgen. Münchener (TU) Diss. von 1931. Halle/Saale 1932.
60 Ein Passus von Hitlers Rede bei der Trauerfeier für Todt am 12. Februar 1942 (abgedruckt bei Max DOMARUS: Hitler. Reden und Proklamationen 1932–1945. Kommentiert von einem deutschen Zeitgenossen, 2 Bde. Neustadt a. d. Aisch 1962, hier: Bd. 2, S. 1836–1840, Zitat: S. 1837) lässt sich dahingehend deuten, dass Todt seit 1922 mit Hitler persönlich bekannt war.

Abbildung 6: Fritz Todt als Reserveleutnant am Flügel im Jahre 1915 (aus: Eduard SCHÖNLEBEN: Fritz Todt. Der Mensch, der Ingenieur, der Nationalsozialist. Ein Bericht über Leben und Werk, Oldenburg 1943, S. 20/Stadtarchiv Pforzheim).

1925 für die verbotene NSDAP warb und wegen verbotener Parteiarbeit angeklagt wurde, ist wahrscheinlich, aber lediglich durch Nachrufe in NS-Publikationen belegt;[61] dass er nach Aufhebung des Verbots im Jahre 1925 der Partei sofort wieder beitrat, erscheint demgegenüber gesichert.

Erst 1931 optierte Todt entschieden für die NSDAP, und seine ebenso schnelle wie steile Karriere in der SA lässt vermuten, dass er sich auch zuvor keineswegs von der Partei abgesetzt hatte: Am 31. Oktober 1931 trat er der SA bei und stieg noch im gleichen Jahr vom einfachen Sturmmann zum Obersturmmann und dann zum Rottenführer auf; im Jahr 1932 avancierte er zunächst zum Scharführer (=Unteroffizier) und dann noch bis zum Sturmbannführer – also bis zum militärischen Rang eines Majors –, und das war wohl kaum eine vom Zufall diktierte Parteikarriere;[62] in den

---

61 Vgl. Völkischer Beobachter vom 9. Februar 1942, Pforzheimer Rundschau vom 13. Februar 1942 und Hitlers Rede bei der Trauerfeier für Todt am 12. Februar 1942 (DOMARUS, wie Anm. 60, 2, S. 1837).

62 Vgl. Hitlers Rede bei der Trauerfeier für Todt am 12. Februar 1942 (DOMARUS, wie Anm. 60, 2, S. 1837). – Die Angaben über Todts SA-Karriere divergieren in der Literatur; Robert WISTRICH: Wer war wer im Dritten Reich? Ein biographisches Lexikon. Anhänger, Mitläufer, Gegner aus Politik, Wirtschaft und Militär, Kunst und Wissenschaft. Frankfurt a. M. 1987, S. 357, gibt an, dass Todt 1931 bereits als SA-Oberführer dem Stab Röhms angehört habe, Wolfgang BENZ, Hermann GRAML, Hermann WEISS: Enzyklopädie des Nationalsozialismus. Stuttgart 1997, S. 888, stufen ihn 1931 als Sturmbannführer ein. SEIDLER, Todt, S. 25 ff., der verschiedentlich mit geschichtsrevisionistischem Gedankengut in Verbindung gebracht wird, stützt sich zwar auf Todts SA-Akte im damaligen Berlin Document Center, erwähnt den raschen Aufstieg jedoch nicht – zu Seidlers Wertung, Todt sei „von links und nicht von rechts zur NSDAP" gestoßen

folgenden sieben Jahren sollte er kontinuierlich weiter aufsteigen, bis seine SA-Laufbahn 1939 mit dem Rang eines Obergruppenführers, das entsprach dem militärischen Rang eines Generals, ihren Höhepunkt erreichte.

Nach dieser Karriere ist kaum anzunehmen, dass Todt für Adolf Hitler ein völlig unbeschriebenes Blatt darstellte, als sich der Ingenieur 1931 der Partei als Sachverständiger für den Straßenbau andiente – anscheinend hatte ein Jugendfreund Todt 1922 die erste Begegnung mit Hitler vermittelt.[63] Den letztendlichen Ausschlag für Todts politische Karriere gab anscheinend seine Denkschrift „Straßenbau und Straßenverwaltung" – ob Hitler mehr vom Inhalt der Schrift oder vom braunen Einband beeindruckt war, ist nicht überliefert.

Am 27. Juni 1933 erschien das „Gesetz über die Errichtung eines Unternehmens ‚Reichsautobahnen'" im Reichsgesetzblatt, drei Tage später wurde der „alte Kämpfer" Todt „Generalinspekteur für das deutsche Straßenwesen"; in dieser Eigenschaft realisierte er – unter Rückgriff auf Pläne, die schon in der Zeit der Weimarer Republik erstellt worden waren – den Bau der Autobahnen. Das Jahr 1938 brachte Todt den nächsten Karriereschub: Er übernahm Ende Mai die Bauleitung für die Westwall-Befestigungsanlagen, mit deren ehrgeizigem Zeitplan ihn vermutlich die Ernennung zum Honorarprofessor an der TU München am 11. Mai und die Verleihung des Nationalpreises für Kunst und Wissenschaft anlässlich des Reichsparteitages in Nürnberg am 6. September etwas versöhnte. Die Westwallbauten führte künftig die „Organisation Todt" aus, die nach Kriegsbeginn im folgenden Jahr für sämtliche militärischen Bauten zuständig war und dabei Hunderttausende „Fremdarbeiter", Zwangsarbeiter, Kriegsgefangene und KZ-Häftlinge einsetzte.

Am 9. Dezember 1938 erhielt Todt zusätzlich die Funktion eines „Generalbevollmächtigten für die Regelung der Bauwirtschaft" und sollte vor allem das durch Rüstungsbauten und Materialknappheit bedingte Chaos auf dem Baumarkt beseitigen. 1940 erreichte Todts Karriere ihren Höhepunkt: Am 23. Februar beförderte ihn Göring zum „Generalinspektor für Sonderaufgaben im Vierjahresplan", am 17. März folgte seine Ernennung zum Reichsminister für Bewaffnung und Munition. Dass er daneben auch noch den Rang eines Generalmajors der Luftwaffe bekleidete, mag ihn in der durchmilitarisierten deutschen Gesellschaft persönlich aufgewertet haben, faktisch bereitete es Todt erhebliche Probleme, da er als Luftwaffenoffizier nominell Untergebener seines schärfsten Rivalen Göring war.

Zeitgenossen schildern Todt als kunstsinnigen, bescheidenen und sympathischen Menschen, und dieses Urteil mag durchaus zutreffend sein. In erster Linie aber wird man in dem Reichsminister für Bewaffnung und Munition jedoch den Technokraten der Macht und den überzeugten Nationalsozialisten sehen müssen. Die meisten überlieferten Äuße-

---

und habe dafür vor allem soziale Beweggründe gehabt (SEIDLER, Autobahnbauer, wie Anm. 58, S. 299), passt die steile SA-Karriere in der Tat auch nicht besonders gut.

63 Vgl. Pforzheimer Rundschau vom 9. Februar 1942. – Die Datierung der Bekanntschaft mit Hitler ist in dem betreffenden Presseartikel nicht völlig eindeutig. Sollte der bewusste „Jugendfreund" einer der Mitabiturienten gewesen sein, so kommt eigentlich nur Arnold Werner in Frage.

rungen Fritz Todts lassen keinen Zweifel daran, dass er ideologisch fest auf dem Boden des nationalsozialistischen Gedankenguts stand. Wohl erkannte Fritz Todt schon im November 1941, dass sich die militärische Niederlage des Deutschen Reiches abzeichnete, dass die deutsche Rüstungswirtschaft mit der der Gegner nicht Schritt halten konnte. Getreu den nationalsozialistischen Begriffskategorien bedeutete dies für Fritz Todt den Triumph der „Primitiven", der „Untermenschen".[64] Rund zehn Wochen nachdem er Hitler geraten hatte, den Krieg mit politischen Mitteln zu beenden, kam Fritz Todt am 8. Februar 1942 bei einem Flugzeugabsturz in der Nähe von Rastenburg (Ostpreußen) ums Leben. Hitler selbst sprach beim Staatsakt für den Verstorbenen und verlieh ihm postum das Großkreuz des „Deutschen Kreuzes", eines neu gestifteten Ordens. *Dr. Todt war Nationalsozialist*, erklärte Hitler der Trauergemeinde, *und er war dies nicht nur verstandesmäßig [...], sondern auch aus seinem ganzen Herzen heraus;*[65] mit dieser Einschätzung lag der „Führer und Reichskanzler" vermutlich nicht falsch. Todt, der nicht nur Vollstrecker von Hitlers Raub- und Eroberungskriegsideen war,[66] wäre beim Nürnberger Prozeß gegen die Hauptkriegsverbrecher kaum der Höchststrafe entgangen.

Als sein Schulfreund Fritz Todt zum überzeugten Nationalsozialisten mutiert war, hatte sich Ricardus Tegularius längst für einen gänzlich anderen Weg entschieden, beider Wege waren auch geographisch weit voneinander entfernt: hier der führende Vertreter des NS-Regimes und glühende Bewunderer Adolf Hitlers, dort der Künstler-Emigrant erst im jugoslawischen, dann im englischen Exil.[67] Der Künstler-Emigrant hörte auf den Namen Richard Ziegler.

Richard Ziegler wurde am 3. Mai 1891 als Sohn von Johann Georg Ziegler geboren, der als Oberlehrer an der Pforzheimer Mädchen-Bürgerschule tätig war. Für Richard Ziegler war ein ähnlicher Karrieresprung vorgesehen wie für Artur Müller, den anderen Lehrersohn im Abiturientenjahrgang 1910, auch er sollte Gymnasiallehrer werden. Zieglers Familie konnte in die Ausbildung des Sohnes mehr investieren als die Müllers, nach dem Abitur verbrachte er zunächst ein Jahr in England, um sodann in Genf, Greifswald und Heidelberg Philologie zu studieren. Auch Ziegler leistete Kriegsdienst und wurde in Nordfrankreich

---

64 Vgl. Albert SPEER: Erinnerungen. Frankfurt a. M., Berlin 1969, S. 200.
65 Hitlers Rede bei der Trauerfeier für Todt am 12. Februar 1942, DOMARUS (wie Anm. 60), 2, S. 1837.
66 Vgl. Der Prozeß gegen die Hauptkriegsverbrecher vor dem Internationalen Gerichtshof. Nürnberg, 14. November 1945–1. Oktober 1946, Bd. 3. Nürnberg 1947, S. 412 f.
67 Zu Richard Ziegler: Georg BODAMER: Die Insel der Liebe. Edith und Richard Ziegler auf Korčula 1933–1937. Aus ihren Tagebüchern und Briefen. In: Der Landkreis Calw 11 (1993), S. 160–182, Peter SAGER: Hundert Jahre voller Bilder. In: Zeitmagazin Nr. 19 vom 3. Mai 1991, S. 84–95, Karl-Ludwig HOFMANN, Alfred HÜBNER: In und aus Pforzheim, Bd. 1: 63 KünstlerInnen. Pforzheim 1992, S. 190–195, Gerd PRESLER: Richard Ziegler (1891–1992), letzter Zeuge der „Goldenen Zwanziger". In: Weltkunst 62 (1992), H. 10, S. 1043, sowie Heiko ROGGE, Cornelie ELSÄSSER: Richard Ziegler. Bilderbogen. Zum 100. Geburtstag des Künstlers. Pforzheim 1991.

Abbildung 7: Von Richard Ziegler gezeichnete Karte zum Abitur 1910 (Foto: Stadtarchiv Pforzheim).

verwundet. 1919 schloss er in Heidelberg sein Studium – ebenfalls wie Artur Müller – mit der Promotion zum Dr. phil. ab.[68]

An diesem Punkt verließ er allerdings den ihm vorgezeichneten Weg: „Mit dem Ende der ‚alten Welt' war auch meine Jugend abgeschlossen, die neue Zeit habe ich als Erwachsener angetreten, der Weg für die Kunst war frei. Im Frieden und in der Sicherheit der ‚guten alten Zeit' hat sich meine geistige Welt gebildet. Aus dem Sturm und Drang der zwanziger Jahre empfing ich den für das Neue nötigen Antrieb."[69] Ohne je eine Kunsthochschule besucht zu haben, entschied sich Ziegler für ein Leben als freier bildender Künstler, übersiedelte 1925 nach Reisen durch die Schweiz und Italien nach Berlin und stieg in den folgenden Jahren zum anerkannten und gefragten Künstler auf, der zwar nicht der Spitze der Weimarer Avantgarde angehörte, aber doch zu den Etablierten zählte.

Zieglers politischer Standort war nicht durch die Zugehörigkeit zu einer bestimmten Künstlergruppe determiniert, auch eine eigentliche parteipolitische Präferenz scheint er nicht gehabt zu haben. Als Mitglied der „Novembergruppe" darf man ihm zumindest eine

---

68   Vgl. Richard ZIEGLER: Über das Nachleben der typisch altgermanischen Variation im mittelhochdeutschen Vers. Heidelberg 1919.
69   Curriculum Vitae. In: Richard ZIEGLER. Bücher und Bilderbogen. Zum 90. Geburtstag. O. O., o. J. [Calw 1981], nicht paginiert.

positive Haltung zur Republik unterstellen,[70] dass er in jener Zeit der politischen Linken zuzurechnen war, ist durchaus denkbar. Sein Urteil über den Nationalsozialismus war in jedem Falle eindeutig. Unter dem 24. März 1933 schrieb Ziegler in sein Tagebuch: „Meine Arbeit ist staatsfeindlich und kulturwidrig, sie bringt mir eher Gefängnis als Geld ein. Denn wir leben in Tagen der Wiederaufrichtung der deutschen Moral und Sitte. Es ist Zeit, dass ich fortkomme. In Deutschland sind mir die Gefängnisse zu voll mit meinesgleichen. Nacht, Schweigen, meine Arbeit verbergen, untertauchen. Nüchtern rechnen, fordern, handeln. Allen mißtrauen, auf keinen warten, arbeiten und wachen."[71]

Richard Ziegler hatte 1910 nicht nur die Zeichnungen für die „Mulus-Blätter" angefertigt, sondern auch die Vorlage für eine Abiturkarte, auf der – frei nach der Odyssee – die Abiturienten als Schiffsbesatzung rudernd eine Insel verlassen. Am Ufer ist ein Zyklop – kein anderer als Professor Joseph Bauer – im Begriff, den Davonsegelnden einen Felsbrocken hinterher zu schleudern. Die griechischen Worte unter Zieglers Zeichnung nehmen einen Teil der Biographie Zieglers vorweg. Die Inschrift lautet in deutscher Übersetzung: *Von dort aber segeln wir zum Land der Freiheit, froh, dem Tode durch Steine gewaltiger Kyklopen entronnen zu sein*. Es ist stark anzunehmen, dass diese für Ziegler prophetischen Zeilen – Ironie der Geschichte – von seinem damaligen Freund Fritz Todt formuliert wurden.

Richard Ziegler war Anfang 1933 bereits etabliert, noch im Februar stellte er in Köln seine Werke aus, Ausstellungen in Berlin und Dresden kamen jedoch schon nicht mehr zustande. Ziegler war längst wohlhabend genug, um über seinen weiteren Lebensweg recht frei entscheiden zu können. Er kaufte ein Haus im jugoslawischen Sveti Antun im Süden der Insel Korčula. Vier Jahre verbrachte Ziegler auf dieser von Split und Dubrovnik jeweils ungefähr 200 Kilometer entfernt gelegenen Insel; hier schuf der bekennende Hitler-Gegner drei berühmt gewordene Serien von Monotypien mit den Titeln „Deutschland ist erwacht! Bilderbogen zum Dritten Reich", „Blut und Boden" und „Führer sehen Dich an". 1936 ging er für vier Monate nach Paris, und im Jahr darauf reiste er nach England, wo er das folgende Vierteljahrhundert verbrachte. 1940 publizierte Ziegler unter dem Pseudonym „Robert Ziller"[72] eine Auswahl aus den drei in Korčula entstandenen politischen Bilderserien; wohl wissend, dass Gewaltherrscher nichts so sehr trifft wie die Lächerlichkeit, gab er dieser Auswahl den Titel „We Make History".[73]

Karikaturen, wie er sie bereits 1910 für die Abiturzeitung gezeichnet hatte, standen auch in den Jahren von 1941 bis Kriegsende an zentraler Stelle in Zieglers Schaffen; in der in London erscheinenden deutschsprachigen „Zeitung" erschienen regelmäßig Ziegler-Karikaturen, eine Auswahl veröffentlichte er nach Kriegsende unter dem Titel „Faces behind the News".[74]

---

70 Vgl. Klaus von BEYME: Das Zeitalter der Avantgarden. Kunst und Gesellschaft 1905–1955. München 2005, S. 550–554.
71 Curriculum Vitae (wie Anm. 69).
72 Bei HOFFMANN/HÜBNER (wie Anm. 67), S. 192, ist fälschlich „Richard Ziller" angegeben. – Ziegler wählte ein Pseudonym, um seine in Deutschland verbliebene Familie nicht in Gefahr zu bringen.
73 Vgl. Robert ZILLER: We Make History. London 1940 (2. Aufl. 1941).
74 Richard ZIEGLER: Faces behind the News. London 1946.

England blieb bis 1963 Zieglers Wahlheimat, dann übersiedelte er nach Mallorca, wo er – unterbrochen von regelmäßigen Arbeitsaufenthalten in Calw – die nächsten 26 Jahre verbrachte, ehe er 1989 für seine letzten Lebensjahre in seine Geburtsstadt Pforzheim zurückkehrte. 1991 erhielt Richard Ziegler die Ehrenbürgerwürde der Stadt Pforzheim – 49 Jahre, nachdem seinem einstigen Freund Fritz Todt postum dieselbe Ehrung widerfahren war, und 46 Jahre, nachdem die Stadt Pforzheim Todt die Ehrenbürgerwürde wieder aberkannt hatte. Ob sich Richard Ziegler bewusst war, dass zu dieser Zeit Paul von Hindenburg und August von Mackensen immer noch in der Liste der Pforzheimer Ehrenbürger standen, ist ungewiss; ein gutes halbes Jahrhundert zuvor hatte Ziegler sowohl Mackensen als auch Hindenburg in seiner Karikaturensammlung „We Make History" noch in eine Reihe mit Hitler, Himmler, Göring, Goebbels, Ley und Streicher gestellt.

Generationslagerung – Generationszusammenhang

Acht der männlichen Abiturienten des Pforzheimer Reuchlingymnasiums überlebten den Ersten Weltkrieg – allein die durch ihre soziale Herkunft und ihr humanistisches Abitur bedingten Gemeinsamkeiten rechtfertigen es im Verein mit den annähernd gleichen Geburtsjahren, diesen Acht eine gemeinsame Generationslagerung zuzuweisen.[75] Soweit erkennbar, gilt das bis zu einem gewissen Grad auch für Helena Roggenburger, deren Lebenslauf sich freilich zum großen Teil der Rekonstruktion entzieht. Helena Roggenburger gab 1910 als Berufsziel „Lehrfach" an, sie wollte also Volksschullehrerin werden. Vermutlich besuchte sie auch das Lehrerseminar, im Jahre 1915 gab es im Hause Roggenburger jedoch eine Doppelhochzeit zu feiern, in deren Gefolge Helena Roggenburger ihre beruflichen Ziele zugunsten einer Tätigkeit als Hausfrau und Mutter aufgab: Sie heiratete am 15. Dezember 1915 den Gymnasialprofessor Dr. Wilhelm Löffler, am gleichen Tag heiratete auch ihre Schwester Bernhardine.

---

75 Vgl. Karl MANNHEIM: Das Problem der Generationen. In: DERS.: Wissenssoziologie. Auswahl aus dem Werk, eingel. und hrsg. v. Kurt H. WOLFF. Berlin, Neuwied 1964, S. 509–565. S. dazu zuletzt Carsten KRETSCHMANN: Generation und politische Kultur in der Weimarer Republik. In: Hans-Peter BECHT, Carsten KRETSCHMANN, Wolfram PYTA (Hrsg.): Politik, Kommunikation und Kultur in der Weimarer Republik. Ubstadt-Weiher 2009 (=Pforzheimer Gespräche 4), S. 11–30.

76 Absolut zweifelsfrei identifizierbar sind auf dem Foto lediglich Roggenburger, Brombacher, Mayer, Jourdan, Bauer und Todt; die übrigen Identifizierungen basieren auf Vergleichen mit späteren Portraitfotos, soweit solche vorhanden sind. Das Foto muss im übrigen vor Beginn der Abiturprüfungen entstanden sein, da noch alle 12 Oberprimaner zu sehen sind; zwei von ihnen – Adolf Baumann und Theodor Hangstörfer – traten zu den Prüfungen nicht an. Hangstörfer legte die Reifeprüfung dann im März 1911 ab, Baumann scheint seine Ambitionen begraben zu haben, jedenfalls legte er weder am Reuchlingymnasium noch an der Oberrealschule die Reifeprüfung ab.

Abbildung 8: Die Oberprima des Reuchlingymnasiums im Schuljahr 1909/10. Vordere Reihe von links nach rechts: unbekannt, unbekannt, unbekannt, Helena Roggenburger, Kuno Brombacher, Oskar Schumacher, unbekannt; hintere Reihe: unbekannt, Gustav Mayer, Walter Jourdan, Klassenlehrer Joseph Bauer, Fritz Todt, Friedrich Lautenschlager, Richard Ziegler[76] (Foto: Stadtarchiv Pforzheim).

Die zehn jungen Männer, die im Sommer 1910 ihre Reifezeugnisse erhielten, gehörten ganz eindeutig zur „jungen Frontgeneration",[77] und zumindest diejenigen von ihnen, die tatsächlich an der Front standen, verband ohne Zweifel auch ein Generationszusammenhang, zumal sie – allesamt als Reserveoffiziere – wohl sehr ähnliche Kriegserfahrungen in ihr weiteres Leben mitnahmen. Die ähnlichen Prägungen, die sie durch die Parallelen in ihren Biographien erhielten, sind freilich wohl stärker durch ihre soziale Herkunft als durch die Zugehörigkeit zu einer bestimmten Generation determiniert: Sie entstammten durchweg der Mittelschicht, mehrheitlich mit bildungsbürgerlichem Hintergrund, und einigen von ihnen war die Rolle vorbehalten, den über Generationen hinweg vollzogenen sozialen Aufstieg ihrer Familien als – vielleicht sogar promovierte – Akademiker zu krönen.

---

77 Zu diesem zeitgenössischen Begriff Ulrich HERBERT: Drei politische Generationen im 20. Jahrhundert. In: Jürgen REULECKE (Hrsg.): Generationalität und Lebensgeschichte im 20. Jahrhundert. München 2003 (=Schriften des Historischen Kollegs. Kolloquien 58), S. 95–114.

Abbildung 9: Das Lehrerkollegium des Reuchlingymnasiums im Schuljahr 1911/12. Vordere Reihe, von links nach rechts: Edwin Lepp, Julius Steinhoff, Direktor Armand Baumann, Wilhelm Köhler, Max Bodenheimer; mittlere Reihe: Adolf Schindler, Julius Seyfried, Joseph Bauer, Hermann Klingelhöfer, unbekannt, August Stober, Friedrich Emlein; hintere Reihe: Ernst Bissinger, unbekannt, unbekannt (Foto: Stadtarchiv Pforzheim).

Die meisten der zehn Abiturienten nahmen aus ihrer Schulzeit eine erkennbar konservative Grundhaltung mit, ob diese nun von Rechtskonservativen wie Karl Brunner oder eher von katholisch-konservativen Lehrern wie dem Zentrumspolitiker Wilhelm Köhler[78]

78 Wilhelm Köhler (1856–1937), seit 1894 Gymnasialprofessor in Pforzheim, 1911 Mitglied des Pforzheimer Bürgerausschusses, 1895–1904 Landtagsabgeordneter, 1905 erfolgloser Landtagskandidat der Zentrumspartei, Mitglied des Zentralkomitees der badischen Zentrumspartei; vgl. zu ihm Hans-Jürgen KREMER (Bearb.): Das Großherzogtum Baden in der politischen Berichterstattung der preußischen Gesandten 1871–1918, Bd. 2. Stuttgart 1992 (=Veröff. d. Komm. f. gesch. Landeskd. in Baden-Württ., A 43), S. 8 mit Anm. 2, und DERS. (Hrsg.): Mit Gott für Wahrheit, Freiheit und Recht. Quellen zur Organisation und Politik der Zentrumspartei und des politischen Katholizismus in Baden 1888–1914, Stuttgart, Berlin, Köln, Mainz 1983 (=Veröff. d. Stadtarchivs Mannheim, Bd. 11), S. 283. – Köhler posierte auf dem Foto des Lehrerkollegiums im Schuljahr 1911/12 mit Vollbart

angelegt worden war, und eine solche Grundhaltung mag auch für die meisten Elternhäuser typisch gewesen sein. Noch war es zwar nicht soweit, dass Rechtsradikalismus und Antisemitismus sozusagen informelle Bestandteile des Lehrplanes waren wie im Jahre 1925, als sich *hiesige Juden* […] mit der Forderung *an das badische Kultusministerium* wandten, *man solle* dem Schüler *Rilling wegen seiner judenfeindlichen Betätigung die Teilnahme am Abitur versagen. Dieser Versuch scheiterte nur infolge des entschiedenen Eintretens des damaligen Direktors am Reuchlingymnasium;*[79] dass der spätere SS-Mann Georg Mildenberger, Gymnasialprofessor am Reuchlingymnasium und ab 1933 dessen Direktor, seine Hände mit im Spiel hatte, ist anzunehmen. An der Oberrealschule waren die Verhältnisse im übrigen kaum anders, hier unterrichtete seit 1920 der militante und gewalttätige Nationalsozialist Herbert Kraft.[80]

Rechtsradikale Standpunkte waren in Pforzheim salonfähig, wie nicht zuletzt auch die kaum verschleierte Zusammenarbeit zwischen dem deutschnationalen Stahlhelm und der NSDAP zeigt.[81] Schon vor dem Ersten Weltkrieg war der Liberalismus im deutschen Südwesten stark nationalistisch geprägt, in den größeren Städten Badens beerbten vor allem die Deutschnationalen, nicht die DDP, nach 1918 die Nationalliberale Partei. Bei den Reichstagswahlen vom 4. Mai 1924 errang die DNVP in Pforzheim mehr Stimmen als die SPD: Ihre 27,3 Prozent lagen um rund fünfzig Prozent über dem Reichsergebnis und entsprachen dem Dreieinhalbfachen des Stimmenanteils, den die DNVP in Baden insgesamt erreichte. Die DNVP war vor allem als die neue Honoratiorenpartei der Stadt die Nachfolgerin der Nationalliberalen; mit Gustav Habermehl[82] an der Spitze, der für die DNVP auch im badischen Landtag saß, zählten die Deutschnationalen eine Vielzahl einflussreicher Pforzheimer Bürger zu ihren Mitgliedern und Sympathisanten – deutschnationale Standpunkte besaßen Gewicht in der Stadt. Dies mag unter anderem mit der starken Repräsentation der Schwerindustrie in der DVP zusammenhängen; die DNVP stützte sich demgegenüber stärker auf das gehobene protestantische Bürgertum und den gewerblichen Mittelstand – daneben natürlich auch auf Agrarier, Beamte und Adelige –, so dass die mittelständischen Pforzheimer Unternehmer ihre Interessen bei der DNVP wohl besser aufgehoben sahen. Mit einer Ausnahme lassen die Biographien aller Prüflinge des Jahrgangs 1910, die den Ersten Weltkrieg überlebten, eine Verwurzelung in rechtskonservativem Gedankengut

---

und einem Schlapphut, wie ihn 40 Jahre zuvor der ultramontane Politiker Heinrich Hansjakob bevorzugt getragen hatte.
79 Pforzheimer Anzeiger Nr. 123 vom 28. Mai 1935 und GLA 55/2/109/36351. – Direktor des Gymnasiums war zu dieser Zeit Dr. Fritz Bucherer.
80 Vgl. zu ihm Bad. Biogr., N. F. 3, S. 157–159.
81 Vgl. Durch Kampf zum Sieg. Ein Gedenkblatt für die ältesten Mitkämpfer des Führers in Pforzheim. In: Pforzheimer Rundschau Nr. 89 vom 17. April 1939.
82 Gustav Habermehl (1860–1931), Schmuckwarenfabrikant, Vorsitzender des Pforzheimer Arbeitgeberverbandes und des Kaufmännischen Vereins, Mitbegründer und erster Vorsitzender der badischen DNVP, 1919 bis 1931 Mitglied des badischen Landtags.

erkennen. Helene Roggenburger, Pforzheims erste Abiturientin, fügte sich fünf Jahre nach der Reifeprüfung doch noch ins tradierte Rollenbild, heiratete standesgemäß und gab den Gedanken an eine eigene Berufstätigkeit auf.

Nicht ungewöhnlich war der Umstand, dass lediglich vier der elf nach Ende des Studiums oder der Berufsausbildung ihren Lebensmittelpunkt wieder in Pforzheim hatten, wobei man realistischerweise davon ausgehen muss, dass auch der angehende Volkswirt Walter Jourdan sein Leben wohl kaum in Pforzheim verbracht hätte, wenn er den Krieg überlebt hätte.

Immerhin haben aber alle elf Prüflinge des Jahrgangs 1910 historische Spuren hinterlassen: Die beiden Toten des Ersten Weltkrieges wurden Bestandteil des „Heldengedenkens" ihrer Heimatorte, der einzige Kriegstote des Zweiten Weltkrieges schrieb sich in die Annalen der Pforzheimer Krankenhäuser ein. Sieben der elf hinterließen selbst verfasste Werke, und über vier von ihnen schrieben andere Personen.

Die Stadt Pforzheim und ihre Bewohner taten sich mit dem Gedenken an die vier prominenten Abiturienten des Jahres 1910 und das einstige Freundespaar schwer, selbst Friedrich Lautenschlager ist in seiner Geburtsgemeinde bislang nicht über die Internet-Homepage hinausgekommen, obgleich in Niefern-Öschelbronn die Prominenten nicht eben dicht gesät sind. Kuno Brombacher ist in seiner Geburtsstadt praktisch völlig vergessen, wohl weniger wegen seiner Nähe zum Nationalsozialismus, denn auch seinem Schwager Hans Völter, Reichstagsabgeordneter für die SPD, ging es nicht anders. Auch mit dem Jugendfreundepaar Todt-Ziegler war das historische Gedenken nicht einfach. Seine Geburtsstadt Pforzheim verlieh Todt 1942 postum die Ehrenbürgerwürde, 1945 wurde dieser Beschluss revidiert. Eine Ausstellung mit Werken Richard Zieglers gab es in seiner Heimatstadt erstmals in den späten 1950er Jahren, so richtig ins lokale Bewusstsein rückte Ziegler jedoch erst in seinen letzten Lebensjahren, als er längst der einzige noch Lebende aus seinem Abiturjahrgang war.

Stimmen, die eine Ehrung, ja: Rehabilitierung, Fritz Todts forderten, hörte man in Pforzheim hingegen seit Kriegsende immer wieder, zum letzten Mal am 6. Januar 1978, als ein – einschlägig bekanntes – Mitglied der Pforzheimer „Löblichen Singergesellschaft" bei der Jahreshauptversammlung den Antrag stellte, Todt durch ein Denkmal, eine Medaille oder die Benennung einer Straße zu ehren.[83] Die Mitgliederversammlung stimmte zu, und dieser Beschluss löste bundesweit und im benachbarten Ausland beträchtlichen publizistischen Wellenschlag aus, so dass die Singergesellschaft einen entsprechenden Antrag an die Stadtverwaltung zurücknahm und die Angelegenheit auf sich beruhen ließ. Für die „Löblichen Singer" war dieser Vorgang in positivem Sinne wegweisend, denn sie zog aus dem Eklat die Konsequenz, sich in der Zukunft der kritischen und mahnenden Erinnerung an die Zeit des Nationalsozialismus in intensiver Weise zu widmen, und tatsächlich hat die Singergesellschaft seitdem zahlreichen Initiativen zum Erfolg verholfen, die das kritische Gedenken an die NS-Herrschaft wachhalten – die Stolperstein-Initiative wäre ohne die Unterstützung der „Singer" in Pforzheim kaum zu einem so großen Erfolg geworden.

---

83   S. zu diesem Vorgang die Pforzheimer Lokalpresse vom Januar und Februar 1978.

Abbildung 10: "The ‚Old Guard' of the Munich Beer Hall", aus: Robert ZILLER [d. i. Richard Ziegler]: We Make History, London 1940 [nicht paginiert].

An dem bewussten 6. Januar 1978 schloss sich in gewisser Weise ein Kreis: Unter den vielen Mitgliedern der Löblichen Singergesellschaft, die sich der Idee, eine Ehrung von Fritz Todt zu fordern, in der Diskussion entschieden widersetzten, war neben dem damaligen Pforzheimer Oberbürgermeister Willy Weigelt auch Hans Georg Zier, damals Chef des Karlsruher Generallandesarchivs und wenig später Autor einer neuen, großen Geschichte der Stadt Pforzheim: Dass sich hier ein symbolischer Kreis schloss, hatte mit Hans Georg Ziers Mutter zu tun, denn sie war keine andere als Bernhardine Roggenburger, die jüngere Schwester von Helena, der einstigen Mitschülerin von Fritz Todt.

Richard Ziegler wählte womöglich eine ganz eigene Form des Gedenkens an seinen Schulfreund: Seine Karikaturensammlung „We Make History" enthält zwei Gruppenbilder, von denen eines mit dem Titel „The ‚Old Guard' of the Munich Beer Hall" überschrieben ist. Der Kommentar zur Karikatur identifiziert vier der abgebildeten „Alten Kämpfer" als Julius Streicher, Alfred Rosenberg, Hans Frank und Max Amann, die beiden anderen bleiben anonym. Das dritte Konterfei von links zeigt durchaus eine gewisse Ähnlichkeit mit Hans Frank, insbesondere die Augen- und Kinnpartie erinnern indessen weit mehr an Fritz Todt als an Hans Frank, den „Schlächter von Polen".[84] Wer in diesem Portrait Fritz Todt erkannte, konnte dann immer noch das etwas undeutliche Portrait im Hintergrund mit Hans Frank

---

84 S. zu Frank Niklas FRANK: Der Vater. Eine Abrechnung. München 1987, Martyn HOUSDEN: Hans Frank. Lebensraum and the Holocaust. New York u. a. 2003, Christoph KLESSMANN: Der Generalgouverneur Hans Frank. In: Vierteljahrshefte für Zeitgeschichte 19 (1971), S. 245–260, und Dieter SCHENK: Hans Frank. Hitlers Kronjurist und Generalgouverneur. Frankfurt a. M. 2006.

in Verbindung bringen – und Fritz Todt gehörte ebenfalls unzweifelhaft zur „Old Guard of the Munich Beer Hall".

„Motore donnern über die Bergstrecke".
Motorsport in der Goldstadt – Das Bergrennen an der Pforte des Schwarzwaldes

Martin Walter

Am 1. Oktober 1922 fand zum ersten Mal das Pforzheimer Bergrennen in Richtung Huchenfeld statt. Veranstaltet wurde es vom Motorsport Club Pforzheim, der im ADAC organisiert war. Die einzigartige Bergprüfung wurde beim Kupferhammer gestartet und endete kurz vor dem heutigen Stadtteil Huchenfeld. Die 3,6 km lange Strecke war und ist sehr kurvenreich und daher auch nicht ungefährlich, zumal sie sehr große Anforderungen an Fahrer und Fahrzeuge stellte. Nach der Zielankunft mussten die Rennfahrer mit reduzierter Geschwindigkeit durch Huchenfeld fahren und sich nach dem Ortsende in einem abgesperrten Bereich, dem Fahrerlager, aufstellen. Bereits das erste Rennen „an der Pforte des Schwarzwaldes" wurde ein durchschlagender Erfolg. Bei diesem Turnier 1922 nahmen 136 Fahrer und eine Fahrerin teil. Bereits am frühen Morgen gegen 6.00 Uhr pilgerten die Massen an die Rennstrecke: „zu Fuss und zu Wagen, auf Lastautos und auf Fahrrädern vielfach ‚zwei Mann auf einem Sitz' ging's zum Startplatz am Kupferhammer", berichtet die Pforzheimer Freie Presse. Die Zeitung monierte dagegen eher etwas süffisant das Fehlen der städtischen Straßenbahn, die sich, so das Urteil der Tageszeitung, „eine beträchtliche Einnahmequelle entgehen lasse".[1] Die Besucher wanderten vom Kupferhammer zu Fuß an die Rennstrecke weiter. Die Zuschauer standen zu beiden Seiten der Straße, „am meisten aber beim Start und Ziel und insbesondere an den gefährlichen Kurven hatten sich die Massen postiert." Gerade an diesen gefahrenträchtigen Stellen waren aufregende Fahrmanöver zu erwarten, aber auch Unfälle. Denn so mancher Starter rutschte von der Straße in den Graben oder in den Wald. Ernsthafte Folgen hatten die Stürze für keinen der Beteiligten. Zwei Motorradfahrer nahmen das Rennen umgehend wieder auf. Ein namentlich nicht genannter Motorradfahrer aus Ebersbach wurde zwar bewusstlos von der Strecke getragen, doch erholte er „sich rasch wieder und lies sich seine Zigarette schmecken." So war das damals.

Auch Deutschlands bester Rennfahrer jener Jahre, Karl Kappler aus dem badischen Gernsbach, startete gerne in Pforzheim. Er erzielte auf seinem Benz-Gaggenau Rennwagen

---

1   Pforzheimer Freie Presse, 2. Oktober 1922.

1922 den ersten jemals dort erzielten Bergrekord. Seine Zeit: 3 Minuten und 2 Sekunden. Das ist umso erstaunlicher, da Kapplers 1909 entstandener Wagen erst wenige Monate zuvor von Benz (ab 1926 Mercedes-Benz) im badischen Gaggenau modifiziert worden war. Das imposante Einzelstück zählte mit knapp zwei Tonnen Gesamtgewicht zudem zu den schwersten Fahrzeugen am Start. Kappler dominierte auch in den Folgejahren mit „seinem alten Benz-Gaggenau-Tourenwagen" das motorsportliche Geschehen in Pforzheim. Die beste Zeit aller Motorradfahrer erzielte Karl Scherer mit 3 Minuten 11 Sekunden. Kappler und Scherer erhielten den Preis der Stadt Pforzheim.[2]

Auch das zweite Bergrennen „an der Pforte des Schwarzwaldes" am 27. Mai 1923 wurde ein voller Erfolg für die Veranstalter. In den Tagen zuvor war fleißig die Werbetrommel gerührt worden. Im Verlag der „Sport-Rundschau", die Gustav Kunle herausgab, erschien eine gedruckte „Offizielle Start- und Teilnehmerliste".[3] Die Kreisstraße Kupferhammer wurde am Samstag zwischen 5.00 Uhr morgens und 10.00 Uhr bis Huchenfeld für den Verkehr gesperrt, „auch für Fussgänger", um Unglücksfällen vorzubeugen. Das Bezirksamt untersagte zudem das Mitbringen von Hunden. Die Erwartungen an die Bergprüfungsfahrt waren groß. Mit Spannung wurden Bergrekorde erwartet, die Öffentlichkeit war gespannt darauf, wer denn die zweite Auflage gewinnen würde. Wichtig waren aber auch noch weitere Aspekte. Lediglich fünf Jahre nach dem verlorenen Ersten Weltkrieg thematisierte die Presse auch die Wettbewerbsfähigkeit der deutschen Industrie:

„Die Veranstaltung verspricht also sehr interessant zu werden, umso mehr, da unter den Meldungen speziell bei den Motorrädern sehr viele Auslandsmarken vertreten sind. Diese Prüfungsfahrten haben also vor allem den Beweis zu erbringen, dass unsere Inlandsfabrikate den ausländischen mindestens ebenbürtig sind."[4]

Um es vorweg zu nehmen, Deutschlands erfolgreichster Rennfahrer der 1920er Jahre, Karl Kappler, gewann auf einem badischen Fabrikat. Schnellster Motorradfahrer war mit 3 Minuten 9 Sekunden Josef Mayr aus München auf einer 500 ccm-Viktoria, einer deutschen Motorradmarke. Motorradfahrer Karl Scherer aus Kochendorf verlor damit seinen Bergrekord von 1922 und musste sich mit einem dritten Platz begnügen. Dagegen konnte der Pforzheimer Fritz Heck in der 350 ccm-Klasse eine „echte Duftmarke" setzen. Er gewann auf seiner Marelli in 3 Minuten 36 Sekunden. Der zweite kam 44 Sekunden später ins Ziel. Heck erhielt einen schönen Klassenpreis, zudem einen Pokal als bester Pforzheimer des Gaues XIII und, da er bester Starter aus Pforzheim war, einen Ehrenpreis seiner Heimatstadt. Mit Arthur Geiss auf NSU und Fritz Fieß auf NSU waren zwei weitere Pforzheimer erfolgreich. Geiss erreichte in der Motorradklasse bis 500 ccm einen guten fünften Platz, Fieß wurde dritter in der Klasse D der Motorräder mit Beiwagen.[5]

2 Ebd.
3 Pforzheimer Freie Presse, 25. Mai 1923.
4 Pforzheimer Freie Presse, 26. Mai 1923.
5 Pforzheimer Freie Presse, 28. Mai 1923.

Der legendäre Karl Kappler aus Gernsbach im Murgtal „pfeilte" mit seinem Boliden so schnell den Berg hinauf, dass die Konkurrenten nur noch das Nachsehen hatten. Der Badener dominierte die Veranstaltung nach Belieben und war mit 2 Minuten 55 Sekunden sogar sieben Sekunden schneller als im Oktober des Vorjahres. Er war damit nicht nur Schnellster seiner Klasse, sondern hielt auch alle anderen Piloten auf Distanz, die mit ungleich moderneren Fahrzeugen angetreten waren. Karl Kappler erhielt für seine rennfahrerische Überlegenheit 1923 zum zweiten Mal den Ehrenpreis der Stadt Pforzheim (der sich leider nicht erhalten hat), einem „vom Hauptausschuss gestifteten Pokal", den Ehrenpreis des ADAC und natürlich den ersten Preis seiner Fahrzeugklasse.

Auch im zweiten Jahr war die Attraktivität des Rennens ungebrochen. Rund 140 Autos und Motorräder machten das gewaltige Starterfeld aus. Gemeldet hatten 101 Motorradfahrer, sieben Motorräder mit Beiwagen und 41 Sport- und Rennwagen. Das Rennen in Pforzheim wurde zu einem der größten jener Jahre und stellte die Veranstalter vor große organisatorische Aufgaben. „Ganz Pforzheim war auf den Beinen", keiner ließ sich dieses einzigartige Ereignis entgehen. Fantastisch erscheinen zudem die Angaben, die die zeitgenössische Presse zu den Besucherzahlen machte. 150.000 Menschen sollen die Strecke gesäumt haben. Und dies sei nur die Mindestzahl, von der man auszugehen habe, so der Berichterstatter. Dabei handelte es sich sicherlich um einen Fehler des motorsportbegeisterten Setzers in der Druckerei. 15.000 Besucher erscheint nach Einschätzung des Verfassers doch um einiges plausibler. Die Massen hatten sich nicht nur an den Böschungen entlang der Rennstrecke aufgestellt, besonders die Kurven waren bei den Zuschauern begehrte Ziele. Selbst Bäume wurden erklettert, um freie Sicht auf das Geschehen auf der Straße zu haben. „Wie üblich", so die Pforzheimer Freie Presse, „verzögerte sich der Start." Das Wetter hingegen blieb stabil und sonnig, nachdem es in den Tagen zuvor stark geregnet hatte. Unfälle beim Rennen blieben Randerscheinungen. Für das Jahr 1923 sind nur zwei Unfälle belegt, die aber beide mit relativ geringen Folgen für die betroffenen Fahrer blieben. Allerdings starb einer der Zuschauer, Fabrikant Mühlthaler. Er erlitt einen Schlaganfall.

Bekannte Namen jener Jahre waren am Start. Dr. Karl Tiegler aus Frankfurt erzielte auf seinem Benz eine Zeit knapp unterhalb der Vier-Minuten-Grenze und setzte sich mit relativ großem Vorsprung vor der Rennfahrerin Ernesta Merk aus Darmstadt durch. Zu den großen Idolen jener Jahre zählte Altmeister Carl Jörns auf seinem Opel. Jörns erzielte in den Jahren vor dem ersten Weltkrieg zahlreiche auch internationale Erfolge und beendete seine Laufbahn 1926 beim Kasseler Herkules Bergrennen. Internationales Flair erhielt das Pforzheimer Bergrennen durch den Start von Suad Rüschdi aus Istanbul, der auf einem NAG-Wagen mit 4,06 Sekunden zwar weit von Kapplers souveränem Bergrekord entfernt war, aber einen zweiten Platz in seiner Klasse einfahren konnte.

Nach Abschluss des Rennens fuhren die Motorräder und Automobile geschlossen „in einer langen Kolonne" zurück in die Stadt und nahmen auf dem Marktplatz Aufstellung. Dort spielte die Kapelle der Feuerwehr auf. Gegen 16.00 Uhr fand dann die Verkündung der Rennergebnisse statt. Die Preisverleihung wurde im Hotel Sautter vorgenommen.

Oberbürgermeister Gündert hielt eine kurze Ansprache und lud alle Teilnehmer für das nächste Jahr wieder nach Pforzheim ein.[6]

Neue Rekorde stellte wiederum die dritte Auflage des Rennens am 29. Juni 1924 auf. Auch in diesem Jahr unterstützten die Stadt, wie auch das Bezirksamt die Verantwortlichen des Motorsportclubs und ergänzend nun auch die des Badischen Automobilclubs, Sektion Pforzheim. Zusätzlich zur Rennstrecke nach Huchenfeld war nun auch die westliche Karl-Friedrich-Straße vom Leopoldsplatz bis hin zum Marktplatz für den gesamten Renntag gesperrt worden. Das Bezirksamt legte großen Wert darauf, dass „das Besteigen der Bäume" verboten sei.[7]

Die Rennstrecke war in diesem Jahr mit großem Aufwand präpariert worden. „Die eine oder andere Kurve wurde nach Möglichkeit für das Rennen geeigneter gemacht durch ein schwaches Verlegen des Neigungswinkels nach innen", so die Pforzheimer Freie Presse vom 30. Juni 1924. Einen Tag vor dem Rennen hatte die Abnahme der Fahrzeuge auf dem Turnplatz stattgefunden. Trotz des mäßigen und feuchten Wetters hatten sich dort bereits eine große Menge Schaulustiger eingefunden. „Alles drängte sich um die Motorräder und Automobile, und was bislang mit einer manchmal auch berechtigten Antipathie allem Benzinfressenden gegenüber gestanden hatte, bezeugte auf einmal das lebhafteste Interesse an den verschiedenartigsten Fahrzeugen."[8] Am Samstagabend gab es mit einem Empfang für die Teilnehmer im Hotel Post einen ersten gesellschaftlichen Höhepunkt. Hierzu eingeladen hatte Fabrikbesitzer Anton Albert als Vorsitzender der Pforzheimer Sektion des Badischen Automobilclubs.

Das Rennen am Sonntag früh wurde zu einem spektakulären Event. Schon in aller Frühe „sorgte das Geknatter der Motore in den Straßen der Stadt, dass an Schlaf nicht mehr zu denken war." Und wie in den Jahren zuvor pilgerten die motorsportbegeisterten Besucher an die Rennstrecke und nahmen besonders an den Kurven Aufstellung. In diesem Jahr waren gesonderte Tribünen an der „oberen und der unteren Kurve" errichtet worden. Zudem wurde die Strecke mit einigem Aufwand für das Rennen vorbereitet. Die Presse berichtete erstmals davon, dass die Strecke abgesperrt wurde, „damit das Rennen ungestört vor sich gehen konnte."

„Immer zahlreicher sind die Bewerber von allen Teilen des Reiches, die sich um die Siegerschleife bewerben. Besonders dieses Rennen ist glänzend beschickt."[9] Dies berichtet das 1937 erschienene Rennprogramm zum 5. Pforzheimer Bergrennen. Und tatsächlich tauchen nun noch mehr als in den Jahren zuvor die großen Namen des deutschen Motorsports auf. Zum ersten Mal findet sich der legendäre Rennfahrer Rudolf Caracciola in der Meldeliste, der in 3 Minuten und 1 Sekunde Sieger seiner Klasse (bis 8 Steuer-PS) wurde. Mercedes entsandte zudem seinen Ausnahmepiloten Christian Werner, der auf einem rot

---

6 Ebd.
7 Pforzheimer Freie Presse, 27. Juni 1924.
8 Pforzheimer Freie Presse, 30. Juni 1924.
9 Rennprogramm zum „5. Bergrennen an der Pforte des Schwarzwaldes", 27. Juni 1937, S. 10.

Abbildung 1: Programmheft des 5. Bergrennens von 1937 (Fotosammlung: Martin Walter).

lackierten Mercedes-Kompressor-Rennwagen die weltberühmte Targa Florio wenige Tage zuvor gewinnen konnte. Werner fuhr eine Ehrenrunde, er nahm aber nicht offiziell am Bergrennen teil. Das übernahm dafür Karl Kappler auf einem bauartähnlichen Fahrzeug. Mercedes stellte einen weiß lackierten 1,5 Liter Kompressor-Rennwagen zur Verfügung, den Kappler 1924 bei zahlreichen Bergrennen auch im Ausland siegreich einsetzen konnte, so auch in Pforzheim. Karl Kappler gewann zwar seine Klasse in 2 Minuten 59,1 Sekunden mit seinem Kompressor-Mercedes souverän. Den Pforzheimer Kaufmann und Rennfahrer Adolf Rosenberger musste er vorbeiziehen lassen, der zwar knapp 4 Sekunden schneller war, diese Zeit aber mit einem weitaus leistungsstärkeren Rennwagen erzielte. Zweiter in der Rennwagenklasse wurde Fritz von Opel naturgemäß auf einem Opel vor Rennfahrer von Meister auf einem Haag. Von Opel gewann dagegen die Klasse 7 für Motorwagen über 12 Steuer PS mit der viertbesten Zeit des Tages.

Bemerkenswert sind die Erfolge der Pforzheimer Wenz und Mast, die die ersten beiden Plätze in der Motorwagenklasse 5 bis 10 Steuer-PS vereinnahmen konnten. Wenz erzielte auf seinem Presto eine Zeit von 3 Minuten 45,5 Sekunden. In der Klasse 2 bis 5 Steuer-PS sorgten Sportfahrer Wimmer auf Haag und Moll auf NSU mit den Plätzen drei und vier ebenfalls für gute Erfolge. Keine Chance hatte dagegen der Pforzheimer Rösch als zweitplatzierter auf einem Fiat gegen den jungen Rudolf Caracciola, der auf einem Mercedes die Klasse 4 bis 8 Steuer-PS mit einer Zeit von 3 Minuten 1,4 Sekunden gewinnen konnte.[10]

Die beste Zeit aller Motorräder erzielte der Stuttgarter Paul Mahlenbrei mit 3 Minuten 5 ½ Sekunden. Er schrammte nur knapp an der magischen Schallmauer von 3 Minuten vorbei. Dagegen war er aber deutlich schneller als die Motorradfahrer in den Jahren zuvor. Gute Ergebnisse erzielten die Pforzheimer in mehreren Motorradklassen. Hüffner auf einer Wimmer, Heinz auf DKW und Daniel auf einer Dolf belegten die Plätze zwei, drei und sechs. In der Klasse 5 bis 500 ccm blieb Schofer auf BMW dem bereits mehrfach erwähnten Karl Scherer aus Kochendorf eng auf den Fersen. Geiß und Müller belegten die Plätze vier und fünf. In der Beiwagenklasse bis 500 ccm tauchte der Pforzheimer Motorradfahrer Wessinger auf einer Wanderer zum ersten Mal als dritter in der Siegerliste auf.[11] Insgesamt erfuhren sich die Pforzheimer Piloten ein mehr als nur achtbares Teamergebnis.

Den Höhepunkt der Pforzheimer Motorsportgeschichte in den Jahren der Weimarer Republik stellte die 4. Berg-Prüfungs-Fahrt dar, die am 4. Mai 1925 ausgetragen wurde. Die Verantwortung dafür lag nun in den Händen dreier Pforzheimer Motorsportverbände, dem Pforzheimer Automobil-Club (als Sektion des Badischen Automobil-Clubs), dem Motorsport-Club Pforzheim (im ADAC) und dem namensgleichen Motorsport-Club Pforzheim im DMV. Die technische Abnahme wurde wie zuvor auf dem Turnplatz bzw. in erweiterter Form auf dem Gelände der Brauerei Ketterer in der Jahnstraße vorgenommen. Wiederholt waren bei den vergangenen Rennen Schäden an Flora und Fauna erfolgt. In der Konsequenz stellte nun das Bezirksamt strenge Strafen für das Abbrechen von Zweigen u.ä. in Aussicht.[12]

Verbessert wurden an der Strecke wiederholt die Kurvenquerschnitte, was dann tatsächlich zu neuen Rekorden führte. Insbesondere ein Pforzheimer Ausnahmerennfahrer sollte beim Rennen einen Rekord für die Ewigkeit aufstellen: Kein geringerer als Adolf Rosenberger, der Mitbegründer von Porsche.[13] Im Gegensatz zu früheren Jahren waren die Tribünen voll besetzt. Zu Tausenden strömten die Besucher an die Rennstrecke und sorgten für eine begeisterte und begeisternde Stimmung, wie man sie für viele Jahre nicht mehr erleben sollte. Um 7.15 Uhr wurde das Rennen traditionell mit „einer schmucken Schwarzwälderin auf einem Motorrad (Frau Rösch)" eröffnet. Manch einer der Zuschauer fror allerdings an diesem kühlen Maimorgen.

Viele der damals besten deutschen Herrenfahrer hatten in Pforzheim gemeldet. Mit dabei waren bei den „Motorwagen: Altmeister Jörns auf Opel, Hans von Opel, Häuser auf Steyr,

---

10 Pforzheimer Freie Presse, 30. Juni 1924.
11 Ebd.
12 Pforzheimer Morgenblatt, 30. April 1925.
13 Zu Rosenberges Schicksal vgl. den Beitrag d. Vf.: Martin WALTER: Ein (fast) vergessener Vater des „Volkswagens", der Porsche AG und ein erfolgreicher Rennfahrer: Der Pforzheimer Adolf Rosenberger – ein deutsch-jüdisches Schicksal. In: Christian Groh (Hrsg.): Neue Beiträge zur Pforzheimer Stadtgeschichte 1. Heidelberg u.a. 2006, S. 201–221.

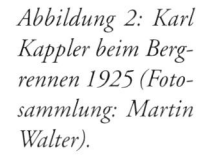

Abbildung 2: Karl Kappler beim Bergrennen 1925 (Fotosammlung: Martin Walter).

Rosenberger auf Mercedes, Kappler auf Simson Supra SS, W. Rösch aus Pforzheim auf Fiat, Baumeister auf Wanderer – Motorräder: Hüffner, Pforzheim auf Wimmer, Behr auf Hirth, Wilhelm Gaiß aus Pforzheim auf Wimmer, Arthur Geiß aus Pforzheim auf DKW, Scherer auf NSU, sowie zum ersten Mal Freiherr von König-Fachsenfeld."

Insgesamt gaben 95 Motorradfahrer mit und ohne Seitenwagen sowie 39 Kraftwagen Nennungen ab. Zum ersten Mal finden sich nun auch in größerem Umfang ausländische Namen und Fabrikate in der Nennungsliste. Darunter Bianovici aus Prag auf Tatra, Lordino aus Mailand auf einem Fiat 8 oder der Berner Hügli auf Mercedes 8/95 PS. Kappler nahm 1925 auf seinem brandneuen Simson Supra SS teil und gewann seine Fahrzeugklasse. Von diesem technisch sehr raffiniert konstruierten Rennwagen wurden in Suhl/Thüringen nur 30 Exemplare gefertigt. Erhalten hat sich leider kein einziges dieser schnellen und wendigen Fahrzeuge, die vor allem bei Bergrennen mit den pfeilschnellen Bugatti T 35 T auf Augenhöhe standen. Das einzige Relikt des Kapplerschen Simson Supra SS ist eine Kühlerfigur, die 1981 auf einem Schrottplatz in der Nähe von Baden-Baden gefunden wurde und sich heute in Sammlerhand befindet. Mit den Simson Supra SS gewann Kappler kaum vorstellbare 200 Rennen.

Bedauerlicherweise gab es in diesem Jahr einige ernsthafte, allerdings nicht tödliche Unfälle, die in der nun schneller zu fahrenden Rennstrecke begründet waren: „Gleich der erste Motorradfahrer, W. Lauber aus Freiburg auf Puch, ist an der ersten Kurve gestürzt und musste das Rennen aufgeben. Daselbst stürzte auch der sieggekrönte Deutschlandfahrer Arthur Geiß aus Pforzheim; er will trotz stark beschädigter Maschine weiterfahren, stürzt aber gleich darauf beim Hoheneck zum zweiten Male. Der flottes Tempo haltende Motorfahrer Mayer aus Bretten stürzte an der oberen Kurve, ohne ernsten Schaden zu nehmen. An der ersten Kurve hatte auch Bätzner aus Stuttgart einen ernsten Sturz zu erleiden, ebenso Reinbotsch aus Baden-Baden auf Englischer Triumph, dessen Maschine total zertrümmert wurde und er selbst bewusstlos liegen blieb." Ebenso ernsthafte Folgen hatte der Unfall des Stuttgarters Locher auf einer Harley-Davidson in der Beiwagenklasse. Gleich zu Beginn rutschte er von der Strecke. Er erlitt schwere Schädelverletzungen, sein Beifahrer brach sich beide Beine. Beide kamen ins Krankenhaus und konnten nach einigen Tagen entlassen werden. Aber auch bei den Automobilen gab es in diesem Jahr den ersten nennenswerten Unfall an der Rennstrecke. Carl Jörns' Opel drehte sich nach der oberen Kurve ein Mal um die eigene Achse und schleuderte mit Wucht in die Böschung. Jörns trug erhebliche Gesichtsverletzungen davon, was ihn aber nicht davon abhielt, die Sportwagenklasse bis 12 Steuer PS zu gewinnen.[14] Adolf Rosenberger startete mit seinem Mercedes zweimal, zum einen in der Sportwagenklasse bis 6 Steuer PS und in der Rennwagenklasse bis 1,5 ltr Hubraum. Den erstgenannten Lauf gewann er in einer Zeit von 2 Minuten 41 Sekunden. Wie gut diese Zeiten waren, belegt das Ergebnis des zweitplatzierten Bugatti-Piloten Emil Hornung aus Baden-Baden. Hornung hatte eine halbe Minute Rückstand. Eine ähnliche Klasseleistung erzielte Richard Reich aus München mit seiner Halbliter-BMW, der ebenfalls fabelhafte 2 Minuten und 44 Sekunden erzielte. Nur wenig langsamer war der Baden-Bader Motorradrennfahrer Siegfried Fuß, der lediglich 4 Sekunden mehr für die Strecke benötigte. Insgesamt blieben neun Starter unterhalb der 3 Minutenmarke. Am knappsten verlief das Rennen in der Klasse der Motorräder bis 500 ccm für Ausweisfahrer. Nur eine Zehntelsekunde trennte den Heidelberger Alfred Hausmann vom siegreichen Albin Motz aus Konstanz. Es handelte sich um die engste Entscheidung, die je bis dahin bei einem Pforzheimer Rennen ausgefahren wurde. In diesem Jahr erzielten die Pforzheimer Piloten einige Klassensiege. Oskar Breusch gewann als Amateur die Halbliter-Klasse auf Viktoria, Rudolf Wessinger wurde in der Beiwagenklasse bis 650 ccm Erster, ebenso wie der Amateur Franz Panitz in der Klasse über 650 ccm. Panitz allerdings hatte fast anderthalb Minute Rückstand auf Wessinger aufzuweisen, der weitaus besser mit der Strecke klargekommen war. Bei den Sportwagen war Richard Fuld in der Klasse bis 12 Steuer PS mit 3 Minuten und 8 Sekunden nicht zu schlagen. Die Pforzheimer erzielten an diesem Wochenende mit 6 Klassensiegen und dem Bergrekord von Adolf Rosenberger das bisher mit Abstand beste Ergebnis. Karl Kappler bestätigte mit dem ersten Platz auf seinem Simson Supra SS seine gute Form der Motosportsaison 1925. Ebenfalls erfolgreich war der Rastatter Karl Westermann auf Pluto, der als Amateur in der 4 PS-Steuerklasse bis auf 2 Sekunden an die Zeit des Ausweisfahrers Hans von Opel herankam.[15] Beendet wurde das Rennen gegen 11.30 Uhr. Wie im Vorjahr fuhren die Teilnehmer mit ihren Fahrzeugen in Richtung Marktplatz. Im städtischen Saalbau gab es am Nachmittag ein Festkonzert, an das sich die Preisverteilung anschloss.

Zu den Schlüsselfiguren des Pforzheimer Bergrennens ist zweifelsfrei Adolf Rosenberger zu zählen, der mit seiner Präsenz und seinen guten Kontakten bis nach Berlin dafür Sorge trug, dass das Pforzheimer Rennen auch im europäischen Ausland mehr und mehr bekannt wurde. Rosenberger ist bis heute der mit Abstand erfolgreichste Pforzheimer Motorsportler. Mit seinen über 40 Siegen im In- und Ausland war er damals einer der bekannten Helden seiner Zeit. Bis heute ist er Rekordhalter beim legendären Klausenpass-Bergrennen in der Schweiz

---

14   Pforzheimer Freie Presse, 4. Mai 1925.
15   Ebd.

und steht dort auf derselben Stufe mit Louis Chiron oder Rudolf Caracciola. Bei der vorerst letzten Rennveranstaltung der 1920er Jahre gewann Adolf Rosenberger auf der sogenannten „Großmutter", einem heute im Werksmuseum stehenden Mercedes-Rennwagen souverän seine Rennwagenklasse. Aber die Propaganda der Jahre nach 1933 sollte die Erfolge der größten Pforzheimer Helden aus der kollektiven Erinnerung der deutschen Motorsportgeschichte tilgen. Karl „Charlie" Kappler dominierte die ersten beiden Jahre nach Belieben, 1924 und 1925 war es Adolf Rosenberger, der der einzigartigen Pforzheimer Bergprüfung seinen Stempel aufdrückte. Beide Männer waren die mit Abstand besten Piloten am Berg und trotzdem: Das Programm der Neuauflage des Rennens von 1937, das die NSKK organisierte, nannte beide nicht mehr. Rosenberger galt als Jude als verfemt, Kappler saß 1937 im Gefängnis. Kappler wurde nach dem Einmarsch der Franzosen im April 1945 als Bürgermeister seiner Heimatgemeinde ernannt. Er galt als unbelastet. Die Nähe zu den neuen Machthabern nach 1933 suchte er sicher nicht. Der deutsche Jude Adolf Rosenberger dagegen lebte 1937 bereits im Exil.[16]

Die Neuauflage 1937: „Pforzheim im Rennfieber"

12 Jahre nach dem Ende der Pforzheimer Bergrennen hauchte die Motorbrigade Südwest als organisatorischer Bestandteil des nationalsozialistischen Kraftfahrerkorps (NSKK) dem Pforzheimer Bergrennen wieder neues Leben ein. 1925 hatte die letzte Veranstaltung in der Verantwortung des BAC und des ADAC stattgefunden. Die damals Verantwortlichen hatten finanzielle Gründe ins Feld geführt, die als Konsequenz zum Bedauern Vieler die Absagen in den Jahren darauf hatten. Damit endete die Geschichte des nordbadischen Bergrennens vergleichsweise früh. Die meisten vergleichbaren Motorsport-Events in Deutschland wurden bis 1927, 1928 oder teilweise bis 1929 geführt. Insofern werden noch andere Gründe ausschlaggebend gewesen sein, die aufgrund der spärlichen Quellenlage nicht mehr zu ermitteln sind.

Schon einige Tage vor dem 5. Bergrennen in Pforzheim beobachteten die Pforzheimer begeistert das Treiben zahlreicher Motorradfahrer beim „wilden Training" auf der Rennstrecke. Ebenso lange war das Wiederaufleben des Bergrennens in der Stadt ein Thema, das die meisten bewegte. Auch im Stadtbild waren die Vorboten deutlich wahrnehmbar: „Laut krachend sausten Motorräder und Sportwagen durch die Straßen". Das erste offizielle Training fand am Samstag, dem 26. Juni statt. Dafür gab es zwei Zeitfenster, zum einen am Vormittag zwischen 9.00 und 12.30 Uhr und am Nachmittag von 14.30 Uhr bis 19.00 Uhr. Bereits das Training hatte viele Tausende an die Strecke gelockt, die sich in diesem Jahr in einer straßenbautechnisch modernisierten Form befand. Die ursprüngliche Kreisstraße wurde zum 1. Juli 1934 in eine Landstraße 1. Ordnung umgewandelt. Die Planungen der Straßenbauarbeiten stammten von Regierungsbaurat Gräff.[17]

---

16 Vgl. WALTER (wie Anm. 13).
17 Rennprogramm zum „5. Bergrennen an der Pforte des Schwarzwaldes", 27. Juni 1937.

Am Renntag selbst herrschte bestes Wetter: „Herrlicher Sonnenschein lag über der Landschaft und so setzte schon in aller Frühe der Zustrom zur Rennstrecke ein, der über die ganzen Vormittagsstunden nicht mehr abriss."[18] Das Fahrerlager war im Hof der Eisfabrik am Kupferhammer eingerichtet worden. Anders als bei den Rennen der 1920er Jahre gab es nun eine nennenswerte Werksunterstützung: „Fahrbare Reparaturwerkstätten, Wagen mit Ersatzteilen verschiedener Firmen standen bereit, und wurden auch recht häufig von den Fahrern in Anspruch genommen." Eröffnet wurde das Rennen gegen 10.00 Uhr. Die Pforzheimer Rundschau berichtete am 28. Juni 1937: „Ein Ehrensturm des NSKK marschierte vor die Haupttribüne an der Haarnadelkurve auf. Sturmbannführer Hampe nahm die Meldung entgegen. Die Flaggen wurden gehisst. Das Rennen konnte beginnen." Eröffnet wurde das Rennen durch den damals sehr bekannten Motorradrennfahrer Heiner Fleischmann auf einer NSU-Rennmaschine. Traditionsgemäß wurden die „Kleinen", die Klasse der Motorräder bis 250 ccm, zuerst auf die Strecke geschickt. Gemeldet waren 15 Fahrer, 13 dann tatsächlich am Start. Hans Rausch aus Stuttgart gewann auf seiner DKW mit einer Durchschnittsgeschwindigkeit von 86,7 km/h. Die vier Erstplatzierten fuhren alle eine DKW. Die Startnummer 1 hatte übrigens Robert Dittes aus Diedelsheim, ein Pforzheimer Ausweisfahrer war in dieser Klasse nicht am Start. Erstmals wurde in der Klasse II, den Ausweisfahrern bis 350 ccm die 90 Kilometermarke durchbrochen. Mit der Nr. 19 gewann der Neckarsulmer Richard Dollmann auf NSU in 2 Minuten 16,6 Sekunden, das entsprach einem Schnitt von 92,3 km/h. Zweiter wurde Karl Bürkle aus Ludwigsburg auf einer Norton. Besonderen Beifall verdiente sich Eugen Müller aus Huchenfeld auf einer raren EMIR. Eugen Müller sicherte sich den 4. Platz, den er kurioserweise zusammen mit Hans Müller aus (Heidelberg-) Ziegelhausen belegte, der mit 2 Minuten 23,8 Sekunden exakt die gleiche Zeit fuhr. Mit Willi Hägele (Start-Nr. 22), Ludwig Juppenplatz (Start-Nr. 25), Heinrich Kuhbach (Start-Nr. 44), Hermann Stemmler (Start-Nr. 45) waren weitere vier Goldstädter am Start, konnten aber nicht in das Rennen um die vorderen Plätze eingreifen. Dagegen führte der Klassensieg des Huchenfelders Max oder Artur Volz (gemeldet waren mit Max und Artur Volz zwei Huchenfelder) auf Rudge zu wahren Begeisterungsstürmen an der Strecke. Volz kannte die Strecke wie seine Westentasche und kam mit 0,6 Sekunden Vorsprung denkbar knapp vor dem Bad Cannstatter Klebert ins Ziel. Spannend verliefen auch die Läufe in der einzigen Seitenwagenklasse der Ausweisfahrer. August Dankof kam allerdings mit seinem Beifahrer Heinrich Gerhardt mit über 10 Sekunden Vorsprung vor dem zweitplatzierten Ludwig Ruckenbrodt aus Karlsruhe ins Ziel.

Aber auch die Profis, die Lizenzfahrer in der Klasse bis 250 ccm, boten Motorsport vom Feinsten. Hier siegte Hermann Gablenz (Karlsruhe) in 2 Minuten 15,0 Sekunden knapp vor dem Saarländer Eugen Loßmann. Interessanterweise hätte die Siegerzeit der Ausweisfahrer in dieser Klasse noch für einen dritten Platz bei den Lizenzfahrern ausgereicht. Insofern lag die Leistungsdichte sehr eng beisammen. Den Bergrekord holte sich der an diesem Tage

---

18 Pforzheimer Rundschau, 28. Juni 1937.

nicht zu bezwingende Karlsruher Kurt Nitschky auf seiner Bücker. Nitschky schrammte mit seiner Zeit von 2 Minuten 6,4 Sekunden nur knapp an der magischen 100 km/Stunde-Marke vorbei, sein Schnitt lag bei atemberaubenden 99,7 km/Stunde.

Nitschky sollte nach dem Zweiten Weltkrieg zum Neubegründer des deutschen Motorsports werden. Er rief 1946 den SMRV, den Süddeutschen Motorrennfahrer Verband, ins Leben und organisierte im Juni 1946 mit dem Ruhestein-Bergrennen die erste Motorsportveranstaltung in Deutschland nach 1945. Sein Freund Josef Faistenhammer aus München kam 4,2 Sekunden später ins Ziel. Faistenhammer gewann dagegen die Seitenwagenklasse über 600 ccm auf einer Douglas. Zweiter wurde der Würzburger W. Hofmann auf einer Viktoria. Der Pforzheimer Robert Fink stürmte mit Beifahrer Herbert Ammann als Dritter ins Ziel. Auch das feierten die Pforzheimer an diesem Tag. Mit großer Spannung wurden die Starts der Sport- und Rennwagen erwartet. Die Ausweisfahrer starteten in drei Klassen, wobei sich wieder ein Pforzheimer in die Siegerliste eintragen konnte. Eduard Brenk sicherte sich den Klassensieg auf seinem NSU/Fiat. Nur zwei Starter waren in der Klasse VII der Sportwagen bis 1500 ccm gemeldet. Hier gewann der Breslauer Leopold Schöller souverän vor dem Brettener Oskar Harsch. Beide fuhren einen BMW. Sehr umkämpft war die Klasse VIII, der Sportwagen bis 2 Liter Hubraum. Hier trafen zehn Jahre alte Bugatti auf relativ neue Wanderer- oder Opel-Fahrzeuge. Das führte dann folgerichtig zu kuriosen Klassenergebnissen. Während die ersten vier Platzierten innerhalb weniger Sekunden ins Ziel kamen, blieb der Sechste Alexius Veit mit über 1 Minute Rückstand weit hinter dieser Gruppe zurück. Zu den Highlights zählten letztendlich aber die Starts der Lizenzfahrer der Sport- und Rennwagen. Ausgefahren wurden vier Läufe in den Sportwagenklassen. Tino Neumaier aus Busenbach siegte mit seinem kleinen BMW in der Klasse bis 1100 ccm. Bugatti-Pilot Eugen Brütsch erzielte mit 2 Minuten 20,4 Sekunden eine durchaus respektable Zeit, die für einen Klassensieg in der Lizenzfahrerklasse VII bis 1500 ccm ausreichend war. Der spätere Veritas-Rennfahrer Ralf Roese kam mit seinem BMW über 16 Sekunden danach ins Ziel. Zum großen Bedauern der Zuschauer waren nur wenige Rennwagen gemeldet. Der Stuttgarter Egon Brütsch meldete zwei Bugatti, einmal mit und einmal ohne Kompressor. Erich Hestler, ebenfalls aus Stuttgart, war zwar gemeldet. Für ihn ist allerdings leider kein Ergebnis überliefert. Der Heilbronner Assenheimer blieb mit seinem Monoposto-Rennwagen weiter hinter den eigenen Erwartungen zurück. Egon Brütsch absolvierte dagegen einen souveränen letzten Lauf an diesem Sonntag. Mit seinem Bugatti stürmte er in 2 Minuten 10,2 Sekunden den Berg in Richtung Huchenfeld hinauf und unterbot den nur wenig zuvor aufgestellten Bergrekord von Josef Hummel aus Freiburg, der einen Alfa-Romeo nach Pforzheim brachte. Hummel war neben Herbert Berg und Alexius Veit einer der wenigen, der nicht für eine nationalsozialistische Organisation wie DDAC, NSKK, SS-Motorstaffel oder SA an den Start ging. Hummel und Berg waren Mitglieder der Süddeutschen Renngemeinschaft e.V. Veit zählte zu den „Segelfliegern".[19]

---

19 Alle Ergebnisse aus: Pforzheimer Rundschau, 28. Juni 1937.

Abbildung 3: Der Ehrenring des 5. Bergrennens von 1937, Detail aus dem Programmheft (Fotosammlung: Martin Walter).

Nach dem Ende der Rennen gegen 13.30 Uhr fuhren die Teilnehmer geschlossen in die Innenstadt zurück. Insgesamt war alles planmäßig verlaufen, von Unfällen wird nicht berichtet, allenfalls von „leichten Stürzen" beim Training am Samstag zuvor. Im Stadtgarten fand um 15.00 Uhr die Ehrung der Sieger statt, die Ersten jeder Klasse erhielten einen Siegerkranz. Zudem gab es wertvolle Sachpreise, die die Pforzheimer Schmuckwarenindustrie gestiftet hatte. Das Rennprogramm für das 5. Bergrennen, das in einer Auflage von 5000 Exemplaren erschien, nennt einen „Ehrenring", den die jeweiligen Sieger der Ausweisfahrerklassen erhalten haben sollen. Dieser Ring nach einem Entwurf von Franz Panitz zeigt das Zeichen der NSKK mit Adler und Hakenkreuz sowie einer szenischen Umsetzung der Rennstrecke.[20] „Ein Siegheil auf den Führer und das Kampflied der Bewegung beschloss die Siegerehrung."[21]

Das 5. Bergrennen bleibt in der historischen Nachbetrachtung das letzte Bergrennen bis zum Ausbruch des Zweiten Weltkrieges in Pforzheim. Es war auch unter der Ägide der NS-Machthaber und der mehr als nur deutlich wahrnehmbaren braunen Einfärbung ein mehr als nur erfolgreiches Unterfangen. Über 20.000 Menschen wurden Zeugen einer einzigartigen und sehr erfolgreich durchgeführten Motorsportveranstaltung. Wäre es nach dem Willen der Organisatoren gegangen, dann hätte 1938 das „6. Bergrennen an der Pforte des Schwarzwaldes" stattfinden sollen. Hierzu kam es leider nicht mehr.[22]

---

20 Rennprogramm zum „5. Bergrennen an der Pforte des Schwarzwaldes", 27. Juni 1937.
21 Pforzheimer Rundschau, 28. Juni 1937.
22 Überraschenderweise ist nach Bearbeitungsende dieses Beitrages eine bisher unbekannte Quelle zur Motorsportgeschichte in Pforzheim aufgefunden worden. Im Archiv des Pforzheimer Automobil- und Motorsport Club e.V. im ADAC hat sich der erste Protokollband (1922–1931) des Vereins erhalten. Darin eine weitere Fülle von Informationen u.a. auch zu den ersten Huchenfeld-Bergrennen. Zu den Gründungsmitgliedern zählen Arthur Wiedmann (1. Vorsitzender), Willy Truckses (2. Vorsitzender), Otto Panitz (Schriftführer), Paul Kohlschein (Kassier), Fritz Heer (Sportleiter), Heinrich Gerstel (Beisitzer) und Adolf Rosenberger (Beisitzer).

Die „Deutschen Christen" in Pforzheim: eine Annäherung

Uri R. Kaufmann

Anlässlich von Recherchen zu einer Ausstellung über „Jüdisches Leben in Pforzheim" stieß ich auf die Notiz, dass in der Stadtkirche 1934 zu einem antisemitischen Vortrag gebeten wurde.[1] Trotz der enormen Archivverluste soll der Versuch unternommen werden, für Pforzheim die Tätigkeit der im Umfeld der aufstrebenden NSDAP 1931 gegründeten „Glaubensbewegung Deutsche Christen", besonders ihrer Pastoren, im Gegensatz zur „Bekennenden Kirche" darzustellen. Es ist sozialgeschichtlich wichtig, die Inhalte der evangelischen Gemeindeblätter aus der Zeit zwischen 1900 und 1941 zu analysieren: Welches Gedankengut kam bei den evangelischen Christen in Pforzheim an? Die wichtige Quellenedition des Landeskirchlichen Archivs berücksichtigt vor allem den amtlichen Schriftwechsel, der der breiten Bevölkerung nicht zugänglich war.[2] Hier werden die Einstellungen der Pastoren und kirchlichen Behördenträger widergespiegelt.

Es gibt inzwischen eine breite Geschichtsschreibung über die Kirchen und das Dritte Reich. Bis etwa 1970 herrschte bezüglich der NS-Verstrickung der evangelischen Landeskirchen in das NS-Regime in Westdeutschland allerdings weitgehend Schweigen. Zuvor waren selbstgerechte Rechtfertigungen erschienen, etwa 1954 die des badischen Oberkirchenrats (Amtszeit 1924–1953) und Kronjuristen Otto Friedrich (1883–1978).[3]

Die erste deutschlandweite Darstellung war diejenige des DDR-Kirchenhistorikers Kurt Meier, die in Göttingen veröffentlicht wurde.[4] Hierauf folgte die Arbeit des Tübinger Kirchenhistorikers Klaus Scholder, der 1985 vor Fertigstellung des Gesamtwerks verstarb.[5]

---

1 Pforzheimer Rundschau vom 17. April 1934, 2. Beilage.
2 Hermann ERBACHER, Hermann RÜCKLEBEN, Gerhard SCHWINGE (Hrsg.): Die Evangelische Landeskirche in Baden im Dritten Reich, 6 Bde. Karlsruhe 1991–2005.
3 Die kirchen- und staatskirchenrechtliche Entwicklung in der Evangelischen Landeskirche Badens. In: Zeitschrift für Evangelisches Kirchenrecht, Bd. 3 (1953/54), S. 292–349.
4 Der evangelische Kirchenkampf. 3 Bde., Göttingen 1976–1984.
5 Klaus Scholder: Die Kirchen und das Dritte Reich. Bd. 1: Vorgeschichte und Zeit der Illusionen 1918–1934. Frankfurt am Main 1977, Bd. 2: das Jahr der Ernüchterung 1934. Barmen, Rom, Berlin 1985.

Sein Werk wird von Georg Besier und Jörg Thierfelder weitergeführt. Das Gesamtwerk kam aber trotz 24 Jahren Bearbeitung (1977–2001) vorerst nur bis zum Jahr 1937.[6]

Zur badischen Evangelischen Landeskirche sind Arbeiten von Kirchenarchivdirektor Hermann Erbacher (1909–1999) und Archivdirektor Herrmann Rückleben[7] zu verzeichnen. Anlass waren ein Vortrag von Klaus Scholder (1930–1985) in der Arbeitsgemeinschaft für geschichtliche Landeskunde 1970 in Karlsruhe[8] und eine 1983 ebenfalls dort gezeigte Ausstellung über „die Kirche zwischen Kreuz und Hakenkreuz".[9] Diese ist wiederum auf dem Hintergrund der Studentenbewegung des Jahres 1968 und ihrer kritischen Anfrage an die Elterngeneration und deren Aktivitäten vor 1945 zu verstehen.

Man muss fragen, ob die Abhängigkeit vom kirchlichen Arbeitgeber nicht die historiographische Position beeinflusst hat. So ist der ältere Hermann Erbacher apologetischer als Hermann Rückleben (geb. 1939). Doch auch dieser versuchte die Frage der Handlungsspielräume mit der suggestiven Bemerkung „Was hätte er [Landesbischof Johannes Kühlewein] denn tun können?" vom Tisch zu wischen. Rückleben kritisiert an Scholder, dass er die badische Landeskirche nicht für „intakt" ansieht, d. h. nicht mit einer durch die Nationalsozialisten aufgezwungenen Kirchenführung versehen.[10]

Immerhin förderte die Landeskirche von 1991 bis 2005 die umfangreiche sechsbändige Quellenedition. Hier ist zu fragen, wieso Erbacher als Herausgeber des ersten Bandes die Ergebenheitsadresse von Landesbischof Johannes Kühlewein des Jahres 1933 zur „Machtergreifung" nicht aufgenommen hat. Dies wurde – außerhalb der Chronologie, nach Kritik – nachgeholt.[11] Kritischer war der 2001 beauftragte Bibliothekar des Oberkirchenrates Gerhard Schwinge, der die umfangreiche Quellenedition fortsetzte.[12] Er verweist darauf, dass seine Vorgänger Quellen, die die Behandlung von Juden und Christen jüdischer Herkunft

---

6 Georg BESIER: Die Kirchen und das Dritte Reich. Bd. 3: Spaltungen und Abwehrkämpfe. Berlin 2001.
7 Hermann RÜCKLEBEN: Kirchliche Zentralbehörden in Baden 1771–1958. In: Hermann Erbacher (Hrsg.): 150 Jahre vereinigte Evangelische Landeskirche in Baden 1821–1971. Karlsruhe 1971, S. 624–667, s. hier S. 656–663. In der 797 Seiten umfassenden Festschrift zur Vereinigung der Evangelischen Landeskirche macht dieser Abschnitt aus seinem Aufsatz weniger als ein Prozent des Umfangs aus. Wichtig ist die „Auswahl-Bibliographie" von Erbacher, die auch Titel zur NS-Zeit umfasst, s. ebd., S. 744–768 (462 Titel).
8 RÜCKLEBEN (wie Anm. 7), S. 658, Anm. 151. Der Vortrag wurde in Bd. 2 der Oberrheinischen Studien erst 1973 publiziert, s. dort S. 223–241. 1970 erschien eine allg. Vorstudie über „Die Kapitulation der ev. Kirche vor dem nationalsozialistischen Staat". In: Zeitschrift für Kirchengeschichte (ZfG), 81 (1970), S. 183–206.
9 Eberhard RÖHM, Jörg THIERFELDER: Evangelische Kirche zwischen Kreuz und Hakenkreuz. Stuttgart 1981, hrsg. im Auftrag des Rats der ev. Kirche Deutschlands von der Evang. Arbeitsgemeinschaft für Kirchl. Zeitgeschichte.
10 RÜCKLEBEN (wie Anm. 7), S. 660, Anm. 162, vgl. SCHOLDER (wie Anm. 5), Bd. 1, S. 701.
11 ERBACHER/RÜCKLEBEN/SCHWINGE (wie Anm. 2), 2, S. 797–799.
12 S. seine Kritik an Justiziar Friedrich, ERBACHER/RÜCKLEBEN/SCHWINGE (wie Anm. 2), Bd. 6, S. 237.

betrafen, von der Edition ausgenommen hatten. Distanzierter führt der evangelische Georg Besier, der an der Heidelberger Theologischen Fakultät unterrichtet hatte, die evangelische badische Landeskirche nicht mehr als „intakte" Kirche an, im Gegensatz zu Württemberg, Bayern und Hannover. „Intakt" bedeutet in der Geschichtsschreibung, dass die Kirche von den Nazis nicht dominiert, sondern unversehrt (=intakt) belassen wurde. Er verweist in seinem Vorwort zum dritten Band (2001) von „Die Kirchen und das Dritte Reich" explizit auf die „Forschungsmonopole" der jeweiligen Landeskirchen auf die Zeitgeschichtsforschung ihrer Kirchen und die damit verbundene Problematik.[13] Er selbst sieht sich hingegen der kritischen Anfrage gegenüber beiden Konfessionen verpflichtet.

Inzwischen sind Einzelstudien erschienen,[14] doch über Pforzheim hat noch niemand gearbeitet. In der lokalen Geschichtsschreibung herrschte die Trauer um die massive Zerstörung Pforzheims im Februar 1945 vor und damit verbunden bis in die 1980er Jahre das Bedürfnis nach einer Rekonstruktion des Verschwundenen.[15]

Glücklicherweise sind lokale kirchliche Publikationen in den Beständen des landeskirchlichen Archivs erhalten geblieben, wie sich dort auch die Personalakten der Pfarrer befinden. Äußerungen von Pforzheimer Pfarrern werden durch die Quellenedition von Erbacher/Rückleben/ Schwinge (1991–2005) zugänglich. Im letzten sechsten Band (2005) befindet sich die jüngste Darstellung durch den einst an der PH Heidelberg im Bereich der evangelischen Theologie wirkende Jörg Thierfelder.[16] Der Band wird von einer umfangreichen Bibliographie abgerundet (S. 137–156).

Von diesen kirchlichen Vorarbeiten hat auch der Aufsatz von Gerhard Kaller im Handbuch der baden-württembergischen Geschichte 2003 profitiert.[17] Er verweist auf nationalsozialistische Einflüsse und darauf, dass diese nach 1933 „massiv" gewesen seien. Kaller führt die Einführung einer Finanzabteilung auch im Zusammenhang des Widerstandes der evangelischen Kirche an: Hier war Landesbischof Johannes Kühlewein bereit, zu protestieren, was er gegen die vielen antijüdischen Maßnahmen nicht tun wollte.

---

13 Besier (wie Anm. 6), Bd. 3, S. 8.
14 Udo Wennemuth (Hrsg.): Unterdrückung, Anpassung, Bekenntnis: die Evangelische Kirche in Baden im Dritten Reich und in der Nachkriegszeit. Karlsruhe 2009.
15 Neue kritischere Ansätze bei Hans-Peter Becht, Hans-Jürgen Kreuz, Andrea Binz-Rudek (Hrsg.): Die „Chronik der Stadt Pforzheim", Ubstadt-Weiher, S. 11–13, Christian Groh: Die Goldstadt Pforzheim. Eine illustrierte Stadtgeschichte. Gudensberg 2005, S. 109, ders., Elemente der Erinnerung an den 23. Februar 1945 in Pforzheim, in: Neuere Beiträge zur Pforzheimer Stadtgeschichte, 2 (2008) S. 209–229, Stefan Pätzold, Kleine Geschichte der Stadt Pforzheim. Karlsruhe 2007, S. 191–217.
16 Jörg Thierfelder: Die badische Landeskirche in der Zeit des Nationalsozialismus – Anpassen und Widerstehen –. In: Erbacher/Rückleben/Schwinge (wie Anm. 2), Bd. 6, S. 289–366.
17 Gerhard Kaller: Baden in der Zeit des Nationalsozialismus, in: Hans-Martin Schwarzmaier (Hrsg.): Handbuch der baden-württembergischen Geschichte. Bd. 4: Die Länder seit 1918. Stuttgart 2003, S. 176f.

Die Stadt und die evangelische Gemeinde

Pforzheim war bis ins 20. Jahrhundert eine weitgehend evangelisch geprägte Stadt. 1536–1565 diente sie sogar als Hauptstadt der „Unteren Markgrafschaft", bis Durlach und darauf Karlsruhe an ihre Stelle traten.[18] Pforzheim durchlebte im 19. Jahrhundert eine stürmische wirtschaftliche Entwicklung. 1859 machten die evangelischen Pforzheimer knapp 80 Prozent der Stadtbevölkerung aus.[19] In Baden selbst wirkten 1933 442 Pfarrer für etwa 900.000 evangelische Gläubige,[20] hinzu kamen 200 Vikare und an evangelischen Einrichtungen angestellte Pastoren. Nach dem Stellenplan waren 481 Pfarrerstellen vorgesehen. Die evangelische Landeskirche hatte sich am 26. Juli 1821 „uniert", d.h. Lutheraner und Reformierte hatten sich zusammengeschlossen.[21] Sie verstand sich als „Landeskirche", d.h. herrschaftsnah. Ihr oberster Kirchenherr war zugleich der Markgraf, respektive nach 1806 der Großherzog. Er war „oberster Bischof" und behielt seine monarchischen Privilegien bis 1918. Ansätze von Mitbestimmung gab es in der alle drei Jahre stattfindenden Synode, die stark von den Pastoren bestimmt war. Erst nach 1862 hatte diese eine (kirchlich-)gesetzgebende Funktion.[22]

Der Pastorenstand in Baden war sehr in sich geschlossen: Es gab regelrechte Pfarrer-Dynastien, und die Pastorenfamilien waren häufig miteinander verwandt. Die Fruchtbarkeit der Pfarr-Haushalte war angesichts der optimalen Lebensbedingungen mit großzügigem Dienst-Pfarrhaus und fester Anstellung groß. Neben der Heidelberger evangelischen Fakultät war auch die Tübinger wichtig. Pforzheim befand sich in einer Randlage zu Württemberg. So erklärt sich, dass viele Pastoren der Stadt aus Württemberg stammten. Es war einfach, das badische Staatsbürgerrecht zu erhalten, um eine feste Stelle im Dienst der badischen Landeskirche einzunehmen.

Innerhalb der Theologie bildeten sich im 19. Jahrhundert zwei Schulen aus: die „liberale" auf der einen Seite, die auf der Aufklärung aufbaute und für einen Bekenntnispluralismus innerhalb der Landeskirche eintrat, eine Betonung der Dogmatik ablehnte und zu gewissen Glaubensgrundsätzen wie etwa zur Jungfrauengeburt Jesu Fragezeichen zu machen wagte. Auf der anderen Seite die „positive" oder konservative Schule, die sehr biblizistisch geprägt war und Neuerungen ablehnte. Sie sah in der modernen Gesellschaft, in der Industrialisierung nur schädliche Auswüchse. Sie war mehrheitlich für einen Obrigkeitsstaat und hatte große Vorbehalte gegen die Weimarer Republik. Weniger bedeutend als in Württemberg waren die Pietisten in Baden. Zwischen den „Positiven" und den Pietisten gab es fließende Übergänge.

---

18 Pätzold (wie Anm. 15), S. 87–89.
19 Adressbuch der Stadt Pforzheim. Pforzheim 1859.
20 Die Kirche. Evangelisches Gemeindeblatt für Pforzheim, Nr. 10, 4. März 1933, S. 79.
21 Hermann Erbacher (Hrsg.): Vereinigte Evangelische Landeskirche in Baden 1821–1971. Karlsruhe 1971. S. bes. den Aufsatz von Adolf Benrath über die Entstehung der vereinigten evangelisch-protestantischen Landeskirche in Baden. Ebd., S. 49–113.
22 Thierfelder (wie Anm. 16), S. 294.

Einzelne pietistische Gemeinden gingen allerdings so weit, aus der Landeskirche auszutreten und sich als „Freikirche", d. h. frei vom Staat und dessen Einflussnahme, zu verstehen. Die Auseinandersetzung zwischen „Positiven" und „Liberalen" prägte die badische Landeskirche in der zweiten Hälfte des 19. Jahrhunderts. Viele Kirchgemeinden versuchten, einen Pfarrer „ihrer" Richtung einzustellen.

Um 1900 war die Mehrheit der Pastoren in Baden deutsch-national und konservativ eingestellt. Der Zusammenbruch nach dem Ersten Weltkrieg war für die meisten ein großer Schock.

Es musste eine neue Struktur gefunden werden, da der Großherzog abdankte, seine kirchlichen Rechte aufgab und sich ins Private zurückzog. Nach Maßgabe der demokratischen Weimarer Verfassung wurde am 24. Dezember 1919 eine neue Kirchenverfassung eingeführt, in der die Synode die zentrale Rolle spielte.[23] Es gab einen Kirchenpräsidenten. 1924 wurde der deutsch-nationale Klaus Wurth (1861–1948)[24] gewählt. Hinzu kam ein „Prälat" als Vertreter der Pastoren. Die Synode wählte sechs Synodalen, die mit dem Präsidenten und dem Prälaten die „Kirchenregierung" bildeten. Die Rechte der Landeskirche blieben trotz aller sozialistischen Propaganda um 1919/1920 unangetastet: Sie durfte weiter Religionsunterricht in Schulen erteilen, die Note wurde im Zeugnis eingetragen und war somit versetzungsrelevant. Alle Steuerzahler – auch die freikirchlichen, konfessionslosen, katholischen und jüdischen – bezahlten die evangelische theologische Fakultät in Heidelberg. Sie wurde und wird bis heute nicht durch die evangelische Kirchensteuer finanziert. Die Landeskirche hatte das Recht, Kirchensteuern einzuziehen, und der Staat leistete ihr dabei Amtshilfe. Es wurden allerdings weitere Religionsgemeinschaften anerkannt, so auch die israelitische.

Es ist nicht verwunderlich, dass sich nach 1918 die alten Auseinandersetzungen zwischen „Positiven" und „Liberalen" fortsetzten. Etwas verstärkt wurden die Religiösen Sozialisten („Volkskirchliche Bewegung"). In den Synodalwahlen der Weimarer Zeit (1918–1930) blieben die „Positiven" die stärkste Kraft, gefolgt von den „Liberalen", den religiösen Sozialdemokraten und der Landeskirchlichen Vereinigung, die eine Mittelposition zwischen „positiv" und „liberal" einnahm. Die „Positiven" verloren im Verlauf der Weimarer Republik an Bedeutung, blieben aber stärkste Kraft. Zuerst stellten sie zur Jahreswende 1918/1919 bei der ersten Urwahl zur Synode 50 von 85 Abgeordnete.[25] 1926 waren es nur 32 von 63, also knapp die Hälfte.[26] Viele Pastoren stießen sich an der demokratischen Streitkultur während der Tagungen der Synode. Die „Positiven" hatten mit Präsident Klaus Wurth und Prälat Johannes Kühlewein eine starke Stellung.

---

23 Ebd.
24 Gerhard SCHWINGE: Wurth, Nikolaus (*Klaus*). In: Erbacher/Rückleben/Schwinge (wie Anm. 2), Bd. 6, S. 468.
25 RÜCKLEBEN (wie Anm. 7), S. 653.
26 THIERFELDER (wie Anm. 16), S. 296.

Ein Pforzheimer Pfarrer

Typisch für den Werdegang eines badischen Pastors ist derjenige von Pfarrer Heinrich Weidner (1888–1967), der 1934 zu einem antisemitischen Vortrag in die altehrwürdige Stadtkirche lud.[27] Schon sein Vater war Pastor im Württembergischen, diente in einem Dorf bei Heilbronn und wollte seinem Sohn eine gute Gymnasialausbildung ermöglichen.[28] So lernte Heinrich Weidner am Reuchlin-Gymnasium in Pforzheim, erhielt 1910 das badische Staatsbürgerrecht, studierte in Tübingen unter anderen bei Adolf Schlatter (1852–1938) und war Mitglied einer Burschenschaft. 1912 wurde er in Pforzheim als Pastor ordiniert und unterrichtete Konfirmanden an der Osterfeldschule. Er war vom Militär begeistert und diente im Ersten Weltkrieg. Am 14. Januar 1933 wurde Weidner schließlich von der Kirchenregierung in Pforzheim platziert. Er galt als ausgesprochen „Liberaler", wandte sich aber 1934 den „Deutschen Christen", der nationalsozialistischen evangelischen Glaubensbewegung, zu.

Tatsache ist, dass zu den badischen Synodalwahlen am 10. Juli 1932 die Nationalsozialisten 14 Vertreter entsenden konnten und mit fast 30 Prozent zweitstärkste Kraft wurden. Die Bewegung nannte sich anfänglich „Kirchliche Vereinigung für positives Christentum und deutsches Volkstum", schloss sich aber schon am 5. März 1933 der „Glaubensbewegung Deutsche Christen" an.[29] In der Alltagssprache nannte man sie „evangelische Nationalsozialisten".

Hier stellt sich die Frage, weshalb machte Weidner wie viele andere liberale badische Pastoren diesen Schritt? Wieso brach der badische Pastoren-Liberalismus so schnell in sich zusammen? Die Biographien von Pforzheimer Pastoren und die Analyse der kirchlichen Gemeindeblätter mögen erste Hinweise geben.

Auch die „Positiven" waren durchaus keine Demokraten und befürworteten die Abschaffung des Parlamentarismus in der Landeskirche. Sie gingen 1933 sogar eine Verbindung mit den „Deutschen Christen" ein, wahrscheinlich um ihren reduzierten Einfluss wettzumachen. Dieses „Va-Banque-Spiel" ging aber nicht auf, da der NS-Staat stärker war. Der offene Antisemitismus der „Deutschen Christen" war für die „Positiven" kein Hinderungsgrund, ein Bündnis einzugehen.

Dieser Zusammenarbeit ist es zu verdanken, dass das Amt des Kirchenpräsidenten abgeschafft und ein „Landesbischof", der autoritär regieren konnte, eingeführt wurde.[30] Er erließ die Kirchengesetze, ernannte die Pfarrer und repräsentierte die Kirche in allen Belangen außer den rechtlichen. Die Synode hatte im Wesentlichen nur beratende Funktion. Natürlich ist

---

27 Pforzheimer Rundschau vom 17. April 1934, 2. Beilage: Deutsche Christen zur Judenfrage in der Stadtkirche: Vortrag zum Thema „Die Judenfrage auf dem Hintergrund des jüdischen Volksgeschickes".
28 Landeskirchliches Archiv (LKA), Karlsruhe, PA (=Personalakten) Nr. 5233.
29 THIERFELDER (wie Anm. 16), S. 299.
30 Gesetz über den vorläufigen Umbau der Verfassung (...), vom 1. Juni 1933, THIERFELDER (wie Anm. 16), S. 313.

dies im Zusammenhang mit der im NS-Staat zur selben Zeit den Kommunen verordneten Einführung des „Führerprinzips" zu sehen, das auf der Verachtung für Demokratie und Parlamentarismus aufbaute.[31] Die Amtseinführung des neuen Landesbischofs am 23. Juli 1933 mit allen NS-Honoratioren, die der Gau Baden zu bieten hatte, machte auf Zeitgenossen den Eindruck der Gleichschaltung.[32] Kühlewein hatte am 2. April 1933 noch als Prälaten einen Hirtenbrief erlassen, in dem Adolf Hitler als lange „ersehnt und erhofft" dargestellt – die Machtergreifung Hitlers war ein „Werk Gottes", wurde somit theologisch überhöht – und diesem die Zusammenarbeit mit der Kirche angeboten wurde, eine Ergebenheitsadresse.[33] Mittels einer Einheitsliste von „Deutschen Christen" und Positiven verschafften sich erstere 32 Sitze in der Synode, die Positiven erhielten nur 25.[34]

Erst Ende 1933 zeichnete sich unter den „Positiven" eine Distanzierung von den „Deutschen Christen" ab. Ein größerer Teil der Positiven wandte sich der entstehenden „Bekennenden Kirche" zu. Diese verabschiedete in Barmen und Dahlem grundlegende theologische Erklärungen und schuf „Bruderräte", die sie im Gegensatz zu von den Nazis in den meisten Landeskirchen eingesetzten Kirchenleitungen als einzig legitime Kirchenführung ansah.[35] In Baden galt allerdings Landesbischof Johannes Kühlewein in den Augen der Bekennenden Kirche als „legitim", da er ein „Positiver" war und von ihnen und den „Deutschen Christen" gemeinsam gewählt worden war.

Um den geistigen Horizont der badischen Pastoren zu rekonstruieren, ist es notwendig, einen Blick auf die evangelischen Gemeindeblätter zu werfen. Die Pastoren haben die Inhalte entweder selbst verfasst, zumindest aber akzeptiert. Zudem ist die Wirkung dieser Organe auf die weltanschauliche Prägung der Gemeindemitglieder nicht zu unterschätzen.

Das „kirchliche Gemeindeblatt für Pforzheim"

Der „Evangelische Kirchgemeinderat" Pforzheim fungierte als Herausgeber des „kirchlichen Gemeindeblatts für Pforzheim", das bei der Druckerei F. Schneider in Pforzheim an der Emilienstrasse 20 selbst hergestellt wurde und für die Zeit vor dem Ersten Weltkrieg nach-

---

31 Thierfelder argumentiert, dieser Schritt könne nicht „ausschließlich" als Ausdruck des nationalsozialistischen Führerprinzips verstanden werden (THIERFELDER (wie Anm. 16), S. 324, inkl. Anm. 112), doch waren die Kompetenzen der kirchlichen „Behörde" im Gegensatz zum Landesbischof und dem Kirchenrechtler Friedrich, der wahrscheinlich dieses Gesetz entworfen und auf sich zugeschnitten hatte, bedeutungslos.
32 THIERFELDER (wie Anm. 16), Anm. 118 auf S. 316.
33 Ebd., S. 310 f. Kühlewein entwarf ein manichäisches Weltbild und hoffte, Hitler als Kanzler würde der christlichen Religion helfen, Gehässigkeit, Rachsucht, Bosheit, Unreinheit und Unsittlichkeit zu beseitigen. Außer Jesus gäbe es kein Heil, ERBACHER/RÜCKLEBEN/SCHWINGE (wie Anm. 2), 2, S. 798 f.
34 THIERFELDER (wie Anm, 16), S. 317.
35 BESIER (wie Anm. 6), 2, S. 335–347.

gewiesen ist. Damals bestand ein Kirchgemeinderat in einer großen Stadt wie Pforzheim aus 16 Mitgliedern aus den Kreisen der Honoratioren. Sie waren zur Hälfte auf drei, zur anderen auf sechs Jahre gewählt. Für die badische Landeskirche galt bis 1918 das badische Dreiklassenwahlrecht, welches die Reichen bevorzugte.

Im Gemeindeblatt wurde die Grenze zur evangelischen Pfingstbewegung scharf gezogen.[36] Diese war als „Erweckungsbewegung" 1901 in den USA entstanden (Prediger Charles Fox Parham, 1873–1929) und wirkte auf Westeuropa hinüber (in Deutschland 1905 durch Zeltmissionar Jonathan Paul vom Ausgangspunkt Mülheim an der Ruhr).

Bezüglich des Judentums findet man die klassischen Stereotypen von der strengen Gesetzesreligion. So wird Jesus als Gegner des Sabbats dargestellt: Judentum diente als Negativfolie für ein angeblich freieres evangelisches Christentum.[37] Die vaterländische Gedenkfeier von 1913, die an den Sieg gegen Napoleon 1813 erinnerte, wurde begangen.[38] Eine konservative Distanz zur „Welt" lässt sich erkennen: Diese sei in *Hass und Lüge verkommen* und das deutsche Volk habe eine *nationale Sendung*.[39] Es sollte *die Welt* (!) für das Christentum gewinnen. Dies lief auf eine Rechtfertigung des Ersten Weltkriegs hinaus.

1916 hetzte das Gemeindeblatt gegen *sittenlose Bücher*, die *auf dem Scheiterhaufen* landen sollten.[40] Die deutschen Bühnen seien *mit der Geisel* vom *ausländischen Schund* zu *säubern*.[41] Die deutschen Frauen waren der *Putzsucht* verfallen und sollten zu neuer Bescheidenheit finden.[42] Der Versailler Friedensvertrag wurde entschieden abgelehnt:[43] Man kann also ein deutsch-national konservatives Pathos, durchwoben mit antijudaistischen Klischees, und eine aggressive Sprache feststellen.

Eingestreut sind viele kleine lokalhistorische Essays von Robert Gerwig, die angesichts des Archivverlusts von Pforzheim eine besondere Bedeutung haben. So berichtet er von der französischen Besatzung im 17. Jahrhundert oder der Niederlassung von Schweizern im Raum Pforzheim nach 1654, nach den Zerstörungen des Dreißigjährigen Kriegs (1618–1648).[44]

In einem Bericht zu den Pforzheimer Kirchgemeindewahlen finden wir, dass im August 1920 die Liberalen zwölf, die Positiven acht und die Sozialisten einen Sitz hatten.[45] Die evangelischen Gemeindemitglieder – inklusive der neu stimmberechtigten Frauen – in Pforzheim waren somit anfänglich mehrheitlich liberal geprägt, doch waren die Positiven auch stark.

---

36 Gemeindeblatt für Pforzheim, Nr. 10, Oktober 1912, S. 69. (Landeskirchliches Archiv, Y 186).
37 Ebd., Nr. 9, September 1912, S. 59.
38 Ebd., Nr. 11, November 1912, S. 76.
39 Ebd., Nr. 3, März 1915, S. 10.
40 Ebd., Nr. 4, April 1916, S. 87.
41 Ebd., S. 88.
42 Ebd.
43 Ebd., Nr. 3, März 1921, S. 11.
44 Ebd., Nr. 12, Dezember 1915, S. 92, Nr. 12, Dezember 1912, S. 84.
45 Ebd., Nr. 8, August 1920, S. 29.

Das „Gemeindeblatt der evangelischen Gemeinde Pforzheim"

1925–1930 existierte ein „Gemeindeblatt der evangelischen Gemeinde Pforzheim" (Verlag Chr. Layer, Hofgartenstr.12, Auflage 15.000). Hier distanzierte man sich von der (katholischen) Fastnacht, wie man auch riet, sich an katholischen Geldsammlungen nicht zu beteiligen.[46] 1927 wurde darauf verwiesen, dass *das Volkstum von Gott gegeben* und Deutschtum und Christentum eng verwachsen seien.[47] Der Staat sei die Gottesordnung und die Kirche wolle, dass jedermann ihm untertan sei. Hier musste die alttestamentarische Frömmigkeit als Negativfolie für das Christentum herhalten.[48]

„Die Kirche. Evangelisches Gemeindeblatt für Pforzheim 1929–1935"

Dieses ist im Landeskirchlichen Archiv vom 17. Februar 1929 an bis zum 25. Mai 1941 erhalten.[49] Es hatte das ältere Gemeindeblatt abgelöst. Wer dafür verantwortlich war, ist nicht zu rekonstruieren. Vermutlich hatte Pfarrer Karl Spies (1886–1942), der alsbald auch zu den „Deutschen Christen" gehören sollte, beim Entschluss mitgewirkt. Spies wurde in Merchingen geboren und studierte wie Amtsbruder Weidner bei Adolf Schlatter in Tübingen. In seinen Predigten vertrat er einen heftigen Antijudaismus (*strengstes* Ritualgesetz der Juden, die Juden als *Knecht* desselben, dagegen der Gott von Jesus als *liebender Vater*).[50] Spiess wurde am 25. April 1926 Geistlicher der Westpfarrei mit Sitz an der Emilienstrasse 3. Er galt nach 1934 als „Scharfmacher" dieser NS-Bewegung und war ein Geistesbruder des neuen Verlegers des Gemeindeblattes und dessen Schriftleiters.

Das Blatt erschien im Evangelischen Verlag Heidelberg, der Jakob Comtesse gehörte. Comtesse (geb. 1870) stammte aus einem Neuenburger (Schweiz) Pfarrerhaushalt und war sehr germanophil eingestellt.[51] Er übernahm 1897 in Heidelberg einen Buchversand, der sich zum Evangelischen Verlag an der Bergstraße 5 entwickelte. Emil Adolf Doerr

---

46 Ebd., Nr. 1, Januar 1925, S. 1.
47 Nr. 6, September 1927: Königsberger Kirchentag.
48 Nr. 9, Oktober 1928, S. 35.
49 Landeskirchliches Archiv, Karlsruhe, Signatur Y 187. Die hohe Zahl des Jahrgangs (1929: 52. Jg.) bezieht sich wahrscheinlich auf die Vorläuferorgane, in deren Tradition sich das neue Gemeindeblatt stellen wollte. 1940 erscheint ein leicht geänderter Titel: „Evangelisch-protestantisches Sonntagsblatt".
50 S. die Predigtkonzepte in seiner Personalakte im Landeskirchlichen Archiv PA Nr. 5932. Spies hatte ein „gut" in Hebräisch erhalten und beschäftigte sich mit der rabbinischen Textüberlieferung „Massora", war also durchaus nicht unwissend.
51 Die Kirche. Ev.-prot. Gemeindeblatt für Pforzheim, Nr. 17, 21. April 1940, S. 76.

(1882–1948) war Schriftleiter des Evangelischen Gemeindeblatts zusammen mit Pfarrer Max Weiss (1869–1952, nach 1933 Dekan in Heidelberg). Doerr war seit 1924 Oberkirchenrat (ursprünglich als Vertreter der liberalen Strömung) und seit 1927 Mitglied in der NSDAP Heidelberg.[52] Diese hatte ihren Aufschwung genommen und wurde schon 1930 zur stärksten politischen Partei in der Heidelberger Legislative.[53] Doerr blieb bis 1945 Kirchenrat. 1926–33 war er stellvertretender Vorsitzender der Kirchenregierung, wurde schon 1933 Mitglied der „Deutschen Christen" und ab Mai 1938 stellvertretender, von 1940 bis zum 25. Februar 1943 Vorsitzender der von den Nazis aufgezwungenen Finanzabteilung. Er spielte dabei eine üble Rolle.

Eine Textanalyse dieses Blattes hat für viele evangelische Kirchgemeinden in Baden eine Bedeutung, da der größte Teil des Textes Kopfblatt war, nur die lokalen Kirchennachrichten variierten. Der Heidelberger Evangelische Buchverlag gab mehrere Gemeindeblätter dieser Art heraus und übte damit einen bedeutenden Einfluss auf die Meinungsbildung aus.[54] 1934 machte der Verleger auf von ihm gedruckte Literatur zur „rassenpolitischen Erziehung" aufmerksam.[55] Er verlegte die Werke Emanuel Hirschs (1888–1972)[56], eines NS-Theologen, wie auch seines Gesinnungsgenossen Walter Grundmann (1906–1976) aus Jena und druckte eine Übersetzung des nordischen Edda-Epos.

Im „Gemeindeblatt" herrschte von Anfang an ein scharfer deutsch-nationaler Ton. Im Pforzheimer Gemeindeblatt wurde der „Judenboykott" vom 1. April 1933 mit der *Abwehr der jüdischen Gräuel- und Boykotthetze* gerechtfertigt und das Gespenst vom *internationalen Judentum* entworfen.[57] Die Ausschaltung der Juden aus allen öffentlichen Ämtern sei *legal*: Es gab somit durchaus kirchliche Verlautbarungen zur „Judenfrage"; ein explizites Befürworten, nicht etwa ein betretenes Schweigen!

Hier lässt sich eine Kontinuitätslinie zur konservativen Gesellschaftssicht der Zeit vor 1918 klar erkennen: Man müsse nun (d. h. nach der „Machtergreifung" 1933) gegen das *faulige Unwesen* und den *jugendverderbenden Stunk* vorgehen und auch einen *gesunden Bauernstand* wiederherstellen. Schon im April 1933 begann im Gemeindeblatt die Debatte über den Gebrauch des „Alten Testaments". Man könne es allenfalls als bloße Vorgeschichte

---

52 Gerhard SCHWINGE: Doerr, Emil (Adolf). In: Erbacher/Rückleben/Schwinge (wie Anm. 2), 6, S. 396.
53 Herbert HOFFMANN: Im Gleichschritt in die Diktatur? Die nationalsozialistische Machtergreifung in Heidelberg und Mannheim 1930–1935. Frankfurt am Main 1985, S. 59–75, 82–86.
54 Man konsultiere die Periodika-Bestände unter der Signatur Y im Landeskirchlichen Archiv.
55 Die Kirche. Evangelisches Gemeindeblatt für Pforzheim, Nr. 30, 22. Juli 1934, S. 240.
56 Robert P. ERICKSEN: Theologen unter Hitler: Das Bündnis zwischen evangelischer Dogmatik und Nationalsozialismus. Wien 1986.
57 Evangelisches Gemeindeblatt für Pforzheim, Nr. 16, 16. April 1933, S. 126, Nr. 14, 2. April 1933, S. 111, PÄTZOLD (wie Anm. 15), S. 197, nach Hans-Peter BECHT: Pforzheim – so wie es war. Düsseldorf 1987, S. 102.

Abbildung 1: Der Boykott jüdischer Geschäfte in Pforzheim (Foto: Hess/ Stadtarchiv Pforzheim).

des Neuen Testaments nutzen.[58] Nur eine Auswahl daraus sei zu verwenden, Jesus habe das Alte Testament *überholt*, es sei nicht gleichwertig, aber doch der *Nährboden* gewesen. Wes Geistes Kind die Deutschen Christen waren, konnte man auch im Pforzheimer Anzeiger am 29. August 1933 lesen: Hier wurde vom *nordisch-deutschen Wesen* geschwärmt, das Alte Testament abgelehnt und Jesus als Vorbild im Kampf gegen *alttestamentarische Anschauungen* gepriesen.[59] Dies belegt, wie schnell der Antisemitismus der NSDAP die öffentliche Debatte beherrschte und sofort auch in Kirchenkreise eindrang.[60] Bald ist Propaganda der „Deutschen Christen" gegen akademisch gebildete Pastoren zu vernehmen,[61] was die studierten Amtsträger als persönliche Bedrohung empfinden mussten. Der antidemokratische Kurs des Gemeindeblatts wird erkennbar, wenn die Abschaffung der Pfarrerwahl und die Reduktion der Synode auf eine bloße Beratungsfunktion gelobt wird.[62]

Schon im Juli 1933 wird Hitler religiös überhöht als von *Gott geschenkte Führung*, die sich gegen *Entchristlichung und Gottlosigkeit* wende.[63] Zur Amtseinführung von Pfarrer

---

58 Evangelisches Gemeindeblatt für Pforzheim, Nr. 18, 30. April 1933, S. 138.
59 Pforzheimer Anzeiger, Nr. 200, 29. August 1933, S. 1.
60 Eine interessante Selbstdarstellung der Anfänge der NSDAP in Pforzheim befindet sich in der Pforzheimer Rundschau, Nr. 232, 5. Oktober 1933.
61 Evangelisches Gemeindeblatt für Pforzheim, Nr. 22, 28. Mai 1933, S. 175.
62 Ebd., Nr. 28, 9. Juli 1933, S. 222. Lob für die Auflösung der (katholischen) Bayerischen Volkspartei und der Gewerkschaften: Nr. 20, 14. Mai 1933, S. 158.
63 Ebd., Nr. 27, 2. Juli 1933, S. 215: man sei „voll und ganz und mit freudigen Herzen auf der Seite des Führers", schrieb Landesbischof Kühlewein in seinem Hirtenbrief, drei Monate nach dem Judenboykott mit den tätlichen Übergriffen. Vgl. Nr. 34, 6. August 1933, S. 250: Hier

Weidner 1933 wurde noch – wohl nach herkömmlichem Brauch – der *jüdische Hauptlehrer Sommer* (Kantor David Sommer, geboren 1871, 1939 nach Indien emigriert) als Vertreter der Israelitischen Gemeinde eingeladen.

In der evangelischen Kirche sah man die Funktion der Erhebung des Christentums in Deutschland überhaupt: Der Nationalsozialismus würde *zur Kirche hinführen*. Der Gemeindebote bejahte Hakenkreuzfahnen in evangelischen Sakristeien.[64] Aus einer Rede des preußischen Kirchenrepräsentanten (Generalsuperintendenten) Otto Dibelius (1880–1967) anlässlich der 1934 erfolgten Einberufung des NS-dominierten Reichstags in der Nicolai-Kirche in Potsdam wurde zitiert, dass eine *neue Volksgemeinschaft* zu suchen sei, in der dem Nationalsozialismus eine positive Rolle bescheinigt wurde.[65] Der Staat dürfe *hart und rücksichtslos* gegen Menschen vorgehen, die gegen *die Ordnung* seien.[66] In der gleichen Rede rechtfertigte er den Judenboykott. Dibelius fand zwar zwei Jahre später nach seiner Amtsenthebung im Oktober 1933 seinen Weg zur Bekennenden Kirche, doch diente er zuerst als Steigbügelhalter der Nazis.

Viele Nachrichten finden sich über „deutsches Volkstum" im slawischen Raum, auch auf die Verfolgungen der Deutschen in der Sowjetunion wurde hingewiesen.[67] Von Palästina vernahm man Proteste gegen die „Judeneinwanderung".[68]

Die Begeisterung für die „Deutschen Christen" kühlte bei den biblizistischen „Positiven" ab, als im Dezember 1933 konstatiert wurde, man sei in Berlin zu weit gegangen. Der Berliner Gauführer der „Deutschen Christen", Reinhold Krause, hatte anlässlich einer Großkundgebung im Sportpalast Berlin am 13. November 1933 die Einführung eines völkischen Christentums, die *Befreiung vom Alten Testament mit seinen Viehhändler- und Zuhältergeschichten* verlangt und den „Führer" und das Volk ins Zentrum der religiösen Verehrung gestellt.[69]

Es findet sich ein Hinweis auf eine Protestversammlung in Pforzheim gegen die Berliner Äußerungen.[70] Veranstalter war wahrscheinlich Pfarrer Karl Dürr (1892–1976), der bis 1935 in der Stadt wirkte und zu den Mitbegründern der Bekennenden Kirche in Baden (hier „Bekenntnisgemeinschaft" genannt) gehören sollte. Es kam zu einer Distanzierung von den

---

wird das ev. Volk zum „Boten Gottes", das gegen die Mächte der „Finsternis, Gottlosigkeit und Ungerechtigkeit" ankämpft.

64 Ebd., Nr. 36, 3. September 1933, S. 288.
65 Ebd., Nr. 14, 2. April 1933, S. 109.
66 Ebd., Nr. 14. 2. April 1933, S: 109. S. Kurzzitate aus seiner Rede: http://de.wikipedia.org/wiki/Otto_Dibelius [zuletzt aufgerufen: 11. August 2010].
67 Evangelisches Gemeindeblatt für Pforzheim, Nr. 44, 29. Oktober 1934, S. 346, Nr. 37, 10. September 1933, S. 294.
68 Ebd., Nr. 45, 5. November 1933, S. 357.
69 SCHOLDER (wie Anm. 5), S. 702–705. Im Verlag „Unsere Volkskirche" erschien die Rede unter dem Titel: Rede des Gauobmanns der Glaubensbewegung Deutsche Christen in Groß-Berlin, o. O. o. J., s. ebd., S. 876.
70 Die Kirche. Ev. Gemeindebote, Nr. 50, 10. Dezember 1933, S. 399.

Berliner „Deutschen Christen". Sogar der Führer der Badener Deutschen Christen, Voges, erklärte sich gegen Krause.[71] Im November 1935 heißt es, dass der Heilige Geist nicht mit dem Nationalsozialismus verwechselt werden sollte und dass Adolf Hitler als Geschöpf unter dem Schöpfer stünde.[72] Hier war also Meinungspluralismus möglich.

Keine kritische Diskussion gab es dagegen über den Arier-Paragraphen in der evangelischen Landeskirche: dass die *arische Abstammung* [sei] *wohl Voraussetzung für die Einstellung ins Pfarreramt* wird bloss referiert.[73] Damit wurde das Sakrament der Taufe seines Inhalts beraubt, ein Wesensteil der christlichen Theologie aufgegeben! Nicht explizit erwähnt wurde, dass die Pastoren – und die Priester – willig Hilfestellung für Ariernachweise – also den staatlichen Rassismus – leisteten und dadurch zu dieser Zeit sehr beschäftigt waren.[74]

Kirchenkampf in Pforzheim 1935

Weidner war 1934 Anhänger der „Deutschen Christen" geworden. Diese Gruppierung hatte sich schon 1931 gebildet. Ein Anführer war der Pfarrer von Leutershausen/Bergstraße, Hermann Teutsch (1876–1966). Etwas älter war der NS-Pfarrerbund. Pfarrer Fritz Voges aus Mannheim wurde „Führer" der „Deutschen Christen" in Baden. Es gab einen Nord- und einen Südgau. In letzterem spielte Pfarrer Fritz Kölli (1900–1942, ab 1934 Pfarrer in Freiburg i. Br.) eine große Rolle, der auch von März 1935 die Wochenzeitschrift „Der Deutsche Christ. Deutsche Christen Gau Baden" in Freiburg herausgab (bis Nr. 22, 1941).[75] Kölli, geboren 1900, war noch als Heidelberger Student Mitglied der NSDAP geworden, gehörte zum Führerrat der „Deutschen Christen" und war ab 1936 Gebietsleiter von deren Gau Süden.[76] Hier finden sich auf fast jeder Seite antisemitische Ergüsse. Die Wochenzeitschrift war 1934 aus der Zeitschrift „Kirche und Volk" entstanden (erschienen ab 6. Juni 1932, erster Redakteur Pfarrer Wilhelm Albert (1895–1977)).

1935 entfachte eine heftige Polemik über den rechten Weg zwischen „Deutschen Christen" und Bekennender Kirche. Weidner sah sich als Hauptanführer und trat am 2. Juli 1935 an einer Protestversammlung der „Deutschen Christen" im Brauhauskeller in Pforzheim auf.[77] Es gehe um den Kampf um die deutsche Seele. Einerseits rief er auf, Andersdenken-

---

71 Ebd., S. 415.
72 Ebd., Nr. 46, 10. November 1935, S. 365. In Nr. 41, 6. Oktober 1935, S. 328 wird ein Buch des völkischen Autors Artur Dinter als „Neuheidentum" abgelehnt.
73 Ebd., Nr. 50, 10. Dezember 1933, S. 415.
74 Ebd., Nr. 45, 3. November 1935, S. 359.
75 Nachweis UB Freiburg (Signatur: M 7503,tg).
76 Gerhard SCHWINGE: Kölli, Fritz. In: Erbacher/Rückleben/Schwinge (wie Anm. 2), 6, S. 423.
77 Pforzheimer Anzeiger, Nr. 151, 2. Juli 1935, 2. Beilage, S. 1, BECHT (wie Anm. 15), S. 103: Der Besuch des Reichsbischofs in Pforzheim war am 27. April 1935 erfolgt, vgl. LKA PA Nr. 5224.

de zu achten, widersprach sich aber sofort mit seiner Kritik an der Bekennenden Kirche, der er Landesverrat unterstellte. Deren Äußerungen würden in der ausländischen Presse zitiert. Vorbild sei Pfarrer Teutschs *freudige Bejahung* des Dritten Reiches und der *wunderbare Glaube* an Adolf Hitler. Es gelte, das *echte Christentum* zu erhalten. Nirgends gebe es Widerspruch zur *Rassenlehre*. Darauf soll es dem Pforzheimer Anzeiger nach *stürmischen Beifall* gegeben haben.

Weidner eckte mit Pfarrvikar Bacher an, weil dieser den deutschen Gruß verweigerte und ideologisch nicht so spurte, wie Weidner es sich vorstellte.[78] Weidner verlor bald die Führung der „Deutschen Christen" an seinen Amtskollegen Spies und zog sich nach eigener Aussage mit Kriegsausbruch 1939 von Veranstaltungen der „Deutschen Christen" zurück. Bis 1945 aber zahlte er den Beitrag. Weidner war schon 1914–1918 begeisterter Soldat gewesen. Auch jetzt ließ er sich von der Kirche beurlauben und wurde 1939 eingezogen. Er stieg zum Grad des „Rittmeisters" auf und war als Wehrmachtsangehöriger in der Ukraine tätig. Es müsste näher erforscht werden, was seine Einheit dort tat. Bekanntlich leistet die Wehrmacht Hilfestellung zu den Erschießungsaktionen der „Einsatzkommandos" und bei der Deportation der Juden in die Todeslager. 1943 ließ er sich wegen *Unabkömmlichkeit* von der Wehrmacht beurlauben und diente bis Februar 1945 weiter als Altstadtpfarrer.

Einige wollten noch schärfer vorgehen: Professor Liede von der Handelsschule richtete eine eigene Gemeinde der „Deutschen Christen" ein, da ihm sogar die deutsch-christlichen Pastoren nicht weit genug gingen.[79] Es ist nicht bekannt, wie lange diese Gemeinde existierte.

Pfarrer Karl Georg Friedrich Spies (1886–1942) kam wie Weidner 1933 nach Pforzheim in die Weststadtpfarrei. Er war ursprünglich Liberaler, trat am 1. Mai 1933 der NSDAP bei und war förderndes Mitglied der SS.[80] Er bekundete großes Interesse an Vorträgen des Jenaer antisemitischen Neutestamentlers Walter Grundmann und sah sich als Rivale von Weidner. 1935 empfing er den NS-Reichsbischof Ludwig Müller.[81] Mit Pfarrer Rößger verkrachte er sich und warf ihm vor, „Judenmischlinge" taufen zu wollen.[82] Dass Parteifunktionäre sich prinzipiell gegen die Konfirmation aussprachen, störte ihn im Juni 1939. Ein Kind aus einer Familie „Deutscher Christen" empfand im Februar 1940 seinen Unterricht als *Judenverherrlichung*.

Eine schillernde Gestalt war Pfarrer Paul Rössger (1892–1945), der 1933 nach Pforzheim in die Südstadtpfarrei kam.[83] Er war seit mindestens 1931 Mitglied der NSDAP und des NS-Pfarrerbundes und auch Mitglied der „Deutschen Christen" sowie Verbindungsmann zum

---

78 LKA, PA Nr. 5233.
79 LKA, PA Nr. 5932, 26. Juni 1935, s. Brief Finanzabteilung.
80 LKA, PA, Nr. 5932.
81 Ebd., 21.5.1935 (keine Paginierung).
82 Ebd., April 1937.
83 Gerhard SCHWINGE: Rössger, Paul Alfred Ehregott. In: Erbacher/ Rückleben/Schwinge (wie Anm. 2), 6, S. 445 f. Vgl. auch Gemeindeblatt, Nr. 26, 25. Juni 1933, S. 207.

Völkischen Beobachter. Er verfolgte als „Positiver" seine liberalen Amtskollegen gerne wegen dogmatischer Abweichungen. Er war 1933 Bezirksleiter der „Deutschen Christen" in Pforzheim.[84] Für ihn hatte in Fortsetzung der alten „positiven" Theologie die Blutsverwandtschaft Jesu mit dem Judentum keine Bedeutung, da er von der Jungfrau Maria unter geheimnisvollen Umständen geboren wurde.[85] Sein größtes Ziel war es, Mitglied im Erweiterten Oberkirchenrat zu werden. Er gehörte deshalb mit zur Mannheimer Opposition gegen „Führer" Fritz Voges, der ihn deswegen von den „Deutschen Christen" ausschloss. Aus persönlicher Enttäuschung wandte er sich der „Bekenntnisgemeinschaft" zu, in deren Sinne er 1934 mehrere Reden hielt, trat aber nie bei und blieb NSDAP-Parteimitglied. Rössger war Schikanen des NSDAP-Ortsgruppenleiters in Pforzheim ausgesetzt.[86] Pfarrer Weidner soll gegen ihn über den zu 90 Prozent aus „Deutschen Christen" zusammengesetzten Kirchenchor intrigiert haben.[87] Rössger wurde sogar durch einen Lockspitzel auf die Probe gestellt, ob er bereit war, heimlich eine Taufe am Kind eines Parteimitglieds vorzunehmen.[88] Im März 1943 schlugen lokale Nazis Fenster an seinem Pfarrhaus ein. Rössger starb am 23. Februar 1945 bei der Bombardierung Pforzheims. Seine Biographie zeigt die Nähe der „Positiven" zum Nationalsozialismus und wie man gleichzeitig Sympathisant der Bekennenden Kirche und NS-Parteimitglied sein konnte.

Nach der ersten Konfrontation: das Gemeindeblatt von 1935–1941

1935 wurde Pfarrer Karl Specht (1882–1953) Vorsitzender des Pforzheimer Kirchgemeinderats.[89] Er war zugleich „Leiter der Bekenntnisfront" in Pforzheim. Es ist erstaunlich, was alles unter seiner Ägide im Gemeindeblatt veröffentlicht wurde.

Zur alten national-konservativen Position passte das Lob auf Generalfeldmarschall von Hindenburg anlässlich dessen Todes.[90] Zum 100. Geburtstag von Hofprediger Adolf Stöcker wurden am 8. Dezember 1935 dessen antisemitische Reden gelobt.[91] Die *jüdische Hochfinanz, der jüdische Liberalismus* und die *Bundesgenossenschaft des Judentums* zur SPD werden zur *dämonischen Macht des Judentums* stilisiert, die liberalistische Presse als *jüdisches Erzeugnis* gebrandmarkt. Das Judentum als *volksschädlich* charakterisiert. Bedauert wird, dass der Kaiser sich von Stöckers Radauantisemitismus distanziert hatte.

---

84 ERBACHER/RÜCKLEBEN/SCHWINGE (wie Anm. 2), 1, S. 669, 683.
85 Ebd., 1, S. 61 f.
86 Ebd., 4, S. 167.
87 Ebd., 4, S. 178.
88 Ebd., 4, S. 175.
89 Es ist nicht bekannt, wann genau dies 1935 geschah. Gerhard SCHWINGE: Specht, Karl. In: Erbacher/Rückleben/Schwinge (wie Anm. 2), 6, S. 456.
90 Die Kirche. Evangelisches Gemeindeblatt für Pforzheim, Nr. 31, 28. Juli 1935, S. 24.
91 Ebd., Nr. 50, 8. Dezember 1935, S. 390–392.

Der bekannte Theologe Heinrich Bornkamm wird zitiert, dass sich das evangelische Christentum am besten in den Nationalsozialismus einfüge.[92] Er lehnte wie die Mehrheit der „Deutschen Christen" das Alte Testament zwar nicht prinzipiell ab, doch wichtig war für ihn nur das Evangelium.

Die Debatte zwischen Bekennender Kirche und „Deutschen Christen" ging weiter: Im August 1935 wurde gegen den Chefideologen Alfred Rosenberg polemisiert und vermutet, dass sich seine antikirchlichen Ausfälle wohl auf die katholische Kirche und ihren „Marien- und Mönchskult" bezögen.[93] Daneben findet sich durchaus Kritik an der Bekennenden Kirche: Im September 1935 wird die Bekennende Kirche in Schlesien verurteilt, sie *maße sich amtlichen Charakter* an[94] oder ihre Anhänger werden als *konfessionelle Fanatiker* tituliert.

Immer wieder finden sich nationalistische Appelle, etwa im Februar 1936, wenn von der *Treue zum Führer* und der *Grundlage von Rasse und Boden* die Rede ist, ebenso wie von der Vorstellung sich *für die deutsche Volksgemeinschaft zu opfern*.[95] Die Bekenntnisse zu Adolf Hitler verstärken sich bei Kriegsausbruch im September 1939. Es wird zu Gebeten für den NS-Staat aufgerufen, für *Führer, Volk und Vaterland*. Er wird als *durch Gott erwählt* bezeichnet.[96] Von Rumänien wird vom *schrankenlosen Regiment der Juden* in der Stadt Stansilaw berichtet,[97] von *der Übermacht des Ostjudentum*s in Galizien, die zur gänzlichen Verarmung von Bauern geführt habe,[98] auch vom angeblichen *Terror*, den *die Polen* gegen Volksdeutsche ausgeübt hätten.[99]

Mit der Kriegserklärung Englands wird der Ton gegen dieses Land verschärft. Zustimmend weist man auf eine Hetzschrift des an der evangelischen Fakultät in Heidelberg tätigen Martin Dibelius hin und unterstellte dem Engländer *pharisäische Hochmut* und die Idee der *Auserwähltheit*.[100] Es werden judenfeindliche Versatzstücke benutzt, um England zu verurteilen. Dieses sei der *eigentliche Kriegsanstifter*.[101] Das Gemeindeblatt versteigt sich sogar zur Rechtfertigung des Bombenkriegs auf England, da diese Wohnviertel in Berlin und Hamburg angegriffen habe.[102] Hier ist Vergeltung legitim und nicht mehr Angelegenheit des finsteren jüdischen Rachegotts des Alten Testaments.

---

92 Ebd., Nr. 52, 22. Dezember 1935, S. 409.
93 Ebd., Nr. 33, 11. August 1935, S. 260.
94 Ebd., Nr. 36, 1. September 1935, S. 287.
95 Ebd., Nr. 6, 9. Februar 1936, S. 1.
96 Ebd., Nr. 31, 28. Juli 1940, S. 127, „von Gott erkoren", Nr. 17, 21. April 1940, S. 69.
97 Ebd., Nr. 45, 5. November 1939, S. 328. Die Stadt hatte einen hohen jüdischen Bevölkerungsanteil.
98 Ebd., Nr. 9, 25. Februar 1939, S. 38.
99 Ebd., Nr. 41, 8. Oktober 1939, S. 290.
100 Ebd., Nr. 14, 31. März 1941, S. 59. Besonders wird auf einen Bombenangriff auf Bethel bei Wuppertal, den Ort der Kirchlichen Hochschule, hingewiesen. S. Martin Dibelius: Britisches Christentum und britische Weltmacht, Berlin 1940.
101 Die Kirche. Evangelisches Gemeindeblatt für Pforzheim, Nr. 26, 23. Juni 1940, S. 108.
102 Ebd., Nr. 42, 13. Oktober 1940, S. 171.

Abbildung 2: Titelblatt des Evangelischen Gemeindeblatts für Pforzheim „Die Kirche" vom 21. April 1940 (Landeskirchliches Archiv Karlsruhe).

Kurz nach der Deportation der badischen Juden, die sich in der Öffentlichkeit abgespielt hatte, wie Augenzeugen berichteten, war von der *eisernen Entschlossenheit* und *dem fanatischen Willen des ganzen Volkes* die Rede.[103] Im März 1941 wird appelliert, an *Volkstum und Glauben* festzuhalten. Die Bilderbeilage, die in Berlin verfasst wurde, berichtet im März 1941 von den vielen Volksdeutschen, die den Weg *heim ins Reich* wählten.[104] 1940 wird von einer Forschungsgruppe berichtet, die eine zweite Tagung über den Einfluss des Judentums auf das Christentum abgehalten habe und von 600 Teilnehmern besucht worden sei.[105] Es handelte sich dabei um eine Tagung von Walter Grundmann (1906–1976), seit 1935 Theologieprofessor in Jena für Neues Testament und völkische Theologie, der 1939 ein „Institut zur Erforschung (und Beseitigung) des jüdischen Einflusses auf das deutsche kirchliche Leben" auf der Wartburg bei Eisenach gegründet hatte.[106]

Im Mai 1941 wird die kirchliche Presse angeblich aus Papiermangel eingestellt. Auch die Pforzheimer Tageszeitungen werden im Juni 1942 auf den Pforzheimer Anzeiger reduziert, der von jeher schon besonders nationalsozialistisch eingestellt gewesen war.[107]

---

103 Ebd., Nr. 46, 10. November 1940, S. 188.
104 Ebd., Nr. 50, 10. Dezember 1939, S. 327.
105 Ebd., Nr. 18, 4. Mai 1941, S. 76.
106 Ebd. Vgl. Susannah HESCHEL: The Aryan Jesus. Christian Theologians and the Bible in Nazi Germany. Princeton 2008.
107 Siehe hierzu: Olaf SCHULZE: „Zum Nutzen und Bequemlichkeit der Einwohner". Geschichte der Pforzheimer Zeitungen. Ubstadt-Weiher, 1999 (Materialien zur Stadtgeschichte 13), S. 138–173.

Wie tief der innere Zusammenbruch der Evangelischen Landeskirche war, lässt die Statistik über den Religionsunterricht erahnen: Zwei Drittel der evangelischen Religionslehrer unterrichteten 1939 entweder gar nicht mehr Religionslehre (35,4%) oder solche ohne Altes Testament (31%).[108] Der neutestamentliche Satz „Das Heil kommt von den Juden" musste aus dem Religions-Lehrbuch gestrichen werden und die Kirchenleitung nahm dies hin.[109]

1942 lieferte Landesbischof Johannes Kühlewein Hilfestellung zur Rassenforschung des Reichssippenamts und lieferte die Originale der von 1814 bis 1870 durch Pfarrer geführten israelitischen Standesregister aus.[110] Er war von der Sache zuerst nicht angetan und ließ prüfen, ob „kirchliche Vorgänge" beurkundet worden waren. Danach wurden die Standesregister bis Ende 1942 ausgeliefert. Für die betroffenen Menschen nichtarischer Herkunft waren Nachweise jüdischer Vorfahren lebensbedrohlich geworden.

Das bittere Ende und ein problematischer Wiederbeginn

Im Februar 1945 wurde die Stadt Pforzheim schwer bombardiert.[111] 18.000 Menschen fanden den Tod. Im März 1945 überquerten amerikanische Truppen den Rhein. Pforzheim wurde anfänglich von französischen Kräften besetzt (vom 18. April 45–8. Juli 45).[112] Südlich der Stadt sollte die Grenze zwischen den beiden Besatzungszonen gezogen werden.

Kirchenrat Doerr in Heidelberg wollte am 17. Mai 1945 seine Fahne nach dem neuen Wind richten und versuchte, seine Haut durch direkte Unterstellung der Finanzabteilung unter den Landesbischof zu retten, was dieser allerdings nicht hinnahm.[113] Pfarrer Weidner hatte die Bombardierung in einem Keller überlebt und im Stadtquartier Buckenberg Zuflucht gefunden. Er wurde erst im Oktober 1945 von seinem Dienst suspendiert und 1946 zu einem Gespräch mit Landesbischof Johannes Kühlewein gebeten.[114] Dieser machte ihm Vorhaltungen wegen seines Engagements für die „Deutschen Christen". In einem ziemlich überheblichen Ton versuchte Weidner, sich zu verteidigen. Kühlewein war sich nicht sicher, ob Weidner sich vom Gedankengut der „Deutschen Christen" getrennt hatte, und drohte ihm mit einem Spruchkammer-Verfahren. Trotzdem durfte er im Januar 1947 seine Arbeit

---

108 ERBACHER/RÜCKLEBEN/SCHWINGE (wie Anm. 2), 4, S. 127, Nr. 1793/94.
109 Ebd., 4, S. 120 (22. November 1938).
110 Landeskirchliches Archiv, Nr. 6939, Anfrage durch die deutsche Kirchenkanzlei Breslau 14. September 1939. Ein Standesregister zu Pforzheim für den Zeitraum 1810–1870 war am 14. Dezember 1939 vorhanden. Unter den Ende 1942 ausgelieferten 169 Bänden aus 69 evangelischen Orten befand sich auch das Pforzheimer israelitische Standesbuch. Ansprechpartner in Pforzheim war Pfarrer Specht.
111 GROH (wie Anm. 15), S. 105–107.
112 Ebd., S. 107.
113 ERBACHER/RÜCKLEBEN/SCHWINGE (wie Anm. 2), 4, S. 297 f.
114 Landeskirchliches Archiv, PA Nr. 5233, 16. Dezember 1946. Erst am 2. Januar 1947 war Weidner bereit, die „Deutschen Christen" als Täuschung zu bezeichnen.

in Buckenberg als Pfarrer aufnehmen und erhielt auch wieder sein Gehalt.[115] Nachdem die Kirchenleitung eine Visitation durchgeführt hatte, wurde Weidner am 18. April 1949 wieder feierlich (!) in sein Amt eingeführt und diente noch einige Jahre als Pfarrer.

In zwei Synoden in Bretten im Herbst 1945 (27.–29. November) und 1946 formierte sich die Evangelische Landeskirche in Baden neu. Am 29. November 1945 war ein Gesetz zur „Wiederherstellung eines bekenntnisgebundenen Pfarrerstands" erlassen worden, das Handhabe bot, renitente Pfarrer der „Deutschen Christen" zu disziplinieren. Die entschiedene Strömung in der Bekennenden Kirche verlangte mit Pfarrer Herman Maas einen Neuanfang. Maas verfasste ein eindrückliches Schuldbekenntnis von Christen für das, was geschehen war, doch wurde dies nicht zur Mehrheitsmeinung.[116]

Maas, der eindrücklich gezeigt hatte, dass Widerstand möglich war, und seine liberalen Positionen bis 1945 durchhalten konnte, war für die Mehrheit der Pastoren deswegen ein Ärgernis. So bot sein fortgeschrittenes Alter den Vorwand, ihn nicht zum Landesbischof zu wählen und ihm bloß den Titel Prälat zu geben.

Die meisten kompromittierten Pfarrer wurden in Baden nach kurzer Quarantäne wie Heinrich Weidner wieder eingestellt, sogar der Anführer der „Deutschen Christen", Fritz Voges, in Mannheim oder der erste Schriftleiter des antisemitischen Vorgängerblatts des „Deutsche Christen", Pfarrer Wilhelm Albert, in Sexau bei Emmendingen. Landesbischof Johannes Kühlewein, 1946 73 Jahre alt, wollte nicht zurücktreten, da er 1933 auf Lebenszeit gewählt worden sei, und auch der 63-jährige Otto Friedrich sah sich selbst als einzige Koryphäe für badisches Kirchenrecht an und blieb bis 1953 mit 70 Jahren weiter Oberkirchenrat, obwohl er etwa im Umgang mit Christen nichtarischer Herkunft, etwa mit Pfarrer Ernst Lehmann aus Mannheim, sehr gefehlt hatte.[117] An der Universität Tübingen, deren theologische Fakultät den Weg zur Bekennenden Kirche nicht finden wollte, waren 1946 von 129 weiter wirkenden Lehrern nur 31 nicht in der NSDAP gewesen.[118]

---

115 Zur Nachkriegsgeschichte der Stadt s. GROH (wie Anm. 15), S. 107–126; Axel SCHILDT: Die Ideenlandschaft der Wiederaufbaujahre zwischen Kulturpessimismus und Moderne und die Anfänge des Vortragsprogramms der Reuchlin-Gesellschaft. In: Neue Beiträge zur Pforzheimer Stadtgeschichte 2. Heidelberg u.a. 2008, S. 125–141.

116 Wie ich mir den Neuaufbau der evangelischen Kirche denke. Memorandum vom 10. August 1945. In: Erbacher/Rückleben/Schwinge (wie Anm. 2), 5, S. 378–383, Nr. 2363, Jörg THIERFELDER, Eberhard RÖHM: Juden, Christen, Deutsche 1933–1945. Bd. 4/ Teil II, Stuttgart 2004, S. 667–672.

117 ERBACHER/RÜCKLEBEN/SCHWINGE (wie Anm. 2), 6, S. 403, vgl. den Brief an den neuen Landesbischof Bender vor dem 7. Juli 1946, ebd., 4, S. 461–466: Register. Pfarrer Ernst Lehmann als „Rassejude" befand sich in lebensbedrohlicher Lage. Friedrich verweigerte ihm sogar nach 1945 seine Rehabilitierung als Pfarrer!

118 Leonore SIEGELE-WENSCHEKWITZ: Geschichtsverständnis im Nationalsozialismus. In: Dies. (Hrsg.): Theologische Fakultäten im Nationalsozialismus, Göttingen 1993, S. 113–144, hier S. 141 f.

Es ist dabei nicht klar, ob wirklich christliche Vorstellungen von Vergebung eine echte Rolle spielten oder nicht eher alte Bekanntschaften und Verwandtschaften. Es ist diskutierenswert, ob angesichts der geistigen Beihilfe zum Massenmord an den europäischen Juden mit der klassischen Versöhnungstheologie operiert werden darf.

Von „Versagen" zu schreiben ist legitim, angesichts der Beförderung von alter theologischer Judenfeindschaft oder Antisemitismus und des chauvinistischen Pathos, die über die kirchlichen Gemeindeblätter und nationalsozialistischen Pfarrer jahrzehntelang verbreitet worden sind. Kirchenvertreter betrieben die theologische Überhöhung von Adolf Hitler und des nationalsozialistischen Regimes. Die „Positiven", die späteren Anhänger der bekennenden Kirche, verhalfen auf Basis ihrer autoritären Auffassung vom Staat 1933 den „Deutschen Christen" zur Macht und blieben von einem starken Antijudaismus geprägt, der sie die Unrechtsmaßnahmen gegenüber Juden bis vermutlich zum 9.November 1938 befürworten ließ.[119] Ihr Kampf mit den „Deutschen Christen" um die Bedeutung des Alten Testaments milderte nicht ihre judenfeindliche Haltung.

Der badische Pastoren-Liberalismus war eine rein theoretische theologische Position ohne Verbindung zu Rechtsstaatlichkeit und Demokratie. Er erinnert eher an den elitären Frühliberalismus eines Karl von Rotteck der 1820er Jahre. Die die Demokratie ablehnende Haltung und das nationale Pathos nach der Niederlage von 1918 machten auch die Liberalen blind für den Zusammenbruch des Rechtsstaats im Jahr 1933.

Die Kirchen sahen und sehen sich als Werteträger in der Gesellschaft. Sie müssen danach in ihrer Geschichte beurteilt werden. Es geht hier nicht um besserwisserisches „Rechten", sondern um die ethische Grundsubstanz evangelischer Theologie, die verloren ging.

In der badischen Landeskirche musste die Kriegsgeneration abtreten, bis Raum für eine Neubesinnung vorhanden war. 1984 hat sich ihre Synode zu einem neuen Verhältnis zum Judentum entschließen können.[120] Nun schrieben die Synodalen von der „Mitverantwortung und Schuld der Christenheit in Deutschland am Holocaust". 1958 hatten sie mit der Neuen Grundordnung endlich Frieden mit der Demokratie geschlossen.[121]

---

119 Einigen Christen ging dies zu weit, s. etwa die Erklärung von Elisabeth von Thadden, ERBACHER/RÜCKLEBEN/SCHWINGE (wie Anm. 2), 4, S. 237.
120 S. den Erstabdruck in: entwurf – Religionspädagogische Mitteilungen 1986, Nr. 3, S. 73.
121 Eine Erklärung des Kirchenrats der EKD erfolgte erst 1985: Evangelische Kirche und freiheitliche Demokratie, Hannover 1985, zur Grundordnung s. RÜCKLEBEN (wie Anm. 7), S. 664 f.

Dokumentation.
Die Berichte der NSDAP-Kreisleitung Pforzheim aus den Jahren 1942 bis 1944

Markus Enzenauer

I. Einführung

Die in den verschiedenen militärischen, politischen und administrativen Instanzen in großer Zahl verfertigten Berichte, die dem Hitlerregime der Erfassung dessen dienten, was von ihm selbst als „Stimmung und Haltung" der Bevölkerung umschrieben wurde, bilden einen äußerst vielschichtigen Quellenfundus und waren gerade deshalb für die NS-Forschung seit je her Gegenstand besonderen Interesses. Für bestimmte Provenienzen, Gebietskörperschaften und Zeitabschnitte oder einzelne Teilaspekte der NS-Herrschaft liegen mittlerweile eine ganze Reihe von Editionen vor, etwa die Berichte des Sicherheitsdienstes der SS, bekannt als „Meldungen aus dem Reich",[1] oder die von Eberhard Jäckel und Otto Dov Kulka herausgebrachte Sammlung zur Stimmungsberichterstattung über die Judenverfolgung.[2] Bezüglich des Landes Baden sind die edierten Lageberichte der Gestapo aus dem Zeitraum von 1933 bis 1940 zu nennen.[3]

Für einige wegweisende Arbeiten zur Erforschung der deutschen Bevölkerung im Dritten Reich, insbesondere hinsichtlich der sozialen Dimension zwischen Zustimmung und Zwang, lieferten diese Berichte den Grundstoff oder sie flossen doch maßgeblich in die Bewertung des Zeitgeschehens ein.[4]

---

1. Heinz BOBERACH (Hrsg.): Meldungen aus dem Reich. Die geheimen Lageberichte des Sicherheitsdienstes der SS 1938–1945, 17 Bde. plus Registerband. Herrsching 1984/85.
2. Eberhard JÄCKEL, Otto Dov KULKA (Hrsg.): Die Juden in den geheimen NS-Stimmungsberichten 1933–1945 [Schriften des Bundesarchivs, Bd. 62]. Düsseldorf 2004.
3. STADTARCHIV MANNHEIM (Hrsg.): Verfolgung und Widerstand unter dem Nationalsozialismus in Baden. Die Lageberichte der Gestapo und des Generalstaatsanwalts Karlsruhe 1933–1940, bearb. v. Jörg Schadt [Veröffentlichungen des Stadtarchivs Mannheim, Bd. 3]. Stuttgart 1976.
4. Als Beispiele hierfür: Marlis STEINERT: Hitlers Krieg und die Deutschen. Stimmung und Haltung der deutschen Bevölkerung im Zweiten Weltkrieg. Düsseldorf 1970; Ian KERSHAW: Der Hitler-Mythos. Führerkult und Volksmeinung. München ²2003; Robert GELLATELY: Hingeschaut und weggesehen. Hitler und sein Volk. Stuttgart 2002.

Am Anfang des gesamten Berichtswesens, das unter der Diktatur praktisch alle Bereiche in Politik und Verwaltung einband, stand die parteiinterne Berichterstattung der NSDAP, auf die Hitler und die Führungsriege der Partei stets sehr großen Wert legten. Innerhalb der Partei bürgerte sich bald die Bezeichnung „Stimmungsberichte" ein, aber sie waren dabei immer mehr als nur ein Versuch, Bevölkerungsreaktionen und Ansichten zu ermitteln. Vielmehr beinhalteten sie sehr viele Facetten des Alltagslebens unter der nationalsozialistischen Herrschaft.

Ihr grundlegendes Kennzeichen war entsprechend der hierarchischen Organisation der NSDAP die Informationsübermittlung von der untergeordneten zur nächsthöheren Instanz, also von der Ortsgruppe zum Kreis, vom Kreis zum Gau und schließlich vom Gau zur Reichsleitung. Dieses Berichtswesen war sehr komplex ausgebildet, wurde regional durchaus verschieden gehandhabt und durchlief mehrere Änderungen. Solche Berichte sind in sehr großer Zahl entstanden, die wenigsten jedoch blieben erhalten und finden sich zumeist nicht als ein geschlossener Bestand, sondern als fragmentarische Überlieferungen. Daher gibt es hinsichtlich des NSDAP-Berichtswesens auf Kreis- oder Gauebene insgesamt nur eine recht kleine Zahl solcher Editionen. Für den Gau Baden fehlte eine solche bislang gänzlich. Allerdings ermöglichen neuere Aktenfunde im französischen Nationalarchiv eine Rekonstruktion dieser verschollen geglaubten Quellen. Basis des Unterfangens sind die Akten des Gaustabsamtes, das, wie die meisten Parteidienststellen nach 1940 seinen Sitz in Straßburg hatte. In diesem Bestand finden sich aus fast allen elsässischen und badischen Kreisen Kreisleiterberichte. Mit seinen insgesamt rund 1600 Berichtsblättern handelt es sich hinsichtlich Überlieferungsdichte und Menge um einen wohl einmaligen Quellenfund,[5] dessen kommentierte Edition vom Verfasser gegenwärtig vorbereitet wird.

Als ein Teil- und Vorabergebnis dieses Editionsvorhabens werden mit vorliegender Dokumentation die Berichte der NSDAP-Kreisleitung Pforzheim ansichtig gemacht. Diese Berichte wurden im Zeitraum zwischen Dezember 1942 und November 1944 vom Pforzheimer Kreisleiter Hans Knab[6] zusammengestellt und gelangten über das Gaustabsamt in

---

5 S. hierzu Peter LONGERICH: „Davon haben wir nichts gewusst!" Die Deutschen und die Judenverfolgung 1933–1945. München 2006, S. 38, der annimmt, dass lediglich einige hundert aus einer in die Millionen gehenden Gesamtzahl von zwischen 1933 und 1945 auf Parteiebene entstandenen Berichten erhalten geblieben sind.

6 Knab, Hans (eigentl. Johann Christian), geb. am 6. Juni 1887 in Eberbach, Oberschule (ohne Abschluss abgebr.), gelernter Kaufmann, Tätigkeit im väterlichen Betrieb; Weltkriegsteilnehmer 1914–18; nach Rückkehr in seine Heimatstadt völkischer Aktivist, Mitgliedschaft in der Organisation Damm 1921/22, danach in DNVP; 1923 Eintritt in die NSDAP; 1924 Eintritt in die Deutsche Partei (DP), Mitbegründer der Eberbacher Ortsgruppe der DP am 14. April 1924, zu dieser Zeit erste Kontakte zu Robert Wagner; einer der badischen Kandidaten für die Nat. Soz. Freiheitspartei bei der Reichstagswahl im Dezember 1924; nach Wiedergründung der NSDAP in Baden im März 1925 erster Ortsgruppenleiter von Eberbach; 1930 aus der NSDAP ausgeschlossen, 1934 Wiederaufnahme in die Partei auf maßgebliches Betreiben von Gauleiter Wagner; Juli 1933 Bürgermeister von Tauberbischofsheim; April 1936 Bürgermeister von Oberkirch; Mai 1936–1945 Kreisleiter von Pforzheim; Träger des Gol-

Straßburg zur Gauleitung, wo sie gegebenfalls verwertet oder bisweilen gar – dann meist als Auszüge – zur Parteikanzlei nach München geschickt wurden.

Dem Dokumententeil vorausgehend soll das Berichtswesen selbst zunächst beleuchtet werden. Dabei geht es vor allem um die Entstehungshintergründe der Berichte, aber auch um die Organisation der NSDAP-Berichterstattung im Allgemeinen sowie für den Gau Baden im Speziellen. Ein kurzer Überblick über die Überlieferungs- und Bestandsgeschichte, die Editionsgrundsätze und einige Erörterungen zum Wert der Kreisleiterberichte als historische Quelle schließen diese einleitenden Ausführungen ab.

Entstehung und Etablierung des parteieigenen Berichtswesens der NSDAP

Die Ursprünge der Berichterstattung der NSDAP reichen bis in die ersten Jahre der sogenannten Kampfzeit zurück. Bereits seit 1921 lassen sich im NS-Zentralorgan „Völkischer Beobachter" (*V. B.*) Anweisungen finden, wonach Ortsgruppen aufgefordert wurden, besondere Vorkommnisse an die Parteizentrale nach München zu melden. Die Führung der Partei verfolgte mit dieser den Ortsgruppen auferlegten Berichtspflicht im Wesentlichen drei Zielsetzungen: Die Meldungen dienten zum einen als Grundlage für die „Bewegungsberichterstattung" in den NS-Zeitungen und waren daher Grundlage für die propagandistische Selbstdarstellung – boten also vor allem den Stoff für die NS-Binnenpropaganda; zweitens wurde das Berichtswesen als ein wesentliches Instrument der innerparteilichen Kommunikation und Führung gebraucht: Mit ihm ließen sich Arbeit und Leistungsstand der einzelnen Ortsgruppen abschätzen und gegebenenfalls Defiziten begegnen. Und weil durch die Berichte eine ständige Kontrollmöglichkeit geschaffen war, hatte die Partei mit ihnen zugleich ein Mittel zur innerparteilichen Disziplinierung an der Hand; der dritte und womöglich wichtigste Gesichtspunkt aber war, dass die Berichte für die politisch-propagandistische wie organisatorische Arbeit der NSDAP handlungsleitend waren. Zum Beispiel wurde Hitler durch den Bericht über die Sprengung einer von Hermann Esser geleiteten NSDAP-Versammlung durch unabhängige Sozialdemokraten in Mannheim im April 1922 veranlasst, strikte Regeln für die Auswahl der Versammlungslokale, für die Arbeit eines „Saalschutzes" und die organisatorische Durchführung zu erlassen, um auszuschließen, dass sich ein derartiges Fiasko wiederholt.[7] Grundlegend waren die Stimmungsbilder aber auch, wenn es darum ging, bei den Wahlkämpfen auf geeignete Themen zu setzen oder

---

denen Parteiabzeichens; wegen Beteiligung an der Ermordung von fünf britischen Air-Force-Fliegern im März 1945 von einem britischen Militärgericht zusammen mit seinen Mittätern Wilhelm Niklas und Max Kochlin im Zuchthaus Hameln am 23. Januar 1947 durch den Strang hingerichtet. S.: Johnpeter Horst GRILL: The Nazi Movement in Baden, S. 52, 67, 86, 99, 289 u. 439; Hugo STANG: Tauberbischofsheim. Aus der Geschichte einer alten Amtsstadt. Tauberbischofsheim 1955, S. 437.

7 „Aus der Bewegung". In: Völkischer Beobachter. 26. April 1922, S. 3; Mitteilungsblatt (der NSDAP) Nr. 14 vom 25. April 1922, Bundesarchiv (im folgenden BArch) NS 26/95; Donald M. DOUGLAS: The early Ortsgruppen. The development of National Socialist local groups 1919–1923. Kansas 1969, S. 238 f.

bestimmte gesellschaftliche Gruppen anzusprechen. So beispielsweise erhielten im Vorfeld der Reichstagswahl vom Mai 1924 die Ortsgruppen der „Deutschen Partei" – unter diesem Namen firmierte die NSDAP zeitweise während ihres Verbotes in Baden (Juli 1922 bis März 1925) – entsprechende Anordnungen zum Abfassen von Versammlungsberichten, die unter anderem auch in der parteieigenen Presse Verwendung fanden.[8]

Gleichlaufend mit dem Aufstieg der NSDAP wurde das innerparteiliche Berichtswesen intensiviert und institutionalisiert. Seit Dezember 1928 waren die badischen Ortsgruppenleiter verpflichtet, über sämtliche in ihrem Ort stattgefundenen Parteiveranstaltungen binnen Tagesfrist (!) einen kurzen Bericht über Thema, Redner, Verlauf und Erfolg der Versammlung an das in Karlsruhe erscheinende Gaublatt „Der Führer" und zugleich an die Redaktion des *V. B.* in München zu senden.[9] Diese Bewegungsberichterstattung erfuhr mit steigenden propagandistischen Ansprüchen eine immer größere Ausweitung und wurde so zu einer der wichtigsten Aufgaben auf Ortsgruppenebene überhaupt. Nach und nach hatten die Ortsgruppenleiter neben den obligatorischen Berichten über Stimmung und Verlauf der Versammlungen, über Besucherzahlen und Neuanmeldungen, Erfolgen bei der Zeitungswerbung und dergleichen mehr auch gesonderte Meldungen abzuliefern, wobei grundsätzlich alles zu melden war, *woraus der Vormarsch der Bewegung am Ort zu erkennen* war. Berichtet wurden deshalb sämtliche irgendwie propagandistisch verwertbare Aspekte, etwa Übertritte ehemaliger politischer Gegner in die NSDAP, das Anwachsen der Mitgliederzahlen und die Ergebnisse bei Bürgermeister-, Gemeinderats- oder Betriebsratswahlen, Berichte über Gemeinderatssitzungen, über die soziale Arbeit der Partei und ihrer Gliederungen, über Spenden, Sammlungen oder Wohltätigkeitsbasare, Stimmungsbilder zu Aufmärschen von SA, SS und HJ und schließlich *Übergriffe auf Parteigenossen mit Angaben zum Tathergang*.[10]

Berichtspflichtig freilich waren nicht allein Stützpunkte und Ortsgruppen, sondern auch deren übergeordnete Dienststellen. Im Frühjahr 1931 erfolgte auf Geheiß der Gaupropagandaleitung die Einführung regelmäßiger Tätigkeitsberichte von Bezirksleitern – wie die späteren Kreisleiter damals noch bezeichnet wurden – und Parteirednern.[11] Mit den Meldungen von Ortsgruppenleitungen an die Bezirksleiter und den eigenen Beobachtungen und Darlegungen der Bezirksleiter und Parteiämter war in Baden grundsätzlich das NS-Berichtswesen geschaffen, wie es nach 1933 von der Parteiführung in München allerorts verbindlich eingeführt werden und – wenn auch mit einigen späteren Änderungen – bis zum Ende des Regimes bestehen bleiben sollte. Im Falle des Gaues Baden, der bereits Ende 1930 seine Parteiorganisation weitestgehend ausgebildet hatte, gab es sogar eine eigene Nach-

---

8 Siehe die Rundschreiben Nr. 2 u. 4 der Deutschen Partei, Kreis Lörrach, vom 8. April u. 8. Mai 1924, BArch NS 26/2426.
9 „Am schwarzen Brett". In: Der Führer. 15. Dezember 1928, S. 6.
10 Organisations-Richtlinien der parteiamtlichen NS-Presse des Gaues Baden vom Dezember 1932, BArch NS 22/254.
11 „Am schwarzen Brett". In: Der Führer. 3. April 1931, S. 10.

richtenabteilung, der die Aufgabe der „Beschaffung von Nachrichten über den politischen Gegner" die „Abwehr gegnerischer Einflüsse auf die Partei" zufiel.[12]

Eine Vorstellung davon, wie weitverzweigt damals bereits das innerparteiliche Berichtswesen der NSDAP organisiert war und mit welchem Aufwand es betrieben wurde, gibt ein Monatsbericht des Reichspropagandaamtes vom November 1931, der auf Basis von Meldungen aus den Gauen erstellt war, die eigenen wie gegnerischen Propagandaaktivitäten sowie ihre Wirkungen beschrieb und mehr als 180 Seiten umfasste.[13] Es ist auch wohl alles andere als ein Zufall, dass ebenfalls 1931 der sogenannte Ic-Dienst geschaffen wurde, der Vorläufer des Sicherheitsdienstes (SD) der SS, der mit einem Netz von Agenten und V-Leuten auf die Gegner des Nationalsozialismus angesetzt wurde, um deren Absichten herauszufinden und gegebenenfalls zu durchkreuzen.[14] Zweifellos war das schon geraume Zeit vor der Machtübernahme etablierte Berichtswesen der NSDAP eines ihrer Alleinstellungsmerkmale und es lässt sich die These aufstellen, dass die außergewöhnliche propagandistische Schlagkraft der Partei zu einem erheblichen Teil von ihm herrührte.

Mit der „Machtergreifung" 1933 änderte sich die Bedeutung der Berichterstattung nicht grundsätzlich. Denn freilich galt gerade unter den Bedingungen der Diktatur, dass man die Bevölkerung, die der Propaganda unterworfen werden sollte, ihre Auffassungen und ihr Empfinden, kennen musste. Nach wie vor dienten die Berichte der laufenden Unterrichtung des Regimes über die politische Stimmung und die jeweilige Lage auf sämtlichen „Lebensgebieten". Aber es kam ein Aspekt hinzu, denn die Berichte gehörten nun wie der ganze Propagandabetrieb zum Instrumentarium der Massenbeherrschung, zur „Menschenführung", wie dies im Jargon der Partei bezeichnet wurde. In Ermangelung einer frei sich bildenden, pluralen, öffentlichen oder, wenn man so will: veröffentlichten Meinung wurde das Berichtswesen von der Parteiführung als eine Art Demoskopiesurrogat verstanden. Wie hoch dessen Bedeutung eingeschätzt wurde und dass der Glaube an die Stimmungsberichte als Führungsmittel nicht geringer ausgeprägt war als der Glaube an die Leistungsfähigkeit der eigenen Propaganda, ja, dass beides in einem geradezu symbiotischen Verhältnis stand, verrät eine Ausführung des im Gaustabsamt für das Berichts- und Informationswesen zuständigen Sachbearbeiters vom Juni 1944:

---

12   S. hierzu die vierseitige maschr. Zusammenstellung „Organisation der Gauleitung Baden" o. D. [erste Jahreshälfte 1931], Archiv des Instituts für Zeitgeschichte München (künftig: IfZ- Archiv) Fa 223/96; Robert WAGNER: Propaganda und Organisation im Gau Baden der NSDAP. Karlsruhe 1931, S. 24.

13   Monatsbericht der Reichspropagandaleitung (Abtlg. Nachrichtendienst) Nr. 5 – Informationen über Gegner, November 1931, BArch NS 26/284. Dies ist der einzige derartige Bericht, der in diesem Bestand überliefert ist (im angehefteten Aktenbezeichnungsblatt jedoch ist von einem weiteren Bericht Nr. 6 die Rede). Adressaten waren neben Hitler verschiedene Reichsleiter. Der eigentliche Bericht besteht aus 24 Seiten, dazu 22 Anlagen über gegnerische Parteien und Organisationen im Umfang von ca. 160 Seiten. Sicher ist, dass diese Monatsberichte, wenn auch weniger umfangreich, bis einschließlich Dezember 1932 abgefasst worden sind. Siehe hierzu die in BArch NS 26/263 erhalten gebliebenen Berichte.

14   Heinz BOBERACH (Hrsg.): Meldungen aus dem Reich. Auswahl aus den geheimen Lageberichten des Sicherheitsdienstes der SS 1939–1944. Neuwied 1965, S. XI.

Die geheimnisvolle Kraft unseres autoritären Regimes ist die enge Verbindung der Führung des Volkes zu seiner kleinsten Zelle durch die Partei. Sie bereitet dem politischen Willen des Führers im Volke den Boden und gibt jederzeit die Garantie für die unbedingte Bereitschaft zur Durchführung der von der Führung zum Besten des Volkes für notwendig gehaltenen Maßnahmen. Andererseits aber spürt sie zwangsläufig die positiven oder negativen Auswirkungen aller Maßnahmen der Führung, die evtl. noch bestehenden Mißstände und Mängel.

So ist eine fruchtbare Wechselwirkung zwischen Führung und Volk vorhanden.

Aus diesem Grund hat der Leiter der Parteikanzlei seit jeher besonderen Wert auf die rechtzeitige und ausführliche Behandlung aller schwebenden Fragen in den Berichten gelegt.

Die Berichte der Gauleitungen, die sich auf Grund ihrer Berichte von den Kreisleitern aus den Erfahrungen und Beobachtungen der untersten Zellen der Volksführung zusammensetzen, geben dem Leiter der Parteikanzlei die Möglichkeit, sich ein Bild über die Sorgen und Nöte des Volkes zu machen und auftretende Mängel und Mißstände zu beseitigen.

Darüber hinaus enthalten die Berichte der Hoheitsträger sehr wertvolle Anregungen und Erfahrungen, die zu der Lösung schwieriger Probleme sowie als Grundlage von Gesetzen und Verordnungen verwendet werden.[15]

Natürlich war dies eine idealisierende Schilderung des parteieigenen Berichtswesen. Aber es gibt keinerlei Zweifel, dass die mit der Berichterstattung befassten Parteifunktionäre von der Effizienz und Qualität ihrer Arbeit überzeugt waren.

Die Berichterstattung der NSDAP seit 1933 bis zu den ersten Kriegsjahren

Für die Zeit von 1933 bis zum Kriegsbeginn ist die Aktenlage zur Parteiberichterstattung lückenhaft und zum Teil äußerst diffus, was sowohl für das parteiamtliche Organisations- und Verwaltungsschriftgut (Rundschreiben, Anordnungen und Verfahrensrichtlinien) als auch für die Berichte selbst gilt. Zwar lassen sich für die Zeit seit der Machtergreifung auch aus badischer Provenienz immer wieder vereinzelte Berichte von Ortsgruppen- und Kreisleitern, dazu von Gliederungen und Gauämtern an die Gauleitung nachweisen, aber ein größerer geschlossener, d. h. sich über eine längere Zeitspanne erstreckender Bestand, der genauere Rückschlüsse auf die Verfahrenspraxis erlauben würde, konnte bisher nicht aufgefunden werden. Selbst das Organisationsbuch der NSDAP, ansonsten ein wichtiger Fundus für sämtliche Fragen des Parteibetriebs, beinhaltet über die Parteiberichterstattung nichts.[16]

Allerdings lässt sich anhand der Aktenlage zumindest aufzeigen, dass das parteieigene Berichtswesen bereits vor dem Krieg einige Wandlungen durchlief. Indirekt erfahren wir aus einem Aktenstück des badischen Gauschulungsamtes, dass die Münchener Parteizentrale bereits 1933 Berichte der Gauleiter über den Stand der Parteiorganisation, besondere

---

15 Vortrag des Gauhauptstellenleiters Helmut Heinzelmann auf der Arbeitstagung des Gaustabsamtes und des Gaupersonalamtes am 1. Juni 1944. Archives Nationales Paris (künftig: ANP) AJ^{40} 1443.
16 REICHSORGANISATIONSLEITER DER NSDAP (Hrsg.): Organisationsbuch der NSDAP. München ^{5}1938.

Vorkommnisse und die Stimmung in der Partei und der Bevölkerung anforderte. Diese Berichte sollten vor allem die grundsätzlichen Erscheinungen berücksichtigen und möglichst knapp gehalten werden. Bei eilig zu behandelnden Themen, die eine Stellungnahme der Parteileitung erforderten, waren sofortige Berichte vorzulegen. Grundlage hierfür waren eigene Beobachtungen, Berichte der Gauinspekteure, der Kreisleiter und der Gauamtsleiter. Mit diesem Berichtswesen sollte erreicht werden, *daß die Parteikanzlei stets über die Stimmung und über die Vorkommnisse im letzten Winkel des Reiches unterrichtet* blieb *und bei jeder gegebenen Veranlassung durch Einwirken auf die Gliederungen, angeschlossenen Verbände und außerhalb der Partei stehenden Dienststellen den Gauleitern und ihren Unterführern die Arbeit* erleichtert wurde.[17]

Präzisierungen des Berichtswesens erhielten die Gauleiter mit Schreiben des „Stellvertreters des Führers" (StdF) Rudolf Heß vom 21. Dezember 1934, womit dieser Richtlinien für die Abfassung monatlicher „Tätigkeits- und Stimmungsberichte" ausgab. Diese Richtlinien enthielten ein Abfassungsschema, das insgesamt nicht weniger als 41 verschiedene Berichtspunkte berücksichtigt wissen wollte.[18] Weil sich das Berichtswesen allmählich immer stärker überschnitt und eine *unübersichtliche Doppelarbeit* verursachte,[19] verschickte Heß im November 1938 ein Rundschreiben, mit dem die Neuregelung des bisherigen Prozederes angeordnet wurde. Die „Politischen Lageberichte" sollten fortan in einem monatlichen Rhythmus durch die Kreisleiter erstellt und dem Gauleiter vorgelegt werden, der eine Auswahl daraus wiederum dem StdF zusandte. Dabei war es den Kreisleitern freigestellt, ob sie ihrerseits von den Ortsgruppenleitern Berichte einforderten (im Falle Badens und später des Elsasses wurde dies offenbar durchgängig so praktiziert). Analog zu diesem gestuften, vertikalen Verfahren wurden die Parteiämter auf Kreis- und Gauebene angehalten, allmonatlich einen „Fachlichen Tätigkeitsbericht" in München einzureichen. Diese Tätigkeitsberichte wiederum waren den Kreisleitern und dem Gauleiter in Durchschlag vorzulegen, damit diese die wesentlichen Punkte in ihren politischen Lagebericht übernehmen konnten, d. h. es gab auf der jeweiligen Gebietsebene auch eine horizontale Berichtspflicht. Das zugehörige Berichtsschema bestand nun aus 30 Haupt- und 82 Unterpunkten, von der obligatorischen Stimmungsberichterstattung, über innerparteiliche Angelegenheiten, den Aktivitäten der weltanschaulichen Gegner bis hin zu Beobachtungen über grenz-, volks- und kolonialdeutsche Themen.[20]

Auch was den Gau Baden angeht, finden wir in verschiedenen deutschen und französischen Archiven einige Akten, die sich zu einem Mosaik zusammenfügen lassen und so sind hinsichtlich des Geschäftsganges und der wesentlichen Verfahrensabläufe einige Aussagen

---

17 Vortrag Heinzelmann am 1. Juni 1944 (wie Anm. 15).
18 Peter LONGERICH: Hitlers Stellvertreter. Führung der Partei und Kontrolle des Staatsapparates durch den Stab Heß und die Partei-Kanzlei Bormann. München 1992, S. 17.
19 Vortrag Heinzelmann am 1. Juni 1944 (wie Anm. 15).
20 LONGERICH: Hitlers Stellvertreter (wie Anm. 18), S. 94 f.

möglich. Zunächst wissen wir aus einem Erlass des Stellvertretenden Gauleiters von Ende September 1939, dass die von den badischen NS-Kreis- und Gauamtsleitern eingeforderten wöchentlichen Lageberichte einem vorgegebenen Berichtsschema entsprechen mussten. Waren Zusätze oder Abänderungen nötig, so mussten diese von den Berichterstattern selbstständig ergänzt werden. In diesen Berichten, die immer montags bei der Gauleitung eingegangen sein mussten, sollten – wie die Anweisung lautete – *nur wesentliche Dinge gebracht werden und dies so kurz wie möglich.*[21] Insofern enhielten diese Anordnungen nichts grundsätzlich Neues und deckten sich mit den oben genannten Schreiben von Heß.

Dass aber dieses Berichtsschema im Vergleich zu den Vorgaben aus München doch schon sehr abgespeckt war, geht wiederum aus einem Rundschreiben des Kreisleiters Walter Kirn hervor, der seit Sommer 1940 den elsässischen Kreis Rappoltsweiler leitete. Mit diesem Rundschreiben wies Kirn die Ortsgruppenleiter seines Kreises an, ihm jeweils bis Mitte der Woche einen kurzen Lagebericht zukommen zu lassen. Das dabei zugrunde gelegte Schema sah nur 15 Berichtspunkte vor:

1. *Stimmungsmässiger Überblick über die Gesamtpolitische Lage, z. B. Klagen und Misstimmung der Bevölkerung – Besondere Ereignisse politischer Bedeutung – Anteilnahme der Bevölkerung an aussenpolitischen Vorgängen – Gerüchte – Die Stellung der Partei im Leben der Nation – Das Vertrauen der Bevölkerung zur Partei.*
2. *Parteiangelegenheiten.*
3. *Propagandawünsche.*
4. *Staatsfeindliche Umtriebe.*
5. *Verhältnis der Bevölkerung zu den Behörden.*
6. *Gesetze, Verordnungen, Erlasse, deren Auswirkungen und Anregungen.*
7. *Staatliches Schulwesen.*
8. *Verhalten von Beamten.*
9. *Verkehrsfragen.*
10. *Industrie, allgemeine Lage, Rohstoffe, Aufträge.*
11. *Handel und Handwerk.*
12. *Ernährung und Landwirtschaft.*
13. *Soziale Fragen.*
14. *Wehrmacht.*
15. *Sonstiges.*

Die Ortsgruppen hatten freilich nur zu berichten, wenn über die einzelnen Punkte etwas Wesentliches vorlag, andernfalls musste Fehlanzeige erstattet werden. Der Kreisleiter hatte diese Berichte anschließend zu redigieren, zu einem einzigen Bericht zusammenzu-

---

21 Rundschreiben des Stellvertr. Gauleiters Hermann Röhn an alle Gauamts- und Kreisleiter der NSDAP Badens vom 26. September 1939. ANP AJ[40] 1404.

fassen und bis Samstag bei der Gauleitung einzureichen.[22] An der Praxis dieser hierarchisch gestuften, wöchentlichen politischen Lageberichterstattung, das erfahren wir wiederum aus einer Anweisung der Gaugeschäftsführung, wurde auch noch Ende 1941 festgehalten. Darüber hinaus aber wurde seither unabhängig vom oben genannten Berichtsschema alle vier Wochen ein „stimmungsmäßiger Überblick über die gesamtpolitische Lage" eingefordert, der in Durchschlag auch an die Gaupropagandaleitung geschickt werden musste.[23] Veränderungen und Präzisierungen dieses turnusmäßigen Berichterstattungsprozederes gab es erst gegen Ende des Jahres 1942.

Die Neuorganisation des Berichts- und Informationswesens im Gau Baden Ende 1942

Die organisatorische und verwaltungsmäßige Voraussetzung für den Neuaufbau des parteieigenen Berichtswesens wurde mit der von Gauleiter Robert Wagner[24] angeordneten Gründung des Gaustabsamtes im Sommer 1942 geschaffen.[25] Hinsichtlich des Berichtswesens übernahm es die Kompetenzen der vorher für dieses Fachgebiet zuständigen Gaugeschäftsführung. Das Gaustabsamt, geleitet von Wagners ehemaligem Regimentskameraden und langjährigem Weggefährten Adolf Schuppel,[26] fungierte seit diesem Zeitpunkt als die

---

22 Kreisleiter Walter Kirn, Kreis Rappoltsweiler, Rundschreiben Nr. 3/41 vom 18. Januar 1941 betr. Politischer Lagebericht. Archives Départementales du Haut-Rhin/Colmar Purg. 1119.

23 Schulungs- und Verordnungsblatt der NSDAP Gau Baden, Ausgabe Elsaß, Folge 9/Blatt 5 vom 15. November 1941, Gaugeschäftsführer, betr. Politische Lageberichte.

24 Zu Wagner siehe Horst FERDINAND: Die Misere der totalen Dienstbarkeit: Robert Wagner (1895–1946), NSDAP-Gauleiter, Reichsstatthalter von Baden, Chef der Zivilverwaltung im Elsaß. In: Eberbacher Geschichtsblatt 91 (1992), S. 97–209; Ludger SYRÉ: Der Führer vom Oberrhein. Robert Wagner, Gauleiter, Reichsstatthalter in Baden und Chef der Zivilverwaltung im Elsaß. In: Michael Kißener, Joachim Scholtyseck (Hrsg.): Die Führer der Provinz. NS-Biographien aus Baden und Württemberg. Konstanz 1997, S. 733–779.

25 Anordnung des Gauleiters Robert Wagner vom 22. Juni 1942. Archives Départementales du Bas-Rhin/Strasbourg (künftig: ADBR) 126 AL 903.

26 Schuppel, Adolf, geb. am 21. Juni 1895 in Waldshut, Volksschule, Lehrerseminar in Heidelberg, 1914 Kriegsfreiwilliger im 3. Res. Gren. Rgt. 110, 1915 an der Westfront verwundet, 1916–18 an der Ostfront eingesetzt, Beförderung zum Leutnant im Juli 1918; 1919 bei den Schwarzmeer-Truppen in der Ukraine, März 1919 Kriegsgefangenschaft und Internierung in Saloniki; nach dem Weltkrieg Tätigkeit als Volksschullehrer in Eutingen bei Pforzheim (1920–24) und Schwanenbach in der Ortenau (1924–33); Dezember 1928 Eintritt in die NSDAP, 1929 Kreisleiter in Wolfach, 1933 Schuldirektor in Hornberg, 1934 Kreisschulrat, noch im gleichen Jahr Kreisoberschulrat, 1935 aus Schuldienst ausgeschieden; 1935 Gauinspekteur der NSDAP Baden, 1937 Gaupersonalamtsleiter, April 1938–45 MdR für den WK 32 (Baden); 1942 bis zuletzt Gaustabsamtsleiter; 23. November 1944 Flucht aus Straßburg nach Oberkirch, Baden-Baden, Triberg und schließlich Radolfzell; Verhaftung am 21. Mai 1945; im Straßburger Kriegsverbrecher-Prozess am 3.5.1946 zum Tode verurteilt und gemeinsam mit Robert Wagner, Hermann Röhn und Walter Gaedecke am 14. August 1946 in Fort Ney bei Straßburg hingerichtet. Siehe Personaldossier zu Schuppel in: ADBR 1065 W 10; Joachim

zentrale Verbindungsstelle der Partei. Ihm oblag die Vertretung der Gauleitung gegenüber sämtlichen Dienststellen der Reichsleitung, der Partei-Kanzlei, der Kanzlei des Führers sowie den Reichsministerien. Der gesamte Schriftverkehr der Kreisleitungen mit den Reichsbehörden hatte ausschließlich über das Gaustabsamt zu erfolgen. Für die Berichterstattung der Kreisleiter war die „Hauptstelle Berichts- und Informationswesen" zuständig.

Bindende Grundlage für die Berichte der NSDAP-Kreisleitungen war die vom Gaustabsamt im November 1942 unter der Nr. 69/42 verfügte Neuordnung des Berichts- und Informationswesens,[27] die auf Drängen der Partei-Kanzlei erfolgte und offenbar nicht zuletzt deshalb notwendig wurde, weil einige Kreisleitungen in Bezug auf die regelmäßig eingeforderte Berichterstattung unzuverlässig waren. So heißt es in dem Schreiben, dass die bisherige Praxis des Berichtswesens *bei einigen Kreisleitern noch nicht das Verständnis und die Behandlung erfahren* habe, wie dies im Interesse der Sache notwendig sei, und sich der Gaustabsamtsleiter deshalb veranlasst sehe, *zu einer künftig strafferen Gestaltung der Berichterstattung aufzufordern.*

Dies zu gewährleisten, wollte das Gaustabsamt den schon bestehenden, wöchentlich und monatlich unterteilten Turnus der Kreisleiterberichte prinzipiell beibehalten. Allerdings wurden jetzt zusätzlich zum „stimmungsmäßigen Überblick über die gesamtpolitische Lage" – und zwar ebenfalls allwöchentlich – ein „allgemeiner Überblick über die Lage in der Landwirtschaft" und ein Bericht über die „Aktivität der Konfessionen" verlangt. Zu den drei genannten verbindlichen Berichten waren sämtliche sonst anfallenden Themen und Beobachtungen künftig mit Vierwochenberichten abzuhandeln. Das Gaustabsamt knüpfte an diesen vierwöchigen Zyklus die Hoffnung, dass die Qualität des Berichtsmaterials sich verbessern würde, weil durch die längere Bearbeitungszeit einerseits ein insgesamt größeres Aufkommen zu erwarten, andererseits aber auch eine sorgfältigere Prüfung der Meldungen durch die Kreisleiter möglich war.

Auffälliges äußeres Zeichen der Neuregelung war die Verwendung eines vom Gaustabsamt an die Kreisleitungen verteilten Vordruckblattes (siehe Abb.). Dabei musste für jeden Berichtspunkt, also Vorgang oder „Betreff", ein gesondertes Blatt verwendet werden, das mit der sogenannten „laufenden Beitragsnummer" versehen war: Die „laufende Beitragsnummer 1" war üblicherweise für den Betreff „stimmungsmäßiger Überblick über die gesamtpolitische Lage" reserviert, Nr. 2 behandelte das Themenfeld „Ernährung und Landwirtschaft" und Nr. 3 die „Aktivität der Konfessionen". Allerdings rückte man jetzt von dem bisher starren Berichtsschema mit den oben erwähnten 15 Betreffbezeichnungen ab. Fortan standen sämtliche Themen frei, wobei nach wie vor galt, vor allem solche Vorkommnisse und Beobachtungen zu berücksichtigen, *die in politisch-stimmungsmäßiger Hinsicht ungünstig*

LILLA (Bearb.): Statisten in Uniform. Die Mitglieder des Reichstags 1933–1945. Ein biographisches Handbuch. Unter Einbeziehung der völkischen und nationalsozialistischen Reichstagsabgeordneten ab Mai 1924. Düsseldorf 2004, S. 602.
27 Anordnung des Gaustabsamtsleiters Adolf Schuppel Nr. 69/42 betr. Neuordnung des Berichtswesens vom 19. November 1942. Generallandesarchiv Karlsruhe (künftig GLA) 465d/1472.

beeindruckende Wirkungen erkennen ließen.[28] Die Wahl des Themas erfolgte nun entsprechend der Sachlage oder Eigenart des einzelnen Falles, d. h. einmal konnte die Beitr. Nr. 4 den Betreff „Sonstiges" tragen, ein andermal „Arbeiterfragen" etc. Die Betreffangabe sollte einer schnellen thematischen Orientierung dienen und eine Einweisung in die zuständigen Sachregister erleichtern. In den erhalten gebliebenen Pforzheimer Kreisleiterberichten finden sich außer den drei obligatorischen noch insgesamt 19 weitere Betreffangaben, z. B. „Fliegeralarme", „Gerüchte" oder „Propaganda und Presse". Ein unter einem bestimmten Datum abgefasster Bericht bestand also je nach Ereignislage bzw. je nach dem, was der Kreisleiter als berichtenswert erachtete, aus einer unterschiedlich großen Anzahl solcher einzelner laufender Beitragsnummern. Der diesbezüglich umfangreichste in den Archiven erhaltene Pforzheimer Kreisleiterbericht datiert vom 22. September 1944 und umfasst acht Beitragsnummern.[29]

Um das Berichtsaufkommen im Gaustabsamt zu steuern und geordnete Verfahrensabläufe zu gewährleisten, wurden die badischen Kreise in vier, die elsässischen Kreise in drei „Berichtsgruppen" eingeteilt, für die jeweils ein gesonderter Abgabetermin galt. Der Kreis Pforzheim beispielsweise gehörte mit den Kreisen Bühl, Donaueschingen, Freiburg, Stockach und Wolfach in die „Berichtsgruppe C" und sollte seine Vierwochenberichte jeweils zum 15. des Monats beim Gaustabsamt einreichen. Sämtliche Berichte waren in zweifacher Ausführung zu übersenden, während die zuvor obligatorische Kopie für das Gaupropagandaamt entfiel. Die Wochenberichte mussten immer spätestens bis Donnerstag im Gaustabsamt eingereicht sein, die Versendung erfolgte mit der Bemerkung „streng vertraulich". Dem Propagandaleiter wurden seither, wie dies auch für sämtliche andere Fachämter galt, Berichte nur noch dann weitergeleitet, wenn die darin enthaltenen Informationen für seine Arbeit von Relevanz waren. Unbeschadet dieser Regelung gab es jedoch nach wie vor Berichte der badischen und elsässischen Kreispropagandaleitungen, die in regelmäßigen Abständen an das Gaupropagandaamt geschickt werden mussten. Diese allerdings sind bedauerlicherweise verschollen.

War eine praktische Auswertung der Berichte möglich, so erfolgte diese entweder mittel- oder unmittelbar durch die Gauleitung oder aber in Form einer Anordnung oder Verfügung des Gauleiters, durch Rundbriefe oder Verfügungen des Gaustabsamtes und durch Mitteilungen der Gauämter. Auf übergeordneter Ebene spiegelte sich die Berichterstattung u.a. in den von der Partei-Kanzlei herausgegebenen „Vertraulichen Informationen" und in den Weisungsblättern wider, die damit zumindest indirekt auf die in den Berichten geschilderten Verhältnisse eingingen. Außerdem ist nachgewiesen, dass die Partei-Kanzlei im Jahr 1943 wöchentliche „Auszüge aus den Berichten der Gauleitungen u. a. Dienststellen" herausgab.[30] Die Auswertung der Berichte erfolgte in aller Regel durch das Gaustabsamt

---

28 Ebd.
29 Siehe unten Dok. 25.
30 LONGERICH, Davon nichts gewusst (wie Anm. 5), S. 38.

Bericht vom 21. April 1944.

Berichtende Kreisleitung: Pforzheim.
oder Dienststelle

lfd. Beitrags Nr. 8.

Betrifft: Stimmungsmässiger Überblick über die gesamtpolitische Lage.

Die Stimmung in der Bevölkerung ist zufriedenstellend. Die Haltung ist nach wie vor gut.
Die Stimmung wird etwas beeinträchtigt durch die harten Kämpfe im Südabschnitt der Ostfront. Viel besprochen werden die schweren Kämpfe unserer Truppen auf der Krim. Über das Schicksal dieser Truppen ist man beunruhigt.
Der Geburtstag des Führers wurde mit der Vereidigung der Politischen Leiter von allen Ortsgruppen in würdiger Form begangen. Die Stadt war sehr reich beflaggt.
Die Reden des Reichsministers Dr. Goebbels und des Reichsleiters Pg. Dr. Ley gaben der Bevölkerung wieder Rückhalt und Zuversicht.
Es wird allgemein bedauert, dass der Führer schon lange nicht mehr gesprochen hat.
Nach den Reden führender Männer wird lebhaft immer die Vergeltung und besonders die Invasion besprochen. Der grösste Teil der Volksgenossen wünscht die Invasion direkt herbei, da in der Invasion der Beginn des Entscheidungskampfes gesehen wird.
Die Stimmen jedoch, die behaupten, dass die Invasion nie kommen wird, sind nicht selten.
Der Teil der Bevölkerung, die Verluste bei dem Terrorangriff auf Pforzheim zu beklagen haben, zeigen eine aufrechte und gefasste Haltung.

(Frei für Gauleitung)
Zur Kenntnisnahme an   Prop.   am 21.4.
Zur Stellungnahme an   am
Zur Bearbeitung an   am
Erledigungsvermerk:

Abbildung: Stimmungsbericht der Kreisleitung Pforzheim vom 21. April 1944 (Archives Nationales Paris, AJ[40] 1486).

im Benehmen mit den gegebenenfalls zu beteiligenden Gauämtern, den Reichsministerien oder Landesbehörden oder aber durch die Partei-Kanzlei im Rahmen der Berichterstattung durch den Gau, der seinerseits allwöchentlich die einen auf der Basis der Kreisleiterberichte zusammengestellten Bericht an die Partei-Kanzlei zu schicken hatte.

Je nach Betreff wurden die Berichte durch die Hauptstelle Berichts- und Informationswesen an die zuständigen Gauämter bzw. deren Sachbearbeiter – wie in den meisten Fällen – lediglich „zur Kenntnisnahme", also zur bloßen Unterrichtung über einen bestimmten Sachverhalt, bzw. „zur Stellungnahme" oder „zur Bearbeitung" weitergeleitet. Dazu trugen die Berichte am Fuß des Berichtsbogens einen entsprechenden Vermerk, wobei bei einer Stellungnahme das Gaustabsamt ein Bericht der mit der Sache befassten Stelle einforderte. In einem solchen Falle handelte es sich häufig um allgemeine im Gau auftretende Fragen, die dann anhand von Rundschreiben geklärt werden konnten bzw. im Rahmen der wöchentlichen Lageberichte an die Partei-Kanzlei verwertet wurden. Wurde der Bericht mit dem Vermerk „zur Bearbeitung" versehen, so hieß dies, dass sich das zuständige Gauamt direkt an die berichtende Kreisleitung zu wenden hatte.[31] Der zeitliche Abstand zwischen der Abfassung des Berichts und dessen Bearbeitung im Gaustabsamt – das zeigen die Datumsangaben hinter den Vermerken – betrug zwischen zwei Tagen und einer Woche, selten länger, was in Anbetracht der damaligen Möglichkeiten des Postverkehrs, der zudem häufiger unter kriegsbedingten Einschränkungen litt, als recht zügig zu bezeichnen ist.

Anhand der überlieferten Kreisleiterberichte allerdings zeigt sich, dass auch nach dieser organisatorischen Neuordnung alle Theorie grau blieb und die Vorgaben durch die Kreisleitungen nur teilweise umgesetzt wurden. Dies betrifft vor allem die ursprünglichen Terminvorgaben. Zwar lässt sich eine durchaus regelmäßige Berichterstattung erkennen, allerdings wich diese vom geplanten Vierwochen- bzw. Wochenrhythmus ab. Tatsächlich nämlich spielte sich von Anfang an ein mehr oder weniger starres 14-tägiges Berichtswesen ein. Auch die Berichte der Pforzheimer Kreisleitung, die stets gegen Ende der ersten und zu Beginn der dritten Woche abgefasst waren, bilden hier keine Ausnahme. Die diesbezüglichen Hintergründe lassen sich aus den Akten nicht erhellen. Wahrscheinlich aber hing diese Abweichung von der ursprünglichen Vorgabe mit der Totalisierung des Krieges und aus ihr resultierenden pragmatischen Erwägungen zusammen. Denn zum einen war die Personaldecke in den Gauämtern besonders durch Einberufungen zur Wehrmacht merklich ausgedünnt und zum anderen wurde das Aufgabenfeld der Ortsgruppen- und Kreisleiter durch kriegsbedingte Aufgaben ständig ausgeweitet, was den Politischen Leitern immer wieder Anlass zu Beschwerden gab.[32] Sowohl die Erstellung aber auch die Bearbeitung der Berichte dürften zu den zeitaufwändigsten Arbeiten überhaupt gezählt haben, so dass ein Zurückfahren in diesem Bereich wohl unumgänglich war. Für diese Interpretation jedenfalls

---

31 Anordnung Nr. 118/43 betr. politische Lageberichte von Gaustabsamtsleiter Adolf Schuppel an alle Gauhaupt- und Gauamtsleiter vom 6. September 1943. ADBR 1065 W 10.
32 Vgl. hierzu die Klagen Knabs in Dok. 25 („Industrie").

spricht, dass ähnliche Einschränkungen auch in anderen Bereichen des Parteibetriebs vorgenommen wurden, so z. B. im Gaupersonalamt, das nach 1942 auffallend weniger häufig Mitgliederstatistiken erstellte.[33]

Mit hoher Wahrscheinlichkeit aber gab es noch einen weiteren Grund, warum man die Unterteilung in Wochen- bzw. Vierwochenberichte schließlich unterließ, denn der zeitliche Abstand zwischen den geschilderten Beobachtungen und Ereignissen und der Bearbeitung der Berichte durch die zuständigen Stellen wäre unter dem Gesichtspunkt der Aktualität – ein sehr wesentliches Kriterium, wenn es darum ging, auf der Grundlage der Meldungen politisch zu reagieren – zumindest bei den Vierwochenberichten (die quantitativ ja die Mehrheit des Gesamtberichtsaufkommens ausmachten) schlicht ungeeignet gewesen. So gesehen war der tatsächlich praktizierte 14-Tages-Rhythmus wohl ein Kompromiss, der einerseits für das Gaustabsamt zumindest keinen Nachteil brachte, weil schließlich nach wie vor ein regelmäßiger Berichtseingang gewährleistet blieb, hingegen den berichterstattenden Ortsgruppen- und Kreisleitern den Vorteil bot, dass deren Berichterstattertätigkeit weniger zerfahren und damit leichter zu handhaben war.

Schließlich muss an dieser Stelle noch auf die eigentümliche Zählweise der Pforzheimer Kreisleiterberichte eingegangen werden. Diese wurden von Knab nämlich über die laufende Beitragsnummer sortiert, während die Zählung normalerweise, wie oben geschildert, lediglich über das Datum und innerhalb des jeweiligen Berichts über die Beitragsnummer durchnummeriert wurde. Das heißt, dass die verschiedenen Betreffe innerhalb eines Berichts stets die gleiche Beitragsnummer erhielten. So wurden die Berichte bis Ende 1943 der Reihenfolge ihres Einreichens nach gezählt, ehe mit Beginn 1944 die Zählweise 1/44, 2/44, also erster Bericht 1944, zweiter Bericht 1944 usw. lautete. Offenbar rieb sich im Gaustabsamt niemand an dieser Eigenwilligkeit, denn dieses Merkmal blieb den Berichten der Pforzheimer Kreisleitung bis zum Schluss zu eigen. Für den heutigen Betrachter aber hat diese fortlaufende Zählung durchaus ihren Vorteil, denn mit ihr lässt sich nachweisen, dass von Anfang Januar bis Anfang November 1944 sämtliche Pforzheimer Kreisleiterberichte, oder doch zumindest einzelne Betreffe daraus, erhalten geblieben sind.

Zur Herkunft der Dokumente

Die nachfolgend aufgeführten Dokumente sind eine Synthese aus insgesamt 101 einzelnen von der Pforzheimer Kreisleitung verfassten Berichtsblättern, die sich verstreut auf zehn verschiedene Provenienzen im Bundesarchiv Berlin, im Generallandesarchiv Karlsruhe und in den Archives Nationales Paris (ANP) fanden. Die in den Beständen häufig unsortierten,

---

33 Vgl. Markus ENZENAUER: „Deutsches Elsaß kehre heim!" Nazifizierung, Germanisierung und Organisationsgrad der elsässischen Bevölkerung während der „verschleierten Annexion" 1940–1944/45. In: Konrad Krimm (Hrsg.): NS-Kulturpolitik und Gesellschaft am Oberrhein 1940–1945 [Oberrheinische Studien, Bd. 27]. Ostfildern (in Druck.).

zum Teil aus dem Zusammenhang gerissenen und/oder bloß vereinzelt überlieferten Dokumente wurden vom Bearbeiter chronologisch und sachlich geordnet und dadurch ihre ursprüngliche zeitliche Reihenfolge und ihr Entstehungszusammenhang wiederhergestellt. Bei diesem Aktenmaterial handelt es sich im Einzelnen um

a) vier Berichtsblätter, die sich in den Akten der Partei-Kanzlei der NSDAP unter BArch NS 6/812 fanden. Diese Akten, die außer den besagten Pforzheimer Berichten noch solche aus anderen elsässischen und badischen Kreisen enthalten, gelangten erst nach der Rückgabe durch das Londoner Foreign Office im Jahre 1987 in das Bundesarchiv;

b) 19 Berichtsblätter, aufgefunden im Badischen Generallandesarchiv Karlsruhe in verschiedenen Provenienzen der Bestandsgruppe 465d[34] und schließlich

c) 78 Berichtsblätter aus den im französischen Nationalarchiv unter der Signatur AJ[40] 1486 lagernden Unterlagen des Gaustabsamtes.

Letztere Dokumente, die fast vier Fünftel des hier präsentierten Materials ausmachen, sind Bestandteil der mit „Parti national-socialiste des travailleurs allemands, région de Bade-Alsace" betitelten „Sous-Série AJ[40]". Zwar lässt sich nachweisen, dass bereits kurz nach dem Krieg mit einem Teil dieser Akten gearbeitet wurde,[35] doch von der Existenz dieser gleichermaßen umfangreichen wie für die deutsch-französische bzw. elsässische und badische Geschichte bedeutenden Überlieferung hat die Forschung nicht vor 1989 erfahren[36] und es dauerte gar bis zum Jahre 2002, ehe ein Findbuch aufgelegt wurde.[37] Es handelt sich um jene Akten des badischen Parteiapparates der NSDAP, vor allem der verschiedenen Gauämter, von

---

34 Die betreffen Akten aus GLA 465d verteilen sich auf die Bestellnummern 23 (Provenienz Gauleitung), 46–48 u. 50–51 (Gaustabsamt) sowie 168–169 (Gauschulungsamt).

35 Nachweislich waren sie Grundlage für: John S. STEWARD (d. i. Johannes Carl Maier-Hultschin): Sieg des Glaubens. Authentische Gestapoberichte über den kirchlichen Widerstand in Deutschland. Zürich 1946. Der Titel ist insofern irreführend, weil es sich bei den rund 120 Dokumenten weder nur um Gestapoberichte noch ausschließlich um Berichte zum katholischen oder evangelischen Widerstand handelt, sondern dass auch andere Facetten über Stimmung und Haltung der Bevölkerung zur Sprache kommen. Das Buch enthält im Wesentlichen Auszüge von Lageberichten, die auf Kreisebene angefertigt wurden. Herkunftsmäßig gesehen sind die von Steward zitierten Berichte fast ausschließlich auf den Gau Baden-Elsass beschränkt.

36 So fehlt der Hinweis zu diesem Bestand noch im Forschungsbericht von Jean Yves MARIOTTE: Elsässische Quellen zur Deutschen Geschichte des 20. Jahrhunderts. In: Der Archivar, Jg. 42 (1989), H. 4, Sp. 487–494. Die erstmalige Erwähnung der besagten Aktenstücke findet sich im Findbuch zur Bestandsgruppe R 83/Elsass des Bundesarchivs, worin auf S. IV nachträglich der folgende Hinweis eingeklebt wurde: „Nach Mitteilung von Prof. v. Thadden – aufgrund von Angaben seines Schülers Radtke – sind in den Archives Nationales (Serie AJ[40]) 86 Kartons Akten der Provenienz ‚Chefs der Zivilverwaltung im Elsaß und in Lothringen sowie NSDAP Gau Baden' vorhanden (26.4.1989)."

37 ARCHIVES NATIONALES (Hrsg.): La France et la Belgique sous l'occupation allemande 1940–1944. Les fonds allemands conservés au Centre historique des Archives Nationales. Inventaire de la sous-série AJ[40], bearb. von Guy Beaujouan. Paris 2002.

denen angenommen wurde, dass sie infolge von Kriegszerstörungen oder im Zuge bewusster Vernichtungsmaßnahmen zum Zwecke der Verdunkelung – von Schuppel ist bekannt, dass er in Baden-Baden an der systematischen Verbrennung von Akten der Gauleitung beteiligt war[38] – verloren gegangen sind. Heute wissen wir, dass tatsächlich nur ein Teil des Schriftgutes dieses Schicksal erlitt, während diejenigen Akten, die beim Einmarsch der Franzosen in Straßburg am 23. November 1944 von der NSDAP nicht rechtzeitig evakuiert werden konnten, entweder in das Straßburger Departementalarchiv oder aber, sofern es sich um die Akten der Gauleitung handelte, in das Pariser Nationalarchiv gelangten. Diese beiden Bestände stellen eine wertvolle Ergänzung der vor allem im Bundesarchiv in Berlin und im Karlsruher Generallandesarchiv aufbewahrten, von den Amerikanern zurückgegebenen Akten der Gauleitung Baden-Elsass dar. Gemeinsam mit den vor allem auf Kreisebene entstandenen Unterlagen des Departementalarchivs in Straßburg handelt es sich bei der Sous-Série AJ[40] um den umfangreichsten Teilbestand zum Gau Baden(-Elsass) in der Zeit ab 1940.

Editorische Bemerkungen

Aufbereitung und Präsentation der Berichtsquellen folgen weitestgehend den Empfehlungen, wie sie vom „Arbeitskreis Editionsprobleme des 20. Jahrhunderts" vorgeschlagen wurden.[39]

Die Dokumente sind fortlaufend durchnummeriert; die der Dokumentennummer folgende und ebenfalls in Fettdruck gehaltene Kopfzeile beinhaltet stets Absender und Adressat mit Angabe des Berichtsdatums. Rechts unterhalb der Kopfzeile ist – kursiv gesetzt – die Herkunft der jeweiligen Archivalie vermerkt (gegebenenfalls mit Anmerkungen zu Parallelüberlieferungen in anderen Archiven). Es folgen zunächst die laufende Beitragsnummer und dann stets der mit einer Betreffangabe eingeleitete Bericht, der im parteiamtlichen Vordruckformular innerhalb des Textfeldes steht. Bei Berichten, die aus mehreren laufenden Beitragsnummern bzw. mehreren Blättern bestehen, wurde dies einer besseren Wahrnehmung wegen durch einen breiten Querstrich gekennzeichnet.

Nicht in allen, aber in den meisten Fällen wurden von den Sachbearbeitern im Gaustabsamt handschriftlich entsprechende Bearbeitungsvermerke hinzugefügt. Diese Bearbeitungsvermerke wurden in dieser Edition mit ihrem jeweiligem genauen Wortlaut bzw. der verwendeten Abkürzung als Fußnote angegeben; falls Datumsangaben gemacht wurden, stehen diese in Klammern. Transkriptionsgrundsatz war, den Textkörper selbst so wenig wie möglich zu verändern; Absätze, Untergliederungen, Aufzählungen und Umbrüche sind entsprechend der Originalvorlage beibehalten, das gleiche gilt für Hervorhebungen im

---

38 S. das vom Bureau de documentation de la région 10 verfasste Geheimdossier zu Schuppel vom 12. Juni 1945. ADBR 1065 W 10.
39 Arbeitskreis Editionsprobleme des 20. Jahrhunderts: Zur Edition zeitgeschichtlicher Quellen. In: Jahrbuch der historischen Forschung in der Bundesrepublik Deutschland 1975, Stuttgart 1975, S. 137–147.

Text durch Sperrungen oder Überschriften. Lediglich aus Gründen der Vereinheitlichung wurden die Texte blockgesetzt und die Zeilen- und Absatzabstände normiert. Streichungen und Ergänzungen sowie offensichtlich fehlende Worte wurden durch eckige Klammern gekennzeichnet. Im Original auftretende orthografische Fehler wie Buchstabenverdreher oder falsche Flexionen und Interpunktionen wurden stillschweigend verbessert, wohingegen auftretende fehlerhafte Schreibweisen von Orts-, Sach- und Personennamen genauso wie besonders eigentümliche Wörter, Sätze oder Ausdrücke unverändert blieben. Ebenso wurde die Schreibweise ss und ß wie in der Vorlage belassen, auch wenn dies bisweilen innerhalb eines Textes völlig uneinheitlich gehandhabt wurde. Unverändert belassen sind schließlich auch die verwendeten Abkürzungen sowie die Getrenntschreibung von Substantiven und Wortkomposita.

Ein Editionsgrundsatz war das Streben nach vollständiger Präsentation. Daher sind im folgenden sämtliche in den oben genannten drei Archiven gefundenen Pforzheimer Kreisleiterberichte in der zeitlichen Abfolge ihrer Entstehung entsprechend zusammengetragen und weitestgehend ungekürzt belassen. Lediglich auf die jeweils mit Datum und Uhrzeit angegebenen Fliegeralarme[40] wurde nach den Nennungen von ersten Beispielen aus Gründen der Platzersparnis verzichtet, wobei freilich Schilderungen, die im Zusammenhang mit diesen Alarmen stehen und insbesondere über Auswirkungen der Angriffe Aufschluss geben, dokumentiert sind.[41] Das Dokument 19b weicht formal gesehen von den sonstigen Berichten ab, ist aber als eine Sondermeldung an das Gaustabsamt geschickt worden und soll folglich auch im Zusammenhang präsentiert werden.

Insgesamt handelt es sich um 28 Berichte bzw. Berichtsfragmente (aus einzelnen oder mehreren Beitragsnummern), die zwischen Dezember 1942 und November 1944 entstanden sind; die Überlieferungen markieren damit den Zeitraum von der Neuorganisation des Berichts- und Informationswesens im Gau Baden bis zum Zusammenbruch der dortigen Parteiinfrastruktur. Da die Berichterstattung in vierzehntägigen Abständen erfolgte, müssen in dieser Zeit insgesamt 47 Berichte entstanden sein, was offenlegt, wie groß die Überlieferungslücken sind. Diese Lücken allerdings sind höchst unterschiedlich verteilt: Für den Monat Dezember 1942, den ersten Monat nach der Neuregelung des Berichtswesens, fanden sich drei Dokumente, für das gesamte Jahr 1943 konnten lediglich vier Beitragsnummern gefunden werden. Diese insgesamt sieben Berichtsblätter tragen allesamt den Betreff „(Aktivität der) Konfessionen", was kein Zufall ist, da sie sich in den Akten des mit religiösen Fragen befassten Gauschulungsamtes fanden, wohin sie über den oben geschilderten Verteilungsweg gelangten. Sämtliche anderen bis Ende 1943 entstandene Berichte der Kreisleitung Pforzheim sind verschollen, wohingegen

---

40 Zu den Fliegeralarmen und -angriffen sowie den Kampfhandlungen und ihren Folgen in Pforzheim und dem Kreisgebiet s.: STADTVERWALTUNG PFORZHEIM (Hrsg.): Verwaltungsbericht und Statistik der Stadt Pforzheim 1945–1952. Das Stadtgeschehen 1939–1945. Pforzheim 1952, S. 1–40, StAPf.
41 Dies betrifft die laufenden Beitragsnummern 8 bis 11 (21. April bis 7. Juni 1944) und 14 bis 21 (20. Juli bis 6. November 1944). Der Bericht lfd. Beitr. Nr. 10 vom 22. Mai 1944, aus dem ausschließlich der Betreff „Fliegeralarm" erhalten geblieben ist, wurde gänzlich weggelassen.

die Überlieferung des Jahres 1944 – wie man anhand der Zählung feststellen kann – als sehr günstig zu bezeichnen ist.

Möglicherweise hat es noch einen Bericht gegeben, der um den 20. November 1944 herum – das wäre dem Zweiwochen-Schema entsprechend der nächste Termin gewesen – verfasst wurde, aber es ist höchst unwahrscheinlich, dass dieser überhaupt in Straßburg ankam, nachdem die Stadt am 23. November 1944 von den Deutschen in aller Eile geräumt werden musste. Man muss davon ausgehen, dass mit diesem Datum die Kreisleiterberichterstattung im Gau Baden-Elsass ohnedies ihr Ende fand, denn für die Zeit danach ließ sich in den Archiven kein einziges entsprechendes Dokument mehr finden.

Die Kreisleiterberichte als historische Quelle

Für ihre Propaganda und Politik, für politische Interventionen und Änderungsmaßnahmen, benötigte die NSDAP eine verlässliche Informationsgrundlage. Diesem Anspruch versuchte die Partei mit ihrem weitverzweigten Berichtswesen gerecht zu werden. Als qualitätssichernde Maßnahme wurde für die Abfassung der Berichte eine Reihe von formalen, stilistischen und inhaltlichen Richtlinien erlassen. Vor allem sollten die Berichte *ungeschminktes Tatsachenmaterial enthalten*, sie sollten *klar und erschöpfend* sein, *jedoch ohne alle unnötigen Umschweife*. In jedem Falle aber waren präzise Angaben zu den wer/wie/wo/wann-Fragen verlangt.[42] Immer wieder wurde auf die Notwendigkeit einer *wahrheitsgemäßen Berichterstattung* hingewiesen: Die Berichte hatten *hieb- und stichfest* zu sein, so dass sie *einer genauen Prüfung der tatsächlichen Situation* standhielten. Die *schonungslose Offenheit* bei der Darlegung war ein zweites immer wieder vorgebrachtes Kriterium.[43]

Zwar fanden diese Berichte – die übrigens, je länger der Krieg dauerte, ja das fast ausschließliche Bevölkerungsfeedback bereitstellten[44] – bis zum Zusammenbruch des Regimes höchste Beachtung, doch häufig genug reagierte man seitens der Reichsleitung pikiert über die *ungeschminkte* und *schonungslos offene* Darstellung von Stimmung und Haltung der Bevölkerung, vor allem seit die Berichte eine immer negativere Färbung annahmen und die Kluft zwischen ideologischem Anspruch und gesellschaftlicher Wirklichkeit immer deutlicher zutage trat. Mancher Berichterstatter sah sich gar dem Defaitismusvorwurf ausgesetzt und die SD-Berichte

---

42 Anordnung Schuppel Nr. 69/42 betr. Neuordnung des Berichtswesens vom 19. November 1942. GLA 465d/1472.
43 Vortrag Heinzelmann am 1. Juni 1944 (wie Anm. 15).
44 Über die Berichterstattung hinaus gab es für die Partei tatsächlich nur noch die unmittelbar beobachtbaren Publikumsreaktionen in Parteiversammlungen und Massenkundgebungen. Freilich waren die dort gewonnenen Erkenntnisse nur sehr eingeschränkt verwertbar, denn Erstere wurden in der Regel nur von Partei-„Sympathisanten" oder -Mitgliedern besucht, Letztere spielten während der letzten beiden Kriegsjahre nur noch als vereinzelte Aktionen eine Rolle; man denke etwa an die Sportpalastrede von Goebbels als Prolog zur Totalisierung des Krieges oder die vielerorts abgehaltenen „Treuekundgebungen" nach dem Hitlerattentat.

wurden aus diesem Grund im Juli 1944 sogar ganz eingestellt.⁴⁵ Stattdessen legte man sich auf höchster Ebene eine eigene Interpretation der Dinge zurecht, die an Wahrheitsverweigerung grenzte: Schon Mitte Dezember 1942 bemängelte Martin Bormann, der Leiter der Partei-Kanzlei, dass ihn viele Gauleiterberichte erreicht hätten, *in denen negative Äußerungen von Volksgenossen oder mehr oder weniger geringfügige Zwischenfälle, die auf eine gewisse Kriegsmüdigkeit schließen ließen, als Beweise für die angeblich schlechte Stimmung der Bevölkerung angeführt wurden.* Die genauere Überprüfung hingegen habe ergeben, dass derlei Stimmungsschilderungen keineswegs als symptomatisch zu deuten waren: *Örtliche Verstimmungen, verständliche nervöse Überreizungen, Äußerungen unverbesserlicher Pessimisten und Ausflüsse der Angst und Feigheit bürgerlicher Spiesser* könnten, so Bormann, nicht als Stimmungsbarometer gelten. Es bestehe daher auch kein Zweifel, dass trotz der kriegsbedingten Stimmungsschwankungen die Haltung des Volkes und damit das wesentliche Kriterium zur Beurteilung des Widerstandswillens – im Gegensatz zu 1917/18, als ein angeblicher Stimmungsabfall das Zerbröckeln der Heimatfront nach sich gezogen habe – völlig einwandfrei sei.⁴⁶

Für den rückschauenden Betrachter stellt sich angesichts solcher Auslassungen, die auf die Berichterstattung nicht ohne Folgen bleiben konnten, die Frage, inwieweit oder ob überhaupt die Partei in der Lage war, dem Selbstanspruch eines verlässlichen Berichtswesens gerecht werden zu können. Entsprechend kritisch hat sich die Forschung mit diesen Berichtsquellen auseinandergesetzt. Wenn auch im Rahmen dieser Einführung nicht auf die Einzelheiten dieser Quellenkritik eingegangen werden kann,⁴⁷ doch zumindest so viel: Grundsätzlich geht es um zwei Probleme, nämlich zum einen um die Frage der Aussagekraft – konkret: wie getreu der Bericht die Realität des Berichtsgegenstandes abbildet – und zum anderen (freilich damit zusammenhängend), wie diese Quellen in der Absicht eines Erkenntnisinteresses überhaupt verwertet werden können.⁴⁸

In der Tat ist angesichts der Ausführungen Bormanns zu vermuten, dass viele Berichte von den Berichterstattern von vornherein „entschärft" wurden, weil offenbar allzu kritische

---

45 BOBERACH: Meldungen/Auswahl (wie Anm. 14), S. XXVIII.
46 Rundschreiben Nr. 198/42 des Leiters der Partei-Kanzlei betr. Stimmungsberichte v. 18. Dezember 1942. IfZ (Institut für Zeitgeschichte)-Archiv MA-0847.
47 Zum quellenkritischen Umgang mit den Berichtsquellen s. Aryeh L. UNGER: The Public Opinion Reports of the Nazi Party. In: Public Opinion Quarterly 29 (1965), S. 565–582 und insbesondere auch die methodischen Überlegungen bei LONGERICH: Davon nichts gewusst (wie Anm. 5), S. 19–53.
48 Auf die methodischen Unzulänglichkeiten und einen häufig geradezu impressionistischen Gebrauch solcher Quellen hat zuletzt Götz ALY (Hrsg.): Volkes Stimme. Skepsis und Führervertrauen im Nationalsozialismus. Frankfurt a. M. 2006, S. 13, hingewiesen: „In den bislang gängigen zeitgeschichtlichen Arbeiten wird nach einem fragwürdigen Rezept verfahren: Man nehme die Berichte des Sicherheitsdienstes (,Meldungen aus dem Reich'), vermenge sie sorgsam mit Mutmaßungen über die Volksstimmung, die sich etwa in Goebbels' Tagebüchern und in amtlichen Quellen finden, und füge der so gewonnenen Masse nach Belieben Ingredienzen aus Feldpostbriefen und privaten Tagebüchern hinzu – und schon scheint klar, wie sich die deutsche Gesellschaft zur Zeit des Dritten Reiches gefühlt haben wird." Wenngleich Aly hier zuspitzt, so ist der Kern des Problems doch durchaus richtig erkannt.

Töne nicht opportun waren. Hinzu kam, dass der den Berichten zugrundeliegende Informationsweg an eine Hierarchie gebunden war und die Tendenz bestand, die nächsthöhere Instanz, der man verantwortlich war, über gewisse Sachverhalte nur zu informieren, wenn dies der eigenen Interessenlage entsprach. Zu diesen systemimmanenten Defiziten kamen solche, die mit der Entstehung der Berichte selbst zu tun hatten. So wurde angemerkt, dass die Versuche zur Erfassung der „Volksmeinung" jede Methodik vermissen ließen, keinerlei Repräsentativität gehabt hätten, weil die Entstehung der Berichte auf der Grundlage der teilnehmenden Beobachtung von vornherein zu subjektiven Verzerrungen führen musste, weil die Partei zu bestimmten gesellschaftlichen Milieus keinen Zugang hatte usw. Hinzu kommt der grundsätzliche Einwand, dass unter den Umständen einer Diktatur ohnehin keine gefahrlose, unbefangene Meinungsäußerung möglich war und dass die Parteiberichterstatter eine solche gar nicht messen oder wie auch immer feststellen wollten, sondern allenfalls bestimmte Verhaltensweisen.

Doch ungeachtet dieser kritischen Überlegungen und den methodischen Einschränkungen, die für diese Quellengattung gelten und die bei einer Verwertung berücksichtigt werden müssen, haben die hier präsentierten Kreisleiterberichte selbstverständlich ihren Wert als historische Quelle. Dieser Wert ist zunächst einmal ein ganz grundsätzlicher, denn zum einen existiert für den genannten Zeitraum keine geschlossenere Beschreibung von Stimmung und Haltung der Pforzheimer Kreisbevölkerung, andererseits sind diese Berichtsquellen als Grundlage für qualitative Aussagen über die Bevölkerung während der NS-Zeit generell alternativlos; und dies gilt auch für die Berichte aus Pforzheim, die einen Zugang zur hiesigen Wirkungsgeschichte „von unten" eröffnen. Die Berichte bieten Stoff und Anknüpfungspunkte für lokal- und regionalgeschichtliche und, wenn man sie vergleichend benutzt, für übergreifende Untersuchungen. Sie sind komplementär zur Ereignisgeschichte zu lesen und zu verstehen. Sie sind zudem eine aufschlussreiche sozial- und mentalitätengeschichtliche Quelle, ein Zeugnis dessen, was die Zeitgenossen bewegte. Nicht minder aber sind sie auch eine bedeutende Quelle für die Geschichte der badischen bzw. Pforzheimer NSDAP und verraten sehr vieles über den Parteibetrieb an sich.

Sämtliche hier präsentierten Berichte entstanden nach Dezember 1942, und damit unter dem Eindruck der Katastrophe von Stalingrad. Der Kulminationspunkt der NS-Herrschaft – das ahnten viele – war längst überschritten. Gekennzeichnet war diese letzte Kriegsphase von einer immer unbefriedigender werdenden Versorgungslage, einer zunehmenden Repression gegenüber der eigenen Bevölkerung, der Totalisierung des Krieges, in den immer mehr auch die Zivilbevölkerung hineingezogen wurde. In der Tat gab es für die Nationalsozialisten genügend Gründe, die Stimmungsentwicklung genau zu beobachten. Vor diesem Hintergrund lassen sich die Berichtsthemen auch als ein Spiegel dessen lesen, wovor sich das Regime fürchtete.

Selbst wenn alle Kritik und alle Einwände zuträfen, wenn auch nur Teilmeinungen erfasst werden konnten und die Auswahl der Stimmen und Stimmungen selektiv waren, so gilt doch, dass die Berichte Einblick in die Stimmungslage der Bevölkerung und manchmal sogar einzelner Gesellschaftsschichten bieten,[49] ja, sogar zu Stimmungsveränderungen in bestimmten Situationen.[50] Sie verraten vieles über Ansichten, Erwartungen und Empfindungen, zeigen, was die Bevölkerung über das Kriegsgeschehen oder die politischen Hintergründe wusste, wie manche Äußerung zur Kriegslage beweist.[51] Sie können, das verrät ihr Tenor, in den meisten Fällen durchaus als nüchterne Zustandsbeschreibung bezeichnet werden, wenngleich sie bisweilen kurios und auf unfreiwillige Weise komisch waren, wie beispielhaft der auf Zahlenmystik gründende Vergleich zwischen Napoleon und Hitler[52] oder das schlüpfrige Gerücht über angebliche Kinderwünsche der Arbeitsmaiden zeigt[53] – das nebenbei offenbart, wie sehr der Nimbus der SS sexuell konnotiert war.

Bei der Lektüre der Berichte bekommt man nicht den Eindruck, als ob sie allzu linientreu und schönfärberisch waren,[54] eher im Gegenteil. Häufig genug und in aller Klarheit beschwert sich Kreisleiter Knab über bestimmte Unzulänglichkeiten, etwa wenn er über kontraproduktive Pressepropaganda klagt,[55] das Verhalten von Gliederungsführern anprangert,[56] die verheerenden Eindrücke, die die aus dem Westen zurückflutende Wehrmacht bei der Zivilbevölkerung hinterließ,[57] oder den „Propaganda-Flug" der Royal Air Force, der seiner Kreisbevölkerung klar machte, dass die deutsche Luftwaffe oder die Flak nichts entgegenzusetzen hatten.[58] Bisweilen wurden gar höchste Repräsentanten des Regimes und Hitler selbst von der Kritik nicht ausgenommen.[59] Man kann Knab insgesamt bescheinigen, dass er die das Berichtswesen betreffenden Aufgaben wie von der Parteiführung verlangt umsetzte. Die Berichte gleiten – anders übrigens als bei manchem seiner Kreisleiterkollegen – verhältnismäßig selten in die üblichen Propagandafloskeln ab.[60] Vergleicht man die Berichte verschiedener Kreisleiter, so muss man vermuten, dass ihre Qualität durchaus auch von der persönlichen Disposition der jeweiligen Verfasser abhing. Möglicherweise war es für die selbstbewussten „Alten Kämpfer" vom Schlage eines Hans Knab einfacher, „ungeschminkt" und in „schonungsloser Offenheit" zu berichten.

Noch ein Letztes: Für die Beurteilung der Qualität der Berichte als historische Quelle ist maßgeblich, auf welcher Ebene sie entstanden. Die Parteiberichterstattung fußte auf

---

49 Vgl. Dok. 21 u. Dok. 25 (jeweils unter „Stimmungsmässiger Überblick über die gesamtpolitische Lage").
50 Vgl. Dok. 16 u. Dok. 21 (jeweils unter „Stimmungsmässiger Überblick über die gesamtpolitische Lage").
51 Vgl. Dok. 13 u. Dok. 14 (jeweils unter „Stimmungsmässiger Überblick über die gesamtpolitische Lage").
52 Vgl. Dok. 19b.
53 Vgl. Dok. 14 („Gerüchte").
54 Wie bei LONGERICH: Davon nichts gewusst (wie Anm. 5), S. 38 dem Parteiberichtswesen generalisierend unterstellt wird.
55 Vgl. Dok. 9 („Propaganda, Presse").
56 Vgl. Dok. 10 („Gliederungen und angeschlossene Verbände. Partei-interne Angelegenheiten").
57 Vgl. Dok. 25 („Wehrmacht").
58 Vgl. Dok. 12 („Fliegeralarm").
59 Vgl. Dok. 21 („Gerüchte") u. Dok. 27 („Propaganda").
60 Vgl. Dok. 12, Dok. 20 u. Dok. 22 (jeweils unter „Stimmungsmässiger Überblick über die gesamtpolitische Lage"), Dok. 21 („Sonstiges").

einem mehrstufigen Redaktionsprozess, der mit der Zusammenstellung der vom jeweiligen Ortsgruppenleiter als wichtig erachteten Vorkommnisse und Beobachtungen begann. Diese Berichte wurden vom Kreisleiter ausgewertet, der wiederum das aus seiner Sicht Berichtenswerte zusammenstellte und dem Gaustabsamt weiterleitete. Hier erfolgte die dritte und letzte Redaktion, indem die Sachbearbeiter für die Parteikanzlei und damit für die Parteiführung einen Bericht mit den wesentlichen Erscheinungen und Vorkommnissen aus dem Gau zusammenstellten. Nach jeder Weitergabe kam es naturgemäß zur Informationsausdünnung. Schon im Rahmen des vom Institut für Zeitgeschichte unternommenen „Bayern-Projektes" konnte nachgewiesen werden, dass die Berichte auf Ortsgruppen- und Kreisebene weit aussagekräftiger und authentischer waren, als die abstrakteren Berichte, die auf Gau- oder Reichsebene entstanden. In diesem Zusammenhang hat Martin Broszat in sehr anschaulicher Weise das gesamte Berichtsaufkommen aus dieser gestuften Berichterstattung als einen sich von unten nach oben verjüngenden Kegel beschrieben, der quellenkritisch betrachtet nur an der Basis des Kegels den Rang einer aussagekräftigen Primärquelle hatte, aber umso mehr an originaler Qualität verliert, je mehr man sich der Kegelspitze nähert.[61] Die Kreisleiterberichte liegen, wenn man bei dem Bild des Kegels bleiben möchte, der Basis um vieles näher als der Spitze. Dabei haben sie den großen Vorzug, dass sie weder zu detailverloren noch zu sehr ausgedünnt sind; ihr Informationsgehalt ist, könnte man sagen, zwischen Mikro- und Makroperspektive überschaubar. Dass von allen in diesem Produktionsprozess entstandenen Dokumenten ausgerechnet die badischen (und damit auch die Pforzheimer) Kreisleiterberichte derart gut überliefert sind, darf man insofern als einen äußerst glücklichen Umstand bezeichnen.

---

61 Martin BROSZAT, Elke FRÖHLICH, Falk WIESEMANN (Hrsg.): Bayern in der NS-Zeit, Bd. 1. Soziale Lage und politisches Verhalten der Bevölkerung im Spiegel vertraulicher Berichte. München 1977, S. 13 f.

II. Dokumententeil

Die Berichte der Kreisleitung Pforzheim
(Dezember 1942 bis November 1944)

Dok. 1

Bericht der Kreisleitung Pforzheim an die Gauleitung Baden vom 2. Dezember 1942.

lfd. Beitr. Nr. 2   *GLA 465d/168*
Betrifft: Aktivität der Konfessionen.
In Pforzheim spricht z. Zt. in der St. Franziskuskirche ein Franziskanerpater Epilidius.
   Seine Ausführungen sollen auf die Bevölkerungsteile, die die Kirche besuchen, grossen Eindruck machen. Er soll gesagt haben, dass er mit dem Besuch in Pforzheim sehr zufrieden sei. Er werde das nach Freiburg berichten.

Dok. 2

Bericht der Kreisleitung Pforzheim an die Gauleitung Baden vom 14. Dezember 1942.

lfd. Beitr. Nr. 4   *GLA 465d/168*
Betrifft: 7. Aktivität der Konfessionen.
Insofern konnte eine Aktivität der Konfessionen beobachtet werden, als sie gerade jetzt in der Vorweihnachtszeit äusserst aktiv sind und versuchen, durch besondere kirchliche Feiern die Bevölkerung immer wieder herbeizuziehen.
   Auch der Heldentod vieler Volksgenossen und die damit verbundenen kirchlichen Gedenkfeiern geben der Kirche immer wieder Gelegenheit, die Bevölkerung in ihrem Sinne zu bearbeiten. Besonders die Frauen sind ihrem Einfluss z. Zt. verstärkt ausgesetzt. Die Gefallenen-Gedenkfeiern ziehen sie besonders gut und feierlich auf und stellen die Gefühle und Verbundenheit mit der Kirche immer wieder besonders heraus. Diese Feiern haben teilweise einen starken Zulauf.
   Auch soll festgestellt worden sein, dass Geistliche die Familien von Gefallenen aufsuchen und solange auf sie einreden, bis sie sich bereit erklären, einen Trauergottesdienst für den Gefallenen abhalten zu lassen. Bei diesen Trauergottesdiensten wird dann häufig der Brief des Einheitsführers in rührseliger Weise verlesen.

Auch Familien, von denen die Männer oder Söhne im Felde stehen, werden von der Geistlichkeit häufig besucht. Auch wird beobachtet, dass die Pfarrer von der Kanzel herunter immer wieder die Kirchenbesucher auffordern, wenn ihre Soldaten nach Hause kommen, sollten sie auch dem Pfarrer ihren Besuch machen. Jeder Soldat, der auf Urlaub komme, müsse auch sie besuchen.

Die konfessionellen Jugendorganisationen haben immer noch ihre Heimabende und zum Teil wurden sogar Jugendausflüge unter Führung von Pfarrern beobachtet.

In letzter Zeit trat im Kreisgebiet Pforzheim, wie bereits berichtet, ein Pater auf. Es gelang ihm, wenn auch nur vorübergehend, eine höhere Kirchenbesucherzahl zu erreichen. Die Ansprachen waren sehr vorsichtig gehalten, entbehrten gewisser Spitzen nicht, aber so, dass nicht zugegriffen werden konnte. Eine ernstliche Rückwirkung dieser kirchlichen Aktion auf die Haltung der Bevölkerung konnte aber nicht festgestellt werden, da die Bevölkerung sich mit ihren Anliegen in steigerndem Maße an die Partei wendet und dort Rat und Hilfe sucht und nicht wie ehedem im Pfarrhaus.

Bei streng katholischen Kreisen ist festzustellen, dass die Spenden für das WHW oder das Deutsche Rote Kreuz nicht im Verhältnis zu den Einkommensverhältnissen stehen, sodass anzunehmen ist, dass immer noch erhebliche Mittel an Caritasverbände u. a. abwandern.

Dok. 3

Bericht der Kreisleitung Pforzheim an die Gauleitung Baden vom 16. Dezember 1942.

lfd. Beitr. Nr. 5 *GLA 465d/168*[62]
Betrifft: Aktivität der Konfessionen. Kirchlich katholische Kreise.
Am 14. Dezember 1942 wurde eine Konferenz mit geladenen Gästen im kath. Pfarrhaus der St. Franziskuskirche in Pforzheim festgestellt. Nur Frauen nahmen an der Konferenz teil. Der Zweck konnte nicht festgestellt werden, doch wird vermutet, dass Beratungen zwecks irgendeiner kirchlichen Sammlung gepflogen wurden. Die Besprechung währte etwa 1 1/2 Stunden und soll vom Stadtpfarrer Schwör[63] abgehalten worden sein.

---

62 Vgl. Steward (Anm. 35), S. 113.
63 Gemeint ist der katholische Pfarrer Alfred Schwaer (geb. 31. Mai 1892 in St. Märgen, gest. 7. November 1966 ebd.), von 1932 bis 1957 Stadtpfarrer der Pforzheimer St. Franziskus-Kirche. Am 22. Mai 1942 war Schwaer verhaftet worden und musste drei Wochen in Schutzhaft verbringen. Die Kapläne Habich und Kiesel aus der Gemeinde wurden ebenfalls im Jahre 1942 verhaftet und ins KZ Dachau verbracht, von wo sie nach längerer Zeit wieder zurückkehren konnten. Schriftl. Auskunft des Pfarramts St. Franziskus, Pforzheim vom 26. Juli 2010. Vgl. auch Roland SCHIMANEK: Kirche und Jugendseelsorge im Nationalsozialismus. Dargestellt unter besonderer Berücksichtigung der

Anbringung von Hetzschriften.

In letzter Zeit wurde beobachtet, dass auf den Phosphorschichten der Leuchtmarken die Schrift „G.P.U." angebracht wurde, und zwar durch junge Leute durch Anstrahlen mit der Taschenlampe. Diese Umtriebe werden in der Nähe des kath. Vereinshauses gemacht, sodass angenommen wird, dass es sich um junge kath. Männer handelt, die die religiösen Stunden besuchen.

An einer Stelle in der Hermann-Göring-Allee wurde am 7.12.1942 die Schrift „Hitler muss weg" angebracht. Täter konnten nicht festgestellt werden, doch handelt es sich zweifelsohne um konfessionelle Kreise.

Dok. 4

Bericht der Kreisleitung Pforzheim an die Gauleitung Baden vom 17. Februar 1943.

lfd. Beitr. Nr. 13 GLA 465d/168
Betrifft: Aktivität der Konfessionen.
Zur Zeit bereist ein Pater das Kreisgebiet.

Dok. 5

Bericht der Kreisleitung Pforzheim an die Gauleitung Baden vom 24. Februar 1943.

lfd. Beitr.-Nr. 14[64] GLA 465d/168
Betrifft: Aktivität der Konfessionen.
In katholischen Ortschaften und in katholischen Kreisen sollen sich die Leute erzählen, dass sich die Gottlosen gegenseitig totschlagen und vernichten würden und die Anderen (gemeint sind wahrscheinlich die Katholiken) würden dann übrig bleiben und hätten den Nutzen aus diesem gegenseitigen Morden.

---

katholischen St. Franziskus-Gemeinde in Pforzheim. In: Hans-Peter Becht (Hrsg.): Pforzheim im 19. und 20. Jahrhundert. (Pforzheimer Geschichtsblätter 8). Sigmaringen 1996, S. 221–240.

64 Zur Kenntnisnahme an *Gauschulungsamt* (1.3.43).

Dok. 6

Bericht der Kreisleitung Pforzheim an die Gauleitung Baden vom 28. April 1943.

lfd. Beitr.-Nr. 23[65] GLA 465d/46
Betrifft: Aktivität der Konfessionen.
Ein lebhafter Kirchgang, insbesondere in kath. Kreisen macht sich bemerkbar und scheint von Seiten der Kirche neuerdings die Stimmung mehr beeinträchtigt zu werden.

Dok. 7

Bericht der Kreisleitung Pforzheim an die Gauleitung Baden vom 7. August 1943.

lfd. Beitr.-Nr. 32[66] GLA 465d/169
Betrifft: [Staatsfeinde] [Konfessionen].
Zwei Pfarrer mussten wegen staatsfeindlicher Einstellung in Schutzhaft genommen werden. Die Angelegenheit liegt in Händen der Geheimen Staatspolizei.

Dok. 8

Bericht der Kreisleitung Pforzheim an die Gauleitung Baden vom 6. Januar 1944.

lfd. Beitr.-Nr. 1/44 ANP AJ[40] 1486
Betrifft: Stimmungsmässiger Überblick über die gesamtpolitische Lage.
Die Stimmung der Bevölkerung ist in Ordnung, die Haltung einwandfrei. Der Neujahrsaufruf des Führers, die Rede des Reichsministers Dr. Goebbels am Vorabend des neuen Jahres, sowie der Aufruf des Reichsmarschalls, des Grossadmirals und des Reichsführers SS. haben ihren Eindruck nicht verfehlt und allgemein Zuversicht und Beruhigung ausgelöst.

Die Luftangriffe auf unsere Städte beunruhigen die Bevölkerung nach wie vor, das lange Warten auf die Vergeltung macht nervös. Diese Erscheinungen zeigen sich allenthalben. Es

---

65 Zur Bearbeitung an *Schulungsamt* (o. D.).
66 Zur Kenntnisnahme an *Gauschulungsamt* (10.8.43).

herrscht eine erwartungsvolle Stimmung. Auch mit einer baldigen Invasion an der Westküste wird gerechnet, da viel von einer Urlaubssperre im Westen, von Flugzeugtransporten und sonstigen Militärtransporten nach dem Westen gesprochen wird.

Nachstehend Auszug aus einem Bericht einer Ortsgruppe:

„Die Soldaten sind verschiedentlich der Meinung, dass so, wie wir jetzt den Krieg führen, derselbe gegen Russland nicht gewonnen werden könne. Sie sind der Ansicht, dass wir den Krieg bei weitem nicht rigoros genug und auch viel zu bequem führen. Es machen sich bei uns seit langem die gleichen Erscheinungen bemerkbar, wie sie im letzten Kriege Gang und Gäbe waren. Man kann die Notwendigkeit nicht einsehen, dass bei den Behörden, Arbeitsamt etc. (die Partei nicht ausgeschlossen), in den Rüstungsbetrieben, auf den Wehrbezirkskommandos und auf sämtlichen Schreibstuben der Wehrmacht hier in der Heimat und in der Etappe noch so viele junge Leute verwendet werden, welche angeblich unabkömmlich sind. Es wird der Standpunkt vertreten, dass der Grossteil dieser Männer durch Kriegsversehrte, auch solche, welche noch nicht ganz ausser ärztlicher Behandlung sind und z. Teil noch in ambulanter Behandlung stehen, ersetzt werden könnten. Von Soldaten wird behauptet, dass wenn diese Stellen wirklich streng gesiebt würden, man soviel Kräfte herausziehen könnte, um fast die ganze Ostfront mit neuen Truppen besetzen zu können."

---

lfd. Beitr.-Nr. 1/44 ANP AJ[40] 1486
Betrifft: Ernährung, Landwirtschaft.
Über die Ernährungslage wird nicht geklagt, sie wird sogar als gut bezeichnet.

Der Stand der Saat wird bis jetzt als gut bezeichnet. Besorgnis erregt nach wie vor die Kartoffelversorgung.

Vorübergehend wurde die Stimmung in Pforzheim beeinträchtigt durch einen Artikel im Pforzheimer Anzeiger „Der Verzicht auf üppige Fleischkost".[67] Dieser Artikel wurde durch den wirtschaftlichen Aufklärungsdienst Berlin an alle deutschen Zeitungen gegeben. Bekanntlich hat jeder heute irgendwelche Wunschträume in der Ernährungsfrage. Man sollte den Menschen diese Wunschträume nicht nehmen. Selbst wenn die Fleischversorgung nach dem Kriege die gleiche bleibt, wie während des Krieges, so interessiert das jetzt nicht.

Geklagt wird von der Landbevölkerung, insbesondere in Anbetracht der dringenden Wald- und Holzarbeiten, über Mangel an Schuhwerk.

Rechtzeitige Bereitstellung von Gemüsesamen für die Frühjahrsgartenbestellung wäre erforderlich. Der Mangel an Wintergemüse wird teilweise auf das Fehlen von Sämereien im vergangenen Jahr zurückgeführt. Selbst über Mangel an Sauerkraut wird geklagt; es sei alles beschlagnahmt.

---

67 „Verzicht auf üppige Fleischkost – Unsere Ernährung in der Zukunft". In: Pforzheimer Anzeiger. 28. Dezember 1943, S. 4.

Dok. 9

Bericht der Kreisleitung Pforzheim an die Gauleitung Baden vom 22. Januar 1944.

lfd. Beitr.-Nr. 2/44[68] *ANP AJ⁴⁰ 1486*
Betrifft: Propaganda, Presse.
Die neuerdings angebrachten und auffallenden Maueranschriften werden als die z. Zt. wirkungsvollsten Propagandamittel betrachtet und verfehlen auch ihre Wirkung nicht. Auch die kleineren Schaufensterplakate haben eine propagandistisch gute Wirkung.

Auch die Schattenaktion „Feind hört mit" erregte grosse Aufmerksamkeit in der Bevölkerung, wurde aber in ihrer Gesamtwirkung durch Bekritzelung und Beschmierung etwas beeinträchtigt. Auch teilweise zu grosse Massierung dieser Schattenbilder störten den Gesamteindruck.

Am wirkungsvollsten ist immer die Anbringung von Propagandaplakaten in Schaufenstern, die z. Zt. in ausreichender Menge zur Verfügung stehen und zwar deswegen, weil sie in keiner Weise beschädigt, beschmutzt oder abgerissen werden können.

Wie gesagt, hat sich die Anbringung von Kampfparolen in einfachster Weise – Schrift – an Mauern und Holzzäunen am wirkungsvollsten bewährt.

Die Aufregung über die zwei Artikel 1. „Der Verzicht auf üppige Fleischkost" und 2. „Was wird 1944" schwingt immer noch nach. Solche Artikel liegen nicht im Interesse der Allgemeinheit und dienen auch nicht der Stärkung des Kampfwillens, was jetzt besonders notwendig ist.

Eine scharfe Prüfung solcher Veröffentlichungen wäre unbedingt am Platze, denn sie schaden bedeutend mehr als sie nützen und mögen sie noch so gut gemeint sein.

———

lfd. Beitr.-Nr. 2/44 *ANP AJ⁴⁰ 1486*
Betrifft: Landwirtschaft, Ernährung.
In der Landwirtschaft herrscht Besorgnis wegen der Einberufung von Landwirten.

Die Klagen über Mangel an Kartoffeln wollen nicht verstummen. Auch wird über äusserst geringe Gemüsezufuhr geklagt. Auch darüber, dass die jetzt zahlreichen aufgemachten Werkküchen einen grossen Teil des Gemüses für die Bevölkerung wegnehmen, das in vielen Fällen als zusätzliche Nahrung für die schon an sich gut versorgten Arbeiter aus den Landgemeinden Verwendung finden würde. Auch über die schlechte Beschickung des Marktes wird geklagt.

———

68 Zur Kenntnisnahme an *Propaganda* (24.1.44).

lfd. Beitr.-Nr. 2/44   *ANP AJ⁴⁰ 1486*
Betrifft: Industrie und Handwerk.
Allgemein wird über Handwerkermangel geklagt. Besonders über Mangel an Schuhmachern zur Instandsetzung des gerade jetzt im Frühjahr notwendigen Schuhzeugs, aber auch im Stadtgebiet über Mangel an Bäckern und Mangel an Hilfskräften in Bäckereien.

———

lfd. Beitr.-Nr. 2/44   *ANP AJ⁴⁰ 1486*
Betrifft: Ausländer.
Vereinzelt laufen immer wieder Klagen über Ausländer ein, über deren Verhalten und über deren Arbeitsleistung.
  Insbesondere über das Verhalten der Zivilfranzosen wird Klage geführt und werden dieselben vielfach als Saboteure bezeichnet und hat es den Anschein, als würden sie teilweise mit passiver Residenz [sic] beginnen. Die Gestapo ist verständigt.

———

lfd. Beitr.-Nr. 2/44   *ANP AJ⁴⁰ 1486*
Betrifft: Gesundheitszustand.
Vielfach wird über Ärztemangel geklagt.

———

lfd. Beitr.-Nr. 2/44   *ANP AJ⁴⁰ 1486*
Betrifft: Wehrmacht.
Die Uk.-Stellungen beschäftigen nach wie vor die Bevölkerung sehr und wird an denselben scharfe und bittere Kritik geübt, insbesondere im Hinblick auf die Einberufung der Jahrgänge 89–92.
  Es wird von der Bevölkerung nicht verstanden, dass so viele alte Jahrgänge einberufen werden, während noch so viele Uk.-Stellungen junger Männer bestehen würden, die oft für unnötig gehalten werden. Hier wäre insbesondere in Pforzheim eine Überprüfung der Uk.-Stellungen durch die Wehrersatzinspektion dringend erforderlich.
  Viel geklagt wird auch gerade von den älteren Jahrgängen über die Behandlung bei den Musterungen und während der Ausbildung durch junge Unteroffiziere. Hier wurde insbesondere Klage geführt über eine Ausbildungseinheit in Mühlhausen/Elsass [sic], bei der ältere Jahrgänge zur Ausbildung stehen, die dort in einer unglaublichen Weise behandelt würden. Es seien sogar infolge falscher Behandlung und Überanstrengung der alten Männer schon Todesfälle eingetreten.
  Urlauber, die vom Westen kommen, erzählen immer wieder über auftretende Banden, die grosse Sabotage-Akte an Eisenbahnen usw. verüben würden. Sie klagen insbesondere darüber, dass mit diesem Gesindel zu loyal [sic] verfahren würde.
  Es wird berichtet, dass verschiedentlich bei Bahnfahrten, besonders auf Nebenstrecken, die Wahrnehmung gemacht wurde, dass Urlauber des öfteren in unverantwortlicher Weise

Gespräche führen würden, über Lagerort ihrer Divisionen, über die Divisionsbereiche, über die eigenen Verluste ihrer Kompanien, Verschiebungen von Truppen, Kampfkraft des Gegners usw., die neben einer gewissen Beunruhigung innerhalb der Mitreisenden, unter denen sich jetzt besonders auch viele Ausländer befinden, der Spionage Tür und Tor öffnen würden. Aufklärungen und Hinweise zur Verschwiegenheit können durch die Truppenteile den Männern nicht oft genug gegeben werden, insbesondere vor der Fahrt in den Urlaub. Meist handelt es sich bei diesen Äusserungen um Unterhaltungen, die in überlautem Ton von Soldaten untereinander geführt werden.

Dok. 10

Bericht der Kreisleitung Pforzheim an die Gauleitung Baden vom 7. Februar 1944.

lfd. Beitr.-Nr. 3/44[69] *ANP AJ⁴⁰ 1486*
Betrifft: Ernährung, Landwirtschaft.
Ausser über Mangel an Gemüse wird in der Ernährungslage über nichts geklagt. Die Klagen über mangelnde Kartoffelbelieferungen sind grösstenteils verstummt.

Unwillen erregt hier in der Stadt die Abgabe des zur Ablieferung gelangten Geflügels an die Werkküchen. Und zwar mit dem Hinweis, dass in diesen Küchen meist nur Männer und Frauen vom Land essen, die an sich schon besser versorgt seien, wie die Stadtbevölkerung.

Aber auch ausserhalb der Stadt erregt diese Verteilung von Geflügel an die Werkküchen Unwillen, weil die Ablieferung s. Zt. verlangt wurde, unter ausführlicher Betonung, dass das Geflügel an Lazarette und Krankenhäuser zur Verteilung käme.

―――――

lfd. Beitr.-Nr. 3/44[70] *ANP AJ⁴⁰ 1486*
Betrifft: Arbeiterfragen.
Die Arbeiterschaft arbeitet fleissig und willig, ihre Haltung ist absolut einwandfrei und ihre Stimmung durchaus zufriedenstellend.

Es wäre wünschenswert, dass gerade für die Arbeiterschaft etwas mehr Wein in das Kreisgebiet käme. Insbesondere wird angeregt, dass anlässlich Führers Geburtstag der Arbeiterschaft Wein zur Verfügung gestellt wird, und dass an diesem Tag oder einem darauffolgenden Sonntag in den Wirtschaften Wein zum Ausschank gelangen kann.

―――――

69 Zur Kenntnisnahme an *Amt f. Landvolk* (10.2.44).
70 Zur Kenntnisnahme an *DAF* (10.2.44).

lfd. Beitr.-Nr. 3/44[71] ANP AJ[40] 1486
Betrifft: Industrie und Handel.
An dem weiteren Einsatz von Arbeitskräften und Gewinnung freiwilliger Arbeitskräfte wird gearbeitet und sind auch schon Erfolge zu verzeichnen. Die Industrie läuft auf Hochtouren.

Der Kriegsberufswettkampf ist in vollem Gange und zeigt hier eindeutig den hohen Stand der Ausbildung auf. Auffallend ist und war bei allen Prüfungsarbeiten, dass überall die Rechtschreibung ausserordentlich zu wünschen übrig liess.

Es wird von Männern, die ins neutrale Ausland müssen, vielfach darüber geklagt, dass der Reiseverkehr, selbst in die von uns besetzten Gebiet, für die dringlichsten Angelegenheiten sehr eingeschränkt wäre, und zeitlich mitunter zu kurz bemessen sei, sodass die Erledigung der Geschäfte darunter notleiden würde. Ausserdem seien die zugeteilten Reisegelder, speziell ins neutrale Ausland, zu gering bemessen, sodass man sich oft fragen müsse, wie der Reisende damit überhaupt sein Leben fristen könne.

---

lfd. Beitr.-Nr. 3/44[72] ANP AJ[40] 1486
Betrifft: Gliederungen und angeschlossene Verbände. Partei-interne Angelegenheiten.
Den Führern der Gliederungen und den angeschlossenen Verbänden sollte nahe gelegt werden, dass ihre Gefolgsmänner in erster Linie Parteimitglieder sind und Anordnungen der Partei auch Folge zu leisten haben.

Vielfach wird die Zugehörigkeit zu einer Gliederung dazu benutzt, um sich von den Anordnungen der Partei und der verlangten Pflichten mit einer Ausrede zu drücken und oft wird die Handlungsweise noch von den Gliederungsführern gedeckt, zumindest das Verlangen der Partei nicht verstanden.

Die Führer der Gliederungen müssten doch selbst die Auffassung haben, dass eine Stelle als Scharführer, die den Mann vielleicht einmal in der Woche für kurze Zeit beansprucht, ihn niemals berechtigen kann, jeder weiteren Mitarbeit der Partei aus dem Wege zu gehen.

Von den Blockleitern wird immer wieder über gänzlichen Mangel an Taschenlampen-Batterien geklagt. Diese Männer müssen fast täglich im Dienst der Partei nach Einbruch der Dunkelheit unterwegs sein, ungenügend beleuchtete Häuser besuchen und dunkle Treppen passieren.

Alle sonstigen Stellen und Behörden, wo Beamte oder Angestellte nach dem täglichen Dienst noch Aussendienst machen müssen, sind, soweit diesseits bekannt, hinreichend mit Batterien versorgt, während nur bei der Partei sich ein grosser Mangel bemerkbar macht.

---

71 Zur Kenntnisnahme an *DAF* (10.2.44).
72 Zur Kenntnisnahme an *Org.Amt* (10.2.44).

lfd. Beitr.-Nr. 3/44[73] ANP AJ[40] 1486
Betrifft: Wehrmacht.
Die Bevölkerung bewegen immer noch die Uk.-Stellungen und regt sich alles darüber auf, dass z. Zt. bis zu 53-Jahre alte Männer eingezogen werden, während noch so viel junge Männer in der Heimat Uk.-gestellt sind.

Es wäre nun an der Zeit, dass in erster Linie einmal die Büros ausgeräumt werden. Dort könnten weibliche Arbeitskräfte und ältere Arbeitskräfte eingesetzt werden.

Auch über die äusserst starke Einziehung von Landwirten wird vielfach geklagt und der Befürchtung Ausdruck gegeben, dass die Feldbestellung im kommenden Jahr nicht so durchgeführt werden könne, wie es die Ernährungslage des deutschen Volkes erfordert, wenn die Einziehung von Landwirten so weitergehe.

―――――

lfd. Beitr.-Nr. 3/44[74] ANP AJ[40] 1486
Betrifft: Sonstiges.
Die Arbeiten für den Luftschutz schreiten vorwärts, und soll nun auch ein Kommando Pioniere nach hier kommen, sodass auch mit dem Bau von Stollen in allernächster Zeit begonnen werden kann.

Dok. 11

Bericht der Kreisleitung Pforzheim an die Gauleitung Baden vom 21. Februar 1944.

lfd. Beitr.-Nr. 4[75] ANP AJ[40] 1486
Betrifft: Stimmungsmässiger Überblick über die gesamtpolitische Lage.
Die Stimmung ist noch zufriedenstellend, sinkt aber infolge der Vorgänge an der Ostfront merklich ab. Die Haltung ist nach wie vor gut.

Besonderheiten gegenüber dem letzten Bericht sind nicht eingetreten.

―――――

73 Zur Kenntnisnahme an *Pg. Weinbrecht* (10.2.44).
74 Zur Kenntnisnahme an *Amt f. Landvolk* (10.2.44).
75 Zur Kenntnisnahme an *Propaganda* (23.2.44).

lfd. Beitr.-Nr. 4[76] ANP AJ[40] 1486
Betrifft: Fliegeralarm.
Fliegeralarm wurde im Kreis Pforzheim gegeben:

am 11. 2. 1944	v.	11.32	–	12.57	Uhr, in der Nacht
v. 20./21. 2. 1944	v.	3.01	–	5.24	Uhr und
am 21. 2. 1944	v.	20.47	–	21.56	Uhr.

In der Nacht v. 20./21. Februar war besonders starker Flugverkehr über Pforzheim zu beobachten. Es wurden im Kreisgebiet Flugblätter abgeworfen, dieselben wurden bereits durch das Propagandaamt weitergegeben. Ausserdem wurden grössere Mengen dieser schwarz-silbernen Papierstreifen im Kreisgebiet aufgefunden.

Dok. 12

Bericht der Kreisleitung Pforzheim an die Gauleitung Baden vom 7. März 1944.

lfd. Beitr.-Nr. 5[77] ANP AJ[40] 1486
Betrifft: Stimmungsmässiger Überblick über die gesamtpolitische Lage.
Die Stimmung und die Haltung der Bevölkerung ist einwandfrei.

Die wieder stärker aufflackernden schweren Kämpfe, besonders in der Mitte und im Süden der Ostfront, werden viel besprochen. Die Zurücknahme einzelner Frontteile erfüllt die Bevölkerung wohl mit tiefem Ernst, kann jedoch den Glauben und die Zuversicht auf den endgültigen Sieg nicht erschüttern.

Man ist allgemein der Ansicht, dass sehr grosse Kräfte für die schon so viel besprochene und angekündigte Invasion bereit gestellt sind, sodass wir dem Massenansturm im Osten nicht genügend Kräfte entgegensetzen können. Bei solchen Gelegenheiten wird immer wieder darauf hingewiesen, dass sich in der Heimat noch grosse Verbände zur Verstärkung der Ostfront zusammenstellen liessen, aus Leuten, die aus irgendwelchen Gründen in der Heimat zurückgehalten werden.

Der verstärkte Luftterror der letzten Zeit lässt die Befürchtung bei der Bevölkerung aufkommen, dass unsere Rüstungsindustrie durch die Luftangriffe in ihren Leistungen stark zurückgeht.

---

76 Zur Kenntnisnahme an *Pg. Weinbrecht* (23.2.44).
77 Zur Kenntnisnahme an *Prop.* (10.3.44).

Die schweren Angriffe unserer Luftwaffe auf London haben allgemeine Genugtuung ausgelöst. Dabei wird immer wieder die noch bevorstehende Vergeltung erwähnt, unter der sich die Bevölkerung allgemein etwas Furchtbares und Umfassendes vorstellt.

---

lfd. Beitr.-Nr. 5[78]   *ANP AJ⁴⁰ 1486*
Betrifft: Fliegeralarm.
Fliegeralarm wurde im Kreis Pforzheim gegeben:

am 24. 2. 1944	v.	13.47 – 14.44	Uhr, in der Nacht
v. 24./25. 2. 1944	v.	21.18 – 2.44	Uhr,
am 25. 2. 1944	v.	12.49 – 15.40	Uhr, in der Nacht
v. 25./26. 2. 1944	v.	21.14 – 2.26	Uhr, in der Nacht
v. 1./2. 3. 1944	v.	2.47 – 4.19	Uhr und
am 2. 3. 1944	v.	12.14 – 13.22	Uhr.

In der Nacht vom 24./25.2.1944 stiessen im Kreisgebiet ein deutscher Kampfflieger und ein schwerer englischer Bomber zusammen. Beide Flugzeuge kamen zum Absturz in der Nähe der beiden Dörfer Mühlhausen und Tiefenbronn in nicht allzugrosser Entfernung voneinander. Die Besatzung des deutschen Flugzeuges konnte rechtzeitig abspringen und kam mit nur geringfügigen Verletzungen davon. Der englische Bomber zerschellte beim Aufschlag auf den Boden vollständig; die 8 Mann hohe Besatzung fand den Tod.

Während des Fliegeralarmes am 25.2.1944 nachmittags überflog ein grösserer feindlicher Verband (ca. 300 Maschinen) die Stadt in der Richtung Ost-West. Der Verband, der in ca. 5–6.000 Meter Höhe flog, war bei dem klaren Wetter von der Bevölkerung sehr gut sichtbar und hat einen tiefen Eindruck auf die Bevölkerung gemacht. Besonders der Umstand, dass dieser grosse geschlossene Verband, solange er im Sichtfeld der Bevölkerung war, weder von deutschen Jägern noch von der Flak angegriffen wurde, deprimierte.

In der Bevölkerung kam die Bezeichnung auf, das war ein englischer Propaganda-Flug.

Bei diesen Einflügen kamen auch Flugblätter zum Abwurf, die schon früher bekannt waren.

---

lfd. Beitr.-Nr. 5   *ANP AJ⁴⁰ 1486*
Betrifft: Partei-interne Angelegenheiten.
Am Sonntag, den 27.2.1944 wurden im Kreisgebiet die Feiern für die Partei-Aufnahme der HJ und BDM durchgeführt. An dem gleichen Sonntag wurden in den evangelischen Kirchen auch Konfirmationen abgehalten. Dass beide Veranstaltungen nicht an einem Sonntag durchgeführt werden sollten, ist erklärlich. Es wäre erforderlich, dass von

---

78 Zur Kenntnisnahme an *Pg. Brust* (10.3.44).

Reichswegen der Tag der Partei-Aufnahme von Konfirmationsfeiern usw. freigehalten wird.

Der Bannführer der HJ befindet sich sehr häufig auf längeren Dienst- und Schulungsfahrten, z. B. Strassburg, Paris, Berlin, Wien. Es wäre wünschenswert, dass Einheitsführer in der jetzigen Zeit der besonderen Aktivierungsarbeiten der Partei weniger zu derartigen Fahrten kommandiert würden, damit ihre Einheiten nicht ohne straffe Führung sind.[79]

Dok. 13

Bericht der Kreisleitung Pforzheim an die Gauleitung Baden vom 22. März 1944.

lfd. Beitr.-Nr. 6[80]   *ANP AJ⁴⁰ 1486*
Betrifft: Fliegeralarm.
Fliegeralarm wurde im Kreis Pforzheim gegeben:

am 13.3.1944	v.	21.06	–	21.45,
am 15.3./16.3.1944	v.	22.35	–	0.29,
am 16.3.1944	v.	11.04	–	13.30,
am 18.3.1944	v.	13.23	–	16.04,
am 18.3.1944	v.	21.36	–	23.14,
am 20.3.1944	v.	11.22	–	13.00,
am 20.3.1944	v.	21.26	–	23.05.

In der Nacht vom 15./16.3.44 wurden Sprengbomben über dem Dorfe Friolzheim (Wttbg.) an der Grenze zu unserem Kreisgebiet abgeworfen.

Während des Alarmes am 20.3. zwischen 12.00–12.05 wurden 30 Spreng- und 150 Brandbomben über dem Dorfe Nussbaum/Kr. Pforzheim abgeworfen.

Ein ausführlicher Bericht über die Wirkungen dieses Angriffes wurde an den stellv. Gauleiter gegeben. In der Zwischenzeit ist ein schwerverletzter Mann seinen Verletzungen im Krankenhaus erlegen.

Ausserdem wurden in derselben Zeit über der Gemarkung Langenalb und Ittersbach Brandbomben abgeworfen, die jedoch ins freie Feld fielen und daher keinen Schaden anrichteten.

Die Landbevölkerung wurde durch diese Angriffe auf Landorte beunruhigt, besonders aber deshalb, weil in den meisten Landorten des Kreisgebietes kein Alarm gegeben wird.

---

79 Handschriftliche Anmerkung neben vorstehendem Absatz: *H.J.*
80 Zur Kenntnisnahme an *Pg. Brust* (29.3.44).

Es ist zwar den örtlichen Luftschutzleitern (Bürgermeistern) vorbehalten, bei Bedrohung ihres Dorfes Alarm zu geben. Diese Einrichtung muss nun revidiert werden, da der Bürgermeister die Gefahr erst erkennt, wenn Bomben fallen, wodurch sich die Bevölkerung der betreffenden Ortschaften im Augenblick des Bombenabwurfes nicht luftschutzmässig verhalten kann.

Vor allen Dingen müssten von zentraler Stelle die Schulen angewiesen werden, dass bei erkennbarer Feindtätigkeit in dem betreffenden Gebiet die Kinder sofort in die Luftschutzräume geschickt oder zu entlassen sind [sic].

Die Bevölkerung von Nussbaum zeigte eine tadellose Haltung nach dem Angriff und beteiligte sich geschlossen an der Bekämpfung der Brände und an den Aufräumungsarbeiten.

―――――

lfd. Beitr.-Nr. 6[81]   *ANP AJ⁴⁰ 1486*
Betrifft: Partei-interne Angelegenheiten.
Die augenblicklich laufende Versammlungswelle trägt wesentlich zur Beruhigung der Bevölkerung bei. In der Kreisstadt Pforzheim wurden 2 General-Appelle auf Veranlassung der Partei durch den örtlichen Luftschutzleiter einberufen, die mit Politischen Leitern beschickt wurden. An diesen beiden Appellen haben mehr als 5.000 Frauen und Männer teilgenommen. Es wurden durch diese Appelle 2 Dinge erreicht:
   1. Aus jedem Haus war jemand anwesend. Vor allen Dingen eine sehr grosse Zahl von Frauen und Männern, die sonst nicht in politische Versammlungen kommen und nun bei diesen Appellen politisch ausgerichtet werden konnten.
   2. Die anwesenden Frauen und Männer konnten über ihre Pflichten bei einem Terror-Angriff eingehendst belehrt werden.

―――――

lfd. Beitr.-Nr. 6[82]   *ANP AJ⁴⁰ 1486*
Betrifft: Sonstiges.
Der Ausbau von Stollen und Splittergräben wurde in der Berichtszeit weiter vorwärts getrieben.

---

81 Zur Kenntnisnahme an *Prop.* (o. D.).
82 Zur Kenntnisnahme an *Pg. Brust* (29.3.44).

Dok. 14

Bericht der Kreisleitung Pforzheim an die Gauleitung Baden vom 6. April 1944.

lfd. Beitr.-Nr. 7[83]   *ANP AJ[40] 1486*
Betrifft: Stimmungsmässiger Überblick über die gesamtpolitische Lage.
Die Stimmung und die Haltung der Bevölkerung ist weiterhin gut und zuversichtlich.

Besorgnis besteht immer noch innerhalb der Bevölkerung wegen der Kämpfe im Südabschnitt der Ostfront, insbesondere in Rumänien, da man glaubt, dass bei einem evtl. Verlust der Ölfelder die deutsche Wehrmacht nicht mehr in der Lage sei, das notwendige Benzin und Öl zu bekommen.

Auch die feindlichen Terrorangriffe beunruhigen die Bevölkerung, doch kann gesagt werden, dass der Angriff auf Pforzheim im allgemeinen von der Bevölkerung vorbildlich ertragen und standhaft hingenommen wurde.

Das lange Warten auf die Invasion beschäftigt z. Zt. die Gemüter sehr stark, da man teilweise der Ansicht ist, dass der Feind unsere Führung nur zu täuschen beabsichtige, um an einem anderen geeigneteren Platz einen Keil gegen Deutschland vorzutreiben.

―――

lfd. Beitr.-Nr. 7[84]   *ANP AJ[40] 1486*
Betrifft: Fliegeralarm.
Fliegeralarm wurde im Kreis Pforzheim gegeben:

Am 23. März 1944	von	10.32	– 11.22	Uhr.
In der Nacht vom 30.–31. März 1944	von	1.32	– 2.52	Uhr.
Am 1. April 1944	von	9.14	– 12.03	Uhr.
Am 5. April 1944	von	14.24	– 16.35	Uhr.

Am 1. April 1944 von 11.03 – 11.08 wurde die Stadt Pforzheim von feindlichen Bombenfliegern angegriffen. Abgeworfen wurden 1.500 Sprengbomben und ca. 600 Brandbomben. Die Zahl der Toten beträgt bis heute 86 Personen, die der Vermissten 11. Verwundet wurden 139 Personen. Obdachlos wurden 542 Personen. Die Versorgung der Bombengeschädigten und Obdachlosen ging glatt vonstatten, ebenso waren sämtliche Obdachlosen bis zum Abend in den neuen Quartieren untergebracht. Die Beisetzung der Opfer erfolgt in 2 grossen Gräbern am Freitag, den 7. April 1944, 9.30 Uhr vorm. im Stadtteil Dillweissenstein, 15 Uhr nachm. auf dem Ehrenfeld im Friedhof Schanz Pforzheim.

---

83   Zur Kenntnisnahme an *Prop.* (12.4.44).
84   Zur Kenntnisnahme an *Pg. Brust* (12.4.44).

Die Rüstungsindustrie hat bei dem Angriff ausser geringen Glas- und Dachschäden keinerlei Schaden erlitten, sodass die Rüstungsindustrie ungehindert weiterarbeiten konnte. Genauer Bericht über den Angriff wurde bereits am 2. ds. Mts. an den Stellv. Gauleiter gegeben.[85]

Die Haltung der Bevölkerung während und nach dem Angriff ist als standhaft und gut zu bezeichnen. Die getroffenen Massnahmen haben dazu beigetragen, dass die Bevölkerung sehr rasch die Schrecksekunde überwand.

Die Bevölkerung hat aus dem Angriff gelernt, dass es immer das Beste ist, wenn man sofort den Keller aufsucht. Bei dem jüngsten Tagesalarm am 5. ds. Mts. konnte festgestellt werden, dass die Strassen der Stadt innerhalb kurzer Zeit von Menschen geräumt waren.

Die Bevölkerung bemängelt, dass in Pforzheim immer noch keine stärkere Flakabwehr vorhanden ist.

———

lfd. Beitr.-Nr. 7[86] *ANP AJ^{40} 1486*
Betrifft: Ernährung, Landwirtschaft.
Für die deutsche Ernährungswirtschaft erscheint es dringend notwendig, dass Dörranlagen errichtet werden, damit bei übermässig starkem Gemüseanfall die Mengen, die nicht von den Käufern aufgenommen werden können, der Dörranlage zugeführt werden, um der Bevölkerung über die gemüsearme Zeit hinwegzuhelfen.

Die Anlage von Kriegsgärten macht gute Fortschritte. Bis jetzt sind etwa 400 zugewiesen und bereits in Bearbeitung, weitere sind noch in der Zuteilung begriffen. Das Resultat im Kreis Pforzheim ist sehr gut.

———

lfd. Beitr.-Nr. 7[87] *ANP AJ^{40} 1486*
Betrifft: Luftschutz.
Die Bevölkerung des Kreises Pforzheim wurde eingehendst wiederholt aufgefordert, sich selbst einfache Schutzgräben zu bauen. Eine erhebliche Anzahl solcher Schutzgräben wurde bereits errichtet und geben dieselben ein gewisses Gefühl der Sicherheit, insbesondere in den Aussenbezirken, wo die Keller der an sich leicht gebauten Häuser nicht den erforderlichen Schutz bieten. Stollen sind in der Stadt gleichfalls im Bau. Zur Mithilfe am Bau von Splittergräben und einfachen Schutzgräben ist die gesamte Hitlerjugend während der Osterferien eingesetzt.

———

85 Im Bestand nicht überliefert.
86 Zur Kenntnisnahme an *Amt f. Landvolk* (12.4.44).
87 Zur Kenntnisnahme an *Pg. Brust* (12.4.44).

lfd. Beitr.-Nr. 7[88]   *ANP AJ^{40} 1486*
Betrifft: Fremdvölkische Arbeitskräfte.
Es wird innerhalb der Bevölkerung beanstandet, dass sich lange nach der Polizeistunde noch fremdländische Zivilarbeiter auf den Strassen herumtreiben und in angeregtester Stimmung Lieder ihres Landes singen.

    Besonders ängstlich sind die werktätigen Frauen, die alleine von oder zu ihrem Arbeitsplatz gehen müssen.

    Die Polizeidirektion ist verständigt.

---

lfd. Beitr.-Nr. 7[89]   *ANP AJ^{40} 1486*
Betrifft: Gerüchte.
Nachstehende Gerüchte kursieren hier:

    „In einem Arbeitsdienstlager soll die Führerin gefragt haben, wer ein Kind haben wolle. Drei hätten den Wunsch bejaht, worauf die Führerin gesagt haben soll, wegen drei könne sie die SS. nicht kommen lassen.

    Verheiratete Soldatenfrauen, deren Mann weg sei, könnten ruhig ein Kind bekommen. Der Mann bekäme solange keinen Urlaub und das Kind würde dann weggegeben, sodass der Mann nichts davon erfahre.

    Es dürfe in der Woche nur eine Gefallenenmeldung durch die Partei ausgetragen werden, um die Stimmung zu halten."

Dok. 15

Bericht der Kreisleitung Pforzheim an die Gauleitung Baden vom 21. April 1944.

lfd. Beitr.-Nr. 8[90]   *ANP AJ^{40} 1486*
Betrifft: Stimmungsmässiger Überblick über die gesamtpolitische Lage.
Die Stimmung in der Bevölkerung ist zufriedenstellend. Die Haltung ist nach wie vor gut.

    Die Stimmung wird etwas beeinträchtigt durch die harten Kämpfe im Südabschnitt der Ostfront. Viel besprochen werden die schweren Kämpfe unserer Truppen auf der Krim. Über das Schicksal dieser Truppen ist man beunruhigt.

---

88   Zur Kenntnisnahme an *DAF* (12.4.44).
89   Zur Kenntnisnahme an *Prop.* (12.4.44).
90   Zur Kenntnisnahme an *Prop.* (27.4.44).

Der Geburtstag des Führers wurde mit der Vereidigung der Politischen Leiter von allen Ortsgruppen in würdiger Form begangen. Die Stadt war sehr reich beflaggt.

Die Reden des Reichsministers Dr. Goebbels und des Reichsleiters Pg. Dr. Ley gaben der Bevölkerung wieder Rückhalt und Zuversicht.

Es wird allgemein bedauert, dass der Führer schon lange nicht mehr gesprochen hat.

Nach den Reden führender Männer wird lebhaft immer die Vergeltung und besonders die Invasion besprochen. Der grösste Teil der Volksgenossen wünscht die Invasion direkt herbei, da in der Invasion der Beginn des Entscheidungskampfes gesehen wird.

Die Stimmen jedoch, die behaupten, dass die Invasion nie kommen wird, sind nicht selten.

Der Teil der Bevölkerung, die [sic] Verluste bei dem Terrorangriff auf Pforzheim zu beklagen haben, zeigen eine aufrechte und gefasste Haltung.

———

lfd. Beitr.-Nr. 8[91] *ANP AJ[40] 1486*
Betrifft: Fliegeralarm.
[…]

Die Luftschutzmassnahmen werden von der Bevölkerung nunmehr gut beachtet.

Nur in der Rüstungsindustrie wird der Verlust von Arbeitsstunden durch Fliegeralarm als störend und nachteilig empfunden.

Der Bau von Stollen und Deckungsgräben wird stark vorwärts getrieben, auch an Sonn- und Feiertagen wird gearbeitet.

Die Todesopfer bei dem Terrorangriff auf Pforzheim am 1.4.44 haben sich auf 92 erhöht, vermisst werden noch 4 Personen.

An der Bergung der letzten Vermissten wird mit Hochdruck gearbeitet.

———

lfd. Beitr.-Nr. 8[92] *ANP AJ[40] 1486*
Betrifft: Ernährung und Landwirtschaft.
Die Frühjahrsbestellung macht trotz des ungünstigen Wetters gute Fortschritte. Die Einfuhr von Frischgemüse ist noch sehr gering.

Der Bevölkerung ist dies nicht besonders bewusst geworden, da der Verkauf von Rauchfleisch und Schinken alle anderen Ernährungsfragen [fehlendes Wort: hat] in den Hintergrund treten lassen.

———

91 Zur Kenntnisnahme an *Pg. Brust* (27.4.44).
92 Zur Kenntnisnahme an *Amt f. Landvolk* (27.4.44).

lfd. Beitr.-Nr. 8[93] ANP AJ[40] 1486
Betrifft: Ernährung und Landwirtschaft.
– Wildschaden –

Unter Berücksichtigung der vielen Klagen, die über Wildschaden einlaufen und der Feststellung über starken Wildbestand wird es für erforderlich gehalten, dass bei den Abschussplänen der strengste Maßstab in Bezug auf Mindestabschuss und Erfüllung der Abschusspläne angelegt wird.

Die Kreisjägermeister müssten die Abschusspläne genauestens kontrollieren und dort, wo es notwendig ist, bei den Jägern, die an sich ja als Wildzüchter bekannt sind, auf richtige Abschussanträge achten und die Abschusszahlen gemäss dem richtigen Wildbestand festsetzen.

Die Bauern sind über den zum Teil sehr hohen Wildstand sehr ungehalten.

Dok. 16

Bericht der Kreisleitung Pforzheim an die Gauleitung Baden vom 6. Mai 1944.

lfd. Beitr.-Nr. 9[94] ANP AJ[40] 1486
Betrifft: Stimmungsmässiger Überblick über die gesamtpolitische Lage.
Die Stimmung der Bevölkerung ist, wenn auch nervöser gegenüber früher, doch zufriedenstellend. Die Haltung ist nach wie vor gut.

Die Kämpfe im Osten sind in der letzten Zeit etwas in den Hintergrund getreten, da die Gesamtbevölkerung in spannender Erwartung die Invasion erwartet.

Das Hauptunterhaltungsthema ist die Invasion, die wohl von allen Volksgenossen fast herbeigesehnt wird. Man ist sich bewußt, daß die Invasion auch für die Heimat schwere Belastungen bringen wird, die aber bewußt in Kauf genommen werden, da von der Invasion die Entscheidung erwartet wird.

Die geplante Arbeitszeiterhöhung in der Rüstungsindustrie allgemein bis auf 60 Stunden mit Pausen und 66 und 72 Stunden im Jägerstab in der Woche, erregt die Gemüter.

Die allgemeine Arbeitszeit soll um 5 Stunden in der Woche erhöht werden.

―――――

93 Zur Kenntnisnahme an *Amt f. Landvolk* (27.4.44).
94 Zur Kenntnisnahme an *Prop.* (9.5.44).

lfd. Beitr.-Nr. 9⁹⁵ *ANP AJ⁴⁰ 1486*
Betrifft: Gerüchte.
Es ist das Gerücht verbreitet, die Invasion hätte bereits begonnen. Die Urlauber wären aus den Urlauberzügen herausgeholt und wieder an die Front geschickt worden.

---

lfd. Beitr.-Nr. 9⁹⁶ *ANP AJ⁴⁰ 1486*
Betrifft: Fliegeralarm.
[…]
Die durch Fliegeralarme verlorene Arbeitszeit in der Rüstungsindustrie ist verhältnismässig groß und kann kaum durch Nacharbeit eingeholt werden, da die Arbeitszeitverlängerung dies wohl nicht zuläßt.

Es wäre zu erwägen, ob in den Fabriken mit hohen Dringlichkeitsstufen die Arbeiter und Arbeiterinnen auch während eines Fliegeralarms arbeiten sollten. Nur bei Durchsage, daß für die Stadt Gefahr droht, könnte die Arbeit ausgesetzt werden. Dadurch könnte ein allzu großer Verlust an Arbeitszeit vermieden werden.

Es erregt den Unwillen der Bevölkerung, daß einzelne Feindmaschinen am Tage scheinbar unangefochten ihre Flüge deutschem Gebiet durchführen können.

---

lfd. Beitr.-Nr. 9⁹⁷ *ANP AJ⁴⁰ 1486*
Betrifft: Luftschutz.
Die Bevölkerung begrüßt es nun, daß mit Hochdruck an Stollen und Splittergräben gebaut wird.

Es besteht die Neigung, bei Alarm die Stadt zu verlassen. Es ist auch Klage darüber geführt worden, daß die Alarme der letzten Tage zu kurz angesetzt waren.

---

lfd. Beitr.-Nr. 9⁹⁸ *ANP AJ⁴⁰ 1486*
Betrifft: Ernährung und Landwirtschaft.
Die Frühjahrsbestellung ist normal, Stand der Wintersaaten gut, Blütenansatz bei Steinobst besonders bei Kirschen gut, Zwetschgen weniger. Bei Ölfrucht starker Befall des Winterrapses durch den Rapsglanzkäfer. Bekämpfungsmaßnahmen hätten rechtzeitig von den in Frage kommenden Stellen durchgeführt werden müssen. Infolge Fehlens von Kiesarol⁹⁹ war Bekämpfung nicht überall möglich.

---

95 Zur Kenntnisnahme an *Prop.* (9.5.44).
96 Zur Kenntnisnahme an *Pg. Brust* (9.5.44).
97 Zur Kenntnisnahme an *Pg. Brust* (9.5.44).
98 Zur Kenntnisnahme an *Amt f. Landvolk* (9.5.44).
99 Womöglich ist „Kieserol" gemeint.

Es fehlt augenblicklich noch an Saatkartoffeln.

Der Arbeitszeitverlust bei der Landbevölkerung durch die Fliegeralarme macht sich auch bemerkbar.

Es müssen Deckungsmöglichkeiten auf den Feldgemarkungen geschaffen werden, um bei Alarm das Rückfluten aus den Feldern in die Dörfer zu vermeiden.

Die Kleingärtner klagen über Mangel an Gartengeräten, die wegen nicht vorliegenden Eisenscheinen, trotzdem sie beim Händler greifbar sind, nicht gekauft werden können.

Dok. 17

Bericht der Kreisleitung Pforzheim an die Gauleitung Baden vom 7. Juni 1944.

lfd. Beitr.-Nr. 11[100] *ANP AJ⁴⁰ 1486*
Betrifft: Stimmungsmässiger Überblick über die gesamtpolitische Lage.
Die Stimmung und die Haltung der Bevölkerung ist gut und sehr zuversichtlich.

Durch das Nachlassen der feindlichen Fliegertätigkeit der letzten Woche war zum grossen Teil die Meinung aufgekommen, dass die Invasion nicht kommen wird.

Die schweren Kämpfe in Italien wurden zum Teil als Ersatz für die Invasion gewertet.

Die Räumung von Rom brachte der Bevölkerung den Verrat der Königsclique erneut in Erinnerung. Nach den Vorbereitungen hat die Räumung nicht überrascht. Jedermann ist auf die Haltung des Vatikans und des Papstes nun gespannt.

Das Telegramm der italienischen Generäle, dass die italienischen Truppen darauf brennen, an den Fronten in Italien eingesetzt zu werden, wurde von der Bevölkerung nicht ernst genommen und zum Teil belächelt. Man will Taten sehen, den Worten will man nicht mehr glauben.

Der Beginn der nun einsetzenden Invasion wurde mit tiefem Aufatmen von der Bevölkerung zur Kenntnis genommen. Die bange Erwartung [sic] ist fester Zuversicht gewichen. Man ist sich der Schwere der Kämpfe wohl bewusst, aber der Glaube an die Zerschlagung der Feindabsichten ist bei der Bevölkerung unerschütterlich.

Durch die Parteigenossenschaft ist ein Ruck gegangen. Die Invasion hat selbst die Lauen aufgerüttelt, sich tatbereit zu halten. Irgendwelche Beunruhigungen in den Reihen der fremdländischen Arbeiter oder der Kriegsgefangenen konnten bis jetzt nicht wahrgenommen werden. Die Fremdarbeiter werden scharf im Auge behalten.

Die Mitteilung des Führerhauptquartiers, dass unsere Führung in keiner Minute von den Landungsversuchen des Feindes überrascht war, hat Ruhe und Sicherheit in die Bevölkerung getragen.

---

100 Zur Kenntnisnahme an *Prop.* (14.6.44).

Die über die Kämpfe im Westen eingehenden Nachrichten werden mit grösster Spannung erwartet, aufgenommen und verfolgt.

———

lfd. Beitr.-Nr. 11[101] *ANP AJ⁴⁰ 1486*
Betrifft: Gerüchte.
Vor einer Woche berichteten Urlauber von Verhandlungen, die zwischen Deutschland und den Feinden stattfänden. Vielleicht hat es sich hierbei um die Vorschläge des Generalfeldmarschalls Kesselring gehandelt.

———

lfd. Beitr.-Nr. 11[102] *ANP AJ⁴⁰ 1486*
Betrifft: Propaganda, Rundfunk.
Die Einführung des Drahtfunkes wird von der Bevölkerung sehr begrüsst, dabei spricht die Art und Weise der Durchsage des Sprechers am meisten an.

Dok. 18

Bericht der Kreisleitung Pforzheim an die Gauleitung Baden vom 21. Juni 1944.

lfd. Beitr.-Nr. 12[103] *ANP AJ⁴⁰ 1486*
Betrifft: Stimmungsmässiger Überblick über die gesamtpolitische Lage.
Die Stimmung und die Haltung der Bevölkerung ist gut. Der Beginn der Invasion hat den Alpdruck von der Bevölkerung genommen. Dass der Gegner nun zur Entscheidung angetreten ist, löst allgemein Befriedigung aus. Einzelne können den nun beginnenden Kampf in seiner ganzen Schwere noch nicht begreifen und fangen schon wieder an schwarz zu sehen, da der Feind nicht gleich in den ersten Tagen ins Meer zurückgeworfen wurde.

Die begonnene Vergeltung hat allgemein tiefgehende Genugtuung bei der Bevölkerung ausgelöst und selbst die Ereignisse an der Invasionsfront für kurze Zeit in den Hintergrund treten lassen. Allgemein wird über die neue deutsche Waffe und die Vergeltung gegen England gesprochen und über die Art der Waffe viel gerätselt. Kaum je hat die Bevölkerung das Schweigen der Regierung über diese Waffe und ihre Wirkung mehr verstanden und

---

101 Zur Kenntnisnahme an *Prop.* (14.6.44).
102 Zur Kenntnisnahme an *Pg. Brust* (14.6.44).
103 Zur Kenntnisnahme an *Prop.* (2.7.44).

begrüsst wie gerade jetzt, denn sie erkennt klar, dass gerade das Schweigen unserer führenden Männer die Wirkung noch erhöht.

Kurz nach Bekanntwerden des Einsatzes der Vergeltung wurde allgemein das Gerücht verbreitet, der Führer würde sprechen. Selbst die Absetzbewegungen in Italien werden angesichts der Ereignisse im Westen weniger beachtet. Mit grösster ungeduldigster Spannung und Aufmerksamkeit wird jede Nachricht, die mit der Vergeltung und der Invasion zusammenhängt, aufgenommen, verfolgt und besprochen.

Die Auslassungen Dr. Goebbels' im „Reich", dass das gegenwärtige Stadium des Kampfes im Westen nur der Auftakt zu einem schweren entscheidenden Kampf sei,[104] findet nun Verständnis innerhalb weiter Kreise der Bevölkerung.

———

lfd. Beitr.-Nr. 12[105]   *ANP AJ^{40} 1486*
Betrifft: Gerüchte.
Infolge der Ereignisse der letzten Tage, insbesondere Beginn der Vergeltung, traten sofort Gerüchte auf über einen baldigen Frieden, über Kriegsmüdigkeit in England usf.

———

lfd. Beitr.-Nr. 12[106]   *ANP AJ^{40} 1486*
Betrifft: Ernährung, Landwirtschaft.
Über die Ernährungslage liegen keinerlei Klagen vor. Von Seiten der Landwirtschaft wird über Gespannmangel geklagt.

Die Weinverteilung zum 1. Mai, bei der die Kleinbetriebe nicht berücksichtigt wurden, bewegt immer noch die Gemüter und wird die Verantwortung dafür der DAF. in die Schuhe geschoben, da die Gefolgschaftsmitglieder erklären, dass die Kleinbetriebe durch die DAF. unberücksichtigt geblieben seien. Eine solche Verteilungsform wie am 1. Mai sollte in Zukunft vermieden werden, umsomehr als wir hier Kleinbetriebe und vor allen Dingen auch Handwerksbetriebe haben, die wichtige Rüstungsarbeiten durchführen und gerade in der jetzigen Zeit, wo der Wein so knapp ist, erhöhten Wert auf eine Flasche Wein legen. Es wird immer wieder gesagt, in den grossen Rüstungsbetrieben erhielte jedes Mädel 1 Flasche Wein, während in den Kleinbetrieben, wo besonders intensiv gearbeitet werden müsste, die Männer nichts erhalten würden.

Besonders bedauerlich ist, dass die Art der Weinverteilung, d. h. die Nichtberücksichtigung der Kleinbetriebe, ausgerechnet der DAF in die Schuhe geschoben wird.

———

---

104 Bezieht sich auf den Artikel von Joseph GOEBBELS: „Die Hintergründe der Invasion." In: Das Reich. 18. Juni 1944, S. 1 f.
105 Zur Kenntnisnahme an *Prop.* (3.7.44).
106 Zur Kenntnisnahme an *Landvolk* (o. D.).

lfd. Beitr.-Nr. 12 *ANP AJ⁴⁰ 1486*
Betrifft: Handel und Industrie.
Es wird immer noch über die Unzahl von Rundschreiben und das unsinnige Verlangen von Meldungen an x Wirtschaftsgruppen geklagt. Diese Arbeiten verschlingen nicht nur viel Papier, sondern auch eine Unmenge von Arbeitskraft, was heute kaum verantwortet werden kann.

Hier müsste unbedingt Abhilfe geschaffen werden, denn für die unnötige Arbeit, die die statistischen Erhebungen, die allmonatlich verlangt werden, erfordert, haben die Wirtschaftskreise keinerlei Verständnis mehr.

———

lfd. Beitr.-Nr. 12[107] *ANP AJ⁴⁰ 1486*
Betrifft: Wehrmacht.
Geklagt wird über die unterschiedliche Behandlung, Bezahlung und Bekleidung bei dem weiblichen Wehrmachtsgefolge, insbesondere zwischen Rotes Kreuz-Personal, den Luftwaffen-, Marine- und Stabshelferinnen. Die Stabshelferinnen sind in jeder Beziehung schlechter gestellt und sind daher die Meldungen zu den Stabshelferinnen sehr zurückgegangen. Viele Leute sind auch der Ansicht, dass viele Stabshelferinnen heute ersetzt werden könnten von Versehrten [sic], die zu oft unnötigem Studium monatelang in der Heimat beurlaubt sind.

Dok. 19a

Schreiben der Kreisleitung Pforzheim an das Gaustabsamt. Pforzheim, 26. Juni 1944.

ANP AJ⁴⁰ 1486

Beifolgend Abschrift eines hecktografierten [sic] Flugblattes, das in den Parkanlagen gefunden wurde.

———

[107] Zur Kenntnisnahme an *Pg. Weinbrecht* (3.7.44).

Dok. 19b[108]

<u>Napoleon – Hitler</u>

| Napoleon | geboren | 1760 | |
| Hitler | " | 1889 | 129 Jahre |

| Napoleon | Regierungsantritt | 1804 | |
| Hitler | " | 1933 | 129 Jahre |

| Napoleons | Einzug in Russland | 1812 | |
| Hitlers | " " " | 1941 | 129 Jahre |

| Frieden in Wien | | 1815 | |
| " wird sein | | 1944 | 129 Jahre |

Napoleon und Hitler waren beide 29 Jahre alt, als die Revolution ausbrach.

| Französische Revolution | 1789 | |
| Deutsche " | 1918 | 129 Jahre |

Beide waren 52 Jahre alt, als sie in Russland einzogen.

| Napoleon regierte bis zum Einzug in Russland | | 8 | Jahre, |
| Hitler " " " " " " | | 8 | " |

| Napoleons Regierung dauerte bis zum Frieden | 1815 | = 11 | Jahre |
| Hitlers " " " " " | 1944 | = 11 | Jahre |

| Von der französischen Revolution bis zum Frieden | 1815 | = 26 | Jahre |
| " " deutschen " " " " | 1944 | = 26 | Jahre |

---

108 Gesondertes Blatt. Siehe hierzu auch Dok. 21 („Gerüchte").

Horoskop für 1944.
1. Am 8.4.44 Japan schliesst Bündnis mit Indien (Subhas Candra Bos)[109]
2. Am 3.5.44 Japan besetzt einen Teil Indiens und Ostasiens.
3. Am 26.6.44 wird Stalin durch einen Agenten ermordet.
4. Am 6.7.44 Waffenstillstand mit Russland abgeschlossen.
5. Am 1.11.44 ist der Krieg in Europa vorbei.
I. In Berlin wird Waffenstillstand mit Russland abgeschlossen.
II. Im Herbst 1944 ist Frieden.
III. Zwischen dieser Zeit Japans Einmarsch in Australien.
IV. In derselben Zeit: Auseinandersetzung zwischen England u. Amerika.

19.6.44.

Dok. 20

Bericht der Kreisleitung Pforzheim an die Gauleitung Baden vom 8. Juli 1944.

lfd. Beitr.-Nr. 13[110] *ANP AJ^{40} 1486*
Betrifft: Stimmungsmässiger Überblick über die gesamtpolitische Lage.
Die Haltung und die Stimmung der Bevölkerung ist recht gut. Die Stimmung wird lediglich durch die sehr harten Kämpfe an der Invasionsfront, besonders aber durch die schweren Kämpfe im Mittelteil der Ostfront beeinträchtigt. In diesem Zusammenhang wirkt der Rücktritt des Generalfeldmarschalls von Rundstedt etwas beunruhigend.

Die Südfront spielt in den Unterhaltungen eine untergeordnete Rolle. Sie gewinnt erst dann Bedeutung, wenn die Befürchtung hinzutritt, dass die Amerikaner durch den Geländegewinn in Italien nunmehr in der Lage seien, auch Süddeutschland zu terrorisieren. Die Veröffentlichung über den Besuch des Reichsaussenministers in Finnland und die von Finnland geforderte Waffenhilfe wurden auch sehr misstrauisch und kritisch aufgenommen. Man befürchtete, dass Finnland durch eine gegen sein Gebiet gerichtete Offensive aus der Front herausgebrochen werden sollte.

---

109 Gemeint ist Subhash Chandra Bose (1897–1945), einer der Führer der indischen Unabhängigkeitsbewegung, der sich 1941–43 in Deutschland aufhielt und in Annaburg die sog. Indische Legion, einen Freiwilligenverband aus indischen Kriegsgefangenen zusammenstellte. Die Indische Legion wurde an verschiedenen Kriegsschauplätzen Europas eingesetzt und 1944 der Waffen-SS unterstellt. Vgl. Jan KUHLMANN: Subhas Chandra Bose und die Indienpolitik der Achsenmächte. Berlin 2003.
110 Zur Bearbeitung an *[unleserlich]* (20.7.44).

Der Glaube, dass dieser Krieg mit einem Endsieg Deutschlands endet, wurde auch in dieser Berichtsperiode besonders gestärkt durch den immerwährenden Einsatz von V 1.

Dass noch weitere Geheimwaffen zum Einsatz bereitstehen, hat den Gedanken bei der Bevölkerung ausgelöst, dass wir im kritischsten Augenblick dieses Ringens in der Lage wären, durch den Einsatz neuer Waffen die Entscheidung zu erzwingen.

Neuerdings wird sehr viel häufiger als bisher bedauert, dass unsere U-Bootwaffe lahmgelegt ist und somit die Material- und Truppentransporte von Amerika ungestört durchgeführt werden können.

---

lfd. Beitr.-Nr. 13[111] $\qquad$ ANP AJ^{40} 1486
Betrifft: Ernährung, Landwirtschaft.
Die Versorgung mit Gemüse ist nun zufriedenstellend. Durch die Schlecht-Wetterperiode wurde die Heuernte etwas verzögert. Anträge auf Arbeitsgerät werden nur sehr schleppend zur Zufriedenheit der Bauern erledigt, obwohl diese Arbeitsgeräte in den Fachgeschäften vorrätig sind. Angeblich erhält die Kreisbauernschaft nicht genügend Marken von Berlin zugeteilt.

Missstimmung und Anstoss erregt bei der hiesigen Bevölkerung, dass, obwohl in der 63. wie in der 64. Zuteilungsperiode die Bevölkerung pro Kopf je 7 Eier erhielt, die ausländischen Arbeiter pro Kopf 10 zugeteilt bekamen. Auf Rücksprache wurde mitgeteilt, dass den ausländischen Arbeitern dieselbe Menge zustehe wie den Deutschen. Da nun die Ausländer in den vorausgegangenen Zuteilungsperioden wegen Warenmangel weniger Eier erhielten, sei in der 63. und 64. Zuteilungsperiode ein Ausgleich erfolgt. Es handelt sich hier nicht um eine örtliche Regelung, sondern um eine Regelung von Reichswegen.

Allgemein ist man der Auffassung, dass wenn die Ausländer in der vorausgegangenen Zuteilungsperiode 3 Eier zu wenig erhielten, man über diese Tatsache hätte stillschweigend hinweggehen sollen. Die nachträgliche Zuteilung und damit Mehrlieferung als den einheimischen Gefolgschaftsmitgliedern musste Unwillen erregen, da ja die Bevölkerung den Grund der Mehrzuteilung nicht kennt.

---

lfd. Beitr.-Nr. 13[112] $\qquad$ ANP AJ^{40} 1486
Betrifft: Arbeiterfragen, Arbeitseinsatz, Uk-Stellungen.
Durch die erhöhte Arbeitszeit wird eine starke Mehrbelastung der einzelnen Volksgenossen festgestellt. Besonders die Frauen beklagen sich darüber, dass sie mit ihren häuslichen Arbeiten, wie Flicken, Stopfen, Putzen und dergl. stark ins Hintertreffen kommen, weil gerade im fünften Kriegsjahr der Verschleiss an Wäsche und Kleidung sich stärker bemerkbar macht und mehr denn je diese Sachen einer gründlichen und rechtzeitigen

---

111 Zur Bearbeitung an *Gauamt f. d. Landvolk* (20.7.44).
112 Zur Bearbeitung an *[unleserlich]* (20.7.44).

Instandsetzung bedürfen. Auch die Lebensmittelbeschaffung stösst dadurch auf mancherlei Schwierigkeit.

Eine Beeinträchtigung der Haltung der Arbeiter in den Pforzheimer Betrieben ist durch die Erhöhung der Arbeitszeit nicht festgestellt worden. Die Frauen und Männer sehen die Notwendigkeit erhöhter Arbeitsleistung ein, erwarten jedoch, dass in dieser entscheidenden Zeit alle noch brachliegenden Kräfte durch gesetzliche Massnahmen in Dienst gestellt werden, vor allem aber auch, alle Uk-Stellungen einer gründlichen Revision unter Mitwirkung der Partei zu unterziehen, und zwar sollte sich diese Revision auf alle Uk-Stellungen erstrecken, wie Industrie, Handel, Einzelhandel und besonders auch die Uk-Stellungen bei den im Lande umherreisenden Kommissionen.

———

lfd. Beitr.-Nr. 13[113]　　　　　　　　　　　　　　　　　　　　　　　　　　　　　　　*ANP AJ⁴⁰ 1486*
Betrifft: Ausländische Arbeitskräfte.
Die ausländischen Arbeiter und Kriegsgefangenen verrichten ihre Arbeit nach wie vor. Irgendwelche Unruhe oder Zusammenrottungen konnten bisher nicht beobachtet werden.

Auffallend ist in letzter Zeit lediglich folgendes: Während früher in den Zügen des Öfteren Militärdolche, Handfeuerwaffen, Messer und Munitionsteile, die liegen blieben, gefunden wurden, seien in letzter Zeit derartige Dinge nicht mehr abgegeben worden, was zu der Vermutung Anlass gäbe, dass die Ausländer, die bei der Post, Bahn oder sonstigen mit der Bahn in Berührung kommenden Stellen eingesetzt sind, diese gefundenen Waffen und Munition an sich nehmen. In einzelnen Fällen sollen Dolche und andere Gegenstände in den Kleidern der Ostarbeiter eingenäht festgestellt worden sein. Eine Waffenrazzia in den hiesigen Ostarbeiterlagern sowie unter Umständen auch in den Werkstellen, d. h. also in den Arbeitskleidern, wurde beim Polizeidirektor beantragt.

Nur vereinzelt tritt unter den Ostarbeitern und -Arbeiterinnen die Einstellung auf, dass sie in nächster Zeit von den Amerikanern befreit würden.

———

lfd. Beitr.-Nr. 13[114]　　　　　　　　　　　　　　　　　　　　　　　　　　　　　　　*ANP AJ⁴⁰ 1486*
Betrifft: Verkehr und Beförderungswesen. Teilweise Einstellung des Autobusverkehrs.
Aus Treibstoffmangel musste plötzlich eine Anzahl Arbeiterlinien eingestellt werden. Die Betroffenen müssen nun den An- und Abmarsch zur Stadt bezw. Bahnstation zu Fuss zurücklegen.

Diese Massnahme zeitigt einschneidende Auswirkungen in verschiedener Richtung – nicht zuletzt auch in stimmungsmässiger Hinsicht. –

Abhilfe ist nötig und sollten, ehe die Arbeiteromnibusse gedrosselt werden, alle anderen Möglichkeiten der Treibstoffeinsparung ins Auge gefasst werden.

---

113 Zur Bearbeitung an *Gauobmann der DAF* (20.7.44).
114 Zur Bearbeitung an *[unleserlich]* (20.7.44).

So wird immer wieder behauptet, dass die Rüstungsinspektion bei der Ausgabe von Treibstoff an die Rü-Betriebe zu grosszügig sei und dass durch Zusammenlegung und Gemeinschaftsfahrten in die verschiedenen kleinen ausgelagerten Betriebchen [sic] bei richtiger Organisation viel eingespart werden könnte.

Die Rüstungsinspektion, die den Treibstoff für diese Fahrten zuteilt, müsste die Verhältnisse sofort überprüfen und gemeinsamen Transport organisieren.

Es muss mit allen Mitteln versucht werden, den Arbeiterautobusverkehr in seinem bisherigen, schon schwer gedrosselten Zustand aufrecht zu erhalten.

---

lfd. Beitr.-Nr. 13[115]   ANP AJ[40] 1486
Betrifft: Wehrmacht.
Auffallend ist z. Zt. das starke Absinken der Strassendisziplin von Wehrmachtsangehörigen. Sehr oft kann beobachtet werden, dass Chargierte, Unteroffiziere usw. nicht gegrüsst werden.

Auch einzelgehende Kriegsgefangene, die verpflichtet sind, Offiziere zu grüssen, tun dies sehr oft nicht. Hier müsste der betreffende Offizier sofort eingreifen und die Namen feststellen, sonst kann diese Unsitte nicht behoben werden.

Man gewinnt den Eindruck, dass die schlechten Elemente in der Wehrmacht langsam die Oberhand gewinnen. Auch der bis jetzt allgemein zu beobachtenden Optimismus unserer Soldaten geht merklich zurück und gerade jetzt nach dem Grossangriff der Russen greift ein gewisser Pessimismus Platz und die Soldaten äussern im Allgemeinen, „wir müssen halt zurückgehen." Und wenn man diese darauf hinweist, dass z. B. die Südfront steht, dann wird vielfach erklärt, „wenn sie dort angreifen, müssen wir auch zurück."

Diese gemeldeten Erscheinungen nehmen einen besorgniserregenden Umfang an.

Dok. 21

Bericht der Kreisleitung Pforzheim an die Gauleitung Baden vom 20. Juli 1944.

lfd. Beitr.-Nr. 14[116]   ANP AJ[40] 1486
Betrifft: Stimmungsmässiger Überblick über die gesamtpolitische Lage.
Die Stimmung der Bevölkerung ist z. Zt. ernst und gedrückt. Die Haltung dagegen gut und anständig. Letzteres wird besonders erhärtet dadurch, dass die arbeitende Bevölkerung

---

115 Bericht trägt – anders als die übrigen Berichte der lfd. Beitr. Nr. 13 – das Datum vom 10. Juli 1944. Zur Kenntnisnahme an *Pg. Weinbrecht* (24.7.44).
116 Zur Kenntnisnahme an *Prop.* (25.7.44).

eine wesentlich längere Arbeitszeit ohne Murren hingenommen hat. Auch die auftretenden Verkehrsschwierigkeiten mit den Arbeiteromnibussen, wodurch ein längerer An- und Abmarsch zur Arbeitsstelle für viele Arbeiter und Arbeiterinnen erforderlich wird, wird ohne grosses Murren in Kauf genommen.

Die Hochstimmung, hervorgerufen durch die Invasion und durch den Einsatz von V 1 ist nun allmählich einer ernsten, gedrückten Stimmung gewichen. Bestimmend sind die schweren Kämpfe und die großen Geländeaufgaben im Osten sowie die verstärkten Einflüge und Terrortätigkeit des Feindes. Die Tatsache, dass die Sowjets sich der deutschen Grenze Ostpreußens nähern und auch die Mitteilung im Wehrmachtsbericht, dass unsere Verluste bei den schweren Kämpfen im Osten erheblich sind, sowie die verstärkten Feindeinflüge, drückt auf die Gemüter.

In diesem Zusammenhang wird das Gerücht verbreitet, dass ein grosser Teil Ostpreußens, einschliesslich der Stadt Königsberg, geräumt würde.

Bei der Betrachtung der Lage wird bei der Bevölkerung auch immer die Luftüberlegenheit unserer Feinde bei den Unterhaltungen besprochen, die besonders durch die weit geringeren Abschüsse gegenüber einer weniger starken Lufttätigkeit erkenntlich wäre.

Besonders bedauert wird bei der kritischen Betrachtung der Lage durch die Bevölkerung der Ausfall unserer U-Boote. Dieses Bedauern kann selbst durch den Einsatz der neuen Marine-Kampfmittel nicht beseitigt werden.

Im Allgemeinen erhoffte die Bevölkerung durch den Einsatz von V 1 auch eine Erleichterung in dem Terror-Luftkrieg. Die Verstärkung des Luftkrieges in den letzten 8 Tagen gibt verschiedentlich zu Missstimmung Anlass. Die Stimmen mehren sich, die einen weit stärkeren Einsatz von V 1 verlangen.

Im Allgemeinen wird die militärische Lage von der Bevölkerung als sehr ernst bezeichnet und dabei immer dringender gefordert, dass nun auch alle zur Verfügung stehenden Kräfte im Kampf eingesetzt werden müssten. Es wird darauf verwiesen, dass in den Garnisonen sehr viele Soldaten liegen würden. Und dass trotz der ernsten Lage sehr viele es verstehen würden, durch Uk-Stellung sich dem Militärdienst zu entziehen. Auch wird im Zusammenhang mit der ernsten militärischen Lage immer wieder vorgebracht, dass in den Heimatdienststellen und in den Dienststellen der Etappe sehr viele Offiziere, Unteroffiziere und Mannschaften als Günstlinge ihrer Vorgesetzten vorsätzlich zurückgehalten würden.

Von der arbeitenden Bevölkerung wird auch mit einiger Verbitterung darauf hingewiesen, dass die Einzelhandelsgeschäfte, Gastwirtschaften, Hotels und Kaffeehäuser ihre Geschäfte öffnen und schliessen könnten, wann sie wollen, in einer Zeit, wo die Arbeitszeit des Arbeiters erhöht würde. Beim Arbeiter, Beamten und Angestellten würde der Urlaub aufs Äusserste beschränkt, während die vorgenannten Geschäfte, die vor dem Krieg kaum oder nur in einem zeitlich geringen Ausmaß geschlossen hätten, ihre Geschäfte 14 Tage schliessen wegen Urlaub oder angeblicher Krankheit.

Es sollte heute alles vermieden werden, was die Stimmung der breiten Schichten der Bevölkerung belastet. Selbst wenn man bei geringen Personengruppen Härten anwenden müsste.

lfd. Beitr.-Nr. 14[117] *GLA 465d/48*
Betrifft: Gerüchte.
Es ist das Gerücht verbreitet, dass bei den Terrorangriffen auf München Gaspulver- und Glasstaubbomben Verwendung gefunden hätten, wodurch sehr viele und sehr schwere Augenverletzungen hervorgerufen worden wären, die zum grossen Teil zur Erblindung führen würden, auch Gasbomben seien in München geworfen worden.

Weiter ist das Gerücht, wenn auch bis jetzt noch in geringem Umfange, verbreitet, dass mit Reichsmarschall Hermann Göring irgend etwas nicht in Ordnung sein müsste, da man nichts mehr von ihm höre. Besonders bei dem Staatsbegräbnis für Generalfeldmarschall Dietl wäre in der Rundfunkreportage der Reichsmarschall nicht erwähnt worden.

Ausserdem ist das Gerücht verbreitet, Reichsmarschall Göring hätte vorläufig alle Auszeichnungen dieses Krieges abgelegt, bis die Luftüberlegenheit wieder an Deutschland gefallen sei.

Ferner, im Osten würde der Bolschewist mit einem neuen Panzer kommen, der unüberwindlich sei, daher überall seine Erfolge.

Auch wird das Gerücht verbreitet, auf der Post würden Gefallenenmeldungen zurückbehalten.

Auch über Wahrsagereien wird viel gesprochen und Vergleiche zwischen dem Schicksal Napoleons und dem Unseren gezogen.

———

lfd. Beitr.-Nr. 14[118] *ANP AJ^{40} 1486*
Betrifft: Handel und Handwerk.
Im Schuhmacherhandwerk sieht es sehr schlecht aus. Es fehlt an Fachkräften und insbesondere aber auch an Materialzuteilung, sodass die Schuhreparatur immer ungünstigere Formen annimmt.

Besonders sei auch die Versorgung mit Eisenwaren sehr schlecht.

Auch der Mangel an Schmieden ist so gross, dass befürchtet wird, dass es sich besonders im Ernährungssektor nachhaltig auswirkt.

———

lfd. Beitr.-Nr. 14[119] *ANP AJ^{40} 1486*
Betrifft: Industrie.
Es wird allgemein bemängelt, dass Frauen nur bis zu 45 Jahren zum Arbeitseinsatz erfasst werden.

———

117 Zur Kenntnisnahme an *Prop.* (25.7.44).
118 Zur Bearbeitung an *Gauwirtsch. Berater* (25.7.44).
119 Zur Kenntnisnahme an *Pg. Nickles* (25.7.44).

lfd. Beitr.-Nr. 14   GLA 465d/48
Betrifft: Ausländische Arbeiter und Kriegsgefangene.
Die ausländischen Arbeiter, Ostarbeiter und Kriegsgefangenen legen seit Neuestem ein freches, renitentes Wesen an den Tag.

Wegen der Kriegsgefangenen wurde mit dem Komp.-Chef des Landesschützenbatl. 404 Rastatt, der hier anwesend war, Rücksprache genommen.

———

lfd. Beitr.-Nr. 14[120]   *ANP AJ^{40} 1486*[121]
Betrifft: Sonstiges.
Nach Abfassung des Berichts traf die Nachricht von dem Attentat auf den Führer ein.

Die Tat wurde mit allgemeiner Entrüstung und massloser Erbitterung aufgenommen. Über die wunderbare Rettung des Führers wurden grenzenlose Freude und Genugtuung empfunden.

Gegen die verbrecherischen Generale hat die Bevölkerung eine masslose Wut erfasst.

Alles ist ruhig, Zwischenfälle haben sich nicht ereignet.

Die Treuekundgebung und der Treuemarsch wurden unter starker Beteiligung der Bevölkerung durchgeführt.

———

lfd. Beitr.-Nr. 14[122]   GLA 465d/48
Betrifft: Gerüchte.
Im Nachgang zum Stimmungsbericht vom 21. ds. Mts. wird mitgeteilt, dass z. Zt. hier folgende Gerüchte kursieren:

„In Schlesien und in Ostpreußen ständen aufständische Regimenter infolge des Attentats auf den Führer. Die Lage dort sei ernst. Weiter wird im Zusammenhang mit dem Attentat auf den Führer das Gerücht verbreitet, dass der Bürgermeister von Baden-Baden, der Altparteigenosse Bürkle[123], von der Gestapo verhaftet und gefesselt nach Berlin gebracht worden sei. Dabei wird betont, dass also nicht allein Offiziere, sondern auch alte Parteigenossen in das Komplott verstrickt seien."

---

120 Zur Kenntnisnahme an *Prop.* (25.7.44).
121 Identisch GLA 465d/48.
122 Bericht trägt – anders als die übrigen Berichte der lfd. Beitr. Nr. 14 – das Datum vom 24. Juli 1944.
123 Kurt Bürkle (1898–1957), von 1934–1945 Oberbürgermeister von Baden-Baden.

Dok. 22

Bericht der Kreisleitung Pforzheim an die Gauleitung Baden vom 8. August 1944.

lfd. Beitr. Nr. 15[124]　　　　　　　　　　　　　　　　　　　　　　*GLA 465d/50*
<u>Betrifft: Stimmungsmässiger Überblick über die gesamtpolitische Lage.</u>
Die Stimmung in der Bevölkerung ist ernst, die Haltung jedoch entschlossen und zuversichtlich.

Die starke Belastung im Osten und die grosse Geländeaufgabe wird in der Bevölkerung auf Verrat der reaktionären Klicke [sic] zurückgeführt. Die Mitteilung, dass 2 hohe Stabsoffiziere, die an dem Verrat beteiligt waren, sich durch Fahnenflucht, d. h. durch Überlaufen zu den Bolschewisten der Strafe entzogen haben, hat die Bevölkerung ganz besonders beunruhigt, da diese ehrlosen Gesellen in der Lage wären, Planungen und Waffen an den Feind zu verraten.

Es wird auch erzählt, Soldaten der Ostfront würden besorgte Briefe nach Hause schreiben über den Verrat hinter ihrem Rücken. Sie selbst würden die Front halten, wenn die Heimat steht.

Im Allgemeinen ist die Bevölkerung entsetzt über so viel Dummheit und Ehrlosigkeit in Offizierskreisen, die selbst dem Führerhauptquartier angehörten.

Dass diese Verräter wie gewöhnliche Verbrecher nun abgeurteilt werden sollen, hat eine tiefe Genugtuung im Volke ausgelöst. Man schliesst daraus, dass die Regierung entschlossen ist, rücksichtslos Ordnung zu schaffen, ohne Rücksicht auf irgendwelche Einzelgänger, auch ohne Rücksicht auf Stand und Namen.

In Parteikreisen spürt man Aufleben des alten kompromisslosen Kampfgeistes. Die Bevölkerung erwartet mehr denn je, dass die Partei die Aufgaben, die ihr erneut gestellt worden sind, meistern wird.

Man gibt allgemein der Hoffnung Ausdruck, dass die Zeiten nun vorbei sein müssen, dass ein kleiner Kreis sich hinter hochgestellten Persönlichkeiten und deren Anordnungen verstecken kann. Die Bevölkerung fühlt instinktiv, dass sich diese hochgestellten Persönlichkeiten, die sich zu diesem Schutz- und Versteckspiel hergegeben haben, entweder zu diesen Verräterkreisen gehören, oder zumindest ihnen aber nahestehen.

Eine grosse Erwartung ist in der Bevölkerung, die schnelle und rücksichtslose Einführung des totalen Krieges.

Es werden hier Befürchtungen laut, dass man den arbeitenden Teil des Volkes zu noch stärkeren Leistungen heranziehen wird, während der bisher unbelastet gebliebene Teil auch weiterhin verschont wird. Diese Befürchtungen dürfen auf gar keinen Fall Wahrheit werden, da sonst die arbeitende Bevölkerung den Glauben verliert.

124　Zur Kenntnisnahme an *Prop.* (11.8.44).

Vom totalen Kriegseinsatz müssen ohne Unterschied alle Kreise erfasst werden. Dazu gehören auch alle Geschäftsleute, Hotels, Gasthöfe, Künstler, Fabrikanten und deren Familien, Lehrer, Schüler und Schülerinnen der höheren Schulen.

Auch in den Bade- und Kurorten muss nun mit den sich dort herumtreibenden mondänen Gesellschaftskreisen aufgeräumt werden.

Die Bevölkerung erwartet auch restlosen Austausch der Uk.-Gestellten. Wenn schon irgendwelche Schlüsselstellungen in den Betrieben von Fachkräften besetzt sein müssen, so sollten diese von Zeit zu Zeit ausgetauscht werden, denn unter diesen, schon seit 5 Jahren Uk.-Gestellten findet man grosse Miesmacher und Meckerer.

Die grosse Erhebung des deutschen Volkes, die durch den 20. Juli ausgelöst ist, kann sich nur dann segensreich auswirken, wenn sie nicht wieder, besonders durch staatliche oder andere Behörden durch das sture Anklammern an Paragraphen gehemmt wird.

Auch in der Rechtsprechung und in den Polizeimassnahmen sollte man nun endlich merken, dass wir im 5. Kriegsjahre stehen und einen Kampf auf Leben und Tod zu führen haben.

Das Vertrauen und der Glaube an den Führer war nie grösser und umfassender wie jetzt.

Dok. 23

Bericht der Kreisleitung Pforzheim an die Gauleitung Baden vom 21. August 1944.

lfd. Beitr.-Nr. 16 *GLA 465d/51*
Betrifft: Gerüchte.
Folgende Gerüchte sind hier im Umlauf:
 Flugblätter seien abgeworfen worden, dass unsere Stadt bombardiert würde.
 Die Feindmächte hätten der Verräterklicke [sic] bei Kapitulation Rückgabe der Kolonien zugesichert.

―――――

lfd. Beitr.-Nr. 16[125] *ANP AJ^{40} 1486*
Betrifft: Ausländische Arbeitskräfte.
Die Nachricht, dass die ital. Militärinternierten nunmehr in das zivile Arbeitsverhältnis überführt werden sollen, wurde von der Bevölkerung unwillig aufgenommen, da gegen diese Badoglio-Truppen eine sehr grosse Abneigung in der Bevölkerung besteht. Die Umsetzung der Badoglio-Italiener in die freie Wirtschaft wird im gegenwärtigen Zeitpunkt nicht für glücklich gehalten!

―――――

125 Zur Kenntnisnahme an *Gauobmann der DAF* (29.8.44).

lfd. Beitr.-Nr. 16[126] ANP AJ[40] 1486
Betrifft: Preissteigerung.
Die Preise steigen langsam aber stetig, sodass sie allmählich doch für die durch Lohn- und Gehaltsstopp betroffenen Bevölkerungskreise fast unerträglich werden. So sollen dieser Tage für das Sohlen von 1 Paar Kinderschuhen und 1 Paar Frauenschuhen bei Gestellung des Leders RM 7.- verlangt worden sein.

Solche Preise sind für einen kinderreichen durch Lohnstopp betroffenen Lohn- und Gehaltsempfänger kaum erschwinglich.

Die Preiskontrolle, die meist den Geschäftsleuten schon vor Eintreffen bekannt ist, worauf sie sich dann einrichten, darf auch nicht ausschliesslich im Laden durchgeführt werden, sondern sie muss auch dadurch festgestellt werden, dass die die Läden verlassenden Käufer und Käuferinnen gefragt werden, was sie für die Waren bezahlen mussten.

Das stetige Mehrverlangen, auch wenn es nur um Pfennige geht, verbittert und beunruhigt die Bevölkerung. Das gilt für alle Warengattungen, insbesondere auch für Obst und Gemüse.

Auch die Bedienung der Kundschaft lässt wieder zu wünschen übrig. Die Geschäftsleute tun so, als würden sie dem kaufenden Publikum etwas schenken.

Im Verein mit den dauernden Geschäftsschliessungen, der schleichenden Preiserhöhung und der Behandlung der Kundschaft wirken sich diese Zustände allmählich auf die Allgemeinstimmung der betroffenen Bevölkerungskreise schädlich aus.

Dok. 24

Bericht der Kreisleitung Pforzheim an die Gauleitung Baden vom 6. September 1944.

lfd. Beitr.-Nr. 17 GLA 465d/23
Betrifft: Stimmungsmässiger Überblick über die gesamtpolitische Lage.
Die Stimmung der Bevölkerung ist sehr ernst und teils gedrückt. Die unerwartete Entwicklung im Westen, die dauernde Zurücknahme der Front, das Zurückströmen der Etappe in oft unglaublicher Weise, hat grösste Besorgnis ausgelöst und die Siegeszuversicht der Bevölkerung schwer beeinträchtigt.

Das schnelle Vordringen der feindlichen Panzerverbände hat die Bevölkerung sehr nervös gestimmt und wird immer wieder die Frage aufgeworfen, „haben wir denn keine Soldaten mehr an der Front."

---

126 Zur Kenntnisnahme an *Gauwirtsch.Berater* (29.8.44).

Die Haltung der Bevölkerung ist absolut einwandfrei und gut. Die Bevölkerung setzt ihre ganze Hoffnung auf die neuen Waffen und erwartet den Einsatz dieser Waffen sehnlichst und teils ungeduldig.

In konfessionell gebundenen Kreisen und besonders in kath. Kreisen sind der Siegesglaube und die Siegeszuversicht beinahe auf den Nullpunkt gesunken und haben die meisten dieser Kreise den Glauben an den Sieg verloren.

Der Grossteil der Bevölkerung ist, wenn auch gedrückt, doch glaubensstark und vertraut auf die starke Hand des Führers. Sie glauben unerschütterlich an den Endsieg, befürchten jedoch nur stärkste Belastungen in unserem Grenzgebiet durch die überstarke Luftwaffe der Gegner.

Durch das Rückfluten der Flüchtlinge aus Elsass und Lothringen, sowie durch das hemmungslose Zurückfluten von einzelnen Etappenverbänden, Stäben und Einzelfahrern, wird die Stimmung ungünstig beeinflusst. Die Haltung dieser Truppen, Offiziere und Soldaten ist zum Teil sehr schlecht und beeinträchtigt insbesondere die Siegeszuversicht unserer Frauen sehr. Ein Offizier der Luftwaffe soll geäussert haben, dass drüben im Westen der Befehl ausgegeben worden sei, „rette sich, wer kann", worauf alles planlos die Flucht ergriffen hätte. Derartige Äusserungen wirken auf die Bevölkerung verheerend. Mit eiserner Faust muss diesen Zuständen ein Ende bereitet werden, und zwar schnell. Hier wurden selbstständig im Einvernehmen mit dem Polizeidirektor und der Wehrmacht Kontrollstationen und Streifen eingerichtet.

Die Bevölkerung versteht nicht, dass, nachdem seit Jahren von den bereitgehaltenen Armeen in Frankreich gesprochen wurde und da die Ostfront dieserhalb ohne Nachschub blieb, die Engländer und Amerikaner den Atlantikwall so spielend überwanden und mit ihren Panzern hinfahren, wo sie wollen. Das Ansehen der Westtruppen hat sehr gelitten in Bezug auf Offizier und Mann. Die ihren zurückflutenden Truppen vorausfahrenden Offiziere erregen das Entsetzen der Bevölkerung und sie spricht von Auflösungserscheinungen, von Etappenschweinen, die jahrelang ein sorgenloses Leben geführt haben und jetzt demoralisiert und verweichlicht sind und bei der 1. Belastungsprobe versagen. Besonders die Luftwaffen- und Marinestäbe fallen auf.

Bei den zurückflutenden Etappenformationen kann man sich des Eindrucks nicht erwehren, dass ihnen Möbelstücke und eine Unzahl von Koffern mit Privatbesitz wichtiger sind wie ihre Waffen, sofern sie solche überhaupt noch bei sich haben. Im Interesse der Moral der Bevölkerung ist rücksichtsloseste Unterbindung dieser Zustände sofort erforderlich.

Die Sorge um die in Frankreich abgeschnittenen und verbliebenen deutschen Truppen, wie auch über die in den Stützpunkten tapfer kämpfenden Besatzungen bewegt die Bevölkerung stark.

Dass Festungen wie Verdun, das im letzten Weltkrieg Stahl und Eisen trotzte, von wenigen Panzern einfach überrannt werden konnten, ist für die Bevölkerung unfasslich. Auch der problematische Wert des Atlantikwalls wird vielfach erörtert. Auch über die weite Unterlegenheit unserer Luftwaffe, die jetzt erst so richtig in Erscheinung tritt, wird gesprochen.

Der Abfall unserer Bundesgenossen, insbesondere Finnlands, was man nicht für möglich gehalten hätte, beeindruckt die Bevölkerung sehr. Die Treuebekenntnisse von Kroatien und Slowenien und Ungarn werden mit Misstrauen aufgenommen und als Vorläufer von Verratsabsichten gewertet.

Die gegenwärtige Lage, diese unliebsamen Erscheinungen und die gedrückte Stimmung eines Grossteils der Bevölkerung sind guter Nährboden für die Gerüchtebildung. Die unglaublichsten Gerüchte gehen um, so, dass Metz geräumt sei und brenne, dass Terroristenkämpfe im Elsass stattfänden, dass Unruhen in Straßburg und Mülhausen ausgebrochen seien, dass schwarze Fallschirmjäger im Oberelsass gelandet seien, dass unsere Truppen in zügelloser Flucht zurückströmten, dass Straßburg, Kehl, Offenburg und Rastatt evakuiert würden, u. vieles andere mehr.

Auch der Einsatz der Hitler-Jugend im Westen hat die Bevölkerung sehr beunruhigt und zu den tollsten Gerüchten Anlass gegeben, so, die Sonderzüge der HJ seien beschossen worden, es hätte Tote gegeben, die Jugend sei mit Terroristengruppen in Kämpfe geraten, hätte schwerste Verluste gehabt, sei ihrer Uniform beraubt worden usw.

———

lfd. Beitr.-Nr. 17 　　　　　　　　　　　　　　　　　　　　*ANP AJ⁴⁰ 1486*
Betrifft: Ernährungslage, Landwirtschaft.
Die Ernährungslage ist, mit Ausnahme der Obstzuteilung und dem Kartoffelmangel, zufriedenstellend.

Die Ernte ist trotz des bestehenden Arbeitskräftemangels nahezu restlos und rechtzeitig eingebracht.

———

lfd. Beitr.-Nr. 17 　　　　　　　　　　　　　　　　　　　　*ANP AJ⁴⁰ 1486*
Betrifft: Arbeitseinsatz.
Der Arbeitseinsatz schreitet vorwärts. Die Verlagerung von Produktionsvorgängen in Heimarbeit wird rege betrieben.

———

lfd. Beitr.-Nr. 17[127] 　　　　　　　　　　　　　　　　　　　*GLA 465d/23*
Betrifft: Kriegsgefangene.
Die allzu loyale Behandlung der französischen Kriegsgefangenen geht der Bevölkerung allmählich auf die Nerven, insbesondere in Anbetracht des gemeinen Verhaltens der französischen Zivilbevölkerung gegen unsere zurückgehenden Truppen.

Auch die Rückführung der italienischen Militärinternierten in das Zivilverhältnis wird von der Bevölkerung in dieser gefahrvollen Zeit nicht verstanden, denn auch hierin erblickt die Bevölkerung eine grosse Gefahrenquelle.

———

127 Zur Kenntnisnahme an *DAF* (13.9.44).

lfd. Beitr.-Nr. 17   ANP AJ⁴⁰ 1486
Betrifft: Parteiinterne Angelegenheiten.
Wir führen im Kreisgebiet z. Zt. eine Mitgliederversammlungswelle durch, um der Parteigenossenschaft den nötigen Rückhalt zu geben. Die Haltung der Politischen Leiter, Formationen und Parteigenossen ist einwandfrei.

———

lfd. Beitr.-Nr. 17   ANP AJ⁴⁰ 1486
Betrifft: Wehrmacht.
Über die Erscheinungen bei den zurückgehenden Truppen wurde auf Blatt 1[128] berichtet.
　Die Einziehungen gehen vor sich. Die Quoten können hier erfüllt werden, aber eine ungeahnte Menge abgelehnter Einsprüche zeugt davon, wie verantwortungslos und fahrlässig gewisse Stellen mit Uk-Stellungen umgingen.

Dok. 25

Bericht der Kreisleitung Pforzheim an die Gauleitung Baden vom 22. September 1944.

lfd. Beitr.-Nr. 18   BArch NS6/812
Betrifft: Stimmungsmässiger Überblick über die gesamtpolitische Lage.
Die Stimmung der Bevölkerung ist sehr ernst und gedrückt, infolge der allgemeinen Lage im Westen, die Haltung dagegen hier nach wie vor anständig. In den Kreisen der Intelligenz muss die Stimmung als am Schlechtesten bezeichnet werden. Auch fehlt dort fast durchweg der Glaube an den Sieg, auch aus verstandesmässigen Erwägungen heraus, während die arbeitende Bevölkerung hoffnungsvoll immer noch an den Sieg glaubt. Alles setzt seine Hoffnung auf die neuen Waffen und erwartet mit Ungeduld deren Einsatz. Durch die Festigung der Westfront und den Erfolg gegen die Luftlandetruppen in Holland macht sich eine, wenn auch geringfügige Stimmungsverbesserung bemerkbar.
　Mit Eintreten guter Witterung befürchtet die Bevölkerung starke Terrorangriffe.
　Die Transporte der Jungen der Hitler-Jugend und der Männer an den Westwall beunruhigen die Bevölkerung, insbesondere wird vielfach über mangelnde Verpflegung und angeblich schlechte Organisation geklagt.
　Gerüchte:
　Die wildesten Gerüchte kursieren, die zum Teil plötzlich auftauchen und ebenso schnell wieder verschwinden und besonders unsere Frauen beunruhigen.

---

128 Gemeint sind die Ausführungen im „Stimmungsmässigen Überlick" unter diesem Berichtsdatum.

lfd. Beitr.-Nr. 18   ANP AJ⁴⁰ 1486
Betrifft: Ernährungslage.
Die Ernährungslage ist zufriedenstellend. Ausser über mangelnde Kartoffelversorgung und Obstmangel treten z. Zt. keine Klagen auf.

―――――

lfd. Beitr.-Nr. 18[129]   ANP AJ⁴⁰ 1486
Betrifft: Industrie.
Die Industrie arbeitet leistungsmässig gut. Schwierigkeiten entstehen durch die Neueinziehungen, insbesondere aber durch die Transportlage.

Mit sofortiger Wirkung soll der Zugverkehr auf der Strecke Pforzheim-Karlsruhe bezw. Karlsruhe-Pforzheim für die Tageszeit eingestellt werden, da auf dieser Strecke mit Tiefangriffen durch Feindflieger zu rechnen ist. Dagegen wird der Arbeiterverkehr in den frühen Morgenstunden sowie in den Abendstunden nach Arbeitsschluss in beiden Richtungen vorgenommen. Eine Rückfahrt der Arbeiter am Samstag nach Betriebsschluss um 12.00 Uhr ist demnach nicht mehr möglich. Von dieser Massnahme werden auf der Strecke Pforzheim-Wilferdingen rund 1.700 Arbeitskräfte betroffen. Um einen Ausfall zu vermeiden, ist, nachdem die Reichsbahndirektion die Einschaltung eines Zuges am Samstagnachmittag um 12.00 Uhr in Richtung Wilferdingen auf Weisung höchster Stellen abgelehnt hat, folgende Regelung geplant:
1   entweder Aufstockung der Arbeitszeit an den Wochentagen Montag bis Freitag und Freistellung des Samstags oder
2. alle 14 Tage Ganztagsarbeit an Samstagen wie an den übrigen Wochentagen auch, sodass alle 14 Tage ein Samstag gearbeitet und 1 Samstag freigegeben wird.

Es besteht die Gefahr, dass die Reichspost ihre für den Arbeiterberufsverkehr eingesetzten Omnibusse nach und nach stilllegen muss, nachdem der dafür benötigte, aus dem Ruhrgebiet kommende Anthrazit wegen der augenblicklichen Verhältnisse ausbleibt und mit dessen Anlieferung in absehbarer Zeit nicht gerechnet werden kann.

Postamtmann Müller vom hiesigen Postamt wurde nach Rücksprache mit Direktor Daur darauf aufmerksam gemacht, dass Karlsruhe Bestände an Anthrazit, die sich unter Umständen auch als Kraftstoff für die auf Kohlengas umgestellten Postomnibusse eignen dürften, auf Lager hat und z. Zt. wegen Zerstörung des Karlsruher Werkes nicht verarbeiten kann. Ich habe ihm anheimgegeben, sich mit seiner Oberpostdirektion in Verbindung zu setzen, um zu erreichen, dass, falls sich dieser Brennstoff eignet, die Stadt Karlsruhe helfend einspringt, um eine Lahmlegung des Arbeiterberufsverkehrs unter allen Umständen zu verhindern.

Ich bitte, auch von dort aus das Erforderliche zu veranlassen.

---

129 Zur Kenntnisnahme an *DAF* (29.9.44).

Die Flut der Rundschreiben, Aufstellungen und Fragebogen belasten arbeitsmässig sehr. Sie haben nicht ab-, sondern eher noch zugenommen. Wenn von einer Dachorganisation eine Verfügung herauskommt, so hat sie zur Folge, dass von allen möglichen untergeordneten Stellen dann Aufstellungen, Fragebogen und Ausfüllen von Formularen verlangt wird. Eine Vereinfachung ist nun unumgänglich.

———

lfd. Beitr.-Nr. 18[130]   ANP AJ⁴⁰ 1486
Betrifft: Arbeiterfragen.
Die Einführung der 60-stündigen Arbeitszeit findet bei der arbeitenden Bevölkerung volles Verständnis.
  Der Gesundheitszustand der Bevölkerung ist z. Zt. auffallend gut, besser als seit Jahren.
  Die Haltung der Arbeiterschaft ist über allem Lob erhaben. Wenn man die Leistungen in Betracht zieht und sieht, wie Arbeiter und Arbeiterinnen vom Lande in den unbequemsten Verkehrsmitteln zu ihren Arbeitsstätten gebracht werden, so wird man von der Anständigkeit unserer Bevölkerung überzeugt.

———

lfd. Beitr.-Nr. 18   BArch NS6/812
Betrifft: Ausländische Arbeitskräfte.
Die Frechheit der Ausländer, insbesondere der Franzosen und Badoglio-Italiener nimmt zu.
  Schärfere Überwachung und vor allen Dingen eine für Ausländer vorzuverlegende Polizeistunde, damit die Umtriebe dieser Elemente in den Abendstunden aufhören, ist erforderlich.
  Die Polizeidirektion ist verständigt.

———

lfd. Beitr.-Nr. 18   ANP AJ⁴⁰ 1486
Betrifft: Staatsfeindliche Umtriebe.
Allgemein soll bemerkt werden, dass aus früheren Freimaurerkreisen passive Resistenz geübt wird. Auch seien diese Kreise über die Lage und Neuereignisse immer sehr schnell unterrichtet. Überwachung dieser Kreise erscheint besonders erforderlich.

———

130 Zur Kenntnisnahme an *DAF* (29.9.44).

lfd. Beitr.-Nr. 18[131] ANP AJ^{40} 1486[132]
Betrifft: Wehrmacht.
Die durch den Rückzug in Frankreich in unser Gebiet eingebrochenen Etappenformationen und Stäbe bilden nicht nur das Tagesgespräch, sondern beeinträchtigen die Volksstimmung ausserordentlich.

Die Strassendisziplin dieser Einheiten ist schlecht. Auffallend ist, dass sich bei diesen Formationen viele junge Soldaten befinden und ist die Bevölkerung der Auffassung, dass diese jungen Männer an die Front gehörten. Im Volksmund geht für diese Soldaten die Bezeichnung „Bel-ami-Soldaten" und „Champagner-Divisionen" um.

Durch den schlechten Eindruck, den diese Soldaten auf die Bevölkerung machen, werden die Leistungen und Heldentaten unserer Frontsoldaten überschattet. Es fällt sehr oft die Äusserung „wenn das unsere Luftwaffe ist, ist es sehr schlecht um uns bestellt und wir brauchen uns über die Luftüberlegenheit der Amerikaner nicht zu wundern." Die Bevölkerung kritisiert lebhaft, daß sich bei dem Bodenpersonal der Luftwaffe fast durchweg junge Männer befinden. Sie ist der Ansicht, dass solche jungen Soldaten zur kämpfenden Truppe gehörten und durch ältere Jahrgänge ersetzt werden könnten.

Ein straffer Ausbildungsdienst oder voller Arbeitseinsatz dieser Männer ist unbedingt notwendig.

Auch die Überprüfung der Marschbefehle, die von Gott weiss was für Stellen ausgestellt sind und einzelnen Versprengten und kleineren Trupps das Umherreisen erleichtern, müssten von den Wehrmachtseinheiten und Kontrollorganen straffer überprüft werden (Offizier und Mann) und dürften nicht einfach zum Weitermarsch abgestempelt werden. Die Heeresangehörigen, die angeblich ihren Truppenteil nicht finden und wohl auch nie finden werden, gehören sofort in Sammellagern erfasst, denen energische, zuverlässige Offiziere vorstehen. Gerade von diesen unkontrollierbaren Heeresangehörigen werden die tollsten Gerüchte verbreitet.

Die Grusspflicht der Partei gegenüber wird von diesen Etappenformationen überhaupt nicht beachtet und scheint ihnen auch oft nicht bekannt zu sein.

Auch herrscht die Meinung bei vielen dieser Einheiten vor, dass sie berechtigt seien, Feindsender abzuhören und scheint es hier an klaren Anordnungen und Befehlen von oben her zu mangeln.

Viel Unruhe erregen auch die Erzählungen von Soldaten, dass die Offiziere in ihren Autos ihre französischen Freundinnen mitgenommen hätten, während unsere Stabs- und Nachrichtenhelferinnen grösstenteils unter sehr erschwerten Umständen den Rückmarsch zu Fuss hätten machen müssen. Durch alle diese Umstände machen sich bereits jetzt schon soldatenfeindliche Einstellungen der Bevölkerung bemerkbar. Schnellste Abhilfe ist erforderlich.

---

131 Zur Kenntnisnahme an *Pg. Weinbrecht* (29.9.44).
132 Ebenfalls im Bestand BArch NS 6/812 zu finden. Darin allerdings nur erste Berichtsseite überliefert, sowie separates Blatt „Meldung eines unbekannten Soldaten".

(Angeschlossen wird eine hier eingegangene Meldung eines unbekannten Soldaten übersandt.)

Die Stimmung des Landsers ist immer noch zuversichtlich, während die der Offiziere fast durchweg fatal ist. Man hat den Eindruck, dass sie nicht an den Sieg glauben. Sie sprechen immer nur von den schweren Bombenteppichen der Anglo-Amerikaner, gegen die es kein Halten gäbe und gegen die nichts zu machen sei.

Hier muss eingeschritten werden.

———

Beifolgend Meldung eines unbekannten Soldaten:[133]

Auf dem Rückmarsch durch Frankreich ist ein Kamerad zu uns gestossen, welcher aus der Gegend von Cherburg eingesetzt war. Derselbe erzählte, dass, während die Lastensegler über die Stellung fuhren, die Artillerie Schiessverbot hatte. Weiter traf ich auf dem Rückmarsch einen SS-Mann, welcher erklärte: Ich war bei einer Kolonne, welche ungefähr 150 km hinter der Front Werfermunition holen sollte. An Ort u. Stelle wurde jedoch die Ausgabe der Werfermunition verweigert mit der Begründung, es sei alles zum Sprengen fertig. Erst durch Drohung mit der Pistole, dass er ihn erschiesse, konnte der SS-Obersturmführer die Herausgabe der Munition erzwingen.

In Rouen war eine fertige Brücke bereitgestellt u. ein Batl. Pioniere zum Schlagen der Brücke eingesetzt. Der Kommand.Offz. (Major) liess die Brücke nicht schlagen. Dadurch war unseren Truppen der Rückweg abgeschnitten. Eine bespannte Kolonne von 6 km Länge musste alles stehen lassen u. nur wenige konnten sich schwimmend mir ihren Pferden über den Fluss retten. – In der Festung Rouen ist folgendes vorgekommen:

Die Festungsbesatzung hat auf einem freiem Platz Bekleidungs- und Ausrüstungsgegenstände aufgestapelt, mit Benzin übergossen angezündet. Vorübergehende Soldaten, welche gern ihre zerrissene Uniform umgetauscht hätten, wurde die Abgabe verweigert. Aufsicht führte ein Ofw. der Marine.

Weiter wird davon gesprochen, dass unseren Werfern Übungsmunition in Stellung geschickt wurde. Auch sei schon 3 Tg. vor der Invasion Munition aus den Festungsbunkern abgefahren worden. Ferner soll eine Division Richtung Cherbourg mit Platzpatronen eingesetzt worden sein.

Verpflegungslager wurden angetroffen, wo die Bewachung fehlte u. Zivilfranzosen darin herumstöberten. Andere gaben nichts heraus u. nachher wurde alles von den Amerikanern geschnappt. Bei der Truppe ist alles der Auffassung, dass es bei den höheren Offz. nicht gestimmt hat u. alle sabotierten.

Weiter hat er erwähnt, dass sie durch unsere Flieger gar keine Unterstützung gehabt hätten u. dass sie durch feindl. Flieger mit Bomben direkt zugedeckt wurden.

———

133 Auf separatem Blatt.

lfd. Beitr.-Nr. 18[134]　　　　　　　　　　　　　　　　　　　　　　　*ANP AJ⁴⁰ 1486*
Betrifft: Zusammenarbeit mit Polizei und Heimatflakstab.
Die Zusammenarbeit mit den obengenannten Stellen ist z. Zt., bedingt durch die Heranziehungen zum Sondereinsatz, erschwert.

Immer wieder wird von diesen Stellen der Versuch gemacht, Massnahmen der Parteidienststellen durch Einmischung und eigenmächtige Freistellungen zu erschweren.

Die beiden Stellen wurden erneut darauf hingewiesen, dass begründete Befreiungsgesuche allein an den Kreisleiter zu richten sind und von diesem allein entschieden werden.

Eine überörtliche Anweisung an die betreffenden Stellen wäre wünschenswert.

Dok. 26

Bericht der Kreisleitung Pforzheim an die Gauleitung Baden vom 6. Oktober 1944.

lfd. Beitr.-Nr. 19[135]　　　　　　　　　　　　　　　　　　　　　　*BArch NS 6/812*[136]
Betrifft: Stimmungsmässiger Überblick über die gesamtpolitische Lage.
Nach Stabilisierung der Ost- und ganz besonders der Westfront ist die Stimmung der Bevölkerung weniger ernst und fester geworden. Die Bevölkerung ist zuversichtlich und gibt ihrer Meinung unverhohlen Ausdruck, dass die Vorkommnisse im Westen auf Missstände zurückzuführen sind, die jetzt behoben sind. Die Bevölkerung freut sich darüber, dass die oberste Führung jetzt wieder Herr der Situation ist.

Durch die vermehrten Luftalarme und die zwei kleinen Angriffe auf Pforzheim ist die Bevölkerung etwas nervös geworden. Der Glaube an den Endsieg hat in den letzten 8 Tagen einen bedeutenden Auftrieb erfahren. Jeder Einzelne glaubt an den Endsieg und ist sich bewusst, dass wir den Sieg erzwingen müssen. Die beabsichtige Einführung der akustischen Warnzeichen:
　1.　Öffentliche Luftwarnung.
　2.　Alarm.
　3.　Akute Gefahr,
hat eine starke Beunruhigung in der Arbeiterschaft ausgelöst, besonders bei den in den Betrieben arbeitenden Frauen. Durch die Eigenart der Pforzheimer Betriebe, die zum Teil in den Hinterhäusern untergebracht sind oder soweit sie eigene Fabrikgebäude haben, sehr eng gebaut sind, ist es nicht möglich, in kürzester Zeit die Belegschaft in die Luftschutzräume zu schleusen.

134　Zur Kenntnisnahme an *Pg. Weinbrecht* (29.9.44).
135　Zur Kenntnisnahme an *Prop.* (12.10.44).
136　Identisch GLA 465d/47 und IfZ-Archiv unter MA-0138.

Die Gerüchte haben bedeutend nachgelassen, treten nur noch ganz vereinzelt auf und verschwinden kürzester Zeit wieder, da die Bevölkerung selbst die Unsinnigkeit der Gerüchte einsieht und sie ablehnt. Allgemein ist man auch etwas beunruhigt wegen der geringen Abschussziffer feindlicher Maschinen.

Die Massnahmen des totalen Kriegseinsatzes die zwar hart aber gerecht durchgeführt werden, haben eine Befriedigung in den Arbeiterkreisen ausgelöst.

Die Bevölkerung wartet sehnsüchtig auf den Einsatz neuer Waffen.

―――――

lfd. Beitr.-Nr. 19[137] *ANP AJ⁴⁰ 1486*
Betrifft: Industrie.
Der Aufruf der weiblichen Jahrgänge 1920–24 zum RAD. hat in der hiesigen Industrie erhebliche Unruhe hervorgerufen, was im Hinblick auf die Beschäftigung dieser Jahrgänge von Mädels in der wichtigsten Rü-Fertigung verständlich ist. Ehe solche Anforderungen und Aufforderungen an die Arbeitsämter auf Dienstverpflichtung von diesen Mädels ergehen, sollten zumindest die politischen Stellen rechtzeitig verständigt werden. Eine Herausziehung dieser Jahrgänge der Mädels aus der Rü-Industrie ist gerade im jetzigen Zeitpunkt besonders untunlich, da der Rü-Industrie durch die verstärkte Einziehung junger Uk-Gestellter schon erhebliche Schwierigkeiten entstehen.

Es wäre notwendig, dass diese Angelegenheit im Einvernehmen mit dem Gauarbeitsamt geklärt wird, da Pforzheim mit seiner starken Frauenbeschäftigung eine Sonderstellung einnimmt.

Weiter hat die Industrie sehr beunruhigt in den Krisentagen, die oft kopflosen Anordnungen der Sonderringe über Verlagerungen aus dem Westen. Hier sollte nur eine Stelle Anordnungen treffen und nicht x Sonderringe.

Dok. 27

Bericht der Kreisleitung Pforzheim an die Gauleitung Baden vom 20. Oktober 1944.

lfd. Beitr.-Nr. 20 *GLA 465d/47*
Betrifft: Stimmungsmässiger Überblick über die gesamtpolitische Lage.
Die Stimmung der Bevölkerung ist gedrückt und ausserordentlich nervös. Die Haltung jedoch ist einwandfrei.

---

137 Zur Kenntnisnahme an *Pg. Nickles* (12.10.44).

Die starken Einflüge und das Frontgeschehen, die Absetzbewegungen, jetzt auch aus Griechenland u. a. bedrücken die Bevölkerung sehr. Nervös wurde die Bevölkerung insbesondere durch die häufigen Fliegeralarme und Öffentlichen Luftwarnungen, besonders durch den Abwurf von zwei schweren Minenbomben, ohne dass die Bevölkerung durch die Sirene gewarnt worden war. Dieser Vorfall wiederholte sich 7 Tage später, wo sechs Minenbomben unmittelbar nach dem Ertönen der Sirene geworfen wurden. Die Bevölkerung befürchtet die Wiederholung dieser Vorkommnisse und lebt seitdem in einer nervösen Angst. Wenn es dem Abend zu geht, drängt alles in die Luftschutzkeller. Es müsste unbedingt durch die Aufmerksamkeit aller Stellen erreicht werden, dass, besonders während der Nacht, rechtzeitig alarmiert wird, da sonst die arbeitende Bevölkerung den dringend notwendigen Schlaf nicht mehr findet und die Stimmung sehr beeinträchtigt wird.

Besonders bedrückend auf die Menschen wirkt die Tatsache, dass unsere Jäger zu schwach sind, dem ungehinderten Einfliegen und Treiben der anglo-amerikanischen Luftwaffe entgegenzutreten.

Die Bevölkerung ist sich wohl bewusst, dass die Lage ernst ist und alle zur Verfügung stehenden Kräfte zum Kampf und zur Arbeit eingesetzt werden müssen und erwartet auch ein absolut rücksichtsloses Durchgreifen.

Der Aufruf zum Volkssturm und die Rede Himmlers wurden ohne grosse Bewegung aufgenommen.

Nach wie vor hofft die Bevölkerung auf den Einsatz neuartiger Waffen, in Verbindung mit den neuen Divisionen, wodurch eine Wende in diesem Schicksalskampf herbeigeführt werden soll, und erwartet nun den Einsatz neuer Vergeltungswaffen mit Ungeduld und nervöser Spannung.

———

lfd. Beitr.-Nr. 20[138] BArch NS 6/812[139]
Betrifft: Propaganda.
Die Rede von Reichsführer-SS Himmler wurde nicht viel diskutiert, sondern lediglich die Tatsache, dass der Volksturm aufgerufen ist, zur Kenntnis genommen.

Dass der Führer bei dieser Gelegenheit nicht selbst gesprochen hat, hat die Ausführungen von Reichsführer-SS Himmler von vornherein beeinträchtigt.

In bürgerlichen und in gut katholischen Kreisen soll der Aufruf bewitzelt worden sein.

———

138 Zur Kenntnisnahme an *Prop.* (2.11.44).
139 Identisch GLA 465d/24 und GLA 465d/47.

lfd. Beitr.-Nr. 20[140]　　　　　　　　　　　　　　　　　*GLA 465d/47*
Betrifft: Fliegeralarm.
[…]

 Über entstandene Schäden bei den Bombenabwürfen am 10.10. und 19.10.1944 auf Pforzheim und den Kreis Pforzheim geben die einzelnen Sonderberichte[141], die übersandt wurden, Aufschluss.

 Am 3.10.1944, 12.05 Uhr wurden über dem nördlichen Stadtgebiet von ca. 40–50 Kampfmaschinen ungefähr 15.000 Stabbrandbomben abgeworfen. Personenschäden entstanden nicht. Es wurden 7 Gebäude (Wohn-, Wirtschafts- und Landwirtschaft. Gebäude) zerstört, 23[142] schwer- und 125 leicht beschädigt.

 Am Abend des selben Tages wurden um 21.46 und 21.54 Uhr 1 schwere Sprengbombe und 1 Luftmine auf das Bahnhofsgelände Pforzheim geworfen. Hierbei wurden 11 Personen getötet, 62 Personen verwundet. 1 Gebäude schwer beschädigt, 23 mittelschwer und 177 Gebäude leicht beschädigt. 61 Personen wurden obdachlos.

 Am 10. Oktober 1944 zwischen 20.30 – 21.09 Uhr wurden 5–6 Minenbomben auf das Stadtgebiet Pforzheim abgeworfen. Es entstanden folgende Schäden: Tote 62, Vermisste etwa 8 und 249 Verwundete. Die Zahl der Obdachlosen beträgt 580 Personen. Gebäude wurden zerstört: 31 total, 40 schwer, 54 mittelschwer, 134 leicht und 1.240 Glas- und Dachschäden.

 Am 20. Oktober 1944, 2.44 Uhr nachts wurden 4 Sprengbomben über dem Stadtgebiet abgeworfen, 3 davon waren Blindgänger. Es entstanden lediglich einige Glas- und leichte Dachschäden.

Dok. 28

Bericht der Kreisleitung Pforzheim an die Gauleitung Baden vom 6. November 1944.

lfd. Beitr.-Nr. 21[143]　　　　　　　　　　　　　　　　　*GLA 465d/47*[144]
Betrifft: Fliegeralarm.
[…]

 Beim Fliegeralarm am 21.10.1944 wurden um 19.40 und 19.48 Uhr jeweils 1 schwere Minenbombe auf das nördliche Stadtgebiet geworfen. Bei diesem Angriff kamen 6 Personen ums Leben, 3 wurden schwer verletzt und 21 Personen leicht verletzt. 184 Personen wurden

---

140　Zur Kenntnisnahme an *Pg. Brust* (2.11.44).
141　Im Bestand nicht überliefert.
142　Ziffer nicht eindeutig identifizierbar.
143　Zur Kenntnisnahme an *Pg. Brust* (o. D.).
144　Ebenfalls überliefert im IfZ-Archiv unter MA-0138.

obdachlos. An Wohngebäuden entstanden folgende Schäden: 3 Gebäude wurden total zerstört, 11 schwer beschädigt, 33 leicht und an 300 Gebäuden entstanden Glasschäden.

Am 27.10.1944 wurde während der öffentlichen Luftwarnung das Kreisgebiet mehrfach von einzelnen feindlichen Kampfmaschinen überflogen. Eines dieser Störflugzeuge warf um 20.55 Uhr auf Gemarkung Ittersbach 1 Luftmine ab. Die Mine ging etwa 200–250 m südöstlich der Gemeinde Ittersbach auf freiem Wiesengelände nieder. Personenschäden sind nicht entstanden. Durch den Luftdruck der explodierenden Mine entstanden an etwa 150 Häusern der Gemeinde Ittersbach Glas-, Dach- und sonstige leichtere Schäden. Ferner wurde eine Starkstrom-Hochspannungsleitung zerstört.

Beim Fliegeralarm am 29.10.1944 v. 13.50 – 16.47 Uhr fielen im Kreisgebiet 7 Sprengbomben mittleren Kalibers, davon 3 Blindgänger. Im Raume Pforzheims fanden auch Luftkämpfe mit angreifenden deutschen Jagdmaschinen statt, wobei eine deutsche Jagdmaschine abgeschossen wurde. Dieselbe stürzte um 11.50 Uhr zwischen Königsbach und Stein in den Gemeindewald von Königsbach. Die Maschine wurde vollständig zerstört. Der Flugzeugführer konnte jedoch noch rechtzeitig aus seiner schwer beschädigten Maschine aussteigen und ist in Königsbach gelandet.

Um 11.50 Uhr fielen auf Gemarkung Königsbach 5 Sprengbomben mittleren Kalibers. In zwei Wohngebäuden und einem landwirtschaftlichen Gebäude entstanden leichter Glas- und Dachschaden.

Um 12.00 Uhr gingen im Stadtteil Dillweissenstein in der Nähe der Burg Kräheneck 2 Sprengbomben mittleren Kalibers nieder, die nicht explodierten.

Am 5. November 1944 wurde von 10.36 – 16.32 Uhr und von 23.20 – 0.15 Uhr Alarm gegeben. Um 11.40 Uhr überflog ein feindlicher Kampfverband von etwa 30 4-motorigen Bombern in 3–4.000 Meter Höhe das Stadtgebiet Pforzheim, wobei im südlichen Stadtteil Dillweissenstein 3 Sprengbomben, darunter 1 Blindgänger, abgeworfen wurden. 3 Personen wurden leicht verletzt und 25 obdachlos. Gebäudeschäden entstanden folgende: 1 Wohngebäude schwer beschädigt, 3 Wohngebäude mittelschwer beschädigt, 15 Gebäude leicht beschädigt, an 15 Gebäuden entstanden Glas- und Dachschäden.

Auf Gemarkung Niefern wurde ein auf der Autobahn Karlsruhe-Stuttgart mit Möbeln beladener LKW von einem feindlichen Jäger mit Bordwaffen angegriffen, 2 Zivilpersonen wurden getötet und 1 Person schwer verletzt. Der Lastwagen mit der gesamten Ladung wurde vollständig zerstört.

Um 12.30 Uhr beschoss 1 feindl. Jäger die Gemeinde Würm, wodurch 1 Zivilperson schwer verletzt wurde.

Um 11.45 Uhr wurde beim Überfliegen des Gemarkungsgebietes Dietenhausen durch einen feindlichen Kampfverband 1 Sprengbombe mittleren Kalibers abgeworfen. Es entstand Flur- und Baumschaden.

———

lfd. Beitr.-Nr. 21 *GLA 465d/47*[145]
Betrifft: Versorgung.
Die mangelnde Versorgung mit Kartoffeln und Hausbrand erfüllt die Bevölkerung mit ernster Besorgnis.

———

lfd. Beitr.-Nr. 21 *GLA 465d/47*
Betrifft: Volkssturm.
Der Volkssturm ist weiter in der Bildung begriffen.

---

145 Ebenfalls überliefert im IfZ-Archiv unter MA-0138.

Bericht zur kommunalen Denkmalpflege für die Jahre 2008–2009

Christoph Timm

Vorbemerkungen

In Zeiten des demographischen Wandels und der Wirtschaftskrise sieht sich die kommunale Denkmalpflege vor neue Herausforderungen gestellt. Unter veränderten Rahmenbedingungen müssen sich Themen der Denkmalpflege dem Wettbewerb um politische und öffentliche Aufmerksamkeit stellen.

Wie geht man in Pforzheim in solchen Zeiten mit den baukulturellen Zeugen der Stadtgeschichte um? Diese Kernfrage wird aus der kommunalen Öffentlichkeit gestellt, etwa von Seiten der Architektenkammer und des Kulturrats, und sie richtet sich an die Denkmaleigentümer ebenso wie an die politische Stadtgemeinde. Das Interesse an denkmalpflegerischen Themen wird nach wie vor öffentlich artikuliert, und auch die Teilnehmerzahlen an Veranstaltungen wie dem Tag des offenen Denkmals oder die Vielzahl der jährlich erscheinenden Publikationen zu denkmalkundlichen und stadtgeschichtlichen Themen sprechen eine deutliche Sprache.

Der nachfolgende Bericht zur Baudenkmalpflege weist zudem auf einen Trend hin: Private Denkmaleigentümer investieren auf hohem Niveau in Baudenkmale und haben im Berichtszeitraum erneut Bemerkenswertes geleistet. Hochwertige Immobilien werden als Vermögensanlage zunehmend geschätzt, und das Bauen im Bestand hat unter ökonomischen wie ökologischen Gesichtspunkten Priorität. Junge Menschen und Familien aus der Mittelschicht lernen das Wohnen in Stadtnähe wieder schätzen – der kurzen Wege wegen, aber auch der Nähe zu den urbanen Angeboten und dem Flair historischer Gebäude zuliebe. So hat der demographische Wandel einen Trend zurück in Richtung Stadt in Gang gesetzt, und dieser kommt auch Pforzheim und seinem baukulturellen Erbe zugute.

Einige statistische Daten dazu: Jeweils rund 130 registrierte Maßnahmen in den Jahren 2008 und 2009 sind absolute Spitzenwerte. Der Anreiz der steuerlichen Sonderabschreibung im Denkmalbereich spielte dabei erneut eine wichtige Rolle: Im Berichtszeitraum wurden Investitionen in Höhe von fast 4 Millionen Euro bescheinigt.

Zunehmend Sorge bereitet hingegen die stark rückläufige Förderung aus Denkmalmitteln, für die entsprechend der Landesgesetzgebung primär das Land zuständig ist. Im Rahmen des aktuellen Sparpakets der Bundesregierung, so jüngste Presseberichte, droht nun auch eine

Abbildung 1: Besucherandrang am Tag des offenen Denkmals: Mittelalterliches Fachwerkhaus Belremstraße 33, 13. September 2009 (Foto: Christoph Timm).

Halbierung der Bundesmittel für Städtebauförderung und städtebaulichen Denkmalschutz. Denkmalförderprogramme haben in der Vergangenheit Erfolgsstorys – vor allem in den Städten der neuen Bundesländer – in Gang gesetzt, die Arbeitsplätze sicherten oder neue schufen. Aus Sicht der kommunalen Denkmalpflege wäre das Gebot der Stunde deshalb nicht eine Kürzung, sondern eine Anwendung der Programme zugunsten von Kommunen der alten Bundesländer. Städte wie Pforzheim können die Denkmalförderung von Land und Bund nicht annähernd ersetzen, sind sie doch ihrerseits gezwungen, Investitionen und freiwillige Leistungen auf den Prüfstand zu stellen. Aus Sicht des Städtischen Denkmalpflegers ist es deshalb schon ein Erfolg, dass das bescheidene Denkmalförderprogramm der Stadt Pforzheim für Anreize privater Investitionen und Notmaßnahmen trotz Kürzung weiter besteht.

Wie die Grundsätze kommunalen denkmalpflegerischen Handelns lauten, ist sehr klar in den sieben Leitsätzen zur kommunalen Denkmalpflege formuliert, die das Präsidium des Deutschen Städtetags 1994 verabschiedet hat:

- Denkmalschutz und Denkmalpflege sind (gerade auch) eine kommunale Aufgabe.
- Kommunale Denkmalpflege ist ein wesentlicher städtebaulicher Gestaltungsfaktor.
- Im Abwägungsprozess konkurrierender öffentlicher Belange nehmen die Aufgaben der Denkmalpflege für die Stadtentwicklung einen besonderen Rang ein.
- Die kommunale Denkmalpflege sollte ihr fachliches Votum im einheitlichen Meinungsbildungsprozess der Stadtverwaltung uneingeschränkt deutlich machen können.
- Die kommunale Denkmalpflege muss kompetent besetzt sein.
- Kommunale, regionale und staatliche Denkmalpflege müssen zusammenarbeiten.
- Finanzielle Anreize der öffentlichen Hände für die Denkmalpflege sind ein Wirtschafts- und Investitionsfaktor.

Abbildung 2: Zollhalle am ehem. Güterbahnhof mit Rampengleis, 6. Juli 2010 (Foto: Christoph Timm).

Dem ist aus heutiger Sicht hinzuzufügen:
- Denkmalpflege leistet auch einen wesentlichen Beitrag zur Schonung von Umwelt, Ressourcen und Energie, den politischen Top-Themen der Gegenwart.

Der folgende Bericht ist der zweite in diesem Periodikum.

Neuaufnahmen in die Denkmalliste

Nur wenige Neuaufnahmen waren im Berichtszeitraum zu verzeichnen, davon sind zwei als Ergänzung von Sachgesamtheiten zu verstehen:
- das Wohnfabrikhaus Durlacher Straße 65 mit Hinterhaus tritt zu Nr. 67 hinzu,
- die ehemalige Zollhalle Am Hauptgüterbahnhof 2–4 tritt zur Güterabfertigungshalle (Güterbahnhof 5) hinzu, mit der sie in historischer Zeit eine Funktionseinheit bildete. Die ehemalige Zollhalle prägt mit ihrem markanten Kopfbau die Zufahrt zum neuen Gewerbegebiet „Am Hauptgüterbahnhof"; das Ladegleis führt noch in die Halle mit ihrer frühen Betontragwerkstruktur von 1911.

Abbildung 3: Zerrennerstraße 4 (ehem. Konditorei Frey), erbaut 1954 (Foto: Christoph Timm).

Einem Auftrag der Bürgermeisterrunde vom September 2008 entsprechend, prüften die Denkmalschutzbehörden nochmals den Baubestand der 1950er und 1960er Jahre, eingegrenzt auf den Stadtkern. Aktueller Anlass war die Ankündigung von Seiten der Landesbank, das B-W-Bankgebäude am Leopoldplatz abzubrechen, ein Werk des bekannten Architekten Otto Bartning. Eine Ankündigung, die in der Öffentlichkeit auch wegen des fehlenden Denkmalschutzes auf Unverständnis und Kritik stieß. Angesichts weit fortgeschrittener Deformierung und Verunstaltung des von Bartning konzipierten „Saacke-Blocks", zu dem die B-W-Bank gehört, sahen die zuständigen Experten jedoch keinen Spielraum zugunsten einer gesetzlich verbindlichen Feststellung des Denkmalwerts.

Hier zeigt sich ein Dilemma: Gerade die Nachkriegsbauten der Pforzheimer Innenstadt sind im Zuge sogenannter Modernisierung oft einem dramatischen gestalterischen Niveauverlust ausgesetzt. Das Instrument Denkmalschutz greift hier nur in wenigen Einzelfällen. Wohlmeinende Appelle, sich um das städtebauliche und architektonische Erscheinungsbild der 1950er Jahre-Innenstadt stärker zu kümmern, müssen deshalb an die zuständigen Adressaten Gemeinderat und Baudezernat gerichtet werden.

In der Denkmalliste nachgetragen wurden als Prüfergebnis lediglich drei weitere Einzelobjekte im Innenstadtbereich:
- das von Wolfgang Kappis 1956 geschaffene Wandmosaik „Sonnenuhr" an der alten Alfons-Kern-Schule vor allem wegen seines künstlerischen Werts,
- das 1954 Wohngeschäftshaus Zerrennerstraße 4, erbaut nach Plänen des Architekten Wilhelm F. Rebstein für den Konditormeister Helmut Frey, aufgrund seiner überdurchschnittlich qualitätvollen, zeittypischen und gut überlieferten Fassadengestaltung,

- das „Haus zum Brückenbäck" (Kreuzstraße 4) in der Auer Vorstadt als rares Beispiel für den Wiederaufbau eines teilzerstörten bürgerlichen Innenstadthauses, dessen Baugeschichte durch eine Hausinschrift von 1924 anschaulich präsent ist.

Baudenkmalpflege und Restaurierungsmaßnahmen

Die Maßnahmen an Baudenkmalen, die im Folgenden präsentiert werden, stellen nur einen Ausschnitt aus dem umfangreichen Gesamtgeschehen dar.

Das **Familienzentrum Oststadt**, 2008 im Rahmen des Bund-Länder-Städtebauprogramms „Soziale Stadt" in den nordseitigen Garagentrakt des ehemaligen Postkraftwagenhofs (Zeppelinstraße 16) eingebaut, fügt der denkmalgeschützten Gebäudegruppe eine stadtteilbezogene Nutzung hinzu.

Die **St. Franziskuskirche** von 1891, sakrales Wahrzeichen Pforzheims im Neorenaissancestil, hält die Verantwortlichen des katholischen Dekanats und des Erzbischöflichen Bauamts in Sorge: Nach mehr als einhundert Jahren war wegen alters- und umweltbedingter Steinschäden eine umfassende Sanierung der charakteristischen Rotsandsteinfassaden unumgänglich. Vorrang hatte der Turm, dessen geschädigtes Mauerwerk in zwei Bauabschnitten (2000 und 2005) instand gesetzt wurde, wobei auch Auswirkungen untauglicher früherer Sanierungsversuche zurückzuführen waren. In einem weiteren Bauabschnitt wurde 2009 – nach vorangehender steingenauer Schadenskartierung – die Westfassade saniert. Der Austausch geschädigter Steinpartien stellte wegen der schmalen Fugen eine Herausforderung für das beauftragte Fachunternehmen (Steinsa-

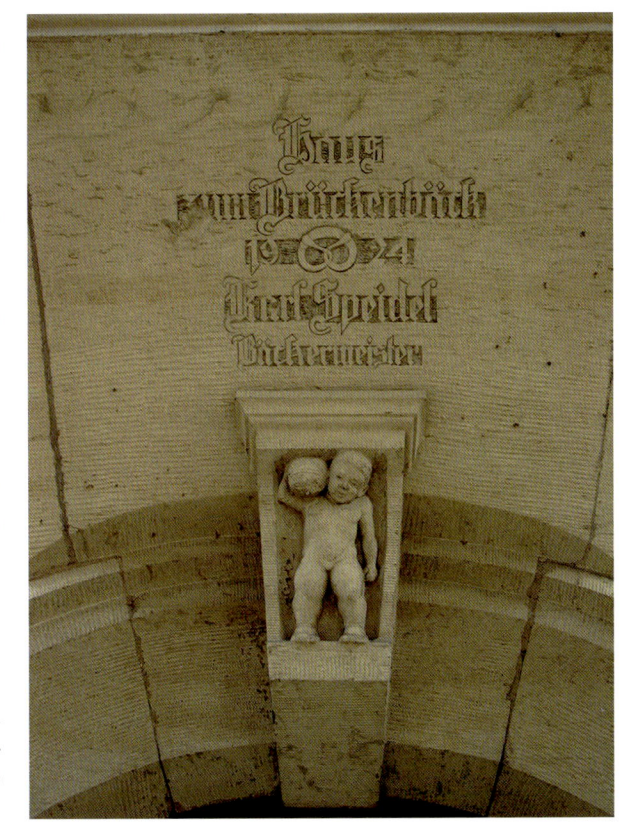

Abbildung 4: „Haus zum Brückenbäck" (Kreuzstraße 4), Bauschmuck mit Inschrift (Foto: Christoph Timm).

Abbildung 5: St. Franziskuskirche, 2. Juli 2010 (Foto: Christoph Timm).

Abbildung 6: St. Franziskus-Kirche, Steinsanierung, Detail Südwestecke, 28. Oktober 2009 (Foto: Christoph Timm).

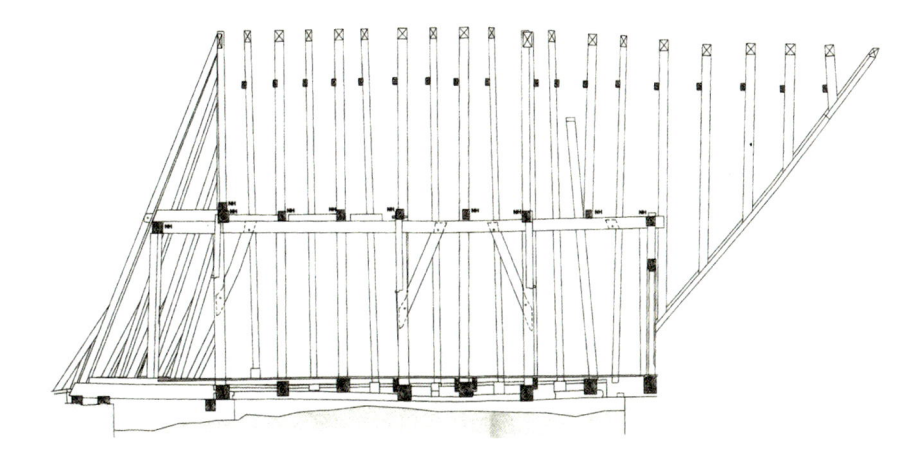

Bericht zur kommunalen Denkmalpflege für die Jahre 2008–2009 223

Abbildung 7: Ehem. Pfarrkirche St. Martin Brötzingen, Dachstuhl (1458 d) über dem Chor, Aufmaß Längsschnitt Dipl.-Ing. Bernd F. Säubert (Karlsruhe, 2009).

Abbildung 8: Jahnhalle, Garderobe mit nach Befund wiederhergestellter Farbfassung der 1950er Jahre, 5. Juli 2010 (Foto: Christoph Timm).

Abbildung 9: Genossenschaftsstraße 79/81 und ergänzender Neubau Nr. 83, 5. Juli 2010 (Foto: Christoph Timm).

nierung und Denkmalpflege Crailsheim GmbH & Co KG) dar: Die Zielvorgabe lautet, das auf Homogenität abzielende Erscheinungsbild der Steinoberflächen möglichst weiter zu tradieren. Im Jahr 2010 werden die Sanierungsarbeiten auf Ost- und Westseite fortgesetzt und hoffentlich abgeschlossen.

Aus aktuellem Anlass ließ die Untere Denkmalschutzbehörde 2009 den **Dachstuhl** über dem **Chor** der **ehemaligen Brötzinger Pfarrkirche St. Martin**, heute Teil des Stadtmuseums, messtechnisch und verformungsgerecht aufnehmen. Die ergänzende dendrochronologische Datierung ergab, dass der Dachstuhl im Jahr 1458 aufgeschlagen wurde. Damit liegen für ein weiteres mittelalterliches Bauwerk im Stadtkreis Pforzheim exakte Baudaten zur Entstehung vor.

Die **Jahnhalle**, 1952 als Sport- und Eventhalle errichtet, wurde 2009 einer Verjüngungskur unterzogen. Westseitig wurden die Metallfenster ausgetauscht, die Betonplattenverkleidung durch einen Farbanstrich optisch dem Erscheinungsbild der 1950er Jahre angenähert. Im Inneren präsentieren sich Foyer, Treppenhaus und Garderobenbereich wieder in bauzeittypischen Blau-, Schwarz-, Creme- und Rottönen, die den Angaben der restauratorischen Befunderhebung folgen.

Drei von der Baugenossenschaft Arlinger eG erworbene Stadthäuser in der Südweststadt, Ecke Genossenschaftsstraße/Nebeniusstraße, erwiesen sich 2008 als dringend sanierungsbedürftig. Darunter das denkmalgeschützte Gebäude **Genossenschaftsstraße 79** mit seiner giebelbekrönten Ziegelfassade, das 1898 für eine Pforzheimer Baugenossenschaft entstanden war. Eine Komplettmodernisierung sichert den Fortbestand, innen blieben allerdings kaum mehr als die Deckenebenen erhalten, um zeitgemäße Grundrisse zu schaffen. Das Nachbarhaus Nr. 81 wurde nach Plänen des Architekturbüros P. W. Schmidt neu errichtet, es fügt sich maßstäblich ein und setzt zugleich einen städtebaulich interessanten Akzent.

Abbildung 10: Friedenstraße 60 (ehem. Carl Ballin) nach Abschluss der Renovierung, 19. November 2009 (Foto: Christoph Timm).

Der Hofflügel **Bleichstraße 92a**, der zu einem der schönsten Jugendstilhäuser der Stadt gehört, wurde 2008 nach langem Leerstand saniert und umgenutzt: Aus Fabriketagen wurden Loftwohnungen, die wegen ihrer ruhigen und zentralen Lage abseits des Verkehrslärms trotz nicht optimaler Besonnung geschätzt sind. Der Umbau ging mit einer Tragwerksanierung der Betonkonstruktion einher. 2009 schloss sich die Instandsetzung des Vorgartens mit seiner Einfriedung an.

Auch das Stadthaus **Ebersteinstraße 33** in der Nordstadt wurde im Berichtszeitraum komplett saniert, wobei die bisherigen Zuschnitte der Wohnungen dort erhalten blieben. Gleich um die Ecke steht der **Vogelbrunnen**, bekannt als Werk Max Kassubes im Art-Deco-Stil der 1920er Jahre, der 2009 auf Initiative des Vereins „Pforzheim mitgestalten e. V." eine farbliche Neufassung erhielt.

Die Renovierung der **Villa Friedenstraße 60** im Rodviertel, ehemals Besitz des Juwelenfabrikanten Carl Ballin, wurde 2008 mit der Herrichtung des Vorgartens und der Einfriedung abgeschlossen. Nachdem das historische Interieur schon in den 1960er Jahren abhanden gekommen war, machten es sich die neuen Eigentümer zum Anliegen, wenigstens das reizvolle äußere Bild mit Sprossenfenstern stilgerecht wiederherzustellen.

Abbildung 11: Villa Trautz mit Wagenremise und Gartenanlage nach Abschluss der Sanierung (Hirsauer Straße 220/220a), 2. Juli 2010 (Foto: Christoph Timm).

Das Anwesen der **ehem. Landmaschinenfabrik Trautz** in Dillweißenstein wurde 2008 durch die Parkhotel Pforzheim GmbH erworben und im Zusammenwirken mit der Denkmalpflege für eine Nutzung als Boardinghouse umgebaut. Zum denkmalgeschützten Ensemble gehören das ehemalige Wohn- und Kontorhaus (Hirsauer Straße 220), 1890/99 für den Landmaschinen-Fabrikanten Karl Trautz errichtet, der vorgelagerte Villengarten mit Einfriedung sowie eine 1899 erbaute Wagenremise (Hirsauer Straße 220a), die in barocker Manier optisch wirkungsvoll den Garten einfasst. Mit einem gegenüber liegenden Fabrikbau (Hirsauer Straße 195, nur teilweise erhalten) bildete die Baugruppe einst eine Dreiflügelanlage. Beim Umbau des Wohn- und Kontorhauses unter Leitung des Architekten Helmut Kienzler (Büro Kienzler & Wäsche, Pforzheim) blieb die Binnenstruktur des Hauses erhalten, im Eingangsbereich wurde eine Deckendekoration in dezenten Goldtönen restauriert (Erwin Raff, Denkendorf). In der Wagenremise entstanden weitere Wohneinheiten. Der verwilderte Garten wurde 2009 nach ursprünglicher Gestaltungsabsicht im französischen Stil angelegt und trägt dazu bei, der Baugruppe ihr repräsentatives Flair zurückzugeben.

Nur wenige Schritte entfernt befindet sich die denkmalgeschützte **Wohnanlage Hirsauer Straße 228–244**. Die Stadtbau Pforzheim GmbH hat diese historische Wohnanlage aus den

Abbildung 12: Café Schwarzwaldhaus (Hoher Weg 6) nach Umbau, 22. November 2009 (Foto: Christoph Timm).

1920er Jahren in mehreren Bauabschnitten seit 2001 zu einem Schmuckstück aufpoliert. Sämtliche Wohnungen wurden nach heutigem Standard ausgestattet, die Fassaden erhielten ihre historische Farbgebung einschließlich Fensterklappläden zurück, eine bewohnergerechte Umgestaltung des Innenhofs bildete kürzlich den Abschluss.

Das **ehem. „Café Schwarzwaldhaus"** (Hoher Weg 6) wurde im Berichtszeitraum privatisiert, umgebaut und energetisch saniert. Die Baupläne von 1905 für dieses „Schwarzwaldhaus" stammen aus der Feder des renommierten Architekten Heinrich Deichsel. In der kollektiven Erinnerung lebte das Anwesen als beliebtes Gartencafé (anfangs mit Streichelzoo!) fort, seit Ende des Zweiten Weltkriegs dauerte eine Phase des Wohnprovisoriums an, in der nur notdürftig Reparaturen ausgeführt wurden. Die grundlegende Instandsetzung und Modernisierung unter Leitung des Architekten Helmut Kienzler für den neuen Eigentümer Lionel Berger formte das „Schwarzwaldhaus" unter Bewahrung des historischen Kernbestandes zur anspruchsvollen Villa um; im Sockel- und Dachgeschoss entstanden zusätzliche Wohnebenen. Stiltypische Merkmale wie Ständerwerk, Holzschalung und Fenstergliederungen wurden wieder hergestellt, die großzügige Südloggia in moderner Form interpretiert.

Abbildung 13: Fritz-Höhn-Weg 2 während der Instandsetzung, 4. August 2009 (Foto: Christoph Timm).

Schäden am Dach führten 2008 zu einer umfassenden Außeninstandsetzung der **Villa Hafner** (Buckenbergweg 2), erbaut 1914 nach Plänen des Architekten Ernst Dobler. Die gewählte neue Farbfassung nimmt die ursprüngliche Monochromie von hellem Grauputz und Natursteingliederungen auf. In der Traufzone wurde der umlaufende Palmettenfries restauriert, der der Fassade einen klassischen Akzent verleiht.

Das **ehem. Haus Pfeil** (Künstlerkolonie 4), ein kleines Holzhaus im Schwarzwaldstil mit Südterrasse und großem Garten, entstand vor 100 Jahren als Bestandteil der **Künstlerkolonie in Eutingen**. Die längere Suche nach einem geeigneten Käufer begann im Herbst 2007. Einem zwischenzeitlichen Antrag auf Abbruch konnte die Untere Denkmalschutzbehörde nicht stattgeben. Im Frühjahr 2009 fand sich eine junge Familie aus München, die das Anwesen unter Bewahrung der Jugendstil-Ausstattung für die eigenen Wohnbedürfnisse herrichtete und behutsam modernisierte.

Das **historische Schulhaus in Eutingen** von 1907, das bis 2006 als Staatliches Lehrerseminar diente, wurde 2008 seitens der Stadt an die private Raphael-Schule Pforzheim e. V. verkauft, die das Haus renoviert hat und wieder im ursprünglichen Sinne nutzt.

Im Ortsteil Würm musste der stark beschädigte Sichtfachwerkgiebel des Wohnhauses **Fritz-Höhn-Weg 2** repariert und teilweise erneuert werden. Unsachgemäß ausgeführte frühere Renovierungen hatten unter einer scheinbar intakten Oberfläche zu schwerwiegenden Schäden geführt. Die neuen Eigentümer ließen eine grundlegende Instandsetzung des Tragwerks durchführen (Zimmermann Franz Jost, Tiefenbronn), füllten die Ausfachungen zur energetischen Verbesserungen wieder mit Lehm und brachten die arg kleinen Fenster wieder auf die historisch belegte Größe. Das Haus geht wahrscheinlich auf die späte Renaissancezeit zurück und gehört zu den stattlichsten in der Ortsmitte.

Abbildung 14: Wartbergsiedlung, Oberer Wingertweg 51, Zustand 13. Juli 2010 nach energetischer Sanierung (Foto: Christoph Timm).

Im Ortsteil Hohenwart fand der ehemalige Bauernhof **Wilhelmstraße 3** nach Leerstand eine neue Eigentümerfamilie, die vorrangig zunächst die Wohnräume renoviert und mit neuer Haustechnik ausgestattet hat. Bei der Instandsetzung eines baufälligen Anbaus zur Scheune kam eine bislang nicht bekannte steinerne Bauinschrift zum Vorschein: die Initialen „MM", eingerahmt von der Jahreszahl „1809", die sich wohl auf das Entstehungsjahr der Scheune bezieht.

Der stählerne **Glockengasbehälter des ehem. Gaswerks** (Eutinger Straße 4) von 1912 gehört landesweit zu den letzten erhaltenen Exemplaren seiner Bauart und war bis 2006 als Ausgleichsbehälter in Betrieb (während die übrigen technischen Anlagen des städtischen Gaswerks längst beseitigt waren). Die Reinigung des stillgelegten Behälters wurde im Auftrag der Stadtwerke Pforzheim (SWP) 2009 von einer Spezialfirma erfolgreich durchgeführt (Hubert Wax GmbH & Co, Saarlouis). Insbesondere galt es, das vom früheren Betrieb stammende „Sperrwasser", in dem sich giftige Schlämme angereichert hatten, umweltgerecht aufzubereiten und zu entsorgen. Anschließend war im Spätherbst zum ersten Mal eine Innenbegehung der riesigen Stahlhülle möglich. Zurzeit wird eine private Nachnutzung dieses sperrigen technischen Kulturdenkmals als „Event-Raum" auf ihre Realisierbarkeit hin geprüft.

In der **Wartbergsiedlung** bestand von Seiten junger Familien eine rege Nachfrage nach Kaufobjekten. Die exzellente Lage sowie die durch Denkmalschutz und Satzung garantierte Wertigkeit führten zu diversen Investitionen und energetischen Sanierungen. Gebührende Aufmerksamkeit fand dabei auch die Forderung nach Wiederherstellung der typischen Merkmale des Siedlungsbildes mit Sprossenfenstern, holzverkleideten Fassaden und roten Biberschwanzdächern.

Einige weitere Denkmalbaustellen sind derzeit noch nicht abgeschlossen und sollen deshalb Thema des nächsten Berichts sein: die Instandsetzung und Modernisierung der **Brötzinger**

Abbildung 15: Maihäldensteg, demontiertes Tragwerk, Zustand 28. Oktober 2009 (Foto: Christoph Timm).

Schule, die Umnutzung des Wohnfabrikhauses Rothschild in der **Durlacher Straße 67**, die Renovierung der Villen **Friedenstraße 105 und 107**. Weiter in Restaurierung befindet sich der historische **Straßenbahn-Triebwagen Nr. 11** der Städtischen Verkehrsbetriebe (siehe Tätigkeitsbericht 2005–2007[1]), er soll zum hundertjährigen Jubiläum des städtischen Pforzheimer Nahverkehrs im Oktober 2011 der Öffentlichkeit präsentiert werden.

Denkmalverluste

Anfang September 2009 ließ das Städtische Tiefbauamt aufgrund akuter Sicherheitsmängel den **Maihäldensteg** in Brötzingen mit seiner genieteten Stahlkonstruktion abbrechen. Eine Rücksprache mit der zuständigen Höheren Denkmalschutzbehörde erfolgte nicht. Erst nach Schaffung vollendeter Tatsachen erhielten Experten Gelegenheit, die demontierten Brückenteile auf einem Lagerplatz am Hohberg zu besichtigen. Dem Augenschein nach hatte das Tragwerk der Brücke ohne jegliche Wartung nahezu schadensfrei 80 Jahre über-

---

1 Neue Beiträge zur Pforzheimer Stadtgeschichte 2. Heidelberg u. a. 2008, S. 257–280, hier S. 276 f.

dauert, die einbetonierten Gehflächen hingegen waren aufgrund von Korrosion abgängig. Die Fachleute für historische Tragwerke aus Metall sahen sich angesichts der traurigen Reste zu der Feststellung veranlasst, das technische Denkmal sei ohne denkmalschutzrechtliche Genehmigung *verschrottungsreif zerschweißt* worden (Vermerk RP KA vom 29.10.2009). Zu beklagen sei ein *substanzschädigendes bzw. -zerstörendes, dem Denkmal unangemessenes, jegliche restauratorische Sorgfalt vermissendes Vorgehen beim Abbruch*, das letztlich die Vernichtung der Denkmaleigenschaft nach sich zog.

Akut gefährdete Baudenkmale

Aktuell mehr als 30 Baudenkmale, von denen jedes einzigartig ist, sind zurzeit in Pforzheim in ihrem Bestand akut gefährdet – durch unterlassene Wartung, durch Verwahrlosung, durch fehlende Nutzung. Auf drohende Verluste hinzuweisen, gehört im Sinne der Vorsorge zu den gesetzlich verankerten Aufgaben der kommunalen Denkmalpflege („präventive Denkmalpflege").

Anlass genug, in diesen zweiten Bericht die Rubrik „akut gefährdete Baudenkmale" aufzunehmen. Fakten dazu wurden dem gemeinderätlichen Kulturausschuss am 4. Februar 2010 in Form einer „roten Liste" zur Kenntnis gebracht.

Akut gefährdet ist insbesondere eine Reihe von Fachwerkhäusern in den Ortsteilen. So verfällt in Büchenbronn das mutmaßlich älteste Bauernhaus des Ortes an der Dillweißensteiner Straße 10, in Hohenwart das Bauernhaus Wilhelmstraße 10 (dessen Abbruch im Juni 2010 vor Redaktionsschluss vollzogen wurde), an der Hauptstraße 165 in Huchenfeld ist die Wagenremise des ehemaligen Forsthauses gefährdet. Im historischen Ortskern von Würm stehen an der Hauptstraße mehrere Fachwerkhäuser leer bzw. weisen erheblichen Renovierungsrückstand auf. In Dillweißenstein, Ortsteil Weißenstein, sind zwei mittelalterliche Fachwerkhäuser in ihrem Bestand bedroht, in Eutingen ist das bereits modernisierte Fachwerkhaus Samenbäch 2 derzeit unbewohnt. Auch das Schicksal des „Wiesenhäusles" der Familie Dittler am Großen Lückenweg 54 erscheint derzeit ungewiss.

Anderen Baudenkmalen droht der Abbruch im Zuge von Flächensanierung: Hier sind namentlich das alte und neue Kraftwerk der Papierfabrik Weißenstein zu nennen, auch der Altbau des Hilda-Gymnasiums. Für das Sonnenuhr-Wandbild am Altbau der Alfons-Kern-Schule hingegen zeichnet sich eine erfreuliche Perspektive zur Erhaltung in situ ab. Darüber wird im nächsten Beitrag ausführlicher zu berichten sein.

Archäologische Grabungen und Sondagen

Die Untersuchung des Areals zwischen Gymnasium- und Zehnthofstraße (siehe Bericht zur Kommunalen Denkmalpflege für die Jahre 2004 bis 2007[2]) wurde im April 2008

---

2 Ebd., S. 277.

Abbildung 16: 20. Denkmalrundfahrt 16. September 2009: Besuch in der Künstlerkolonie 4 (Foto: Christoph Timm).

abgeschlossen. Anschließend übertrug die Stadt das Gelände einem privaten Investor zur Einebnung und Überbauung. Frau Julia Budei (siehe Personalia) erarbeitete auf Initiative des Städtischen Denkmalpflegers eine Konzeption, um das stadtgeschichtlich interessante archäologische Fundmaterial der Ausgrabung in einer Ausstellung zu präsentieren. Ob diese Ausstellung zustande kommt, ist allerdings derzeit ungewiss.

Öffentlichkeitsarbeit

Das bundesweite Motto „Vergangenheit aufgedeckt – Archäologie und Bauforschung" zum **Tag des Offenen Denkmals 2008** stieß in Pforzheim auf wenig Resonanz. Der Archäologische Schauplatz Kappelhof war regulär geöffnet, weitere Aktivitäten von Seiten des Städtischen Kulturamts aufgrund der angespannten Personalsituation und dem laufenden Ausstellungsaufbau im Museum Johannes Reuchlin (siehe unten) nicht möglich.

Zum **Tag des Offenen Denkmals 2009** am 13. September (bundesweites Motto „Orte des Genusses") koordinierte das Kulturamt eine stadtteilbezogene Veranstaltung. So fanden erfreulich viele Besucher den Weg in den historischen Ortskern von Weißenstein, wo zeitgleich und in fußläufiger Entfernung vier Nutzer „ihre" Baudenkmale zur Besichtigung geöffnet hat-

Abbildung 17: „Denk mal, unsere Schule!": Bildbuch der Nordstadtschule vom Schulprojekt „Denkmal aktiv", 2009 (Foto: Christoph Timm).

ten: der Museumsbahnhof, das zweitälteste Fachwerkhaus mit seiner bewohnten Bohlenstube, der mittelalterliche Burgkeller der Jugendherberge Rabeneck sowie der Goldene Anker mit Flößerstube. Die Vorbereitung der Veranstaltung lag in Händen von Frau Regina Fischer.

Die traditionelle jährliche **Informationsfahrt 2008** zum Thema „Denkmalpflege in Pforzheim", eine Veranstaltung des Gemeinderats mit Pressevertretern und interessierten Bürgern, fand am 6. November statt. Dargestellt wurden aktuelle „Sorgenkinder" in unterschiedlichen Stadien von Verfall, Sanierung und Umnutzung: Die ehemalige Villa Trautz, die alte Kraftwerkshalle der stillgelegten Papierfabrik Weißenstein, die Hilda-Schule sowie zwei Fabrikwohnhäuser in der Durlacher Straße und Kronprinzenstraße.

Mit einem spannenden Programm unter dem Motto „Kontraste – Holz und Eisen" wurde am 16. September 2009 das Jubiläum der **20. Informationsfahrt** begangen (aufgrund einer Panne unterblieb allerdings eine Berichterstattung in der Presse). Die Teilnehmer der Rundfahrt erlebten die ganze Spannweite denkmalpflegerischer Themen: Besichtigt wurden einerseits der stählerne Koloss des Glockengasbehälters in der Eutinger Straße, ein zurzeit ungenutztes technisches Denkmal, andererseits zwei historische Holzhäuser, das ehemaligen Café Schwarzwaldhaus am Hohen Weg und das ehemalige Haus Pfeil in der Eutinger Künstlerkolonie, die auf unterschiedliche Weise zeitgemäß für die Wohnnutzung hergerichtet wurden (siehe Baudenkmalpflege).

Das Jahr 2009 stand außerdem im Zeichen des **100-jährigen Bestehens der Eutinger Künstlerkolonie**: Das Kulturamt der Stadt Pforzheim stellte aus diesem Anlass eine kleine Delegation zusammen, die an der privaten Jubiläumsfeier am 29. Juni im Haus P. P. Pfeiffer teilnahm.

Die Broschüre **„Architektur – Nachkriegsmoderne – 50er und 60er Jahre"**, die eine Auswahl typischer lokaler Architekturwerke vorstellt, erschien im Oktober 2009 als gemeinsames Produkt des Städtischen Kulturamts sowie der Wirtschafts- und Tourismusförderung (WSP). Es handelt sich um den ersten Beitrag zu einer vom Kulturamt konzipierten Reihe „Pforzheimer Stadtrundgänge", die dazu beitragen soll, Basisinformationen für Städte- und Bildungstouristik bereitzustellen und im Sinne der WSP-„Themenwelt Pforzheim" die Stadtidentität zu stärken.

Auch das aktuelle **Bildungsthema „außerschulische Lernorte"** beschäftigte den Städtischen Denkmalpfleger: Er war als Projektpartner an der **Nordstadtschule** gefragt, wo Schülerinnen und Schüler das eigene Schulgebäude und den Stadtteil erkundeten. Dieses von der stellvertretenden Schulleiterin Gabriele Hornung geleitete Projekt wurde von der Deutschen Stiftung Denkmalschutz (DSD) aus dem Programm **„Denkmal aktiv"** gefördert. Als Ergebnis entstand die Broschüre „Denk mal, unsere Schule!"

Der Wiederaufbau des Reuchlinkollegs für das Museum Johannes Reuchlin

Was lange währt, wird endlich gut: „Über die Überbauung der südlichen Gruft an Stelle der total zerstörten Reuchlinkammer wird von uns demnächst ein engerer Wettbewerb veranstaltet", notierte drei Jahre nach der Kriegszerstörung das Badische Bezirksbauamt Karlsruhe.[3]

60 Jahre später: Am 22. Juni 2008 wurde mit einem ökumenischen Gottesdienst in der Schloßkirche die Vollendung des Wiederaufbaus des Reuchlinkollegs festlich begangen. Stadt und Kirchengemeinde dankten anschließend bei einem Empfang den Initiatoren und Sponsoren des Wiederaufbauprojekts, namentlich dem **Verein Freunde der Schloßkirche e. V.** als Bauherr und dem Architekten Prof. Bernhard Hirche, der den neu geschaffenen Raum mit seiner maßgeschneiderten Ausstellungsarchitektur vorstellte.

Der nachfolgende Einbau der Ausstellung wurde innerhalb von zwei Monaten termingerecht fertig gestellt. Oberbürgermeisterin Christel Augenstein eröffnete am 7. September mit einem Festakt das Museum Johannes Reuchlin (MJR): Mehr als 600 Gäste nahmen an diesem Tag die Gelegenheit wahr, die Dauerausstellung zu Leben, Werk und Wirkung des berühmten Gelehrten aus Pforzheim in Augenschein zu nehmen. Bestandteil des Ausstellungskonzepts ist auch die im angetroffenen Zustand mit ihren Nutzungs- und Kriegsspuren

---

3   Schreiben vom 7. April 1948; Quelle: Bauakte Wiederaufbau Schloßkirche im Archiv des städtischen Baurechtsamts.

Bericht zur kommunalen Denkmalpflege für die Jahre 2008–2009

Abbildung 18: Museum Johannes Reuchlin: Museumspädagoge Horst Frisch erläutert die konservierten Nutzungs- und Kriegsspuren an der gotischen Nordwand, 28. August 2009 (Foto: Christoph Timm).

konservierte Nordwand, die denkmaldidaktisch erläutert ist und als Erinnerungsort fungiert. Das neue Museum fand in den Medien ein bundesweites Echo. Träger ist das Städtische Kulturamt; inhaltliche Konzeption und Kuratierung lagen in Händen des Berichterstatters. Die Landesstiftung Baden-Württemberg und die Arbeitsstelle für literarische Museen (ALIM) haben sich maßgeblich an den Ausstellungskosten beteiligt.

Personalia

Frau Christine Barz war 2008 fast vier Monate lang als Praktikantin bei der Unteren Denkmalschutzbehörde tätig, sie unterstützte insbesondere das Team rund um den Städtischen Denkmalpfleger bei der Vorbereitung und dem Aufbau der Dauerausstellung im Museum Johannes Reuchlin. Frau Barz ist inzwischen bei der Stadt Zürich als Projektleiterin Denkmalpflege tätig.

Am 29. März 2009 verliehen die Löblichen Singer, die Reuchlin-Gesellschaft und der Förderverein des Stadtarchivs in einer Feierstunde im Reuchlinhaus den Eberhard-Gothein-Preis an den Unterzeichner, dem diese Ehre für seine wissenschaftliche Leistung der Veröffentlichung der Denkmaltopographie Pforzheim zuteil wurde.

Im September 2009 war Frau Julia Budei als Praktikantin bei der Unteren Denkmalschutzbehörde tätig und erarbeitete die Konzeption für eine geplante Ausstellung (siehe Archäologische Grabungen) in Abstimmung mit dem Museumspädagogen Horst Frisch sowie Herrn Folke Damminger, dem zuständigen Landesarchäologen.

Nachbemerkung

Auch dieser Bericht soll mit einem optimistischen Ausblick schließen: Jeweils über 100 Denkmalbaustellen in den Jahren 2008 und 2009 auf lokaler Ebene belegen, dass die Denkmalpflege im Rahmen von Strukturwandel und Wirtschaftsförderung eine aktive Rolle spielt und sich oft positiv auf die Vermarktung auswirkt. Auch im Rahmen der kommunalen Stadtplanung konnte der Denkmalpfleger bei aktuellen Vorhaben sein Votum einbringen.

Das Thema Kulturerbe hat sich international erfolgreich als hochwertiges Produkt etabliert. Schließlich folgt der Gedanke der Denkmalpflege seit 200 Jahren einer langfristigen und nachhaltigen Strategie, die Identität stiftet, Arbeitsplätze generiert und materielle wie ideelle menschliche Werte für die Zukunft sichert.

Besprechungsteil

Paul-Ludwig Weinacht (Hg.): Baden – 200 Jahre Großherzogtum. Vom Fürstenstaat zur Demokratie. Rombach: Freiburg 2008, 309 S., ISBN 978-3-7930-5035-3

Im Jahre 1806 schuf Napoleon Ordnung in Deutschland. Aus einem Flickenteppich entstand eine Reihe von Mittelstaaten, darunter das Königreich Württemberg und das Großherzogtum Baden. 200 Jahre später wurde im jetzigen Bundesland Baden-Württemberg an diese damaligen Ereignisse ausführlich erinnert. Allerdings, wie der 1. Vorsitzende der Landesvereinigung Baden in Europa, Robert Mürb, in seiner Einleitung feststellt, zuvörderst im württembergischen Teil des Landes. Von 71 Veranstaltungen sollten nur acht in Baden stattfinden. Und die finanziellen Mittel, so Mürb, waren ebenfalls über die Maßen ungleich verteilt.

Um diese ungleiche (und damit auch wohl als ungerecht und ungerechtfertigt angesehene) Schwerpunktsetzung zugunsten der Erinnerung an die Erhebung Württembergs zum Königreich auszugleichen, veranstaltete die Landesvereinigung Baden in Europa eine Vortragsreihe, deren Erträge nun in Buchform erschienen sind. Ziel der Vorträge war es, „die vielfältigen Facetten des Landes Baden in seiner Vorbildfunktion in den letzten fast 150 Jahren seiner Selbständigkeit" (gemeint ist die Zeit von 1806 bis zur „nicht ganz legalen" Fusion [S. 7] mit Württemberg im Jahre 1952) darzustellen.

Diese Zielsetzung wurde, dies sei vorweggenommen, erreicht. Die 15 Beiträge, die keine lückenlos chronologisch-thematische Darstellung der Geschichte Badens bieten, sind durchweg kompetent geschrieben, informativ und – dies ist wohl dem ursprünglichen Vortragscharakter zu verdanken – sehr gut lesbar. Sie sind von ausgewiesenen Fachleuten, zumeist Historikern, verfasst.

Die übergeordnete Absicht des Bandes ist, so Herausgeber Paul-Ludwig Weinacht, die badische Identität zu vertiefen und ihr eine Erzählstruktur zu geben (S. 12). Diese Identität eines Staates, der von Beginn an landschaftlich, konfessionell und auch landsmannschaftlich sehr heterogen war und eine Reihe von inneren Konflikten zu überwinden verstand, scheint so manchem in der Wolle gefärbten Badener seit dem Entstehen des Bindestrich-Bundeslandes im Jahr 1952 und dessen Bestätigung im Jahr 1970 noch immer bedroht. Wer, wie der Rezensent, als Nicht-Badener (nicht zu verwechseln mit Baden-Gegner!) die Beiträge liest, ist denn auch überrascht über die „vielfältigen Facetten" badischer Geschichte, die sehr wohl eine badische Identität begründen, deren Erhaltung nicht nur aus badischer Sicht erhaltens- und fördernswert ist.

Es ist hier nicht der Platz, alle Beiträge im Einzelnen vorzustellen und zu referieren. Zu Beginn etwa geht Hansmartin Schwarzmaier auf eine Reihe von „Wendemarken der badischen Geschichte" ein. Im Sinne der eigentlich verpönten, dennoch immer beliebter werdenden „kontrafaktischen Geschichtsschreibung", also des „was wäre wenn", regt sein Beitrag zum Nachdenken darüber an, an welchen Stellen die badische Geschichte auch einen anderen Verlauf hätte nehmen können. Zum Beispiel nach dem Tode des Zähringers Berthold V. im Jahre 1218, als im Zuge der Erbauseinandersetzungen im Norden des sich ausbildenden badischen Territoriums die Wittelsbacher Herren der Kurpfalz wurden und so für Jahrhunderte ein starker Gegenspieler im Norden Badens entstand. Oder die Schlacht bei Seckenheim im Jahre 1462, als der Pfälzer Kurfürst Friedrich den Badener Markgrafen Karl I. schlug und dessen machtpolitischen Ambitionen einen empfindlichen Rückschlag erlitten. Dabei benennt Schwarzmaier zwar diese schicksalhaften Wendepunkte (bis zur Wiedervereinigung der 1535 getrennten Markgrafschaften im Jahre 1771); mögliche Alternativen bei einem anderen Ausgang der Schlachten oder Erbteilungen diskutiert er jedoch nicht im Einzelnen. Dennoch ist sein Beitrag ein unterhaltsamer Streifzug durch einige Jahrhunderte badischer Geschichte. Am Ende des langen geschichtlichen Prozesses jedenfalls entstand, so Schwarzmaier, ein Land, das „als eine geistige und kulturelle Kraft verstanden wird, die aus vielfältigen Quellen schöpft" (S. 38).

Einige der folgenden Beiträge widmen sich Themen der „großen Politik", etwa der Rolle Badens (dem in seiner gefährdeten Grenzlage immer auf der Suche nach starken Verbündeten sich befindenden „Vorposten Preußens" im deutschen Süden) bei der Bismarckschen Reichsgründung (Beitrag Harm-Hinrich Brandt). Dass einflussreiche und fähige Politiker in der Weimarer Republik entweder gebürtige Badener waren oder hier ihren Lebensmittelpunkt hatten, wird oftmals – auch von Spezialisten – kaum wahrgenommen. Zu diesen Politikern zählen etwa – als eher bekanntere Namen – die Reichskanzler Joseph Wirth (Zentrum) und Hermann Müller (SPD), die sich aus tiefer innerer Überzeugung für die junge, von vielen Seiten angegriffene Republik einsetzten. Hier in der Tat ist ein Stück badischer, republikanisch-demokratischer Identität greifbar, die nicht hoch genug einzuschätzen ist. Dass in Baden unter dem abgefeimten Gauleiter Robert Wagner Demokraten nach 1933 gedemütigt und ermordet wurden, wird im Beitrag von Hans-Georg Merz über bedeutende badische Politiker des 20. Jahrhunderts nicht verschwiegen. Dass Baden schon früher und intensiver den Weg in Richtung Liberalismus und mehr Bürgerrechte als manch anderer deutscher Staat des 19. Jahrhunderts – wenn auch nicht reibungs- und rückschlagsfrei – ging, zeigt der souveräne Blick von Hans Fenske auf die badische Verfassung von 1818 und das Verfassungsleben in den Jahrzehnten danach.

Der Band geht auch auf Themen und Aspekte ein, die sonst – in Gesamtdarstellungen oder gar in „Kleinen Geschichten" – oftmals nicht oder kaum angeschnitten werden können. So etwa auf die badischen Universitäten (Beitrag Helmut Engler), das badische Rechtswesen im 19. Jahrhundert (im sehr launig geschriebenen Beitrag von Reiner Haehling von Lanzenauer) oder auf das traditionsreiche Generallandesarchiv – das auch den Nährboden für bedeutende Landeshistoriker abgab und vorbildlich den langen Weg vom Tresor der Herrscher zum Teil der öffentlich zugänglichen Kulturvielfalt des Landes ging – sowie die Landesbibliothek (Beiträge Konrad Krimm und Peter Michael Ehrle).

Die oben erwähnten inneren Konflikte eines heterogenen Landes werden in den Beiträgen von Clemens Rehm über die Katholiken in Baden (mit dem bezeichnenden Titel „Fremd im eigenen Haus") und Paul-Ludwig Weinacht über „Baden nach dem Zweiten Weltkrieg" deutlich. Detailliert zeichnet Rehm die Auseinandersetzung zwischen der katholischen Kirche und der badischen Regierung seit der Gründung des Großherzogtums nach; nach wechselhaftem Verlauf – u.a. nach einem für die Kirche günstigen, 1859 ausgehandelten Konkordat, das jedoch von der liberalen 2. Kammer und einer neuen, an der Zusammensetzung des Parlaments orientierten Regierung im Jahr 1860 abgelehnt wurde – kam es in Baden zu einem vorweggenommenen Kulturkampf, in dem sich der Staat für eine Säkularisierung des öffentlichen Lebens stark machte, gegen den Widerstand der katholischen Kirche, die für ihre „Freiheit" und gegen die Knebelung des Staates zu Felde zog. Seit 1880 ließ dieser Kulturkampf zwar an Heftigkeit nach; zu einem Konkordat kam es aber erst im Jahr 1933, „in der Todesstunde der Demokratie" (S. 206).

Für den an der südwestdeutschen Zeitgeschichte Interessierten, der sich vielleicht bislang eher am Rande mit der „innerbadischen" Entwicklung nach 1945 beschäftigt hat, ist der Beitrag von Weinacht besonders interessant. Schildert der Autor doch die Spannungen, die zwischen den Südbadenern in Freiburg und den Nordbadenern in Karlsruhe im Rahmen der „Südweststaats-Diskussion" bestanden. Bekanntlich hatte die Bildung von Besatzungszonen nach dem Ende des Zweiten Weltkrieges Baden – wie auch Württemberg – in zwei Teile geteilt: Das französisch besetzte Südbaden und das von den Amerikanern mit Nordwürttemberg zusammengeworfene Nordbaden, die beide von Stuttgart aus regiert wurden. In den folgenden Jahren waren es dabei die Südbadener, die es sich zum unverrückbaren Ziel gesetzt hatten, das Land Baden ungeteilt und selbstständig wieder entstehen zu lassen. Dieser Kampf – geführt vor allem vom Südbadener Staatspräsidenten Leo Wohleb – fand dabei nicht nur in der Auseinandersetzung mit Stuttgart statt, sondern auch mit den nordbadischen Brüdern in Karlsruhe, wo sich zunehmend die Tendenz zeigte, den Südweststaat vor allem aus wirtschaftlichen und finanziellen Gründen heraus grundsätzlich zu akzeptieren. Die führende Person in Nordbaden war hierbei der von Karlsruhe aus agierende, ehemalige Reichsfinanzminister und profilierte Zentrumspolitiker Heinrich Köhler, der zunächst das Land Württemberg-Baden als Zwischenspiel sah und ebenfalls eine Wiederherstellung Badens anstrebte. Zu einem konzertierten Handeln gegenüber den Besatzungsmächten und gegenüber den Stuttgarter Südweststaats-Befürwortern kam es trotz der anfangs identischen Zielrichtung nicht.

Das Land Baden wurde, wie wir wissen, nicht wieder hergestellt. Es ging nach der „nicht ganz legalen" (s.o.) Volksabstimmung im neuen Bundesland Baden-Württemberg auf, ohne dass zuvor eine Wiedervereinung der „französischen" und der „amerikanischen" Teilgebiete stattgefunden hatte. Köhler hatte sich zum Befürworter einer badisch-württembergischen Lösung einschließlich des „französischen" Südbadens gewandelt, während die Fürsprecher eines selbstständigen Gesamt-Badens in Freiburg trotz Suche nach Unterstützung bei der französischen Besatzungsmacht letztlich scheiterten. Gerade die Anbiederung an Frankreich, die anscheinende Bereitschaft, sich als französisches Protektorat zur Verfügung zu stellen (hier schien sich der geschichtliche Kreis seit 1806 zu schließen), wurde in Nordbaden kritisiert. Es sollte seine Zeit dauern, bis die inner-badischen Wunden von damals heilten und sich die Badener insgesamt – ausweislich des Plebiszits von 1970 – mit dem „Bindestrich-Bundesland" einigermaßen versöhnten.

Dass die Einschränkung „einigermaßen" zu Recht benutzt wird, verdeutlicht der letzte Beitrag des Bandes, Robert Mürbs Vortrag „Badische Interessen in Baden-Württemberg", der sich, abgesehen von einem historischen Rückblick auf den Weg zum Südweststaat aus badischer Sicht, auf die gegenwärtige Situation bezieht. Folgt man Mürbs Aufzählung, dann wurden und werden die badischen Interessen in Baden-Württemberg wenn überhaupt, dann nur sehr unzulänglich berücksichtigt. Ob beim Verkehrswesen (etwa bei der Schienen-„Magistrale Europa" versus „Stuttgart 21"), beim Straßenbau, bei der Positionierung von Messeplätzen (Sinsheim versus Stuttgart), ja selbst bei Tierparks (staatliche Zuschüsse für die „Wilhelma", aber nicht für die Zoologischen Gärten in Heidelberg und Karlsruhe), überall sieht Mürb noch heute bestätigt, was er bei seinem historischen Rückblick konstatiert: „Aus württembergischer Sicht war und ist das Land am Oberrhein ein Randgebiet" (S. 279). Diese Sicht zu ändern und die Bevorzugung Stuttgarts zu beenden und zugleich „der Landesregierung klar zu machen, dass die Städtelandschaft am Oberrhein selbst ein Mittelpunktgebiet ist und damit die gleiche Eigenständigkeit besitzt wie Stuttgart und der Neckarraum" (ebd.), ist ein Hauptanliegen Mürbs und der von ihm vertretenen „Landesvereinigung Baden in Europa e.V.". Ob der – mit Verlaub – zum Teil etwas polemisch gehaltene Beitrag Mürbs hierbei hilfreich ist, mag dahin gestellt bleiben.

Trotz dieser letzten kleinen Einschränkung können die Beiträge des Bandes nur zur Lektüre empfohlen werden, gerade dem Nicht-Badener, der fundiert und oft unterhaltsam mit wichtigen, mitunter wenig bekannten Facetten der Geschichte des Landes am Oberrhein vertraut gemacht wird. Dass der Band zudem geeignet ist, auch den Badenern selbst einen weiteren Stein zum Fundament ihrer eigenen Identität zu liefern, steht außer Frage.

Karl J. Mayer

Oberrat der Israeliten Badens (Hg.), Jüdisches Leben in Baden 1809 bis 2009, 200 Jahre Oberrat der Israeliten Badens, Jan Thorbecke Verlag Ostfildern 2009, 291 S., geb. EUR 29,90

Fast alle jüdischen Gemeinden in Deutschland haben sich zu Landesverbänden zusammengeschlossen, um ihre Interessen auf Länderebene besser vertreten zu können. Der älteste Landesverband ist der 1809 aufgrund eines Edikts von Großherzog Karl Friedrich entstandene Oberrat der Israeliten Badens mit Sitz in Karlsruhe. Seine Gründung markiert einen Meilenstein auf dem Weg zur bürgerlichen Gleichstellung der jüdischen Bevölkerung, die in Baden schließlich 1862 erfolgte. Der Oberrat ist das oberste Organ der Israelitischen Religionsgemeinschaft Baden, der im Jahr 2009 zehn Gemeinden zwischen Mannheim und Konstanz mit insgesamt ca. 5000 Mitgliedern angehörten. Anlässlich seines 200-jährigen

Bestehens gab der Oberrat im Jubiläumsjahr eine Festschrift heraus, die die verschiedenen Phasen jüdischen Lebens in Baden, respektive am Oberrhein, von den mittelalterlichen Ursprüngen bis in die Gegenwart beinhaltet. Damit wird der im Titel genannte Zeitrahmen zugunsten eines besseren Verständnisses der Entwicklungen seit dem frühen 19. Jahrhundert erweitert.

Eine kluge Entscheidung, wie die vier Aufsätze über die Zeit „Vom Spätmittelalter bis zum Ende des 18. Jahrhunderts" deutlich machen: Johannes Heil schildert detailliert die Anfänge jüdischen Lebens am Oberrhein ab der zweiten Hälfte des 12. Jahrhunderts und ordnet sie in die Siedlungsgeschichte des nordeuropäisch-mittelalterlichen Judentums („Aschkenas") ein. Dessen Ursprünge lagen im 9./10. Jahrhundert im Mittelrheingebiet, die berühmten Gemeinden in Speyer, Worms und Mainz entstanden bereits im 11. Jahrhundert.

Nach dem Dreißigjährigen Krieg war es im Kraichgau zu einer Wiederansiedlung von Juden gekommen und einige Gemeinden erlebten bald darauf eine schwunghafte Entwicklung. Für diese Region analysiert Monika Preuß präzise am Beispiel des Ortes Flehingen im 18. Jahrhundert, wie Familie und jüdische Gerichtsbarkeit maßgeblich zur Stabilisierung jüdischer Kultur beitrugen. Zahlreichen Familien gelang es, mehr als den üblichen einen Nachfahren in den Schutz des Territorialherrn aufnehmen zu lassen und so seinen Verbleib am Ort und damit die Existenz der Familie zu sichern. Indem den Flehinger Juden eine eigene Gerichtsbarkeit zugestanden worden war, erfüllte diese Jurisdiktion „eine den korporativen Charakter der jüdischen Gemeinde bestätigende Funktion" (S. 42).

R. Jedidja genannt Tia Weil war von 1770 bis 1805 Oberrabbiner der Stadt Karlsruhe und letzter Landesrabbiner der Markgrafschaft Baden. Die von Birgit Klein prägnant verfasste Biografie würdigt das religiöse Wirken des von der Forschung bislang nicht angemessen berücksichtigten Rabbiners. Seine zahlreichen Kommentare und Auslegungen zum Talmud harren noch ihrer wissenschaftlichen Auswertung.

Das an der Wende vom 17. zum 18. Jahrhundert entstandene Palais Seligmann in Leimen diente dem kurpfälzischen und bayerischen Hofagenten Aron Elias Seligmann zeitweise als Wohnhaus und fungiert seit 1841 als Rathaus der Stadt. Annette Weber schildert anschaulich Entstehungsgeschichte und Innenarchitektur des Gebäudes. Als Motiv für den Bau des Palais vermutet sie den Wunsch Seligmanns, „als kurpfälzischer Hoffaktor sichtbar präsent [zu] bleiben" (S. 63). Mit der Entscheidung für die damals typische Mannheimer Architektur manifestierte sich zugleich Seligmanns politische Loyalität zum Landesherrn, von dem er das kurpfälzische Bürgerrecht erhalten hatte.

Der mit knapp 300 Seiten sehr umfangreiche Band mit ca. 50 S/W-Abbildungen enthält neben wissenschaftlichen Aufsätzen auch autobiografische bzw. familiengeschichtliche Berichte von Gemeindemitgliedern sowie 23 Kurzbiografien bekannter Persönlichkeiten aus dem religiösen und öffentlichen Leben. Dabei verwundert, dass der von Birgit Klein schon eingehend porträtierte Rabbiner R. Jedidja genannt Tia Weil nochmals von Carsten Wilke vorgestellt wird. Am Ende der wissenschaftlichen Aufsätze und der Kurzporträts bekannter Persönlichkeiten finden sich jeweils Literaturhinweise zur vertiefenden Beschäftigung mit der Thematik. Ein umfangreicher Quellenanhang bestehend unter anderem aus dem 1809 vom badischen Großherzog erlassenen „Edikt über die Juden" und der aktuellen Satzung der Israelitischen Religionsgemeinschaft Baden aus dem Jahr 2007 rundet die Festschrift ab.

In ihr nimmt der mit „Die Epoche der Emanzipation, Akkulturation und Verstädterung" überschriebene Abschnitt den breitesten Raum ein. Joachim Hahn analysiert faktenreich die Entwicklung des Synagogenbaus in Baden von den Anfängen im 13. Jahrhundert bis in die Gegenwart. Die meisten jüdischen Gotteshäuser entstanden hier wie in ganz Deutschland im 19. Jahrhundert und wurden von den Gemeinden zumeist bis zum Novemberpogrom 1938 genutzt. Nach Ende der NS-Diktatur richteten die fünf wiedergegründeten Gemeinden zunächst provisorische Betsäle ein, an deren Stelle traten ab 1957 neu gebaute Synagogen – zuletzt die am 9. November 2008 eingeweihte Synagoge in Lörrach.

Elementarer Bestandteil der Infrastruktur einer Kultusgemeinde ist der Friedhof. Frowald Gil Hüttenmeister vermittelt einen kompakten Überblick über die 95 jüdischen Begräbnisstätten in Baden, deren Ursprünge teilweise bis in das 16. Jahrhundert zurückreichen. Aufbau und Inhalt der Grabinschriften werden ebenso wie die verwendete Symbolik erläutert. Auf diese Weise entsteht ein faszinierendes Bild jüdischer Grabkultur im Wandel der Zeit.

Susanne Asche porträtiert „Jüdische Frauen in der Residenz- und Landeshauptstadt Karlsruhe", die ein „Kristallisationspunkt jüdisch-weiblicher Emanzipation" (S. 98) darstellt. Von elementarer Bedeutung war dabei das Bildungswesen. Die Karlsruherin Rahel Goitein war beispielsweise 1899 die erste Frau in Deutschland, die eine Abiturrede hielt. Als erste Wissenschaftlerin wurde Irene Rosenberg 1915 an der Technischen Hochschule Karlsruhe promoviert. Für eine gleichberechtigte politische Partizipation setzte sich der Karlsruher „Verein für Frauenstimmrecht" ein, in dem Jüdinnen maßgeblich mitwirkten.

Den ausgeprägten, bis in die NS-Diktatur anhaltenden Patriotismus badischer Juden und die psychischen Folgen des Heimatverlustes verdeutlicht eindrucksvoll David Seldner, stellvertretender Vorsitzender des Oberrats der Israeliten Badens, in seinem Beitrag „Geschichte einer badischen Familie". Anhand der Ergebnisse seiner intensiven genealogischen Nachforschungen schildert er den Werdegang seiner aus Hainstadt stammenden, um 1880 nach Krautheim umgezogenen Vorfahren von Anfang des 19. Jahrhunderts bis in die 1970er Jahre.

Der 1882 im pfälzischen Frankenthal geborene Jurist Ludwig Marum zählt zu den wichtigsten Vertretern der badischen Sozialdemokratie im ersten Drittel des 20. Jahrhunderts. Monika Pohl zeichnet ein facettenreiches Porträt des Reichstags- und Landtagsabgeordneten sowie badischen Justizministers, der 1910 aus dem Judentum ausgetreten war – ohne sich je von seiner jüdischen Identität zu distanzieren. Der entschiedene NS-Gegner Marum wurde 1934 von den Nationalsozialisten im badischen KZ Kislau ermordet.

Die Zeit der Verfolgung während der NS-Diktatur wird mit einem Zeitzeugenbericht und einem Artikel zur Historie des Oberrats vergleichsweise knapp abgehandelt. Ilse Noel schildert in ihrem beeindruckenden autobiografischen Beitrag „Von Lichtenau nach Karlsruhe, ins KZ Gurs und nach Kehl" die Lebensstationen seit ihrer Kindheit. Als Mitarbeiterin des Jüdischen Altersheims in Karlsruhe wurde sie am 22. Oktober 1940 – wie die meisten badischen Juden – in das südfranzösische Lager Gurs deportiert. Nach fast zweijähriger Haft unter unvorstellbaren Bedingungen konnte sie aus dem Lager entkommen und versteckt überleben. Im Jahr 1958 kehrte sie nach Deutschland zurück und ließ sich in Kehl nieder. Seit 1978 setzt sich die Zeitzeugin öffentlich für die Erinnerung an die Shoah ein.

Uri Kaufmann fasst die 200-jährige Geschichte des Oberrats der Israeliten Badens seit 1809 anhand der wichtigsten Entwicklungsphasen prägnant zusammen. Dabei wird die vielfache Vorbildfunktion des Gremiums für später entstandene Landesverbände jüdischer Gemeinden in anderen Teilen des Deutschen Reiches deutlich. Ab 1933 spielte der Oberrat eine maßgebliche Rolle bei der Errichtung jüdischer Schulen und bei der Unterstützung auswanderungswilliger Gemeindemitglieder. Nach der Deportation der badischen Juden im Oktober 1940 gab es keinen Oberrat in der bisherigen Form mehr. An seine Stelle trat ab Januar 1941 die „Bezirksstelle Baden(-Pfalz) der Reichsvereinigung der Juden in Deutschland in Liquidation", sie musste auf Anordnung der Gestapo bis zu ihrer 1943 erfolgten Auflösung die noch verbliebenen Juden und Personen jüdischer Herkunft auf ihre Deportation vorbereiten. Da Nordbaden nach Ende des Zweiten Weltkriegs Teil der amerikanischen und Südbaden Teil der französischen Besatzungszone wurde, entstanden 1945/46 zwei Landesverbände, die erst 1953 fusionierten. Bis 1988 gehörten der Israelitischen Religionsgemeinschaft fünf rechtlich selbstständige Gemeinden an: Mannheim, Heidelberg, Karlsruhe, Baden-Baden sowie Freiburg mit Außenstelle Konstanz. Im August 1988 kam es zur Bildung einer eigenständigen Pforzheimer Kultusgemeinde, infolge der Zuwanderung russischer Juden bildeten sich auch in Emmendingen, Lörrach und Rottweil wieder Kultusgemeinden.

Anfänge und Entwicklung jüdischen Lebens in Baden nach der Shoah sind eng verbunden mit Juden osteuropäischer Herkunft und der Geschichte der einzelnen Kultusgemeinden. In den ersten Nachkriegsjahren hielt sich in Deutschland – neben den deutsch-jüdischen Überlebenden – auch eine zahlenmäßig weitaus stärkere Gruppe jüdischer Displaced Persons auf. Sie lebten oft in eigens für sie eingerichteten Lagern, wie zum Beispiel im hessischen Lampertheim bei Mannheim. Die bislang weitgehend unbekannte Geschichte dieses Lagers und den Alltag jüdischer Displaced Persons in der US-Zone arbeitet Monica Kingreen in ihrem Artikel präzise auf.

David Kessler, langjähriger stellvertretender Vorsitzender der jüdischen Gemeinde Mannheim, entwirft einen fundierten Überblick über „Juden in Mannheim nach 1945". Die Mannheimer Kultusgemeinde wurde bereits Mitte 1945 von deutschen Juden wiedergegründet, ihr schlossen sich im Zuge der allmählichen Schließung von DP-Lagern auch Juden osteuropäischer Herkunft an. Seit den 1990er Jahren verzeichnete die Gemeinde durch die Zuwanderung russischer Juden einen deutlichen Mitgliederzuwachs. Im Zuge dieser bundesweiten Entwicklung kam es unter anderem in Emmendingen im Februar 1995 zur Wiedergründung einer jüdischen Gemeinde, wie Klaus Teschemacher, einer der Initiatoren, in seinem Beitrag anschaulich darlegt. Dabei thematisiert er freimütig auch die spannungsreichen Konflikte innerhalb und außerhalb der Gemeinde, die sich in den folgenden Jahren ergaben.

Der Eppinger Lehrer Michael Heitz geht in seinem Artikel auf die Gedenkkultur an Schulen im Kraichgau ein. In dieser Gegend existiert seit Oktober 1940 keine jüdische Gemeinde mehr. Lehrer und Schüler von vier Schulen machten sich daher vor wenigen

Jahren auf die Suche nach Spuren jüdischen Lebens im Kraichgau – mit bemerkenswerten Ergebnissen. Eppinger Schüler gaben beispielsweise den Anstoß zur Einladung ehemaliger jüdischer Bürger ihrer Stadt. Im April 2008 präsentierten die an dem Projekt beteiligten Schüler zudem eine Themenkarte „Jüdisches Leben im Kraichgau", die auf große öffentliche Resonanz stieß.

Am Ende der Lektüre des Bandes wird deutlich: Das Judentum in Baden ist zu Beginn des 21. Jahrhunderts in einem tiefgreifenden Wandlungsprozess. Die Zukunft jüdischen Lebens hier wie in ganz Deutschland hängt in hohem Maße von der nichtjüdischen Umwelt ab und es ist derzeit nicht absehbar, wohin die Entwicklung der jüdischen Gemeinschaft letztlich führen wird.

Die sorgfältig lektorierte und schön gestaltete Festschrift stellt eine sehr gelungene Ergänzung zu der 2007 von Uri Kaufmann veröffentlichten Überblicksdarstellung „Kleine Geschichte der Juden in Baden" dar. Die einzelnen Artikel vermitteln ein facettenreiches Bild der Lebenswirklichkeit einer Minderheit, die sich jahrhundertelang – allen Anfeindungen und Verfolgungen zum Trotz – immer wieder gegenüber der Mehrheit behauptet und wichtige Beiträge zur Entwicklung Badens geleistet hat. Wünschenswert wäre lediglich eine breitere geografische Streuung der Aufsätze gewesen, liegt der regionale Fokus fast aller Beiträge doch auf Nordbaden.

Jürgen Zieher

Landesarchiv Baden-Württemberg (Hg.), Gleiche Rechte für alle?, 200 Jahre Jüdische Religionsgemeinschaft in Baden, Jan Thorbecke Verlag Ostfildern 2009, 184 S., Broschur, EUR 19,90

Anlässlich des 200-jährigen Jubiläums des Oberrats der Israeliten Badens beauftragte das Landesarchiv Baden-Württemberg den Historiker Uri Kaufmann mit der Konzeption einer Ausstellung über das jüdische Leben in Baden seit 1809. Die von März bis Juni 2009 erstmals in Karlsruhe gezeigte Exposition ist seitdem in mehreren badischen Städten zu sehen gewesen. Mit der Präsentation an verschiedenen Orten hofft das Landesarchiv, „dass die Ausstellung das Wissen um das Judentum vermehren und das gegenseitige Verständnis fördern wird" (S. 5). Uri Kaufmann und Rainer Brüning, Archivar am Generallandesarchiv Karlsruhe, bearbeiteten gemeinsam einen umfangreichen Begleitband zur Ausstellung.

Das mit 200 meist farbigen Abbildungen sehr ansprechend gestaltete Buch beschreibt in chronologischer Reihenfolge anhand zahlreicher Exponate die verschiedenen Entwicklungsphasen: „Mittelalter und Frühe Neuzeit", „Das 18. Jahrhundert", „Der Oberrat der Israeliten Badens 1809", „In Baden 1809–1933", „Verfolgung 1933–1945" und „Aufbau nach dem Untergang". Im Begleitband zur Ausstellung wird wie in der (oben besprochenen) Festschrift deutlich, dass die Geschichte der badischen Juden einen wichtigen Teil der Kultur des deutschen Südwestens symbolisieren. Die Darstellung der Jahre nach 1945 wirft zugleich die Frage nach den aktuellen Bedingungen und Perspektiven jüdischen Lebens in Deutschland auf. Ausführliche Quellen- und Literaturhinweise am Ende des Begleitbandes ermöglichen dem interessierten Leser auch hier eine vertiefte Beschäftigung mit dem Thema.

Der Beschreibung der historischen Stationen sind zwei wissenschaftliche Aufsätze vorangestellt. Volker Rödel verortet „Das Gleichstellungsedikt von 1809 im Rahmen der Staatswerdung Badens", das maßgeblich durch mehrere Konstitutionsedikte bestimmt wurde. Der Autor analysiert detailreich Entstehung, Inhalt und Folgen des Edikts vom 13. Januar 1809 und unterstreicht dessen erzieherischen Charakter. In der Einleitung wird festgestellt, „dass die Rechtsgleichheit von Juden und Christen erst hergestellt sein wird, wenn erstere letzteren in politischer und sittlicher Bildung gleichzukommen bemüht seien" (S. 10–11). Neben der Schaffung organisatorischer Strukturen, die sich an denen der christlichen Landeskirchen orientierten, sah das Edikt beispielsweise die Bildung von Kultusgemeinden nach dem Ortsprinzip vor. Eine hervorgehobene Rolle spielt im Edikt die Förderung von Bildung und Berufswahl. Das nicht betitelte Edikt wurde anlässlich der Bekanntgabe der Konstituierung des Oberrats der Israeliten am 31. Mai 1809 nachträglich umschrieben als „[...] über die kirchlichen und bürgerlichen Verhältniße der Staatsbürger mosaischen Bekenntnißes" (S. 10). Es markierte eine Zäsur in der Geschichte der Juden in Baden und entfaltete eine nachhaltige Wirkung auch für Juden in anderen Teilen Deutschlands. Volker Rödel kommt daher zu dem Ergebnis, „das Großherzogtum Baden [habe mit dem Edikt] der Emanzipation seiner Juden den Boden bereitet und Maßstäbe für ganz Mitteleuropa gesetzt" (S. 12).

Uri Kaufmann macht in seinem Beitrag „Überlegungen zu dieser Ausstellung" deutlich, wie schwierig es seit 1945 ist, „Objekte für eine Ausstellung über die Geschichte der Juden in Baden zu finden" (S. 14). Bei der Konzeption der Exposition seien, so der Autor, drei Überlegungen maßgeblich gewesen: 1. Die jüdische Geschichte nicht allein als Verfolgungs-, Rechts- oder Siedlungsgeschichte, sondern auch von der Innensicht her zu vermitteln. 2. Sowohl die Sozialgeschichte der breiten jüdischen Bevölkerung, insbesondere auf dem Land, als auch die Lebenswirklichkeit der städtischen intellektuellen Elite zu zeigen. 3. Die Geschichte von Judenfeindschaft und Antisemitismus in einer angemessenen Weise darzustellen. Ausgehend von diesen Überlegungen zeigt die Ausstellung beispielsweise auf, dass die badisch-jüdische Geschichte im langen 19. Jahrhundert nicht nur auf „Assimilation" hinauslief, sondern zeitgleich auch ein vielfältiges jüdisches Vereinswesen entstand. Während der NS-Diktatur gab es unterschiedliche Formen des kulturellen und geistigen Widerstands, wie am Beispiel der Kulturarbeit in den Gemeinden sichtbar wird. Uri Kaufmann schließt seine einleitenden Überlegungen mit der Hoffnung, „dass unsere Ausstellung im Jahr 2009 auch und gerade bei ihrem Wandern durch Südwestdeutschland neue Impulse und Anregungen zum Nachdenken und zur Nachdenklichkeit über die jüdische Geschichte Badens geben kann" (S. 19). Dazu leistet der überaus gelungene Begleitband einen wichtigen Beitrag.

JÜRGEN ZIEHER

„Hier ist nichts anderes als Gottes Haus ..." Synagogen in Baden-Württemberg, Hrsg. von Rüdiger Schmidt, Teilbd. 1: Jürgen Krüger. Geschichte und Architektur, Joachim Hahn, Teilbd. 2: Orte und Einrichtungen, Konrad Theiss Verlag, Stuttgart 2007. Viele teilweise farbige Abbildungen, 397 und 576 S., ISBN 978-3-8062-1843-5. EUR 69,90

Der Karlsruher Professor Jürgen Krüger führt im ersten Band in die Architekturgeschichte der Synagoge ein. Er behandelt Spuren mittelalterlicher Synagogen (S. 48ff.) und geht chronologisch vor (Barock, Emanzipation/Reichsgründung, 1871–1933, Zerstörung und Zeit nach 1945). Er hat eine umfangreiche Literaturliste erstellt, die von seiner Einarbeitung in das Thema kündet (S. 336–362). Ein Register für beide Bände erleichtert den Gebrauch.

In diesem Zusammenhang kommen auch Ludwig Levy, der Architekt der Pforzheimer Synagoge, und der Bau des Jahres 1892 vor (S. 150, 153, 190). Zwei Architekturzeichnungen von Levy finden sich ebenso (S. 190), wie auf seine weiteren Bauten in Rastatt oder Strasbourg (S. 194) aufmerksam gemacht wird. Das Buch wird durch ein relativ langes Kapitel über die Nachkriegszeit abgeschlossen (S. 138–280), das auf die Problematik des Umgangs mit den Synagogenruinen, aber auch auf die wenigen Neubauten für (neue) jüdische Gemeinden eingeht. Das Verzeichnis der Rabbiner (S. 307–333) ist durch das neue Handbuch der Rabbiner von Carsten Wilke allerdings überholt.

Joachim Hahn bietet im Teilband 2 eine alphabetische Liste aller Synagogen von Baden-Württemberg. Er hat seine frühere Publikation des Jahres 1988 („Erinnerungen und Zeugnisse jüdischen Lebens in Baden-Württemberg") stark überarbeitet. Ein separates Literaturverzeichnis im hinteren Teil des Bandes führt in die neueste Literatur ein. So wird Pforzheim im Teilband 2 auf S. 376–380 und S. 561 behandelt. Hahn geht auf den Pforzheimer Gedenkstein des Jahres 1967 ein und auch auf den Umbau der ehemaligen Landesbank zu einem jüdischen Gemeindezentrum im Jahr 2006. Auf S. 561 sind kurze Archiv- und Literaturhinweise angegeben. Aus der Landgemeinde Königsbach wanderten viele jüdische Familien nach Pforzheim aus, sie gehört deshalb auch in diesen Kontext und wird im 2. Teilband auf S. 256–258 und S. 550 erwähnt.

Insgesamt sind die beiden Bände ein sehr nützliches und schön ausgestattetes Nachschlagewerk, das sich in eine Reihe von mehr oder weniger ähnlichen Bänden über Rheinland-Pfalz, Bayern (drei von fünf geplanten Bände sind hier bis September 2010 erschienen), Berlin, Niedersachsen oder Nordrhein-Westfalen einfügt.

Es wäre an der Zeit, daran anknüpfend ein neues Lexikon der jüdischen Gemeinden in Baden-Württemberg herauszugeben, da die Bände von Paul Sauer und Franz Hundsnurscher (1966/68) inzwischen veraltet sind, die neuhebräische Enyklopaedie Pinkas Kehillot Baden-Württemberg, Hohenzollern (1986), hg. von Josef Walk, nur einem kleinen Kreis zugänglich und in den letzten 30 Jahren doch sehr viel neue Lokal- und Regionalliteratur erschienen ist.

URI R. KAUFMANN

Ana Kugli: "Bei uns in Pforzheim. Geschichten & Anekdoten", Wartburg Verlag: Gudensberg-Gleichen 2009, 79 S., 38 Abb., ISBN 978-3-8313-1814-8, EUR 11,00

Wie der Untertitel schon verrät, wird dem Leser mit dem Büchlein eine bunte Mischung aus der Geschichte der Stadt Pforzheim präsentiert. Insgesamt handelt es sich um zwölf Erzählungen, die sich inhaltlich vor allem in den späten 40er bis 60er Jahren des letzten Jahrhunderts zugetragen haben.

Für den besseren Überblick wird gleich der Wallberg bestiegen und die Entstehungsgeschichte des Pforzheimer Aussichts- und Trümmerbergs erläutert. Rasant geht es dann wieder abwärts, diesmal aber von den Höhen der Nordstadt im ersten Seifenkistenrennen 1949, dem unglaubliche 20.000 Zuschauer beiwohnten. Und so reihen sich weiter Alltägliches und Tragisches, Heiteres und Verlustreiches aneinander. Von der leichten Kost des Brezel-Streiks der Hilda-Schülerinnen zu den schweren Verwüstungen des Tornados im Jahr 1968. Die gezeichneten Figuren von „Kapo und Polisseuse" mit ihren im hiesigen Dialekt geschrieben Witzen erfreuten 20 Jahre lang die Leserschaft des Pforzheimer Kuriers. In den kleinen Dialogen steckt viel Lokalkolorit und man erfährt auf humorvolle Weise einiges über die Pforzheimer Mentalität. Abschied nehmen hieß es 1964 von der Pforzheimer Straßenbahn als der öffentliche Nahverkehr auf Busse umgestellt wurde. Die traditionsreiche Brauerei Beckh musste 1983 aufgrund undurchsichtiger Konzernpolitik ihre Pforten schließen und verschwand ebenfalls aus dem Stadtbild.

Neben den Sachthemen werden auch stadtbekannte Persönlichkeiten in den Mittelpunkt gerückt. So lebt der Werdegang einer Jugendband wieder auf und vermittelt Musiknostalgie. Mit viel Idealismus begeisterten die „Adam BOYS" ihre Generation in den 60er Jahren. Der Pforzheimer „Kinokönig" Kurt Geiger prägte den Wiederaufbau der Stadt mit seinen prachtvollen neuen Kinosälen und organisierte für sein Publikum viele umjubelte Veranstaltungen mit deutschen Kinostars. An Käte Bauer wird erinnert, die unbeirrt jahrzehntelang für eine neue Stadthalle kämpfte.

Alle Erzählungen sind gut recherchiert. Offenbar wurden nicht nur die entsprechenden Materialien gesichtet, sondern auch mit Betroffenen und Zeitzeugen gesprochen. So erfährt man, dass Teile der aufgestellten Strohballen in der Nacht vor dem Seifenkistenrennen bereits als Kaninchen- und Hasenfutter einer anderen Verwendung zugeführt wurden. Auch die Gespräche mit der Ehefrau von Kurt Geiger förderten viel Persönliches sowie schöne Erinnerungsstücke an die Pforzheimer Kinogeschichte und die Besuche von Filmgrößen wie Hans Albers, Christine Kaufmann oder Klaus Kinski zu Tage. Berührend sind die kurzen Erlebnisberichte derjenigen, die in die Schneise des gewaltigen Tornados geraten sind und dabei Schrecken und Ängste durchleben mussten.

Der Autorin, die bislang mit Veröffentlichungen zu Bertolt Brecht hervorgetreten ist, liegt spürbar am Herzen, mit diesem kleinen Buch Episoden aus ihrer Heimatstadt nicht in Vergessenheit geraten zu lassen und gleichzeitig Befindlichkeiten, Leistungen und Lebensart der Pforzheimerinnen und Pforzheimer in einem noch stark von äußeren Einflüssen geprägten

Zeitabschnitt zu veranschaulichen. In ihrem Vorwort formuliert Ana Kugli dieses Ansinnen des mit viel Zuneigung und Wärme geschriebenen Mosaiks der Pforzheimer Geschichten und Anekdoten: „Denn keineswegs muss man bis in die Zeiten Reuchlins zurückschauen, um festzustellen, dass es durchaus schön sein kann: bei uns in Pforzheim."

Mit zahlreichen schwarz-weißen Fotografien werden sowohl dieser Anspruch optisch belegt als auch die vorgestellten Themen treffend illustriert.

Der Schreibstil ist sehr flüssig und gut zu lesen. Mit Bedauern stellt man allerdings fest, dass die vergnügliche Lektüre nicht lange vorhält. So bleibt zu hoffen, dass in nicht all zu ferner Zeit eine Fortsetzung mit Geschichten und Anekdoten, vielleicht der 70er und 80er Jahre erscheint. Mit den Geschichten von Olaf Schulze „Also dann um 5 am Leo" hat der Wartberg Verlag ja bereits einen Grundstein für eine solche Reihe gelegt.

„Bei uns in Pforzheim" ist bestens geeignet sich selbst oder andere damit zu beschenken, um einen kurzweiligen Ausflug in die jüngere Vergangenheit von Pforzheim zu erleben.

HARALD KATZ

Angela Elis: Mein Traum ist länger als die Nacht. Wie Bertha Benz ihren Mann zu Weltruhm fuhr. Hoffmann und Campe: Hamburg 2010, 350 S., ISBN: 978-3-455-50146-9, EUR 20,00

Hinter jedem erfolgreichen Mann steht eine starke Frau, heißt es. Das Buch „Mein Traum ist länger als die Nacht" von Angela Elis zeigt anhand der Lebens- und Liebesgeschichte von Bertha und Carl Benz ein Beispiel dafür auf.

Die Romanbiografie beginnt mit der ersten Begegnung der jungen Bertha Ringer aus Pforzheim und des Tüftlers Carl Benz. Bei einem Ausflug ins Kloster Maulbronn lernen sie sich kennen. Bereits bei diesem ersten Zusammentreffen erzählt Benz der wissbegierigen Frau von seiner verrückt klingenden Idee, eine Kutsche zu bauen, die sich ganz ohne Pferde fortbewegt. Bertha ist sofort beeindruckt – von dem noch zu konstruierenden Motorwagen ebenso wie von seinem Erfinder. Die Entscheidung, ihr Leben mit dem Maschinenträumer zu teilen, erfreut die Eltern nicht. Doch Bertha lässt sich ihren Benz nicht mehr ausreden. Ausschlaggebend ist ein Traum, in dem sie sich mit ihm den pferdelosen Wagen steuern sieht. Kurz vor der Verlobung schreibt Bertha Ringer ihrem zukünftigen Mann darüber: „Mein Traum ist länger als die Nacht."

Autorin Angela Elis hat für diese erste erschöpfende Darstellung des Lebens von Bertha Benz Archive ebenso als Quelle genutzt wie Zeitungsartikel oder Bücher. In Gesprächen mit den Urenkeln von Carl und Bertha Benz hat sie die gewonnenen Informationen um lebhafte Eindrücke ergänzt. Ausgehend von der ersten Begegnung schildert Elis die ersten gemeinsamen Jahre des Ehepaares Benz, bevor sie in einer Rückschau die Entwicklung der beiden von der Kindheit bis zur Heirat beleuchtet, um dann das Leben und Wirken des Ehepaares bis zu ihrem Tod darzulegen.

Bertha Ringer ist die dritte Tochter in ihrer Familie. „Leider wieder nur ein Mädchen", schreibt Vater Ringer deshalb bei ihrer Geburt in die Familienbibel. Zeitlebens ist Bertha darauf bedacht, diese Kränkung zu verarbeiten, vorrangig dadurch, dass sie sich nicht in die Rollen fügt, die für Mädchen und Frauen ihrer Zeit vorgesehen sind. Nicht zuletzt deshalb interessiert sie sich für den unkonventionellen Carl, der keineswegs eine gute Partie darstellt.

Die ersten Ehejahre sind von Entbehrung geprägt. Bertha ist zu vielen Opfern bereit, um Carl zu stützen. So lässt sie sich vorzeitig ihr Erbe ausbezahlen und versetzt ihren Familienschmuck, als der Gerichtsvollzieher Werkzeuge und Maschinen mitgenommen hat. Aber nicht nur materiell ist ihr Beistand: In der Werkstatt ihres Mannes legt sie auch selbst Hand an. Carl Benz baut dank ihrer Hilfe verschiedene Maschinen, die sich am Markt jedoch nicht bewähren, weil die menschliche Arbeitskraft billiger und schneller austauschbar ist.

Allen Hürden zum Trotz können die beiden am 3. Mai 1885, Berthas 36. Geburtstag, die erste Fahrt mit einem Motorwagen unternehmen. Doch es gibt noch viele Widrigkeiten zu überwinden, bevor die Erfindung ihren weltweiten Siegeszug antreten kann und der Familie Benz materiellen Wohlstand beschert. Als Meilenstein auf diesem Weg gilt Berthas berühmte Fahrt von Mannheim nach Pforzheim, der Elis ein eigenes Kapitel widmet. Die Autorin begleitet Bertha Benz' weiteren Lebensweg bis zu ihrem Tod am 5. Mai 1944 im Alter von 95 Jahren in Ladenburg.

Den Leserinnen und Lesern aus Pforzheim bietet die Romanbiografie neben der eigentlichen Geschichte auch interessante Passagen zu ihrer Heimatstadt, etwa die Spaziergänge des jungen Paares Benz entlang der Enz bis hoch zur Schlosskirche, wo sie sich am 20. Juli 1872 auch das Ja-Wort gaben. Amüsant ist zudem die Episode, in der Vater Ringer 1860 seine Tochter Bertha zu Reparaturarbeiten in die Gruft der Schlosskirche mitnimmt.

Elis gelingt es, die Höhen und Tiefen, die Carl und Bertha Benz gemeinsam durchlebt haben, eindrucksvoll zu schildern. Einzig der ungelenke und unnötige permanente Wechsel zwischen Präteritum und Präsens irritiert den Leser gelegentlich. Sicher nicht jedermanns Sache ist außerdem die punktuell sehr gefühlsduselige Beschreibung wie etwa: „Begeistert und zärtlich küsst sie den Umschlag. Dann dreht sie sich beschwingt in ihrem Zimmer, Carls Brief innig an ihr Herz gedrückt" (S. 29). Alles in allem ist „Mein Traum ist länger als die Nacht" dennoch ein lesenswertes Buch über eine bemerkenswerte Frau der Pforzheimer Stadtgeschichte.

ANA KUGLI

Fritz Falk: Jugendstil-Schmuck aus Pforzheim, Stuttgart, 2008. Arnoldsche Verlagsanstalt Stuttgart 2009. 328 Seiten, ca. 700 Abbildungen. EUR 49,80. ISBN 978-3-89790-280-0

In der Mitte des 20. Jahrhunderts begann in Deutschland auf dem Gebiet der Literatur sowie der Bildenden Künste die Aufarbeitung der Epoche des Jugendstils, also der Jahre 1895 bis 1904. Zwei Weltkriege mit ihren verheerenden Folgen hatten für eine Rückbesinnung auf die Lyrik jener Jahre keinen Raum gelassen. Erst in den 1950er Jahren entstanden die ersten, heute meist in Museen befindlichen, bedeutenden Privatsammlungen – ohne ihre Publizität hätten sich die Museen auch in der Folge schwer getan. Sie regten erste Forschungen zum Thema an.

Das erste nahezu alle Sparten der Kunst um 1900 umfassende wissenschaftliche Forschungsprojekt wurde in den 1970er Jahren von der Fritz Thyssen-Stiftung finanziert. In diesem Rahmen erschien 1977 zum Thema Schmuck von der Rezensentin die erste Sichtung sowohl der in Deutschland noch vorhandenen Schmuckbestände als auch der wissenschaftlichen Literatur.[1] Was waren das für Bedingungen für eine Forschungsarbeit! Kein üppiges, aber über fünf Jahre stetiges Stipendium sowie die Übernahme sämtlicher Reise-, Photo- und Druckkosten durch die Stiftung. Rückblickend zeigte sich, dass das Werk eine Schlüsselfunktion hatte – es wurde zur Grundlage zahlreicher neuer Studien zu einzelnen Künstlern, Werkstätten, Schmuckfirmen und Herstellungszentren.

Die Stadt Pforzheim und ihre Firmen wurden in meinem Buch ausführlich behandelt, doch war von Anfang an klar, dass nur eine gezielt fortführende Forschung der herausragenden Stellung der Schmuckstadt genügen würde. Doch das Jahr 2008 stand unter einem, was die Finanzierung einer solchen Arbeit betrifft, anderem und diesbezüglich nur schwach schimmernden Stern. Aber es kamen mehrere Glücksfälle zusammen: Einmal in Fritz Falk, dem langjährigen Direktor des Pforzheimer Schmuckmuseums als Autor, der in seiner Freizeit und stets auf eigene Kosten forschte, reiste und schrieb. Dann sowohl in der Pforzheimer Werner Wild- Stiftung als auch in der in Stuttgart ansässigen ARNOLDSCHEN Verlagsanstalt als verantwortungsbewusste Geldgeber. Wieder war es eine private Stiftung, die – im vorliegenden Fall – in Zusammenarbeit mit dem vor allem auf Schmuckkunst spezialisierten Verlag Mittel für Forschung und Druck zur Verfügung stellte. Man kann, im Hinblick auf das Ergebnis sowohl dem Autor als auch der Wild-Stiftung und dem engagierten Verlag nicht genug danken! Ein Buch in hervorragender Ausstattung mit über 700 Abbildungen liegt uns vor, geschrieben von einem Kenner der Pforzheimer „Szene", einem Sohn und Enkel Schmuck herstellender Familien.

Für den Autor ergaben sich anfangs die bekannten Schwierigkeiten, denn man kann nicht behaupten, dass die Stadt und ihre Firmen ein besonders ausgeprägtes Verhältnis zu ihrer Geschichte hatten. Archive wurden von den wenigsten Firmen aufgebaut, aber

---

[1] Ulrike VON HASE, Schmuck in Deutschland und Österreich 1895-1914, München 1977.

vielleicht gab die Bombennacht 1945 allen Recht – bis auf glückliche Ausnahmen wurde nahezu alles sorgsam Aufgebaute unwiederbringlich zerstört. Außergewöhnlich ist, was Fritz Falk aus dieser Situation gemacht hat. Virtuos geht er, der in seinen vorangegangenen Werken zum Thema Jugendstil[2] immer eine Übersicht suchte und verwob, jetzt vermehrt von den einzelnen „Fundstücken" aus, um die spezielle Situation der Schmuckhersteller zu beleuchten. Das kann man nur, wenn man die Stadt und ihr Gewerbe seit der Kindheit kennt und alle auch zufälligen Zeugnisse seismographisch zu verwerten weiß: Aus fünf heute noch nachvollziehbaren Fabrikanten-Lebensläufen z. B. gelingt es ihm, Möglichkeiten von Entwicklung und Karrieren generell aufzuzeigen. Ein weiteres Beispiel: An Hand der Auswertung zweier noch erhaltener Musterbücher der Fa. Lauer & Wiedmann belegt er die mitunter nahezu peinliche Abhängigkeit der Firma von Pariser Vorbildern. Kein Einzelfall, aber hier auf den Punkt gebracht und kritisch erläutert. Immer wieder sind es solche archivalischen Funde, mit deren Hilfe der Autor einen Weg vom Besonderen zum Allgemeinen verfolgt. Mit unbestechlicher Fachkenntnis ausgestattet, verbindet er Einzelfälle mit dem Wesen der übergreifenden Entwicklung.

Welche Faktoren überhaupt bedingten die positive Entwicklung der Stadt in jenen Jahren? In klug getrennten Artikeln befasst sich der Autor mit den Persönlichkeiten, die die Chancen der Stadt erkannt und auf verschiedenen Wegen gefördert hatten. Die Rolle des Kunstgewerbe-Vereins wird ebenso detailliert erläutert wie die der Kunstgewerbeschule und ihrer Professoren. Welche frei schaffenden Künstler arbeiteten für die Industrie, welche Rolle spielten die Schmuckentwerfer (die „Zeichner") innerhalb ihrer Firmen, welche die zahlreichen Wettbewerbe? Gab es technische Erfindungen und bevorzugte Materialien (z.B. das Doublé)? Welche Wechselimpulse gab es zwischen der innovativen Schmuckstadt und den Ausstellungen wie Paris 1900, St. Louis 1904, Dresden 1906? Welche Einsichten führten zur Absage an die Übermacht des verlockenden französischen Vorbilds? Und noch mehr: 18 Firmen werden im Werdegang mit ihren stets repräsentativen Fabrikgebäuden und Produkten exemplarisch dargestellt. Dabei zeigt der Autor Mut, denn schonungslos weist er auch solche Produkte nach, die ihrer mangelnden Qualität wegen längst in den Schubladen liegen und die das Bild des künstlerischen Schaffens der Stadt zuweilen in Frage stellten.

Fritz Falk hat der Stadt Pforzheim mit seinem Buch über die Epoche des Jugendstils ein wichtiges Kapitel Stadtgeschichte geschenkt. Noch nie ist sie so ausführlich und kompetent behandelt worden. Es bleibt zu hoffen, dass auch die Produktionen des Historismus und Art Déco in Pforzheim eines Tages adäquat aufgearbeitet werden.

ULRIKE VON HASE-SCHMUNDT

---

2   EUROPÄISCHER SCHMUCK. Vom Historismus bis zum Jugendstil. Schmuckmuseum Pforzheim, Königsbach-Stein 1985; SCHMUCK-KUNST IM JUGENDSTIL, Stuttgart 1999; Schmuck 1840-1940, Stuttgart 2004.

Karl-Ludwig Hofmann/Alfred Hübner: „In und aus Pforzheim sowie der Region", Bd. 2: Weitere 71 KünstlerInnen. Verlag Regionalkultur: Heidelberg/Ubstadt-Weiher/Basel 2007, 204 S. mit 125 farbigen Abb. ISBN 978-3-89735-474-6, EUR 24,80.

Knapp 100 Künstler und Künstlerinnen mit einem auf Pforzheim bezogenen Wirkungskreis werden in dem im Verlag Regionalkultur publizierten Buch vorgestellt, das als eine Art Bestandskatalog der Pforzheim Galerie angesehen werden kann. Deshalb werden nicht nur die 71 im Buchtitel angesprochenen Künstler präsentiert. Vielmehr haben die beiden Autoren auch Abbildungen von Kunstwerken integriert, bei denen die Künstler in dem 1992 erschienenen Band 1 bereits vorgestellt worden waren. Der Heidelberger Kunsthistoriker Karl-Ludwig Hofmann und der ehemalige Kulturamtsleiter Pforzheims, Alfred Hübner, sind aber der Ansicht, sie mit den nun vorliegenden Werken besser repräsentieren zu können. In Anlehnung an das Design des ersten Bandes wurde das von Band 2 behutsam modernisiert, während Format und Art der Präsentation gleich blieben.

Bewusst gehen die Autoren über die Stadt Pforzheim bei der Auswahl der Künstler für den vorliegenden Band hinaus und integrieren auch jene Arbeiten, die in der Region ansässige Künstlerinnen und Künstler geschaffen haben und die sich im Besitz der Pforzheim Galerie befinden. Sie stellen damit die Sammeltätigkeit des Kulturamtes zwischen 1990 und 2005 kenntnisreich vor, die erweitert wurde durch Schenkungen von Bürgern, die weitere Ankäufe ermöglichten. Die Sammeltätigkeit selbst weitete sich im betrachteten Zeitraum ausgehend von in Pforzheim geborenen bzw. dort arbeitenden Künstlern in die Region hinein aus. Dies spiegelt der Katalog wieder. Beide Bände zielen dabei nicht auf eine systematische Präsentation, sondern verstehen sich als „Materialienband" (S. 5), weshalb die Künstler – unabhängig vom Zeitraum ihres Wirkens oder der Zuordnung zu einem Stil – in alphabetischer Ordnung präsentiert werden, die die Autoren aber für künftig erscheinende, weitere Bände der Reihe empfehlen.

Trotz der lokal bzw. regional ausgerichteten Sicht und dem daraus folgenden geringen Bekanntheitsgrad der meisten der vorgestellten Künstler, scheint doch erwähnenswert, dass sich einige darunter befinden, deren Namen sich auch in überregional bedeutenden Sammlungskontexten wiederfinden, beispielsweise Max Ackermann, HAP Grieshaber, Horst Janssen oder Ben Willikens. Hierin liegt das Verdienst dieses Buches: Dem Leser wird nicht nur eine beschreibende Einordnung des jeweiligen Werkes geboten, sondern auch biographische Details über den betreffenden Künstler, die stets rückbezüglich auf Pforzheim sind. Wer wüsste schon die Verbindungen der genannten und weiterer Künstler zu Pforzheim zu benennen, die letztlich ein Schlaglicht auf die Stadt und ihre Kultur werfen – und damit belegen, dass sie ein Umfeld bietet, das für Künstler auch heute noch von Interesse ist, wenn sie auch im Schatten der Nachbarstädte Stuttgart und Karlsruhe liegt. Hilfreich ist auch das Register, das dem Vorwort vorgeschaltet ist, und mit dem der Leser von Band 2 zu Band 1 zurückspringen kann. Insofern werden die Autoren ihrem Anspruch gerecht, zu dokumentieren, welche Kunstwerke die Pforzheim Galerie bzw. das Kulturamt in den vergangenen Jahren gesammelt haben. Zieht man Band 1 noch hinzu, so wird offensichtlich, dass nach der Zerstörung Pforzheims und des dadurch bedingten Komplettverlusts der städtischen Kunstsammlung wieder kontinuierlich Kunst zusammengetragen worden ist, nachdem Hermann Wahl, der erste Kulturamtsleiter Pforzheims nach 1945 den Grundstein hierfür gelegt hatte. Und das, obwohl das Augenmerk der Verantwortlichen sich nach dem Ende des Zweiten Weltkrieges auf Reuchlin, das Reuchlinkolleg und das nach dem Humanisten benannte Kulturzentrum richtete,[3] an eine Neuauflage der von Alfons Kern im Bohnenberger Schlösschen ab 1928 zusammengeführten Kunstwerke aber nicht gedacht wurde.[4] Folgerichtig wurde Hermann Wahl dieser Band gewidmet, nachdem in Band 1 dem langjährigen Vorsitzenden des Kunst- und Kunstgewerbevereins, Walter Huber, mit einer Widmung gedacht worden war.

Für Band 3 dieser Reihe – der hoffentlich nicht erst in weiteren 15 Jahren erscheinen wird – ist zu wünschen, dass der Leser substanzielleres über die Geschichte der Pforzheim Galerie und die Sammeltätigkeit des Kulturamtes seit den Anfängen in der Zwischenkriegszeit erfährt. Außerdem würde man sich wünschen, ein wenig auf Pforzheim bezogene Zeitgeschichte vermittelt zu bekommen, die die Künstler in ihr je spezielles Umfeld einzubetten in der Lage wäre. Die Künstlerkolonie Eutingen, wie auch die Professorenschaft an der Kunstgewerbeschule und ihrer Nachfolgerin, der Hochschule Pforzheim,[5] könnten in diesem Zusammenhang in den Fokus des Lesers gerückt werden. Die biografischen Notizen zu den einzelnen Künstlern sind ein erster Schritt in diese Richtung, sind aber zu stark auf den Künstler und das im Buch präsentierte Werk bezogen, als dass sie ein umfassenderes Bild Pforzheims in seiner jeweiligen Zeit zu zeichnen in der Lage wären. Was bedauerlich ist, denn so bleiben die einzelnen Künstler isoliert, Verbindungen untereinander werden nicht thematisiert und der Leser muss letztlich aus seinem eigenen Wissen schöpfen, um den Künstler innerhalb der Stadt und ihrer Geschichte zu verorten. Im Hinblick auf die überregional bzw. international bekannten Künstler, die in Pforzheim gewirkt haben oder noch wirken, würden Überblicksartikel zudem dazu beitragen, den Charakter Pforzheims und die speziellen Möglichkeiten, die die Stadt für Künstler bietet, darzustellen.

CHRIS GERBING

---

3   Vgl. Christoph TIMM: Ein Raum für Reuchlin. Das Reuchlin-Kolleg – Bedeutung und Wiederaufbau. o.J., veröffentlicht unter: www.loebliche-singer-pforzheim.de/TimmEinRaumfuerReuchlin.html [Zugriff 11.05.10].
4   Karl-Ludwig HOFMANN/Alfred HÜBNER: In und aus Pforzheim. Pforzheim 1992, Bd. 1, S. 7.
5   Vgl. weiterführend: Bettina SCHÖNFELDER: Von der Kunstgewerbeschule zur Hochschule für Gestaltung FH Pforzheim. Stationen der Entwicklungsgeschichte seit 1877. Karlsruhe 2003 und Chris GERBING: Die Künstlerkolonie Eutingen: Wissenschaftliche Aufarbeitung, Dokumentation und kunsthistorische Einordnung einer Pforzheimer Straße. Karlsruhe 2000.

Isabel Greschat (Hrsg.): Rudolf Schlichter. Großstadt – Portrait – Obsession. Kehrer-Verlag Heidelberg 2008, 72 S. ISBN 978-3-86828-036-4

Nach der großen Retrospektive Rudolf Schlichters in der Kunsthalle in Tübingen 1997 war »Rudolf Schlichter. Großstadt – Portrait – Obsession« die erste Ausstellung, die nach über zehn Jahren das Werk des Künstlers erneut monographisch beleuchtete. Anlässlich des *20er Jahre Kulturfestivals*, das 2008/09 in Pforzheim stattfand und in dessen Rahmen zahlreiche Kulturinstitutionen innerhalb der Stadt Beiträge über die *Goldenen 20er Jahre* und die Kultur der Zeit lieferten, wurde in der Pforzheim Galerie e.V. die Ausstellung zum gleichnamigen Katalog gezeigt.

Für Rudolf Schlichter, einen der wichtigen Vertreter der Neusachlichen Malerei, hatte man sich entschieden, weil er nach abgebrochener Schulzeit in seiner Geburtsstadt Calw in die Lehre als Emailmaler nach Pforzheim gegeben worden war. Diese beendete er 1908 nach zwei Jahren vorzeitig wegen Differenzen mit seinem Vorgesetzten. In den 20er Jahren lebte Schlichter dann bereits in Berlin, nachdem er zuvor die Kunstgewerbeschule in Stuttgart besucht und an der Akademie in Karlsruhe studiert hatte. Berlin war, so Christmut Präger in ihrem Aufsatz über die Kunstzentren der Weimarer Republik, „hoch angesehen […], ohne im künstlerischen Bereich eine so dominierende Rolle spielen zu können wie zum Beispiel die Metropole Paris in Frankreich."[6] Aber, und dies machte Berlin für einen Künstler wie Schlichter sicher interessant, zu dieser Zeit bot die Stadt Freiheiten im Zusammenleben der Menschen an, die wir wiederum vor allem mit Zeichnungen von George Grosz verbinden, einem Freund und Wegbegleiter Schlichters, der sowohl die sexuelle Freiheit als auch die Bevölkerungsschichten, die in Berlin enger nebeneinander lebten als anderswo im Deutschen Reich, treffend portraitierte.

Schlichter gehört wie George Grosz auch innerhalb der Stilrichtung der Neuen Sachlichkeit zu jenen Künstlern, die sich kritisch mit den sozialen Gegebenheiten der Weimarer Republik auseinandersetzten und aus diesem Grund nach der Machtergreifung durch die Nationalsozialisten in die innere Emigration gingen. Bereits in seinen ersten Ausstellungen in Heidelberg (1917) und Karlsruhe (1918/19) stellte er in der Presse kontrovers diskutierte Kunstwerke aus, mit der 1919 in Karlsruhe gegründeten Künstlergruppe *Rih* präsentierte sich die Karlsruher Maler-Avantgarde nicht nur in der badischen Residenz, sondern anschließend auch in Mannheim, Frankfurt und – als *Ortsgruppe Karlsruhe* der *Novembergruppe*[7] – in Berlin. Mit der expliziten Verbindung zur *Novembergruppe* wird der sozialreformerische

---

6 Christmut PRÄGER: »Elementare Vitalität und rasender Rhythmus« oder »sehr antiquiert« und »ahnungslose Ignoranz« –Kunstzentren zu Zeiten der Weimarer Republik, in: Ausst.kat. Städtische Galerie Karlsruhe 2005/06. STADT KARLSRUHE (Hrsg.): Die 20er Jahre in Karlsruhe. Künzelsau 2005, S. 66–73, Zitat: S. 67.

7 Karl-Ludwig HOFFMANN: Von der Ausstellung der Gruppe Rih zur »Kunstausstellung 1930 – Das Badische Kunstschaffen«. Kunst in Karlsruhe 1919 und 1930, in: Ebenda, S. 74–88, Zitat: S. 83.

Aspekt deutlich, den auch die von Schlichter mitbegründete Künstlergruppe hatte. Hinzu kamen bei Schlichter sexuelle Phantasien und ein Lebensstil, der nicht der sozialen Norm der Gesellschaft entsprach, so dass er sich durch Umzüge von Berlin zunächst nach Stuttgart und anschließend nach München dem Fokus des NS-Apparats entzog.

Die Lebensstationen Schlichters mit der politischen Gesamtsituation in den 1920er und 30er Jahren zu verbinden im Vergleich zu weiteren Künstlerkollegen, mit denen Schlichter zum Teil freundschaftlich verbunden war, ist das Verdienst dieses kleinen Kataloghefts. Kurz umreißt die Kuratorin der Ausstellung, Sigrid Lange, das gesellschaftliche und zeitliche Umfeld, bettet die Biografie Schlichters darin ein (wobei Pforzheim letztlich nur eine eher unbedeutende Station in seinem Leben gewesen ist) und fokussiert schließlich auf die drei wesentlichen, die Ausstellung prägenden Aspekte in seinem Werk, die Großstadt, das Portrait und die Obsession. Bedingt durch die Knappheit der Darstellung auf jeweils wenigen Seiten werden die Themen allerdings nicht sehr vertieft und, insbesondere bei den Obsessionen, wird der Leser lange im Unklaren gelassen, woraus sie nun eigentlich bestehen. Man wünscht sich insofern mehr Vergleiche, weiterführende Hintergrundhinweise auch im Text und an einigen wenigen Stellen präzisere, weniger literarische Ausführungen – die Werkerläuterungen im Katalogteil entschädigen hierfür teilweise.

An die Einführung von Sigrid Lange schließt der mit insgesamt 28 Zeichnungen, Aquarellen und Gemälden bebilderte Katalog an und führt die drei Aspekte der Ausstellung am Bild weiter aus. Hier fällt allerdings auf, dass diese offenbar nicht gleichwertig in der Ausstellung behandelt wurden: Elf Kunstwerke sind dem Bereich »Großstadt« zuzuweisen, elf jenem des Portraits und nur sechs dem von der Autorin als in Schlichters Leben und Werk als „allgegenwärtig" (S. 25) bezeichneten Aspekt der »Obsession«. Und letztlich stellt sich auch die Frage, ob des Künstlers Hauptaugenmerk nicht insgesamt dem Menschen in den verschiedensten Situationen und Milieus gegolten hat, da er in allen seinen Kunstwerken Menschen portraitierte. Hier wäre sicher die Hinzunahme der Dissertation von Georgia Matt über „Das Menschenbild der Neuen Sachlichkeit"[8] von Nutzen gewesen, die sich auch ausführlich mit Schlichter und dessen Sichtweise auf den Menschen auseinandersetzt.

Insgesamt handelt es sich dennoch um ein – schon allein aufgrund seines Formats und der angefügten, knappen Literaturangaben – handliches Buch, das in Leben und Werk Rudolf Schlichters und darüber hinaus in die Gesellschaft der 1920er Jahre einen kurzen Einblick gewährt. Es macht neugierig auf weitere Werke des Künstlers und auf die Epoche der Neuen Sachlichkeit insgesamt.

CHRIS GERBING

---

8 Georgia MATT: Das Menschenbild der Neuen Sachlichkeit. Konstanz 1989 [Diss. Saarbrücken 1989], bes. S. 57 ff. und S. 93 ff.

Verzeichnis der Mitarbeiter

Autoren

Hans-Peter Becht, Leiter des Stadtarchivs/Instituts für Stadtgeschichte Pforzheim
Markus Enzenauer, Ilvesheim/Universität Mannheim
Uri R. Kaufmann, Dossenheim
Sven Rabeler, Historisches Seminar, Christian-Albrecht-Universität Kiel
Konrad Schneider, Institut für Stadtgeschichte Frankfurt am Main
Christoph Timm, Untere Denkmalschutzbehörde, Pforzheim
Martin Walter, Kreisarchiv Rastatt
Robin Lorsch Wildfang, Program Director, Studenterkurset og kostskolen, Sønderjylland, Dänemark

Rezensenten

Chris Gerbing
Ulrike von Hase-Schmundt
Harald Katz
Uri R. Kaufmann
Ana Kugli
Karl J. Mayer
Jürgen Zieher

Orts- und Personenregister

Aachen 93f
Ackermann, Max 252
Adler, Simon Lazarus 51
Albers, Hans 247
Albert, Anton 118
Albert, Hofwart von Sickingen 22
Albert, Wilhelm 139, 145
Alborghetti, Antonio 47
Aly, Götz 165
Amann, Max 113
Ammann, Herbert 125
Annaburg 194
Asche, Susanne 242
Auer, Eberhard 47
Auerbach, Louis 55
Auge, Oliver 9
Augenstein, Christel 234
Augsburg 44, 47, 51f
Bad Cannstatt 124
Baden-Baden 88, 95f, 121f, 155, 162, 200, 243
Baiertal 86
Balaceanu 86
Ballin, Carl 225
Barmen 133
Bartning, Otto 220
Barz, Christine 235
Bauer, Joseph 83, 107-110
Bauer, Käte 247
Baumann, Adolf 108
Baumann, Armand 82, 110
Beer, Lion 55
Benckiser, August Theodor 71
Benz, Bertha geb. Ringer 248f
Benz, Carl 248f
Berg, Herbert 125
Berger, Lionel 227
Berlin 56, 68, 88f, 92-95, 99f, 106f, 122, 138f, 142f, 160, 162, 173, 181, 194f, 200, 246, 254f
Bernhard I., Markgraf von Baden 26, 29
Berthold V. von Zähringen 238
Berthold von Eberstein, Graf 24
Besier, Georg 128f
Bier, Helmut 86

Bier, Irene 86
Bier, Jakob 86
Bier, Theodor 84. 86f
Binz-Rudek, Andrea 81
Bissinger, Ernst 110
Bloch, Heinrich 75
Bodenheimer, Max 110
Bomas, Lisette 55
Bonn 90
Borek, Horst 98
Bormann, Martin 165
Bornkamm, Heinrich 142
Bose, Herbert von 97
Bose, Subhash Chandra 194
Brandt, Harm-Hinrich 238
Braunfels 50
Brecht, Bertolt 247
Bremen 78
Brenk, Eduard 125
Breslau 97, 125, 144
Bretten 22, 24, 26, 30, 121, 125, 145
Breuder, Louis 75
Breusch, Oskar 122
Brombacher, Friedrich 95
Brombacher, Kuno 82, 94-98, 109, 112
Broszat, Martin 168
Brötzingen (Pforzheim-) 230
Brüning, Rainer 244
Brunner, Karl 91, 110
Brütsch, Egon 125
Brütsch, Eugen 125
Büchenbronn (Pforzheim-) 231
Budei, Julia 232, 236
Bühl 37, 83, 98, 157
Bukarest 86
Bunsen, Johann Georg 55
Bürgel 51
Bürkle, Karl 124
Bürkle, Kurt 200
Busenbach 125
Calw 108, 254
Camagni, Paolo 56
Caracciola, Rudolf 118, 120, 123

Cawker City 59, 78ff
Cherbourg 210
Chiron, Louis 123
Christiansen, Christian A. 59
Como 56
Comtesse, Jakob 135
Dahlem (Berlin-) 133
Dalberg, Karl von 53f
Damminger, Folke 236
Dankof, August 124
Darmstadt 42, 44f, 117
Deichsel, Heinrich 227
Detmold 98
Dibelius, Martin 142
Dibelius, Otto 138
Diedelsheim (Bretten-) 124
Dietenhausen (Keltern) 21, 215
Dietl, Eduard 199
Diez an der Lahn 46
Dillweissenstein (Pforzheim-) 183, 215, 226, 231
Dittes, Robert 124
Dobler, Ernst 228
Doerr, Emil Adolf 135f, 144
Dollmann, Richard 124
Donaueschingen 157
Dresden 107, 251
Drutwin siehe Trutwin, Bertold
Dubrovnik 107
Durlach (heute Karlsruhe-D.) 11, 22, 30, 88, 130
Dürr, Karl 138
Düsseldorf 45
Dziadzko, Jessica 81
Eberbach 148
Eberhard IV., Graf von Eberstein 30
Ebersbach 115
Edesheimer, Feist 56
Ehrle, Peter Michael 238
Eichtersheim 56
Eisenach 143
Emlein, Friedrich 110
Emmendingen 145, 243
Engler, Helmut 238
Erbacher, Hermann 128f
Erftstadt 47

Erlewin, Schultheiß von Pforzheim 18
Ernst, Markgraf von Baden 11
Essen 98
Esser, Hermann 149
Esslingen 60
Ettlingen 88
Ettlinger, Karl 83, 101
Eutingen (Pforzheim-) 88, 155, 228, 231, 253
Faistenhammer, Josef 125
Fehr, Georg Konrad 45
Feldmann, Wilhelm 44
Fenske, Hans 238
Fieß, Fritz 116
Fink, Robert 125
Fischer, Regina 233
Flehingen 241
Fleischmann, Heiner 124
Fouquet, Gerhard 9
Frank, Hans 113
Frankenthal 46, 242
Frankfurt a. M. 41-57, 60, 62, 71, 74, 117, 254
Frauenalb 12
Freiburg i. B. 85, 88, 95, 97, 99, 121, 125, 139, 157, 169, 239, 243
Freiburg im Üchtland 47
Frey, Helmut 220
Friedrich I., Kurfürst von der Pfalz 238
Friedrich II., König von Preußen 47
Friedrich II., Markgraf von Baden 19
Friedrich III., Markgraf von Baden 23
Friedrich, Otto 127, 145
Friolzheim 181
Frisch, Horst 235f
Frucht von Weil, Werner 21
Fuld, Richard 122
Fulda, Ludwig 83, 101
Fürth 51
Fuß, Siegfried 122
Gablenz, Hermann 124
Gaedecke, Walter 155
Gaggenau 116
Gaiß, Wilhelm 121
Galbenu 86
Garrett, Frank 78
Gay-Lussac, Joseph Louis 43f
Geiger, Franz 39

Orts- und Personenregister

Geiger, Kurt 247
Geiss, Arthur (auch Geiß) 116
Genf 68, 105
Gent 15
George, Stefan 84
Gerhardt, Heinrich 124
Gernsbach 115, 117
Gerstel, Heinrich 126
Gerwig, Robert 134
Göbrichen 37
Goebbels, Joseph 97, 108, 164f, 172, 186, 191
Goitein, Rahel 242
Göldlin, Werner 34, 37
Goldschmidt, David Moses 51
Göring, Hermann 104, 108, 199
Göttingen 127
Gottrau, Johann Peter, gen. von Billens 47
Graumann, Karl 52
Greifswald 105
Griebel, Sebastian 49f
Grieshaber, HAP 252
Gröber, Conrad 97
Groß, Carl 71
Grosz, George 254
Grundmann, Walter 136, 140, 143
Gündert, Erwin 118
Günzburg 46
Gurs 242
Gutmann (Ries), Regina 59f
Gutmann, Baruch 60
Gutmann, Jette 60
Habermehl, Gustav 111
Hack, Hermann 91
Haehling von Lanzenauer, Reiner 238
Hägele, Willi 124
Hahn, Joachim 242
Hainstadt 242
Hamburg 43, 46, 93, 142
Hameln 149
Hanau 44, 46, 52f, 56
Hangstörfer, Theodor 108
Hansjakob, Heinrich 111
Harsch, Oskar 125
Hausmann, Alfred 122
Heck, Fritz 116
Heer, Fritz 126

Heidelberg 87f, 90f, 95, 99f, 105f, 122, 129ff, 135f, 139, 142, 144, 240, 243, 252, 254
Heidingsfeld (heute Würzburg-H.) 60
Heil, Johannes 241
Heilbronn 125, 132
Heinrich von Neukastel 30
Heinrich V., Pfalzgraf bei Rhein 17
Heitz, Michael 243
Herrenalb 22
Heß, Rudolf 153f
Hestler, Erich 125
Hille, Johann Heinrich 45
Himmler, Heinrich 108, 213
Hindenburg, Paul von 108, 141
Hirche, Bernhard 234
Hirsch, Emanuel 136
Hirschfeld, Gustav 56
Hitchcock, Ada Upton 78
Hitler, Adolf 96, 101–105, 107f, 133, 137, 139f, 142, 146, 148f, 151, 167, 171, 193
Hochdorf 22
Hockenheim 91
Hohenwart (Pforzheim-) 229, 231
Hoppho, Ellinde 22
Hoppho, Heinrich 22
Hornberg 155
Hornung, Emil 122
Hornung, Gabriele 234
Huber, Walter 253
Huchenfeld (heute Pforzheim-H.) 115–126, 231
Hugen (auch Hug), Alexander 36
Hummel, Josef 125
Hundsnurscher, Franz 246
Hüthwohl, Heinrich 98
Hüttenmeister, Frowald Gil 242
Imhof, Gunter 34f
Ittersbach 22, 181, 215
Jäckel, Eberhard 147
Jacobi, J. Heinrich 51
Jakob I., Markgraf von Baden 29
Janssen, Horst 252
Jena 136, 140, 143
Johnson, Bertie 78

Jörns, Carl 117, 120, 122
Jost, Franz 228
Jourdan, Walter 84ff, 108f, 112
Jourdan, Wilhelm 85
Jung, Edgar 97
Juppenplatz, Ludwig 124
Kahn, Wolff 51
Kaller, Gerhard 129
Kander, Siegfried 77
Kansas City 59, 75, 79f
Kappis, Wolfgang 220
Kappler, Karl 115ff, 119, 121ff
Karl Friedrich, Großherzog von Baden 240
Karl I., Markgraf von Baden 238
Karl II., Markgraf von Baden 11
Karl Ludwig von Baden-Durlach 53
Karlsruhe 73, 88ff, 96, 100ff, 113, 124f, 128, 130, 150, 160ff, 207, 215, 234, 239–244, 246, 252, 254
Kassel 98, 117
Kassube, Max 225
Katharina, Königin von Württemberg 60
Kaufmann, Christine 247
Kaufmann, Uri R. 243ff
Kayser, August 71
Kehl 205, 242f
Kern, Alfons 253
Kessler, David 243
Kiel 9
Kienzler, Helmut 226f
Kieselbronn 30, 37, 88
Killinger, Jakob 51
Kingreen, Monica 243
Kinski, Klaus 247
Kirn, Walter 154
Klein, Birgit 241
Klingelhöfer, Hermann 110
Knab, Hans (eigentlich Johann Christian) 148, 160, 167
Koblenz 44, 50
Kochendorf 116, 120
Kochlin, Max 149
Köhler, Heinrich 239
Köhler, Wilhelm 110
Kölli, Fritz 139
Köln 49, 107

Königsbach (heute K.-Stein) 86, 215, 246
Königsberg 198
Kohlschein, Paul 126
Konrad von Durlach 30
Konrad von Enzberg 24
Konrad, Graf von Vaihingen 24
Konrad, Bischof von Speyer 30
Konstantinopel (heute Istanbul) 59, 61ff, 65-69, 74f
Konstanz 88, 122, 240f
Kraft, Herbert 111
Krause, Reinhold 138f
Krautheim 242
Krimm, Konrad 238
Kronenberg, Kenneth 59
Krüger, Jürgen 246
Kugli, Ana 248
Kuhbach, Heinrich 124
Kühlewein, Johannes 128f, 131, 133, 137, 144f
Kulka, Otto Dov 147
Kulp, Nathan 56
Kunle, Gustav 116
L'Allemand, Christoph Sigmund 52
Ladenburg 249
Lahr 88
Lampertheim 243
Landau, David 45
Lange, Sigrid 255
Langenalb 181
Langendiebach 56
Lausanne 47
Lautenschlager, Friedrich 99ff, 109, 112
Lehmann, Ernst 145
Leimen 241
Leipzig 55
Lepp, Edwin 110
Leutershausen/Bergstraße 139
Levin, Serina 80
Levy, Ludwig 246
Ley, Robert 108, 186
Lichtenau 242
Liebener, Eberhard 22, 30, 33
Liebener, Lukard 22
Liebener, Mechthild 22
Loewenstein, Markus 56
Löffler, Wilhelm 108

London 67, 107, 161, 180
Lörrach 88, 150, 242f
Lorsch, Gustave 59, 75-80
Lorsch, Hans 78, 80
Lorsch, Maximillian 77, 80
Loßmann, Eugen 124
Lucilius Iunior 81
Ludendorff, Erich 94
Ludendorff, Mathilde 94
Ludwigsburg 124
Maas, Herman 145
Mackensen, August von 108
Magdeburg 59, 75
Mahlenbrei, Paul 120
Mainz 149, 241
Mallorca 108
Manchester 67
Mannheim 45f, 102, 139, 141, 145, 149, 240f, 243, 249, 254
Marburg 97
Marum, Ludwig 242
Marx zum schwarzen Rappen 46
Matt, Georgia 255
Maurer, Hans-Martin 25
Mayer, Carl 87
Mayer, Gustav 84, 87ff, 108f
Mayer, Ursula 88
Mayr, Josef 116
Meier, Kurt 127
Merchingen 135
Merian, Matthäus 9f
Merk, Ernesta 117
Merz, Hans-Georg 238
Metz 205
Metzger, Eugen 77
Mildenberger, Georg 111
Mosbach 87
Motz, Albin 122
Mühlhausen (Kraichgau) 180
Mühlhausen (Mulhouse) 175
Mülheim an der Ruhr 134
Müller, Artur 88
Müller, Eugen 124
Müller, Georg Andreas 88ff, 95, 100, 105f
Müller, Hans 124
Müller, Hermann 238

Müller, Ludwig 140
München 49, 96, 102, 104, 116, 122, 125, 149f, 152ff, 199, 228, 255
Münster 15
Mürb, Robert 237, 240
Napoleon Bonaparte 134, 167, 193, 199, 237
Neckarsulm (heute Heilbronn-N.) 124
Neuenburg 135
Neuenheim (Heidelberg-) 91
Neumaier, Tino 125
Neumeister, Johann Georg 44f, 47, 51
New York 78
Niefern (heute N.-Öschelbronn) 86, 215
Niefern-Öschelbronn 112
Niklas, Wilhelm 149
Nitschky, Kurt 125
Noel, Ilse 242
Nöttingen 91
Nürnberg 95f, 104f
Nussbaum 181f
Oberbruch (Bühl-) 95
Oberkirch 148, 155
Oeß, Guido 89
Offenbach 44, 51ff
Offenburg 205
Öhringen 55
Opel, Fritz von 119
Opel, Hans von 122
Osborne 79f
Otto I., Graf von Eberstein 30
Panitz, Franz 122, 126
Papen, Franz von 97
Parham, Charles Fox 134
Paris 52, 55f, 67, 74, 107, 160, 162, 181, 251, 254
Paul, Jonathan 134
Perugia 67
Pforzheim 9-13, 16-34, 36-39, 52-55, 59–62, 67, 69, 71, 73–77, 81, 85–88, 91–95, 105, 108, 110–113, 115–127, 129f, 132–141, 147, 236, 243, 246–255
Pintecani 86
Pistoia 93
Pohl, Monika 242
Potsdam 138

Präger, Christmut 254
Preungesheim 49
Preuß, Monika 241
Proyart 86f
Radolfzell 155
Raff, Erwin 226
Rappoltsweiler (Ribeauvillé) 154
Rastatt 122, 200, 205, 246
Rastenburg 105
Rausch, Hans 124
Rebstein, Wilhelm 220
Redlich, Oswald 22
Rehm, Clemens 239
Reich, Richard 122
Reuchlin, Johannes 232, 234f, 248, 253
Ries, Berthold 60f, 70
Ries, Emil 60
Ries, Emilie 60
Ries, Eugen 60, 70, 73, 75, 77
Ries, Fanny 60, 70, 78
Ries, Helene 60, 75, 77, 81
Ries, Hugo 60
Ries, Marie 59-80
Ries, Moritz 60, 71, 74f
Ries, Otto 60, 67, 69f
Ries, Peppi 60
Ries, Solomon 60
Ries, Victor 60
Rise, Heinrich 34f
Ritter, Emil 97
Rödel, Volker 245
Roese, Ralf 125
Roggenburger, Bernhardine 113
Roggenburger, Helena (auch Helene) 81, 108f, 112
Röhn, Hermann 154f
Rom 189
Rosenberg, Alfred 96, 113, 142
Rosenberg, Irene 242
Rosenberger, Adolf 119-123, 126
Rössger, Paul 140f
Roßwag, Otto von 21
Rot, Dietmar 38
Rothschild, Jacob 78ff
Rotteck, Karl von 146
Rottweil 243

Rouen 210
Ruckenbrodt, Ludwig 124
Rückleben, Hermann 128f
Rudolf I., Markgraf von Baden 18
Rudolf VII., Markgraf von Baden 26
Rummelin, Erlewin 21f
Rundstedt, Karl Rudolf Gerd von 194
Runkel, Aaron Marx 51
Ruprecht I., Pfalzgraf bei Rhein, Kurfürst von der Pfalz 24
Rüschdi, Suad 117
Saarlouis 229
Sachs, Hans 82
Saloniki 155
San Francisco 78
Sauer, Paul 246
Scherer, Karl 116, 120f
Schindler, Adolf 83, 110
Schlatter, Adolf 132, 135
Schlichter, Rudolf 254f
Scholder, Klaus 127f
Schöller, Leopold 125
Schott, Löw 47
Schuler, Peter-Johannes 16, 29
Schultheiß, Heinz 36f
Schulz, Werner 101
Schulze, Olaf 248
Schumacher, Edmund 90
Schumacher, Elisabeth 93
Schumacher, Max 90
Schumacher, Oskar 88, 90-93, 109
Schuppel, Adolf 155, 162
Schwäbisch Gmünd 48-52, 55
Schwaer, Alfred 170
Schwanenbach 155
Schwarzmaier, Hansmartin 238
Schwinge, Gerhard 128
Seckenheim (heute Mannheim-S.) 238
Seldner, David 242
Seligmann, Aron Elias 241
Seneca 81
Sexau 145
Seyfried, Julius 83, 110
Sherwin, Ann 59
Sinsheim 240
Sommer, David 138

Spandau (Berlin-) 86
Spath, Johann Georg 49
Specht, Karl 141, 144
Speyer 29, 32, 34, 39, 241
Spies, Karl Georg Friedrich 135, 140
Split 107
St. Joseph 80
St. Louis 251
St. Märgen 170
St. Petersburg 60
Stalin, Josef 194
Stalingrad (heute St. Petersburg) 166
Stalp, Leonhard 39
Stansilaw 142
Stein (Königsbach-) 215
Steinhoff, Julius 110
Stemmler, Hermann 124
Sternheim, Carl 95f
Steward, John S.
Pseudonym für Maier-Hultschin, Johannes Carl 161
Stober, August 110
Stockach 157
Stöcker, Adolf 141
Strasbourg (Straßburg) 29, 87f, 148f, 155, 162, 164, 205, 246
Streicher, Julius 108, 113
Stupferich (heute Karlsruhe-S.) 22
Stuttgart 60, 62, 65, 71, 120f, 124f, 215, 239f, 250, 252, 254f
Suhl 121
Sveti Antun 107
Tauberbischofsheim 148
Teschemacher, Klaus 243
Teutsch, Hermann 139f
Thierfelder, Jörg 128f, 133
Tiefenbronn 180, 228
Tiegler, Karl 74
Todt, Fritz 101-105, 107ff, 112ff
Traub, Alice 62, 63-68, 74f
Traub, Ernst 62
Traub, Henry 61, 63–68, 74f
Traub, Marika 62
Traub, Willy 62
Trautz, Karl 226
Triberg 155

Truckses, Willy 126
Trutwin (auch Drutwin), Bertold 38
Tübingen 81, 132, 135, 145, 254
Unterreichenbach 77
Veit, Alexius 125
Verdun 204
Versaille 134
Voges, Fritz 139, 141, 145
Volhard, Jacob 43
Völter, Hans 112
Volz, Artur 124
Volz, Max 124
Wagner, Robert 100, 148, 155, 238
Wahl, Hermann 253
Waldshut 155
Walk, Josef 246
Wax, Hubert 229
Weber, Alfred 91
Weber, Annette 241
Weber, Max 91
Weidner, Heinrich 132, 135, 138–141, 144f
Weigelt, Willy 113
Weil, Tia (eigentlich R. Jedidja) 241
Weinacht, Paul-Ludwig 237, 239
Weis, Albert 22, 31
Weis, Bertold 22, 31
Weis, Gotebold 22, 31
Weis, Gozzolt 34f
Weis, Sifrid 37
Weiss, Max 136
Werner, Arnold Karl Julius 88, 93f, 104
Werner, Christian 118
Werner, Maximilian 93
Wessinger, Rudolf 120, 122
Westermann, Karl 122
Wiedmann, Arthur 126
Wien 53, 95, 181, 193
Wiesloch 86
Wilferdingen 207
Wilke, Carsten 241, 246
Willikens, Ben 252
Wirth, Joseph 238
Wohleb, Leo 239
Wolf, Christel 92
Wolf, Walther 36

Wolfach 155, 157
Worms 46, 241
Wuppertal 142
Würm (Pforzheim-) 215, 228, 231
Wurth, Klaus 131
Würzburg 44, 60, 125
Ziegelhausen (Heidelberg-) 124

Ziegler, Johann Georg 105
Ziegler, Richard 105-109, 112f
Zier, Hans Georg 113
Ziller, Robert (Pseudonym für Richard Ziegler) 107
Zürich 235